2005 CHINA INVESTMENT REPORT

2005 中国投资报告

国家发展和改革委员会投资司
国家发展和改革委员会投资研究所
国家统计局投资统计司

图书在版编目（CIP）数据

2005中国投资报告／国家发展和改革委员会投资司，国家发展和改革委员会投资研究所，国家统计局投资统计司编．—北京：中国计划出版社，2005.5

ISBN 7-80177-449-3

I.2... II.①国...②国...③国... III.投资—研究报告－中国－2005 IV.F832.48

中国版本图书馆CIP数据核字（2005）第041746号

2005中国投资报告

国家发展和改革委员会投资司

国家发展和改革委员会投资研究所

国家统计局投资统计司

出　　版：中国计划出版社
地　　址：北京市西城区木樨地北里甲11号国宏大厦C座4层
邮政编码：100038
电　　话：(010) 63906433　63906481

新华书店北京发行所发行
2005年5月第一版　2005年5月第一次印刷
开　　本：787×1092mm 1/16
印　　张：23.25
字　　数：493千字
后期工作：北京世纪千年广告有限公司

ISBN 7-80177-449-3/F·110
广告经营许可证：京西工商广字0028号
定　　价：180.00元

编撰人员

顾　　问

郭树言（国务院三峡工程建设委员会副主任）
陈同海（中国石油化工集团公司总经理）

主　　编

李荣融（国务院国有资产监督管理委员会主任）
姜伟新（国家发展和改革委员会副主任）
邱晓华（国家统计局副局长）

常务副主编

罗云毅（国家发展和改革委员会投资研究所所长）

副 主 编

杨庆蔚（国家发展和改革委员会投资司司长）
曹长庆（国家发展和改革委员会重大项目稽察特派员办公室主任）
汲凤翔（国家统计局投资统计司司长）

编　　委

丁向阳（北京市发展和改革委员会主任）
李亚力（天津市发展和改革委员会主任）
沈小平（河北省发展和改革委员会主任）
令政策（山西省发展和改革委员会常务副主任）
呼尔查（内蒙古自治区发展和改革委员会主任）
仲跻权（辽宁省发展和改革委员会主任）
焦海坤（吉林省发展和改革委员会主任）
唐修亭（黑龙江省发展和改革委员会主任）
钱志新（江苏省发展和改革委员会主任）
刘　亭（浙江省发展和改革委员会副主任）
朱先发（安徽省发展和改革委员会主任）
洪礼和（江西省发展和改革委员会主任）
倪永康（山东省发展和改革委员会主任）
马　泽（青岛市发展和改革委员会主任）
张大卫（河南省发展和改革委员会主任）
李宗柏（湖北省发展和改革委员会主任）
陈叔红（湖南省发展和改革委员会主任）
许晓民（海南省发展与改革厅厅长）
翁蔚祥（四川省发展和改革委员会主任）
赵家兴（贵州省发展和改革委员会主任）

李国勇（西藏自治区发展和改革委员会主任）
李晓东（陕西省发展和改革委员会主任）
邵克文（甘肃省发展和改革委员会主任）
齐同生（宁夏回族自治区发展和改革委员会主任）
焦广辉（新疆维吾尔自治区发展和改革委员会办公室主任）
翟振新（山西省统计局副局长）
李　斌（内蒙古自治区统计局局长）
李　才（大连市统计局副局长）
张　威（长春市统计局局长）
李志范（黑龙江省统计局局长）
潘建新（上海市统计局局长）
张卫东（江苏省统计局副局长）
邵文国（浙江省统计局局党组成员、纪检组长）
陈金标（厦门市统计局局长）
张光建（安徽省统计局副局长）
王建农（江西省统计局局长）
于维清（青岛市统计局局长）
李利民（西安市统计局局长）
刘　凯（湖北省统计局局长）
吴星明（湖南省统计局副局长）
张　恒（海南省统计局局长）
黄国芹（四川省统计局局长）
樊怀玉（甘肃省统计局副局长）
薛　政（青海省统计局局长）
丘远尧（新疆维吾尔自治区统计局局长）
沈炜珍（新疆生产建设兵团统计局局长）

编撰人员

编　审

张汉亚　任树本　张志强　程　选　张长春　李万茂　刘立峰

撰稿人

（按姓氏笔画排列）

王元京　王学武　叶　敏　刘立峰　刘均胜　刘　通　刘　琳　汪文祥　李　忠
杨合湘　张汉亚　张长春　张清华　吴亚平　陈洪波　林勇明　罗云毅　罗松山
周　劲　黄征学　程　翼　魏春燕

资料整理

林勇明　张　抗　秦凤华

前　言

呈现在读者面前的是第17部年度投资报告——《2005中国投资报告》，由投资形势、专题和附录三部分组成。

形势部分由总体投资、民营投资、利用外资、股票市场、钢铁工业、汽车工业、电力工业、房地产业、长三角、珠三角和东三省投资形势，共11个小专题组成。该部分深入分析了2004年来总体投资、重点行业投资、重点地区投资的变动特征，同时对2005年的投资形势进行分析和预测。

专题部分内容为政府投资的管理体制。《国务院关于投资体制改革的决定》颁布实施后，政府自身的投资管理体制，即政府性资金（包括预算内资金、各类专项建设基金和统借国外贷款等）的投资管理体制就成为下一步投资体制改革的重点之一。本部分通过政府投资的历史演变过程、投资领域、投资方式、投资决策约束与监督机制和投资项目建设管理，以及美国、英国、德国、日本政府的投资管理体制等小专题，对构建与社会主义市场经济体制相适应的政府投资管理体制中的主要问题，进行了探讨。

附录部分收录了2004年以来的主要投资领域大事记、投资信息和投资领域相关法规目录，使读者对2004年我国投资的发展情况有一个系统和直观的认识。

有关投资统计方面的信息，将在《中国投资报告》的姊妹篇，《中国投资统计年鉴》中反映，该书将汇集投资建设领域的年度数据，于2005年秋季出版。

编　者

2005年3月

形势篇 Situation

目录

总体形势

行业形势

地区形势

外资形势

民营形势

股票市场

专题篇 Special Topic
——政府投资的管理体制研究

专题 1

专题 2

专题 3

形势篇 SITUATION

■ 总体形势

2004–2005 年投资形势与政策取向

一、2004 年投资基本状况

2004 年，我国全社会固定资产投资共完成 70072.7 亿元，比 2003 年增长 25.8%，增幅同比下降 1.9 个百分点。以 2004 年投资品价格上涨 6% 计，全社会投资实际增长率将会在 19% 左右，比 2003 年低 5 个百分点。投资继续保持快速增长势头。2004 年，城镇投资共完成 58620.8 亿元，增长 27.6%，农村投资完成 11452.4 亿元，增长 17.4%。自 2003 年下半年开始的宏观调控已经取得了阶段性的积极成果。过热的经济指标明显回落，尤其是固定资产投资增速大幅下降，逐步进入一个平稳、合理的运行通道。从 2004 年当月投资变动情况看，城镇 50 万元以上固定资产投资增速由 1–2 月份的 53% 迅速下降到 5 月份的 18.1%，平均每月下降 11.6 个百分点；之后又回升到 7 月份的 31.5%，平均每月上升 6.7 个百分点；9 月份之后，月度投资增速平稳下降，9–12 月份，投资增速由 27.7% 逐步下降到 21.2%。

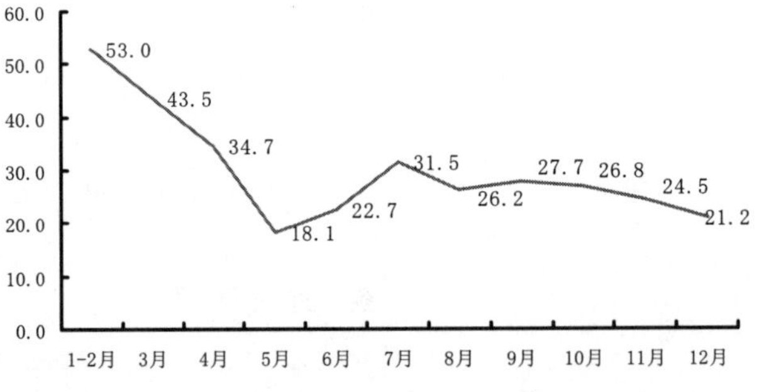

注：1–2 月为累计数，其它各月为当月数；按城镇 50 万元以上项目口径计算，下同。
资料来源：《投资统计月报》，下同。

图 1　2004 年 1–12 月当月投资增长率（%）

2004 年，各类投资资金来源的月度投资均表现出比较明显的起伏状态，基本上都在 5–6 月份出现增长的低谷，随后增速又有所回升，8 月份增速又出现回落，9–12 月份则出现不规则变动趋势。宏观调控对国内贷款影响最为明显，贷款投资增速下降剧烈，从 1–2 月份的 82% 下降到 6 月份当月的 4.8%，之后又回升到 7 月份的 9%，而 8 月份则出现了5%的负增长，直到9—10月份，贷款投资增速才逐步回升，11月份，贷款投资增幅回升到正常水平，但是，12月份，贷款投资又出现负增长。4—5月份，利用外资的增速分别只有2.6%和3%，但是，其增速回升的幅度也是最大的，7月份当月的增速甚至超过了年初，而8月份之后，利用外资增长趋缓，10月份甚至出现负增长，进入11月份，利用外资规模又出现较大增长，而12月份，利用外资增速又明显下降。与其它资金来源形式相比，自筹投资除了年初增长较快外，4—7月份增速变动相对较为平稳，9—11月份，自筹投资增速明显上升。(见表1)

表1　2004年不同投资资金来源当月投资增长率（%）

	1—2月	3月	4月	5月	6月	7月	8月	9月	10月	11月	12月
国家预算内	16.9	11.3	54.1	−28.0	16.3	20.6	28.4	4.3	14.6	11.3	13.5
国内贷款	82.0	32.1	16.1	11.6	4.8	9.0	−5.5	5.6	4.8	20.5	−2.4
利用外资	57.3	39.3	2.6	3.0	20.2	62.4	25.3	24.6	−13.0	41.6	9.1
自筹资金	86.3	54.9	35.8	24.2	21.0	34.4	31.6	40.0	40.8	35.7	25.9

2004年，投资调控并未使民营经济和外资经济投资受到太大的影响，相反，国有经济和集体经济受到的冲击更大。从表2可以看到，国有和集体经济投资增速基本上是直线下降的，到8月份，国有投资和集体投资当月分别只同比增长4.4%和4.8%，而5月份集体投资还曾出现过负增长。9—11月份，国有投资增长仍然低迷，而集体投资则恢复了一定的增长幅度。与其形成鲜明对照的是，民营经济和外资经济投资虽然也在5—6月份出现一定的回落，但月度投资增幅仍然都在30%以上，直到12月份当月才下降到20%左右。10月份，民营经济投资增幅高达45%，而9月份，外资经济投资增速也达到59%，民营及外商投资活力不减。(见表2)

表2　2004年不同所有制形式当月投资增长率（%）

	1—2月	3月	4月	5月	6月	7月	8月	9月	10月	11月	12月
国有	32.8	24.8	13.7	4.8	9.4	14.7	4.4	8.2	8.1	9.7	17.2
集体	47.6	38.8	42.4	−3.8	2.4	21.6	4.8	17.6	22.8	25.2	1.8
民营	61.3	58.7	55.6	32.3	36.9	45.0	49.6	43.0	45.4	37.4	18.8
外资	90.3	50.0	46.7	29.6	30.5	53.6	44.9	58.9	31.2	38.2	23.6

注：民营经济包括股份制、联营、私营和个体经济。外资经济包括港澳台和外商投资。

我们选择了15个重点行业，关注其月度投资增长变化情况。绝大多数行业至少在7月份出现了投资增速的回升，然后，又在8月份出现投资增速的下降，9—12月份，无论是工业部门还是第三产业部门，投资增幅大多比8月份有所上升。其中，有色矿采、化学工业、非金属制品、电力投资增长开始明显回升。9月份，黑色金属加工业投资出现负增长，而8月份和10月份的有色金属加工业投资也同比下降，可见，对钢铁和电解铝业投资的控制还是比较有效的。值得注意的是：制造业、电力、交通邮电和房地产业投资合计占全部投资的70%以上，1−12月份，这四大行业投资分别累计增长了36.3%、43.5%、20.2%和29.1%，均保持了相对较高的增幅，也保证了整体投资的持续增长。其中，占全部投资1/4强的制造业投资波动与整体投资波动完全一致，因而成为决定未来投资走势的主要力量。（见表3）

表3　2004年各行业当月投资增长率（%）

	1−2月	3月	4月	5月	6月	7月	8月	9月	10月	11月	12月
黑色矿采	453.0	85.0	353.1	160.4	191.2	496.6	256.0	373.4	262.4	26.0	0.4
有色矿采	100.0	144.0	44.9	10.0	66.1	−23.0	85.1	49.8	106.5	21.4	352.6
制造业	98.0	61.6	47.9	22.9	24.6	42.0	33.6	47.5	31.9	28.6	21.4
纺织	151.0	70.6	−1.8	−1.4	24.5	11.0	35.4	24.4	19.4	21.0	14.3
化学	153.0	58.6	48.1	49.3	12.5	60.2	24.6	88.1	27.6	4.0	37.6
非金属制品	137.0	105.7	67.3	20.4	30.9	59.9	24.2	42.9	31.0	32.6	35.7
黑色金属加工	172.0	67.5	58.9	30.5	9.0	15.5	23.2	−2.0	33.4	33.2	−15.3
有色金属加工	35.0	138.5	72.7	26.8	3.4	9.8	−5.8	66.6	−6.5	4.3	17.5
交通设备	72.0	88.2	49.7	36.7	35.3	56.2	37.3	61.2	10.4	29.8	41.1
电力燃气水	61.0	47.0	40.2	44.6	54.1	49.0	47.7	44.9	50.4	38.8	26.1
交通邮电	15.0	40.3	42.1	5.2	16.1	36.0	22.8	12.6	19.6	15.8	16.8
批发零售	92.0	29.2	75.3	47.7	30.7	39.9	58.4	19.6	41.1	34.6	37.0
房地产业	43.0	33.2	23.6	22.8	22.4	33.4	27.1	30.1	28.1	32.4	28.6
水利服务业	64.0	48.0	37.4	20.5	27.8	14.8	−0.6	−4.4	14.6	14.8	−13.7
教育	105.0	25.6	15.0	26.1	19.5	9.2	25.4	20.2	18.6	54.7	3.5

2004年初至6月份，各地区投资增速均呈现下降趋势。自7月份开始，中西部地区投资增速稳步回升，中部地区投资增速由7月份的26.4%上升到11月份的39.2%，西部地区投资增速由28%上升到10月份的33.3%。但是，真正决定全国投资波动的仍然是东部地区，东部11省市投资占全国投资的56%，东部地区投资波动与全国投资增长波动高度一致，理应引起更多关注。结合上文行业投资分析结果，我们似乎更应重视东部发达

地区制造业投资变动趋势，以此把握整体投资变动趋势。（见表4）

表4　2004年各地区当月投资增长率（%）

	1-2月	3月	4月	5月	6月	7月	8月	9月	10月	11月	12月
东部	58.6	38.8	26.3	15.1	19.7	33.1	27.5	26.5	20.1	22.5	21.2
中部	47.3	57.8	41.2	26.5	24.8	26.4	28.5	29.4	34.1	39.2	32.1
西部	44.3	59.3	47.9	29.9	24.7	28.0	30.2	32.5	33.3	27.5	9.0

二、2005年投资发展趋势

（一）未来投资增长趋势

从长期因素分析，2005年，我国投资仍将保持快速增长态势，这是由经济发展的需要以及投资增长的动力与基础等因素决定的。目前，我国人均GDP刚刚超过1000美元，还不到美国、日本、德国等发达国家的1/30。13亿人的衣食住行，这个庞大的市场需求是世界上任何一个国家无法比拟的。全国居民物质、文化生活需要的不断增长，都会激发与创造出巨大的国内需求。在内需结构中，消费与投资对经济增长的作用都十分重要，但是，在经济上升期，投资对经济增长的贡献常常达到60-70%，投资的作用更为明显。要实现2005年GDP增速不明显低于2004年，投资增速也就不能明显低于2004年。

当前，我国经济已经进入了一个重要的战略机遇期，新型工业化、城镇化、西部大开发和振兴东北老工业基地等将为经济与投资增长提供充足动力。根据国家统计局的资料，城市化每提高1个百分点，就将带动投资增长3个百分点；因推进城镇化建设，2002年-2005年年均就将创造需求900亿元，拉动经济增长0.83个百分点。经济全球化也为未来我国投资增长提供了良好的机遇。一方面，由于具有良好的发展环境和资源条件，我国正在逐步发展成为全球工厂和制造业中心，跨国公司不断增加在华投资，本国投资的国际化程度不断提高，更多的产品供应全球市场，这本身就促进了我国投资的大规模增加。另一方面，国内投资的快速增长，也相应刺激了外需的增加，2003年，我国进口增长40%以上，2004年前三季度，进口又同比增长38.2%，这其中有相当大一部分是由于钢材、设备等投资品的进口增加。东亚及东南亚国家对中国的贸易基本上保持顺差，中国投资增加及相应产品市场扩大有利于其国际地位的提高。

从短期因素分析，2005年投资增长仍有确定性。单从投资及其增长趋势仍然无法科学判断其增长的合理性，决定未来投资与经济增长合理性的主要因素应该是物价的变动。只有通过物价指数与投资增长率的相关关系才能确定未来投资的合理变动及其政策取向。2004年1-6月、1-7月、1-8月、1-9月，我国的CPI同比分别上涨了3.6%、3.8%、4.0%和

4.1%，而6-8月当月CPI更是分别达到了5.0%、5.3%、5.3%和5.2%，连续四个月保持在5%以上。8月份的核心CPI上涨1%，涨幅比7月份提高了0.2个百分点，这也是核心CPI涨幅连续第三个月提高。目前的通胀率相对来讲较高，未来由于稳定粮价难度很大、基础性服务类价格上涨以及油价上涨的滞后影响，物价上涨压力仍然很大。从全年的情况来看，CPI可已达到3.9%。工业品出厂价格和原材料、动力价格变动更能反映投资需求扩张对价格的影响。2004年，流通环节的生产资料价格总水平比上年上涨13.6%，明显高于CPI增幅。未来一段时间，煤电油运供需矛盾仍然较大，投资品价格上涨趋势明显，对CPI传导的可能进一步增强。核心CPI的连续上涨显示了这种传导的苗头。

1990-2003年间，我国GDP增长率、投资增长率与同期CPI涨幅的相关系数分别为0.66和0.31，而领先1年的GDP增长率、投资增长率与同期CPI涨幅的相关系数就分别上升到了0.81和0.71。(从图2多项式趋势线可以清楚看到GDP增长和CPI变动之间的相关关系。)表明CPI是一个滞后指标，当前的CPI反映出的是2003年的经济和投资上升的情况，而2004年的经济与投资过热则可能影响以后年份的CPI的持续上升。这可能带来以下几个方面的问题：第一，2004年上半年的投资和经济高增长可能带来2005年中开始的通胀率上升；第二，如果我们不能把2004年的投资与经济增长控制在一个合理的水平之上，2005年的通胀压力将会更大；第三，如果2005年中通胀率上升，将会引起更为严厉的调控措施，2005年全年的投资增长速度将会低于2004年。

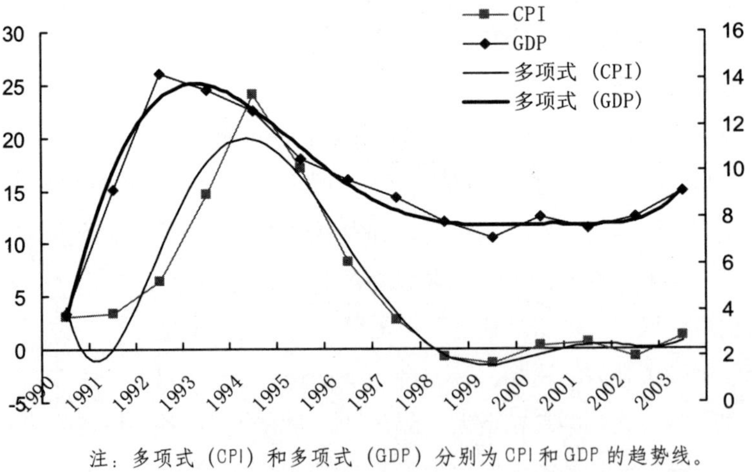

注：多项式（CPI）和多项式（GDP）分别为CPI和GDP的趋势线。
资料来源：《中国统计摘要2004年》。

图2 GDP增长率及CPI指数

（二）宏观经济与投资软着陆值得期待

通常情况下，当宏观经济增长速度过火或者说增长超过了正常的发展轨道的时候，软着陆意味着经济的增长率回复到正常的轨道上来，硬着陆意味着经济增长率明显低于正常的轨道，甚至进入了经济周期的萧条阶段。“软着陆”意味着渐进和协调，“硬着陆”意味着剧变和统制。[①]绝大多数的国内外经济学家都认为此次中国经济将顺利实现“软着陆”。斯蒂芬·罗奇指出中国极有可能在2004年迎来软着陆。郎咸平认为将来一定会软着陆，这不是一个信念的问题，只要维持宏观指标的稳定，不可能失控。通过行政命令的话，有望在半年之内将低水平重复现象解决掉。根据亚行对中国经济的判断，这次宏观调控的结果很可能是一次软着陆。标准普尔认为，中国目前的经济过热情况并不如过去十年般严重，而且当局也及早采取措施，以保持经济持续稳定增长。估计今年中国经济保持7%～8%的增长水平，足以保证经济可以软着陆。中国实施的宏观调控措施，使得经济增长放慢的初步影响，将于今年下半年逐步浮现。我们认为中国经济实现软着陆的可能性比较大，这是由当前宏观调控的特点以及经济运行特点决定的。

1996年12月，刘国光和刘树成在《人民日报》发文，总结3年半来的宏观调控。他们把软着陆的经验总结为四点：第一，及时削峰，而不是等到经济扩张到难以为继的时候才被迫调整。第二，货币政策和财政政策适度从紧而不是全面紧缩，在结构上则做到有松有紧，对低水平无效益的企业紧，对泡沫经济紧；对高水平高效益企业松，对国家重点项目松。第三，适时微调，在适度从紧的总原则下，根据经济运行的具体情况微调和预调。第四，自始至终抓住软着陆的主线。宏观调控明确提出以治理通货膨胀为首要任务，并且自始至终贯彻了这一任务。与1993–1994年的成功经验相比，当前的宏观调控在第一、二、四方面把握准确，也就是决策反映速度快，注重结构调整，政策之间力求协调。宏观调控的重点始终针对泡沫行业，而对农业、能源等关键的支持力度不减。虽然各商业银行的分支行均严格按照总行的产业目录进行项目贷款，国家严控投资的产业已很难得到银行的继续支持；但是，银行自觉调整信贷结构，电力、交通、石油、石化、社会事业成为信贷投放的重点。与货币政策相配合，中央政府的财政政策也转为中性，即适当压后政府项目的预算拨款。当然，现在最需要的、也是最难的是根据经济运行情况的具体微调和预调。1990年代中期的经济软着陆持续了3年（1994–1996年），预计此次经济收缩不会持续那么长时间。这是因为，此次经济过热是一次无通胀的过热，随着投资需求降温，由投资品价格上涨带来的通胀压力也将继续缓解；从总体供需情况看，大多数生产部门的生产过剩和需求不足仍将制约未来经济发展，经济主体会根据政策变化带来的市场信号变化进行自发、适时调整。

有关经济与投资软着陆的标准，专家也提出了自己的意见。例如，谢国忠认为[②]，在1993–2003年间，中国的固定资产投资平均年增长比率是15.5%。这

① 《过热经济如何软着陆》，《中国经济周刊》，2004年5月26日。

② 谢国忠：《抑制过热关键在金融》，中经网(www.cei.gov.cn) 2004年5月18日。

一段周期包含了两个投资泡沫高峰期。因此，当投资周期着陆的时候，如果它的底部是10% 左右的话，这应该被看作是软着陆 ；如果固定资产投资的增长率连续出现两个季度甚至更长时间的负增长比率的话，这应该被看作是硬着陆。汤敏认为[③]，如果经济增长低于7%，如果中国再次出现通货紧缩，如果进出口低于10%，这种情况下是硬着陆 ；通货膨胀率为7.5－8.5%，进出口增速在3% 左右，就是软着陆。樊纲表示[④]，如果今年经济增长在8－9% 之间，没有出现通胀之后的大规模通缩，就标志着实现了软着陆，如果GDP 增长跌得很厉害，就是硬着陆。他更进一步认为，今后几个月经济实现降温的话，就意味着今年经济软着陆是可以实现的。我们认为，调控不足和调控过度都有害于当前的经济发展。调控不足将难以抑制投资过热，特别是不利于抑制各类违规现象的继续发生，容易形成投资新一轮迅速反弹；但是，调控过度也会从根本上动摇市场基础，削弱经济的活力。由于投资在当前中国经济增长中的决定作用，投资增长的大起大落意味着经济的大起大落，所以，如果全社会投资增长率下降到15% 以下，将难以保证GDP 增长7% 以上经济调控目标的实现。所以，如果到3 季度末，全社会投资增长能够降到20% 左右，年底投资增长能够降到15% 左右，GDP 增长率达到8%，而通货膨胀率保持在4－5%，应视为中国经济与投资顺利实现了软着陆。

③网易商业报道 http://biz.163.com。

④《2004 中国经济最大悬念，软着陆还是硬着陆？》，http://www.jxhome.com，2004年5月29日。

三、投资宏观调控基本取向

（一）把握好宏观调控的时机与方向

正如一些学者所说[⑤]，改革以来的20 多年中，政府从未能够成功地将经济增长速度连续维持在9% 左右的水平超过1 年以上，9% 只是通向通货膨胀或通货收缩的桥梁。1982 年GDP 增长了9.1%，之后是连续三年GDP 增幅超过10%，以及1985 年CPI 上涨9.3%；1991 年GDP 增长了9.2%，之后是连续三年GDP 增幅超过12%，以及连续三年CPI 上涨超过14%；1996 年GDP 增长了9.6%，之后则是连续五年的通货紧缩。现在我国经济似乎又处在十字路口上，是通货膨胀、通货紧缩还是平稳发展，取决于宏观调控的时机与方向的把握。历史证明，由于体制性和结构性因素的影响，宏观调控的目标并不是那么容易就能够实现的。1984－1985 年开始的经济过热一直没有得到有效控制并延续到1988 年，表现出明显的反复性，并导致1989－1990 年的治理整顿和经济急刹车；1992－1993 年的投资与经济过热来得更为猛烈，这时的宏观调控体现了及时调整、有松有紧、适时微调和抓住主要矛盾的原则，经济振荡较小，但调控周期也从1994 年开始一直持续到了1996 年结束。

⑤《升息有利提高信贷资金分配效益》，《21 世纪经济报道》，2004年9月1日。

应该说，当前我国经济的市场化程度比1980年代中期以及1990年代初期高得多，真正的市场经济主体——民营经济在国民经济中的地位显著上升。但是，市场化程度提高并不意味着经济的稳定增长，也不会自然带来经济增长方式的转变。由于民营经济已经成为经济增长的主导力量，也必然成为经济波动的主导力量，在年初的投资过快增长中，民营经济同样发挥了积极的推动作用。我国当前的经济增长，包括民营经济的增长很大程度上是以环境、资源和能源过度消耗与浪费为代价的。数据显示，中国单位GDP的能耗比世界平均水平高2.4倍，是德国的4.97倍，日本的4.43倍，甚至是印度的1.65倍。我国污染排放强度高，每单位GDP产生的氮氧化物是日本的27.7倍，德国的16.6倍，美国的6.1倍，印度的2.8倍。大气、水资源、土壤等破坏严重。⑥这些情况表明，我国的经济结构和增长方式存在严重问题，在这种条件下盲目增加投资，特别是煤电油运投资，只会在维持生产要素不合理低价水平的前提下，纵容这种经济结构和生产方式的延续。

在这一轮民营投资与经济增长的背后，都能看到各级政府的影子。正是由于政府官员在自身的政绩要求下的参与、支持、放任，使得公共利益不断受到损害。与改革以来以往情况不同，也与成熟市场经济国家不同，当前我国地方政府的经济扩张依托有两大基础，其一是对数量庞大的公有土地的合法与非法的占用并获得财税收益。⑦其二是在经营城市的目标下，超越当地经济发展需要、恶性透支未来的大规模举债。这些都给未来经济、金融与社会稳定发展带来了极大的隐患。近年来，地方政府招商引资过程中的无序、恶性竞争空前激烈，甚至出现零地价外加送水电。各地的招商引资大战实际上极大地降低了企业的投资成本，地方政府的行为相当大程度上扭曲了市场信号，从而实际上误导了企业（包括民营企业）的预期。这意味着即使在正常的市场条件下无利可图的投资机会，在各地政府的优惠政策下，又变成有利可图的。企业市场行为的扭曲进一步刺激了从原材料工业到加工工业等行业非理性投资冲动，加大了相关产业投资过热的风险。地方政府很容易将公共资源转移给个别企业，造成企业在投资决策时低估成本，高估收益，投资热情怎能不高涨？正是由于上述原因，才使得此次宏观调控具有了更加长远的意义与价值。所以，在体制性弊端和结构性矛盾仍然严重存在的情况下，希望此次宏观调控能够很快结束是有一定难度的。目前，保持一定的调控力度是为了防止前功尽弃和不必要的反复，也是在一定程度上弥补长期体制性和结构性的缺陷。

⑥何磊：《资源消耗“触目惊心”，政府错位加剧“过热”》，《中国青年报》，2004年6月11日。

⑦根据全国人大的资料，1992—2003年，全国土地出让金收入累计达1万多亿元，其中近三年累计达9100多亿元，扣除成本后的纯收入约有1/4。很多城市依靠出让土地能获取的财政资金，有的甚至超过地方财政的50％以上。参见：《为何没能调低房价？城市土地调控政策费思量》，《中国科技财富》，2004年9月1日。又据江苏省社科院的调查，2002年，江苏省共计供应土地15938公顷，获得土地总收入455亿元，其中出让土地14447公顷，收取出让金454亿元。2002年，苏州市出让土地4441公顷，获土地出让收入151亿元，占该市财政总收入的52％；南京市出让土地2179公顷，获取出让金83亿元，占该市财政总收入的57％。参见：顾列铭：《地方政府暗助房价暴涨？》，《中国商报》，2004年9月3日。

（二）加强对最终需求环节的调控

近年来的经济与投资膨胀遵循了以下的运动轨迹：基础设施改善和大规模的城市建设→为房地产消费创造了空间→推动了钢铁、水泥等资源消耗型中间产品行业的扩张→造成了煤电油运的空前紧张。当前，我国宏观政策的重点在于直接控制过热的原材料等中间产品行业的投资与生产；但是，由于这些行业投资增长快有其背后的最终需求因素的推动，所以，对中间产品行业的紧缩只会造成这些行业的价格与市场波动。2004 年以来，钢材价格的大幅波动以及投资增势不减⑧就说明了这一点。应该说是房地产市场需求的增长刺激了房地产投资的大幅度增加及相关产业生产和投资的增长。⑨据有关资料，近 20 年来，中国人建房用掉了全世界 40% 的水泥、30% 的钢筋和 7% 的石油。因此，不对刺激中间产品行业增长的最终需求因素进行约束，就不可能通过市场机制的正常作用促进中间产品行业的稳定增长。

1998 年以后，我国住房体制改革取得了全面的突破，释放出了福利分房时期积累起来的强劲需求。2002 年 7 月开始实行的土地招拍挂大大提高了土地的价格和政府的批租收入，土地批租形成的政府财力又进一步推动了城市化进程，创造了大量强制性的住房需求。1998－2004 年，我国房地产销售面积年均增长 24%，而同期人均 GDP 年均增速却只有 7.1%，房地产有效需求增长大大超前于大众收入增长。我国房地产市场的活跃很大程度上建立在大规模旧城改造和拆迁上，据北京市统计，1991 年以来，仅拆除旧住宅房屋就拉动商品房开发建设约 6060 万平方米，加上 20% 的配套住房，可达 7200 万平方米。近年来被拆迁居民对商品住房的需求量已占北京市场全年住宅销售总面积的 1/3。⑩在全国其他大中城市，拆迁带来的住房被动需求都占全部住房需求的较大比重。

目前，我国城镇居民住房自置比例过高，从 1998－2002 年的 4 年时间，由 55% 迅速提高到 73.8%，提高了 18 个百分点左右，已远高于发达国家与地区水平。⑪这表明居民住房需求的实现大部分是靠"买房"解决，过于强调"以售为主"，导致整体住房需求超出当前的经济发展阶段。由于土地及信贷政策紧缩，房地产供给受到一定压制，但是，多重因素造成的购房需求增长却明显加快，导致供需矛盾进一步加剧的预期，推动了价格上涨。目前，房地产投资需求已经呈现明显的"跟风效应"，当对房地产市场的价格上涨预期愈来愈强烈时，投资者会蜂拥而上进行购买和囤积，以待价格更高时抛出，这样需求量就快速增加。那些暂时无能力改善住房需求的消费者产生恐慌，认为房价会只涨不跌，迟买不如早买，因此宁可负债累累也要购房。这实际上是对未来收入和需求的透支，也加剧了楼市的需求泡沫。⑫2004 年前三季度，我国商品房销售价格同比上涨了

⑧ 2004 年 1—10 月份，黑色金属矿采业和黑色金属加工业投资分别累计增长了 273% 和 34%，非金属矿物制品业投资增长了 47%，金属制品业投资增长了 58%。

⑨ 王哲：《生活梦想让房价居高不下》，焦点房地产网，2004 年 9 月 3 日。

⑩《推土机紧逼北京旧城，专家呼吁保护旧城刻不容缓》，《新京报》，2004 年 8 月 17 日。

⑪ 香港 2002 年住房自置比重为 52.6%；美国大城市住房自置比重一般低于 50%，纽约市 2000 年住房自置比例为 30.2%，1999 年纽约市曼哈顿地区住房自置比例更是只有 22.8%；1998 年日本东京住房自置比例为 42.8%、大阪为 50.6%。参见：宋忠敏：《谁制造了房地产泡沫？》，《国际金融报》，2004 年 6 月 14 日。

⑫《浙江楼市中存四大泡沫，权威部门首次发布预警》，中国新闻网，2004 年 9 月 14 日。

9.9%，超过同期GDP增长率0.4个百分点，而1998–2003年我国房价增长均大大低于经济增长。(见表5)

表5 1998–2003年房价及GDP增长率（%）

年份	1998	1999	2000	2001	2002	2003	2004年前三季度
房价	3.3	–0.4	2.9	2.7	3.7	5.7	9.9
GDP	7.8	7.1	8.0	7.5	8.0	9.1	9.5

资料来源：《中国统计年鉴》、《中国统计摘要》，《2004年第3季度中国货币政策执行报告》。

目前，片面增加房地产供给与宏观调控目标相违背，因此，针对购房需求的调控措施对于宏观决策者来讲将是及时和有效的。

四、未来投资政策措施

在市场化和法制化程度不断提高的今天进行投资项目的行政性清理，难度是相当大的。正是由于清理的难度加大，投资反弹的可能性也就加大了。根据国土资源部资料，2003年以来国土资源部配合国家发改委对各地2003年新上项目的用地情况进行了清理检查，检查结果显示：目前已有4150个新上项目被停建，其中现停建项目427个，暂停并限期整改项目2882个，取消的项目841个。[13]取消项目数只占同期全部施工项目数（国有及其他形式投资）的0.48%。以2004年以来投资增长最快的内蒙古自治区为例，上半年，停止建设项目11个，暂停建设和限期整改项目22个，取消立项16个，分别只占该区施工项目（城镇50万元以上项目）的0.2%、0.5%和0.4%。[14]浙江省上半年也只停建、暂停、取消154个项目，只占全部施工项目（城镇50万元以上项目）的2%。[15]当前，行政方式调控的效果可能是短暂与有限的，其一，真正被停建的项目少得可怜，其二，绝大多数被清理项目处于等待观望状态，一到时机成熟，投资规模又会迅速上升。因此，为保证投资增长尽快回归到一个合理的区间，仍然需要加强对投资项目的管理。

当前，依靠行政性手段和数量控制方式可能在短期内收到效果，却难以使调控效果保持长久。未来应更多采用利率、税率、地价、水价、电价等经济性手段和价格杠杆对投资活动进行调节，实现经济手段、法律手段与行政手段并用，以经济手段为主的政策格局。行政手段应重点用于约束地方政府行为，抑制超前城市化。当前，最应该停缓建的项目是脱离实际、盲目超前、透支未来、以满足少数利益集团需要、损害公众利益为代价的地方城建项目。只有相关城建项目停下来，才能

⑬ 深圳新闻网，2004年8月23日。

⑭ 《人民日报》，2004年8月8日，第一版。

⑮《浙江清理大批非农项目，宏观调控中补血"三农"》，新华网，2004年8月2日。

真正遏制与之相关的强制性城市拆迁以及房地产项目建设，才是标本兼治之策。应该对各地地价、水价和电价的减免政策进行清理，根据资源稀缺程度和环境与生态保护的要求，由中央政府及省级政府确定各地真实的要素基准价格，地方政府只能在规定的范围内进行调整。例如在水资源稀缺的地区大幅度提高工商业用水价格，以抵制相关产业的过度发展。应加强政府部门对投资项目的环境评价与监督。设立容易造成环境破坏的投资项目的环保听证制度，实施环保一票否决制度。

根据上文所述投资膨胀的基本轨迹，应该加强对房地产最终需求的调控，调控方向是否转变决定着此轮宏观调控的时间长度以及最终效果。2004 年 10 月 29 日，中国人民银行宣布 9 年来首度加息。加息必然打击房市。随着个人消费信贷规模的急剧扩大，我国一些大城市居民已经悄然成为高负债一族，家庭债务比例已经达到甚至超过美国等国外发达国家的水平。加息将促使广大民众谨慎借贷、谨慎购房。因此，加息有利于对刺激中间产品行业增长的最终需求因素进行约束，并可能通过市场机制的正常作用促进中间产品行业的稳定增长。最近，搜房网一项大型调查显示：如果房贷加息，上海市民将有 77% 的购房计划受到影响。[16]除了影响个人房贷以外，由于房地产开发企业 90% 以上均为民营企业，因此，房地产企业对利率变动的敏感度也会明显高于其他行业。由于个人房贷对利率的增长弹性系数远远大于房地产开发贷款，因此，加息对于住房消费的影响要大于住房投资，因而，能在控制房价上涨的前提下，抑制房地产投资需求过快增长。

⑯ 按照目前上海市一些商业银行的作法：第一套住房贷款 5 年期以上的年利率是 5.04%，而第二套则按照消费贷款的利率计算，超过 10 年以上利率则会超过 6%。以每套房 80 万元 30 年期贷款来算，原来利率是 5.04%，每月还贷 4300 元。若提高一个百分点到 6%，月还贷将达到 5160 元左右。买房成本将大大提高。

为应对不断变化的经济形势，2005 年，国家宏观调控政策将会出现一定的变化，由原来实施积极的财政政策和稳健的货币政策转为财政政策与货币政策的“双稳健”。考虑到 2003—2004 年我国经济运行已达到潜在增长水平，可以说以扩大国债投资为重点的积极财政政策的使命已基本完成。积极财政政策的适时淡出不会影响业已形成的增长局面，因为全社会投资依赖国债资金的局面已经结束，国债政策的主动“撤火”有利于抑制部分行业的投资过热、地方政府的债务风险和商业银行的信贷膨胀，国债政策的主动退出也有利于防止可能出现的通胀压力。2004 年 1—8 月份，包括国债资金在内的国家投资只占全部投资资金来源的 4%，国家投资对全社会投资增长的贡献率只有 2%，直接影响较弱。2005 年，国家应当压缩长期国债发行规模，由 2004 年确定的 1100 亿元调减为 800 亿元左右；2006 年，全面停发长期建设国债，并进一步减少赤字规模，实现财政政策由扩张性向中性的转变。对于 2004—2005 年未完工的国债投资项目可以通过财政增收部分解决。鉴于西部地区对国债投资的依赖性较强，中央政府应加大对西部地区的财政转移支付力度，以提高西部地方政府公共支出水平，从而避免西部地区经济增长出现下滑。

财政政策的转型不能是简单的停发建设性国债的问题。应当从建立符合社会主义市场经济体制要求的公共服务型政府的需要出发，从调整财政支出结构和方向入手，重新认识财政政策的稳健性。“稳健”的财政政策，并不意味着财政从建设投资领域全盘退出，而是通过适当控制和减少财政赤字和国债规模、优化国债支出方向、适当增加社会公共开支，达到有效地规避财政风险和减少国债资金使用中的负面影响的效果。在空间分布上，财政资金要向西部和东北地区倾斜，大力支持西部大开发和东北老工业基地的振兴，努力缩小已经存在的发展差距；在行业分配上，国家财政支持的重点要进一步集中。应当在继续加大对环境整治和天然林保护等生态建设投入的同时，从基础设施建设为主转变为社会保障、住房、教育、公共卫生等社会公共事业的发展为主；在城乡关系上，应当加大对农业的投入和对农民的支持，转变农村公共产品供给格局，国家财政更多地承担农村义务教育和医疗卫生的支出责任。增加以农田水利为主导的“六小”工程、良种良法科研和市场营销信息网的投入。上述可能的措施将有利于经济发展、消费水平提高及人民生活改善。

目前，在城镇50万元项目投资中，国有经济只占39%，而民营投资和外商投资合计占58%，如上所述，民营和外商投资的稳定增长有利于未来整体投资的稳定增长。但是，国有投资主要集中在交通、邮电、能源、资源、城市基础设施、教育、科技和卫生等关键性和垄断性行业中，由于上述行业投资主体相对单一，国有投资在此次调控中受到比较大的抑制，势必影响这些行业的发展，因而不利于缓解瓶颈制约。因此，要认真贯彻落实十六届三中全会以来关于鼓励民营经济发展的方针政策，即要大力发展和积极引导非公有制经济，允许非公有资本进入法律法规未禁入的基础设施、公用事业及其他行业和领域，扩大民营经济的发展空间。通过对民间资本开放那些其过去进入较少、国有垄断程度较高的行业，引导民间资金配置到国民经济最紧缺的部门，提高相关行业的发展水平，避免相关行业在宏观调控中受到不必要的损害。

不断推进税制改革是财政政策转型的重要内容，也是创造宽松与公平的竞争环境，促进民营与外商投资的重要条件。目前，增值税改革已在资本密集型企业较多的东北老工业基地先行试点，预计要到2006才会在全国全面推广。为此次增值税转型的东北试点，中央财政拿出了150多亿元资金。全盘改革显然要付出远大于此的成本。从国际经验看，绝大多数实行消费型增值税的国家，都曾对投资品做过特别的过渡性规定。我国的改革将首先在采掘业、电子、化工等资本密集型行业中进行，将设备的进项税额予以扣除。自1998年实施积极财政政策以来，我国财力有了超常规发展，2004年前三季度全国财政收入已增收4200亿元，其中，中央财政增收超过2000亿元，比年初的预算安排超收1000亿元。2004年，财政收入有望超过2.6万亿元，占GDP比重接近20%。宽松的财政资金环境为增值税税改的加快进行创造了条件。如果这一改革措施能在全国范围内广泛推开，将极大地促进民营及外商投资的发展。

2004—2005年电力工业投资形势分析与预测

2004年是我国历史上电力建设速度最快的一年，预计全年电力固定资产投资超过4300亿元，新增电力装机容量位居世界第一，达到5055万千瓦。2004年底，全国装机总容量达到4.4亿千瓦，其中，水电装机突破1亿千瓦。与此同时，2004年也是我国90年代以来电力供需缺口最大的一年，虽然随着国家宏观调控和一系列政策措施的实施，电力供求紧张的局面得到一定缓解，但供需状况继续偏紧。全年全国有26个省级电网存在拉闸限电现象，电力缺口增大，缺电持续时间增加。

一、2004年电力投资概况

2004年电力投资显示强劲的增长势头。根据城镇500万元以上电力投资项目的统计，2004年1－11月，全国电力施工项目7344个，其中，新开工项目4411个；预计2004年全年施工项目将超过8000个，新开工项目达到4800多个。2004年1—11月，全国完成电力固定资产投资3915.5亿元，预计全年完成投资4300多亿元，同比增长30%以上，大大超过同期全社会固定资产投资增速25.8%和城镇投资增速27.6%。2004年，全国新增330千伏及以上线路11421公里（含1857公里直流线路）、变电容量5208万千伏安、换流容量600万千瓦。全国新增6000千瓦以上发电装机4581.3万千瓦，其中，水电1008.2万千瓦、火电3499.0万千瓦、核电65万千瓦、风电8.5万千瓦。全年固定资产投资新增的电力装机容量则达到5055万千瓦。综观2004年电力投资，主要有两个显著特点：

（一）投资结构失调

电力投资内部结构十分不平衡，电网投资显得不足，电源投资则明显过热。而在电源建设投资中，又以火力发电为主，水电和核电发展相对滞后。2004年1－11月，全国电网建设完成固定资产投资1077.9亿元，占电力行业固定资产投资总额的27.5%；电源建设完成投资2837.6亿元，占72.5%。预计2004年全年电网固定资产投资将达到1200亿元左右，同比下降约8%；与此形成巨大反差的是，电源建设投资达到新的高潮，预计全年电源投资超过3000亿元，同比增长超过60%。由于电网投资严重滞后于电源投资增长，电网建设将可能成为我国电力发展中的“瓶颈”领域。

在电源建设投资中，1－11月份，火力发电投资1943.4亿元，占同期电源建设投资的68.5%；水力发电投资791.7亿元，占27.9%；核电投资32.2亿元，占1.1%。预计全年火电投资将超过2100亿元，同比增速接近70%；水电投资将达到约850亿元，同比增速约为28%，低于电力投资增速，更大大低于电源投资增速；核电投资约为35亿元，基本与2003年持平。可以说，2004年电力投资高速增长，主要原因是火电投资过热造成的。火电投资过热，将可能加剧未来几年煤电供应紧张状况，并带来更大的环境压力。

（二）自筹资金规模大幅度增长

2004年1－11月，电力固定资产投资资金来源为3998.2亿元，其中，国家预算内资金156.8亿元，占3.9%，国内贷款1758.0亿元，占44.0%，利用外资143.1亿元，占3.6%，自筹资金1684.7亿元，占42.1%。

对比2004年和2003年电力投资资金来源结构，国家预算内资金和利用外资及其他投资所占比重均大幅下降，国内贷款所占比重基本持平，而自筹投资大幅度增长，所占比重显著提高。2004年，自筹资金总额预计将达到约1800多亿元，所占比重将达到约42%，比2003年提高约10个百分点。这表明，2004年，电力投资高增长，主要源于国内贷款和自筹资金的推动，其中又以自筹资金为主。

二、2004年电力供需形势

2004年，全国全社会用电量达到21735亿千瓦时，比上年增长14.9%。其中，第一产业用电612亿千瓦时，同比增长2.7%；第二产业13964亿千瓦时，同比增长16.4%，其中，工业用电同比增长16.5%，增速基本与上年持平，但冶金等高耗能行业用电高速增长；①第三产业2113亿千瓦时，同比增长15.2%；城乡居民生活用电2246亿千瓦时，同比增长8.2%。一产、二产、三产和居民生活用电的结构为依次为2.8%、74.8%、11.2%和11.2%。从各地区看，用电普遍快速增长，增速最高的是西北地区，达到17.6%，其中，青海和宁夏均超过25%。其次是华北地区，用电增速达到16.4%，其中，内蒙古超过了25%。南方和华东地区则分别达到15.8%和15.2%，华中和东北地区用电增长则分别为12.9%和10.3%，低于全国平均水平。

2004年全国发电量达到21870亿千瓦时，比上年增长14.8%，与2003年相比回落了0.4个百分点。其中，水电发电量3280亿千瓦时，同比增长16.6%，主要得益于三峡等大型水电机组陆续投产发电（扣除三峡发电量的增长率为6.0%）；火电发电量在一定程度上受到了设备健康状况、电煤供应总量与质量等因素的制约，达到18073亿千瓦时，同比增长14.5%；核电发电量稳步增长，达到501亿千瓦时，同比增长14.1%。全年累计平均发电设备利用小时为5460小时，比2003年增加215小时，其中，火电设备利用小时达到5988小时，同比增加221

①随着国家宏观调控措施逐步到位，工业用电增速尽管总体呈下降之势，但依然是推动全社会用电量高速增长的主要力量。从各月工业用电量增长情况来看，4月末达到18.2%的最高点后，连续4个月呈现下降趋势，至8月末下降为16.4%，9、10月份出现短暂小幅回升，11月开始回落。全年工业用电量同比增长达16.5%，尤其是金属矿采选业、金属冶炼压延加工业和交通运输设备制造业等重工业行业的用电量增长率维持在20%以上。

小时，是自1988年以来的最高值；由于水库来水总体情况要略好于2003年，2004年水电设备利用小时达到3374小时，同比增加135小时。

2004年电力供需形势可概述为：全国电力供需形势更为紧张，缺电更为严重。主要表现在：一是缺电范围扩大。全年先后共有26个省级电网出现拉限电，比2003年又多了3个。全国仅东北三省和新疆、西藏没有出现“电荒”。缺电最紧张的浙江和江苏，许多企业被迫停工，出现每周“停四开三”的状况，拉闸限电造成的损失超过200亿元。二是电力缺口增大，缺电程度加深。2004年一、二季度全国电力缺口均在2000万千瓦以上，三季度高达3000～3500万千瓦，较2003年缺口扩大了1500万千瓦左右，缺少电量500亿千瓦时左右。其中，国家电网公司经营地区合计拉限电超过100万条次，损失电量约300亿千瓦时，占同期全社会用电量的2.4%。三是缺电持续时间增加。全国一、二、三季度分别有24、23、23个省级电网出现拉闸限电。浙江、江苏、山西、蒙西、河北南部地区的电力供需矛盾尤为突出，出现持续性缺电。

三、电力投资中存在的主要问题

（一）水电与核电建设投资仍然滞后，有违我国能源战略方针

近年来，电源结构有所调整，尤其是水电开发力度不断加大。2003年，水电装机达9490万千瓦，占24.2%，居世界第二位。虽然水电的开发力度已不断加大，但在整个电源投资中占的比例并不高。水电自1978年以来在总发电量中所占份额略有下降，而水电装机容量所占份额下降得更多，这一现象说明改革开放以来，随着经济发展加速，电力紧缺，电力投资有注重短期效益的倾向，倾向于水电用得多，建得少。我国目前水电资源开发仅完成14%，与世界平均水平22%相比还有很大潜力。

2004年，核电的发电量仅占全国总发电量的2.3%，同我国电力发展规模和速度相比，国家核电发展速度和规划目标过低。我国电力发展速度很快：装机容量从1亿千瓦跨越到2亿千瓦，用了7年时间；而从2亿千瓦跨越到3亿千瓦，只用了5年，而从3亿到4亿千瓦，只用了3年多一点。2004年新增装机容量更是超过了5000万千瓦的水平。而现有规划中到2020年全部新增核电的装机总量只有不到3000万千瓦，不及现在一年的新增装机容量。中国核电发电量及其占总发电量比例不仅低于美国、法国、日本等国家，而且远低于世界平均水平。

目前，我国的能源结构以煤炭为主，决定了我国发电装机中，约有80%的发电机组为火电。但是，近两年出现的电煤紧张很有可能成为我国电力发展难以克服的能源制约条件。据测算，每年新增的发电用煤将在6000～8000万吨左右，到2020年我国发电能力将超过11亿千瓦，仅电煤就需要增加十亿吨以上。而煤炭的开采受到水资源条件、环境和生态的限制以及社会经济条件的限制，我国煤炭的最大合理生产能力仅为21～22亿吨

左右，难以满足电煤长期、大幅度的增加。同时，火电启运，需要烧油帮助锅炉点火助燃。因此，电力工业每年消耗掉我国一半煤炭产量的同时，也要消耗掉大量燃油。目前，我国正处在工业化加快时期，按现有经济增长对电力需求预测，到2020年要实现我国GDP再翻两番的目标，届时我国发电装机总规模至少需要达到9.5亿千瓦，按其中80%、约6.3亿千瓦左右为火电算，估计那时我国火电厂点火所需的烧油量将达到2500万到2600万吨，占目前我国最大油田大庆油田全年产油量的一半多。因此，我国必须及早考虑电力能源多样化的问题。

（二）电网和电源投资失衡，电网投入不足

厂网分开后，由于电网改造和建设的国有资金投入不足，造成电网建设和改造严重滞后，部分电网的主网架相对薄弱，电网结构不合理，存在输配电网“卡脖子”现象。电网投资偏少，制约了跨区送电能力的提高。如东北－华北联网线路的稳定极限限制了两大区域电网间的交换能力；黑龙江电力外送、山西电网北电南送、江苏南北过江通道等主干线路输电能力不足；浙江、广东等省份的部分城市由于配电网比较薄弱，高峰时受电能力不足。

建设坚强的网架结构、充裕的跨区跨省交换能力和输配协调的电网是建立竞争开放电力市场、发挥现有发电能力和减少装机、节约资源的客观要求。研究表明，实现前述目标，电网投资应占行业投资的40%～50%，在电网滞后阶段更要达到50%左右。我国的电力工业历史就有“重发、轻供、不管用”的倾向，电网投资在行业固定投资中比例长期偏少，大都低于30%。1998年以来，电网建设得到高度重视，电网投资比例逐步接近合理水平，电网瓶颈制约得到初步缓解。随着近些年电力供需再度紧张，社会资金大量流向电源建设，特别是没有形成合理的独立的输配电价，电网投资急剧下降。电网投资不足使“十五”初期已经得到加强的电网输配能力逐年弱化，既加剧了供需紧张局面，又严重影响了电网持续供应能力。电网建设滞后表面原因是电网资本金不足，根本原因则是没有建立独立合理的电网环节电价形成机制，造成电网收益偏低。

当前，各地大上电源项目的势头很足，2004年，我国有5100万千瓦发电容量投产，预计2005年、2006将大大超过这一规模，电网建设滞后效应可能在未来几年进一步凸显出来。未来几年我国在电源供应总量满足需要的基础上，也可能因为电网建设滞后造成局部地区继续拉闸限电。电网建设滞后的问题需引起政府和社会的高度重视。

（三）各地区未经国家批准自行开工了相当规模的电力项目，造成了电力建设的无序状态，制约了电力结构调整

近两年，在国家加快电力建设的同时，一些地区和企业违反国家规定和产业政策，在土地、水源、环保、燃料、并网和电价等未经批准和充分规划论证下，大规模建设电站项目。据国家发改委初步统计，2004年，各类电站开工规模高达1.5亿千瓦，全国各类在建电站总规模达2.8亿千瓦，其中未完成或未履行任何国家核准手续而擅自开工建设的电站项目规模高达1.2亿千瓦，“违规”投资达6000亿元人民币。有些地方缺乏基本的条件，比如水源问题没解决、没有脱硫装置、人口密度大，也盲目上马电站。在西南部分地区，持续兴起了中小水电站建设的热潮。一些地方的“跑马圈水”、无序开发，对水电事业的良性发展构成直接威胁。预计2005～2006年投产的电站中，近一半是违规项目。

由于“电荒”的客观存在，国家对电源投资主体的放开，以及电源建设规划的滞后，使得国内外投资者争相进军电源建设市场。五大发电集团争夺经营业绩排名，各地盲目地招商引资，一些投资者为逃避项目申报而违规上项目，都是造成电力无序建设的重要原因。

违规电站项目的建设，加剧了煤炭供应、交通运输和发电设备制造能力紧张的矛盾，严重超出了经济、市场、资源和环境的承受能力。按照目前的技术发展，国家只允许建设单机容量为30万千瓦以上的发电机组。13.5万千瓦甚至更低的机组，属于国家禁止的机组。为了建设大机组，一些地方的发电企业，会把项目分拆成几个小项目，这样便可以不上报中央审核。而一些几万千瓦的机组，也经常打着热电联产和资源综合利用的幌子进行建设。一些小机组的煤耗高达400克每千瓦时，煤耗高也是造成煤炭紧张的一个间接原因。而国家正努力把煤耗降到300克每千瓦时的水平。电厂建设的无序发展造成了市场的无序竞争，制约了电源结构调整，同时也严重影响电力建设的统一规划和合理布局。这种情况如果发展下去，势必导致今后一段时间内发电能力大量过剩，电力建设规模出现大起大落，进而再次形成高耗能工业与电站建设相互推进的恶性循环。

同时，违规建设形成的闲置发电资产，还将大量增加金融机构不良贷款。按照每千瓦5000元的造价计算，2004年开工的电厂若全部建成投产，总投入将达到9000亿元，其中，违规投资就有6000亿元。按照发电企业20%的项目资本金计算，违规电厂投资中，来自银行的资金将达到4800亿，这无疑加大了金融风险。

电力投资规模过大，又进一步诱发了相关行业产品价格的普遍上扬。近两年来，电厂建设所需的水泥、建材、起重设备等价格都有不同程度上涨，特别是电力设备价格大幅攀升。在国内电力设备市场上，30万千瓦机组的价格上升了30%，60万千瓦机组的价格上升了40%以上。由于利益趋动，电力设备、电力商品在交易过程中的不规范行为也逐步增多，进一步加大了电力投资和经营的风险。成本上升和今后电力市场竞争加剧，将严重影响未来电力企业的收益和投资回报。

最后，电力建设高潮使生态环境保护工作面临巨大挑战。从长远看，电力的无序发展与盲目建设，将对我国包括煤炭、水在内的自然资源的可持续利用提出挑战。而我国目前脆弱的环境容量，尚难以支撑粗放的经济结构和能源消费的超常增长。所以，电力建设秩序亟待规范。

（四）随着电力在建项目的陆续投产，未来2－3年有可能出现电力供应过剩

2003年以来，由于电力供需矛盾加剧，很多地区加快了电源建设步伐。根据近两年新开工电力建设规模，包括2004年未完成或未履行任何国家核准手续而私下开工的规模高达1.2亿千瓦的违规电站项目，如按电源项目平均3年左右的建设周期计算，今后几年平均投产装机容量将大大超过5000万千瓦的规模。

与此同时，随着宏观调控力度的加大，钢铁、水泥和电解铝等过热行业投资增速明显放缓，固定资产投资的“虚火”大幅降温，现有电力需求中的 “水分”将被挤掉，电力总需求量的增幅将不断有所下降。2004年我国电力缺口超过了3000万千瓦，2005年电力紧缺问题将得到缓解，2006年电力供需将基本平衡。由于从2003年开始新发电厂建设的加速，在未来三年内将会有庞大的新增发电项目投产，再加上大量违规电力项目也随之投产，到2007年，很有可能出现部分地区电力供应过剩的局面。

四、未来电力发展趋势预测

（一）电力需求预测

2005年，高耗能企业用电迅猛增长的情况将有所好转，节能降耗等电力需求管理的措施也将进一步落实， 但全国电力需求将依然保持高增长态势。2005年，全社会用电量将达到24000～24600亿千瓦时，增长10%～13%，增幅将比今年有所回落。2006～2007年，随着宏观调控政策效应的逐步释放，经济增长速度会稳步趋缓，预计2006年和2007年国内生产总值增长在7.5%～8.5%。经济结构进一步优化，重工业增长仍然高于轻工业，但差距继续缩小；高耗能行业保持较高增长水平，产品产量结构得到优化调整，能耗水平继续下降。电力需求的增长速度也将比2005年进一步下降。2006年电力弹性系数继续回落，但仍然高于1，2007年略高于1或大致相当。2006年，全国用电量达到26500～27000亿千瓦时，相应增长10%左右。2007年，用电量预计28500～29000亿千瓦时，相应增长9%。

未来用电结构将发生变化。工业用电仍将是我国电力消费的主体，但是比重将逐步下降，居民生活用电和第三产业用电比重将逐步提高。但是与世界发达国家相比，我国在用电构成方面，还有相当的差距，居民生活用电、第三产业用电比例还有待提高。

综合考虑我国国民经济中长期持续较高速度的发展战略目标，以及我国经济结构调整和产业升级、能源结构调整等因素，我国今后相当长一个时期，电力需求仍将保持较高的增长速度。

（二）电力供给预测

2005年，电力投产规模要大大高于2004年，预计将在6500～7000万千瓦以上，加上违规建设的电厂，甚至可能达到8000万千瓦，年底全国发电装机容量可能超过5.1亿千瓦。2006年投产规模可能进一步上升，达到7500～8000万千瓦，2007年则有所回落，但

也将超过5500万千瓦。

至于2005年的电力供需形势，华东、南方、华北电网覆盖的地区仍然供需紧张，其他地区供需基本平衡，略为紧张。缺电范围可能缩小，拉限电电网数不会超过24个省级电网；缺电程度有所缓解，最大缺口在1200～2000万千瓦；季节性缺电则依然较为明显，四个季度中缺电较为严重的是第一和第三季度，缺口分别在300～700万千瓦和1200～2000万千瓦；电煤供应等随机性缺电因素仍将十分明显，若电煤供应得不到较好保证，2005年缺电程度要进一步加深。

预计到2006年，全国电力供需总体平衡，局部地区紧张，存在季节性和随机性拉限电。特别是目前电力供应形势紧张的几个大电网，届时会明显缓和，拉限电负荷和电量都将大幅减少。预计2006年最大电力缺口在600－1000万千瓦，主要分布在华东、重庆等地区。2007年，全国电力供需基本平衡，部分地区略有剩余，主要分布在华北和华中地区。电力缺口则主要在华东地区和南方电网地区。

总之，2005年，电力供需矛盾将开始有所缓解，但总体仍然紧张。在国家宏观调控落实到位基础上，2006年可望电力供需总体平衡、部分地区略显紧张，2007年实现电力供需基本平衡。

（三）电力投资预测

受2004年巨大在建规模的推动，2005年全国电力投资仍将保持快速增长的势头，但随着电力宏观调控措施的进一步落实，增长速度将大大低于2004年。预计2005年全国电力固定资产投资将达到5000亿元左右，比2004年增长约20%，其中电网投资规模可望扭转近几年来不断下降的趋势，达到1200亿元左右，与2004年基本持平。

五、政策建议

（一）提高水电投资的份额，适当加快核电建设步伐，推动新能源发展

由于火力发电受到煤炭、交通运输发展条件的制约，我国应当努力改变电源结构，加快形成火电、水电和核电三足鼎立、共同发展的新格局。调整和优化能源结构，加大对新能源的科技开发力度，并从产业政策、投资信贷、市场推广等方面提供有力支持。

尽量提高水电份额。优先核准库容大、水资源丰富、水头高、发电时间长的优质水电项目。控制和引导小水电投资，使之采取分布式能源供应方式——在用户附近或小规模资源综合利用现场建立能源系统，从而对大电站起到有益的补充作用。重点开发西部水电资源。据有关资料，我国水力资源可开发利用能力达378亿千瓦，位居世界第一。其中西南地区水电资源非常丰富，约占全国可开发总量的68%，但目前开发利用不到10%。开发西南水电可以带动相关的交通、水泥、钢材、机电制造等行业的发展。积极稳妥地实施西电东送，在补充东部地区发展电力需求的同时，也可以优化东部地区的用电结构，

改善区域的生态环境。

适当加快核电的发展。加快发展核电应该成为我国发电能源多样化、提高能源安全的重大战略选择和必要措施。核电在发电过程中不需像火电那样烧油点火，也就等于减少了石油的消费。核电需要的铀资源的数量小，即使进口也不在中东等热点地区，运输上的限制更小，供应有保障。同时，核电消耗燃料少的特点还可极大地缓解我国日益紧张的铁路运输和环境污染压力。在近期，只要我们明确提出加快发展核电战略，则无论是对我国进行买油谈判，还是与一些国家进行合作开采油田的谈判，目前所处的被动地位都会得到明显的改善。此外，核电的发展，也将极大地缓解我国对国际石油市场的依赖程度，改变目前进口量一增加，国际市场油价就立马走高的局面。目前，加快核电发展主要的制约条件不是技术问题，也不是缺少投资，而是认识和体制问题。从市场需求和技术条件看，加快核电发展的主要措施应是以商业化为核心，放开核电开发的市场，特别是要允许内陆建设核电站、放宽投资主体限制。当前不应对核电技术过于追求先进，或过多地强调一次性引进，这样会延误核电发展的大好时机。应该充分利用我们已经引进的技术和已经掌握的运行经验，加快核电的发展。

加大新能源开发力度，加速发展新能源发电。根据我国未来的可持续发展战略的要求，应充分重视水电、太阳能、风能、地热能、海洋能等可再生能源的开发利用。应通过设立新能源开发基金，解决新能源的资金需求问题，同时结合城市建设，加大太阳能在市政建设工程和住宅建设中的应用，城市照明、取暖、供热分期分批引入太阳能技术，尽快形成我国新能源的开发、生产建设格局。要进一步强化可再生能源法的实施力度，完善相关政策法规，加快推动产业发展。

（二）完善投融资机制，适度超前建设电网，切实解决部分地区有电送不出的“卡脖子”现象

要高度重视电网和电源投资失衡问题，尽快建立坚持电网和电源的统一规划、科学规划、协调发展机制。加快电网项目建设，以电网骨干工程、电网卡脖子工程等为重点，在保证质量的前提下，进一步加快在建项目的进度，坚持适度超前建设电网的原则，规划和建设好国家电网。加大跨区、跨省电力交换力度，加快“西电东送、南北互供、全国联网”工程的建设，完善网架结构，提高电网输送能力，提高受端电网消纳能力。重视抽水蓄能等调频、调峰电源的建设，完善电网结构。继续加强需求侧管理。精心安排和处理好保电的重点和顺序，确保电力供应的正常秩序。建立需求侧管理的长效机制，提高资源利用效益。抓紧抓好三峡电力送出的三期工程建设，争取早日投产，早日发挥完善网架结构的作用，提前发挥效益。坚持科技进步，积极采用新技术、新工艺，不断提高电网建设水平，不断提高电网的可靠性。

进一步制定和完善促进电网建设发展的投融资机制，促进电网投资资金来源的多渠

道，除进一步加大政府投入外，在确保国有资本绝对或相对控股的前提下，引入多元化的电网投资主体。

（三）在加快电力建设的同时，高度重视电源项目建设无序的问题

2004年电源项目建设的无序与违规已经引起了中央的重视，2004年11月份，国务院出台32号文件，即《国务院批转发展改革委员会关于坚决制止电站项目无序建设意见的紧急通知》，要求：各地区、各有关部门和企业要严格执行国家电力项目投资监管的法律、法规和程序，合理、有序建设电站项目。对已经国家核准的项目，要加快工程建设进度，确保项目按期投产，并争取提前投产。对于违规在建电站项目，要认真进行清理。电网企业不得为其接入系统；银行及有关金融机构不得为其提供贷款；国土管理部门不予审批用地，已批准的要收回土地使用权；交通运输部门不予安排运力或铁路接轨；设备制造企业不予供应设备。对违规项目要根据能源、电力发展规划的要求和各电站项目的具体情况分类予以处理。继而国家发改委和环保总局等部门展开了对全国违规电源项目的清查。

针对电力的违规无序投资，应从科学的发展观出发，以市场化为目标，完善电价机制，建立电力市场交易机制，优化电源结构，避免盲目的电力投资。对前期工作做得好，符合国家对煤、水、环保、运输和市场要求的电源项目，应加快审批进度；对于在建项目，在确保工程质量的前提下，力争提前投产。对在未来市场竞争中没有竞争力的项目，特别是那些远离煤炭等生产原料的火电项目原则上不予批准。要从资金的源头上强化对电力项目贷款的监督管理。银监会要加大对银行贷款的监管力度，严格遵守国务院的规定，没有被国家批准的电力建设项目一律不予贷款。有关各地区也应从大局出发，严格执行中央决定，对“黑户”认真清理整顿，坚决制止未经审批、盲目建设的项目。在电煤富集、水源充足，同时具备区域优势的地区，可大力发展火电、水电项目，进行规模化建设。

（四）警惕未来出现电力过剩的局面

经济发展具有一定的周期性，电力发展与经济发展密切相关。在经济快速增长时，电力供应能力的增加往往滞后于经济的增长速度，出现严重缺电的不利形势；当经济增长处于低谷时，电力需求增长乏力，又会出现电力过剩的局面。经济发展的波动，导致了电力供需的不平衡。比如，1986年，我国电力缺口达到两成多。但随着市场化进程的推进，特别是多家办电、集资办电政策出台后，电力建设进入高速发展期，电力建设速度超过了需求增长速度。到1997年，实现了供需平衡。而到了2001年，随着经济的快速发展，又出现了电力供应短缺的苗头，及至2003年开始大面积缺电。电力的短缺与过剩都会对国民经济发展产生负面影响。由于经济系统的复杂性、经济增长的不确定性及电力建设的滞后性，使得电力建设很难适应经济发展的节奏。经济增长快时，电力供应紧张，

会导致电力建设投资过大；待到新建电力设备投产时，往往由于经济增长趋缓，又会导致电力供应能力过剩。而电力供大于求，又会使得电力建设投资减少，等到下一个经济快速增长周期到来时，会再次出现电力供不应求的局面。面对这样一个“怪圈”，我们应深入研究经济发展的规律，树立科学的发展观。由于经济的波动，电力供需总是在不平衡中求得新的平衡，有时供大于求，有时求大于供，这都是正常的现象。但如何才能科学合理地判断一个电网是处于缺电状态，还是处于电力相对过剩状态，或是处于供需基本平衡状态，各电网应根据自身电网的实际情况，研究确定一个定量的标准，促进电力工业持续、快速、稳定发展，尽量避免电力短缺和电力过剩交替出现的情况。

2004–2005年钢铁工业投资形势分析与预测

一、2004年钢铁工业与钢铁市场发展的主要特征

（一）钢铁生产仍保持较高增长速度

2004年，随着我国国民经济持续快速发展，钢铁工业出现了产销两旺的局面，在市场需求的拉动下，钢铁工业增势不减，1–10月份，累计生产钢材24151万吨，同比增长22.9%，预计2004年全年钢材产量可达2.8亿吨，占世界钢材产量的四分之一。我国钢产量在2003年增长19.7%基础上，2004年钢产量将超过2.6亿吨，同比增长17%以上。分品种看，前10个月，中小型钢材、钢筋、棒材、中板等产品的生产增速比2003年同期有所下降，但热轧板(卷)、冷轧薄钢板、镀锌板等高附加值产品的产量仍然保持高速增长，10月份，这三类产品的产量增长速度分别达到40%、50%和70%以上。

（二）受国家宏观调控影响，2004年钢铁生产呈"U"型增长态势

据统计，2004年第一季度，我国钢、钢材产量分别同比增长了26.4%和29.5%；到第二季度，随着一系列宏观调控政策的出台与落实，钢、钢材等一批投资与生产过热行业受到抑制，二季度钢、钢材的产量增幅比一季度分别回落了10.0个和11.8个百分点，与2003年同期相比，增长速度分别为16.3%和17.6%；到第三季度，钢、钢材的同比增幅又分别回升到22.1%和21.6%。预计2004年第四季度，钢、钢材的同比增幅略高于第三季度。因此，分季度看，2004年我国钢产量呈"U"型增长态势。

（三）钢材市场总体保持活跃，销售状况较好

尽管从第二季度开始，钢铁工业受国家宏观调控政策的影响，投资与生产有所下降，但由于热轧板（卷)、冷轧薄钢板、镀锌板等高附加值产品的需求旺盛，使得钢铁市场需求保持活跃状态。2004年1～10月，钢材销售率基本保持在96～97%，尤其是下半年钢材销售呈现旺销态势，销售率接近98%，预计2004年钢材表观消费量将接近3亿吨，比2003年增长25%。扣除重复统计后钢材实际表观消费量为2.7亿吨左右。

（四）钢材进口明显下降，出口大幅增加

2004年1～10月，我国进口钢材2556万吨，同比下降17.17%；同时，钢材出口大幅增长，前10个月共出口钢材1014万吨，同比增长77.8%。预计全年进口钢材2900万吨，钢材出口将超过1300万吨，净进口钢材量为1600万吨，净进口大大低于2003年3000万吨的水平。

（五）钢材价格波动较大，且在高位运行

2004年，国内钢材价格在经历了上半年的大起大落后，下半年价格走势出现企稳，其中，建筑用线材、螺纹钢和中厚板等品种的价格出现止跌回升的迹象，而热轧薄板和冷轧薄板市场价格则明显上升。例如，冷轧薄板价格10月份比9月份上升200元／吨。不同钢材品种表现出不同的价格变化趋势。（见下图）

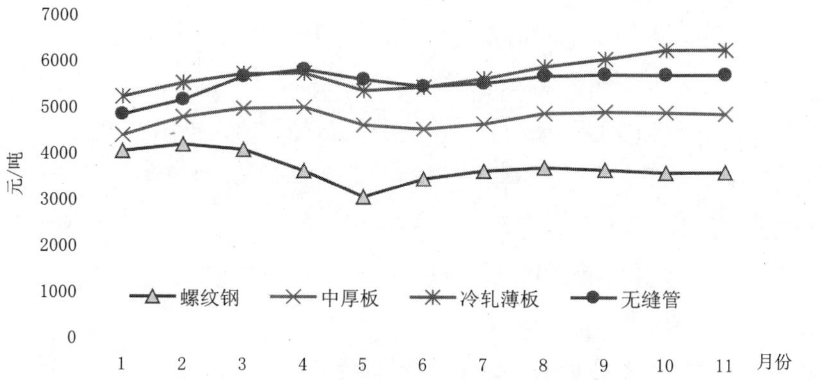

图1　2004年1-11月上旬份钢材价格变化情况

由于2004年我国钢铁工业生产仍保持了高速增长，钢材价格基本在高位运行，因此，2004年钢铁工业的利润增幅也比较明显。据统计，前三季度钢铁行业实现利润达到699.3亿元，同比增长61.1%。

二、2004年钢铁工业投资特点与原因分析

（一）投资特点

1．固定资产投资规模大，投资增速快

2004年，我国钢铁工业在2003年投资高速增长的基础上，继续惯性高增长，2003年，钢铁工业完成投资1332亿元，同比增长89.2%。仅2004年前三季度，钢铁工业全行业完成投资1353亿元，已超过2003年全年投资规模，钢铁投资同比增长41.7%。

造成钢铁工业投资冲动的主要原因是市场需求旺盛，钢铁业利润增大。按常规计算，固定资产投资增长1%，钢材消费量增长0.7%，而近年我国钢材增长幅度超过了这一水

平，其主要原因：一是占钢材消费40%的房地产投资迅速上升；二是近几年基础设施建设大规模展开，消费了大量钢材；三是使用钢材较多的机电制造业如汽车、发电设备、机床等近年增长幅度都在30%～50%。由于钢材市场需求旺盛，价格大幅回升，钢铁生产利润丰厚。据测算，2003 年，大中型钢铁企业平均吨钢利润在150元以上，民营钢铁企业的吨钢利润则更高，许多100万吨规模的民营企业年利润高达4～5亿元。总之，市场需求引导下的利益驱动是造成钢铁工业投资大幅增加的重要原因。

2．固定资产投资增幅呈现下降趋势，投资过热得到初步抑制

从2004年第二季度开始，钢铁工业固定资产投资增幅明显回落。从钢铁行业的固定资产投资来看，2004年第一季度全行业完成投资334.9亿元，同比增长高达107.2%；第二季度，钢铁工业投资增幅明显下降，投资增速同比为27.8%；到第三季度，钢铁工业投资增速进一步回落，其中7月份为14.7%，8月份为22.1%，9月份同比下降1.9%；前三季度，我国钢铁投资同比增长41.7%，尽管仍是一个高速度，但这比第一季度回落了近66个百分点。2004年第二季度开始，国家采取了一系列宏观调控政策，如提高钢铁投资项目自有资本比例、控制土地和信贷投放总量等措施，遏制这些行业盲目投资，对抑制钢铁投资热发挥了重要的作用。据统计，在2004年前三季度，国家清理违规钢铁项目345个，淘汰在建落后炼钢能力1286万吨、落后炼铁能力1310万吨。

投资增幅呈现下降趋势，表明总体上钢铁投资热已经得到初步控制。但此成果只是阶段性的，要注意警惕盲目投资等情况出现反弹。

3．各类资本对钢铁工业的投资积极性空前高涨

由于钢铁市场需求的不断扩大与盈利大增，引来各种资本对钢铁产业的投资一浪高过一浪。重点大中型企业已建成投资或正在建设的就有宝钢三期，武钢三炼钢、鞍钢、本钢冷热轧钢改造，唐钢、邯钢、包钢、华菱、珠钢薄板坯连轧，还有一批棒、线材连轧机项目等。除了国有大中型钢铁企业扩大产能外，一些民营企业、外资企业和钢铁工业系统以外的企业纷纷进入钢铁生产领域。总体来说，对钢铁工业的投资是以内资尤其是国有大中型钢铁企业为主，据初步统计，2004年前10个月，内资占钢铁工业的投资85%以上，国有大中型钢铁企业投资占总投资的70%以上。国内民营资本投资钢铁工业的步伐也非常快，据统计，民营资本在建和拟建的钢铁能力合计在2500万吨左右。此外，日本新日铁、韩国浦项及德国的蒂森—克虏伯等钢铁跨国公司加大了对中国钢铁工业的投资，与国内钢铁企业合资建设钢铁项目，台湾烨联、唐荣与万顺也准备在大陆建立不锈钢厂。

4．投资重点区域向沿海地区集中

由于国内铁矿石供应严重不足，新建钢铁生产项目所需铁矿石绝大部分依赖进口，从运输条件与经营成本考虑，新建钢铁生产项目向沿海地区集中的趋势十分明显。据河北省冶金行业协会预计，河北省2004年粗钢产量将达5300万吨，这几乎占全国粗钢产量

2.7亿吨的近1／5。河北省1／3以上的钢铁项目集中于具有港口优势的唐山市。仅在唐山钢铁集团周围20公里的范围内就有4家钢铁企业；2004年，上海市、辽宁省完成钢铁工业投资预计将超过100亿元；江苏、山东等沿海省份钢铁工业投资也将接近100亿元；此外，广东、浙江、安徽等省钢铁工业投资增长也非常迅速。

（二）存在的主要问题及原因分析

1．钢铁产业投资过快，产能过剩将难以避免

尽管2004年钢铁工业的固定资产投资增幅呈现下降趋势，投资过热得到初步抑制，但预计全年投资增幅仍接近40%，钢铁产业投资过快的势头未得到根本性扭转。据有关资料，由于近两年的高速投资，到2005年，我国高炉生铁产能将达到3.13亿吨，比2003年的产能增长近50%；钢的产能将达3.3亿吨，比2003年的产能增长60%以上。这样规模的生产能力已能满足2010年的市场需求。在短时期内对钢铁产业的高强度投资，显然脱离了市场需求的增长，钢铁生产能力将不可避免地出现阶段性供过于求。产能过剩必然导致价格下跌，库存增加，开工率下降，对全行业经济效益产生严重影响，将会有一批企业出现亏损甚至倒闭。

钢铁产业投资过快的势头未得到根本性扭转的原因除了钢材市场需求旺盛，资本追求高额利润等内在因素之外，还与地方政府行为有着密切关系。地方政府从发展地区经济的目的出发，在招商引资、工商注册、土地批租、税收政策等方面支持钢铁工业发展，越权违规审批已不是个别现象

2．许多新建项目加剧了产业的结构性矛盾

近年来，新建钢铁项目在相当程度上加剧了产业结构矛盾，主要表现在：一是产业生产集中度低。在全球钢铁工业加快产业重组之时，我国炼钢企业从80年代中期的114家剧增到现在的280多家，平均规模不足70万吨，其中200余家小炼钢企业平均规模还不到10万吨，轧钢企业多达1.2万家，难以实现集约化经营；二是产业布局不合理。相当数量的新增钢铁生产能力是建在一些水资源短缺、电力供应紧张和环境要求严格的地区，生产布局十分不合理；三是不利于钢铁产品结构调整与优化。目前，我国的冷轧薄板、镀锌板、彩涂板、不锈钢板、冷轧硅钢片等关键钢材品种仍然短缺，但受资金、技术等条件的限制以及追求短期效益的影响，2004年特别是上半年新建的钢铁项目中，许多项目将生产的产品主要是线材、螺纹钢、窄带钢等普通钢材产品，难以实现产品结构调整与优化的目的。

造成上述结构性矛盾的主要原因是对钢铁工业投资与发展的宏观调控能力弱化。近年来认为“国家不必干预钢铁等竞争性行业的发展，应由优胜劣汰的市场规律决定市场的兴衰”的观点很有市场。由于过分强调市场这只“无形的手”的调控作用，政府宏观调控的必要性与调控方式都受到较多质疑，造成宏观调控能力弱化、缺乏明确的钢铁产业政策和行业规划引导，致使钢铁工业投资高速增长难以有效控制，产业结构优化升级的目的不能实现。

3．银行信贷资产所占比例偏高，极易产生新的不良资产

钢铁工业是典型的资本密集型产业，项目投资较大，单位投资一般在0.5～1亿元/万吨。目前，我国钢铁项目的投资中，银行贷款占较大比例，大型钢铁企业项目一般为50%～60%，民营企业比例更高。一旦市场发生变化，钢材价格下降，经济效益恶化，将难以偿还银行贷款，形成银行新的不良资产。

分析钢铁工业投资中银行信贷资产所占比例过高的原因，一方面是因为商业银行对钢铁工业发展前景依然看好，在银行信贷资金没有更多好的投资领域的情况下，必然加大对钢铁项目贷款的力度；另一方面是因为我国银行的主体是国有商业银行，由于体制原因，国有商业银行的自我风险约束机制尚不健全，银行对一些未经审批和违规审批的扩能项目也给予支持，这就容易造成新上钢铁项目尽管自有资金比例很小，但大部分项目仍然靠各种手段获得社会融资和银行贷款。

4．加剧了资源供需矛盾，与新型工业化道路原则相悖

钢铁工业能耗高，资源消耗多，污染重，通过技术进步，实现节能降耗，走可持续发展道路的要求十分紧迫。经调查，近期擅自发展起来的钢铁企业不但消耗高、污染重，与现有企业抢夺有限的资源、能源，也加剧了一些地区资源和能源供应紧张的状况，在电力供应紧张的华东地区和严重缺水的华北地区，违规建设钢铁项目的热度最大。

三、2005年我国钢铁工业投资形势分析

（一）2005年我国钢铁需求与钢铁工业发展规模分析

1．钢铁市场需求将有所提高

总体看，从影响2005年我国钢铁需求的有利因素与制约条件分析，制约钢铁需求快速增长的因素将起到主导作用。其理由是：随着科学发展观的落实，依靠固定资产高投入、高增长的发展模式已不适应今后经济发展要求；二是从国外工业化国家发展历程看，随着产业结构升级，钢铁消费强度呈现不断下降的趋势；三是技术进步和企业经营管理水平提高，单位产值的钢铁消耗会逐渐减少。因此，我们认为，2005年的钢材需求量增加速度将远低于2004年增长速度，预计2005年钢材实际表观消费量为3亿吨左右，比2004年增长10%左右。

2．钢铁工业发展仍有一定空间

由于2005年的钢材需求量仍然有所增加，考虑到进口品种结构调剂与钢铁综合成材率，2005年我国钢铁工业生产规模仍有所扩大，钢产量可能保持在2.9～3亿吨的合理水平，比2004年增长11.5%～15%。因此，相对2004年2.6亿吨的钢铁产量，我国钢铁工业仍有一定的发展空间。

（二）2005年我国钢铁工业投资分析

1．投资增速将比2004年明显下降

2005年，由于受钢材需求量增长速度显著减缓的影响，钢材价格上涨势头总体上将得到抑制，甚至价格比2004年略有下降，加之能源、原材料及其他投入品价格上涨，钢铁行业利润率比2004年将有明显降低。此外，国家将在土地、环保、信贷等方面对钢铁工业继续实施宏观调控政策，因此，各类资本对钢铁工业投资的积极性会得到抑制，投资增速将比2004年出现明显回落。预计2004年钢铁工业投资将完成1980～2100亿元，投资增速大致在10%～15%。

2．投资增速将呈现前低后高的走势

2004年，钢铁工业投资增速呈现了明显的前高后低的趋势：第一季度投资增速同比增长高达107.2%，第二季度，投资增速下降为27.8%；到第三季度，钢铁工业投资增速进一步回落，其中7月份为14.7%，8月份为22.1%，9月份同比下降1.9%。由于上年第一季度投资增速基数很高，此后，投资增速逐季度回落，尽管2005年我国钢铁工业投资增速将比2004年出现明显回落，但极有可能出现与2004年相反的走势，即投资增速前低后高。

3．投资区域重点进一步向沿海省市特别是港口城市集中

我国自产铁矿石严重不足，从2002年开始，进口铁矿石已经占总消耗量的50%。由于我国国内铁矿石增产潜力较有限，今后扩大钢铁生产能力所需铁矿石将主要靠从国外进口。为了保持铁矿石等原材料的稳定供应，为了降低运输成本，新建钢铁项目正逐步向沿海省（自治区）的港口城市集中，广东、广西、浙江、江苏、山东、河北等省（自治区）内的港口城市将继续成为各类资本角逐新的钢铁工业项目的主战场。

4．产业兼并重组可能成为重要投资手段

钢铁企业购并重组无论在全球范围，还是在区域性范围都是一种发展趋势，中国也必将面临这一趋势的影响。目前，作为钢铁大省的河北省，其钢铁业的重组改革已开始。河北省不分钢铁国营和民营的企业性质，从企业产品、技术和装备等方面进行优化重组；根据国家法律法规、产业政策和核准管理，以及环保节能等技术指标，建立违规、落后企业退出机制。钢铁工业是辽宁省的重要产业，为了增强本省钢铁工业的国际国内竞争力，国家有关部门与辽宁省政府都力推鞍钢、本钢两大钢铁企业的联合重组。2005年，这两大钢铁集团的联合重组有望取得重要进展。

四、主要政策建议

（一）进一步统一思想，提高对钢铁工业实施宏观调控必要性的认识

尽管2004年国家对钢铁等投资过热行业实施的宏观调控政策已经取得了一定成效。现在看来，宏观调控的效果还是初步的、阶段性的，基础还不牢固。例如，2004年下半年，随着钢材价格有所回升，不少地方小炼钢、小轧钢第二季度停产，第三、四季度又开始恢复生产；一些地方和企业仍在争上新的钢铁项目，盲目投资、低水平扩大产能的现象依

然存在。因此，要真正认识到我国钢铁工业投资规模偏大、增速过快、投资结构不合理的问题尚未根本解决，今后仍需要进一步统一思想，提高对钢铁工业加强宏观调控必要性和艰巨性的认识，只有这样，才能切实加强和改善对钢铁工业的宏观调控。

（二）加强和改善政府对钢铁工业的宏观调控机制，保持钢铁工业持续发展

首先，在对国内外钢铁工业发展趋势和市场需求进行科学研究的基础上，对钢铁产业发展制定明确的中长期规划；其次，尽快完善和落实行业技术标准，提高产业进入门槛，用以规范社会资本对钢铁产业的投资；第三，为适应国际钢铁产业大规模并购和重组的新形势，国内钢铁企业必须加快联合、重组步伐，走规模化、集团化发展道路，提高国际竞争力；第四，坚持区别对待、有保有压、不搞"一刀切"的方针。一方面，采取必要的行政、经济和法律措施，坚决淘汰一批生产工艺与设备落后、能耗高、污染严重的企业；对达不到市场准入条件的项目，政府应一律不予审批或核准，更不允许擅自开工建设；对冷轧薄板、镀锌板、彩涂板、不锈钢板、冷轧硅钢片等关键钢材品种生产能力建设，对有利于提高产业集中度、优化区域布局的投资项目，国家给予必要的支持。

（三）加强政府部门之间、产业主管部门与金融机构的沟通与协调

一是加强产业主管部门与土地管理、城市规划部门、环保部门的沟通与协调，对不符合产业政策、发展规划和环保标准的建设项目，一律不批准用地和开工建设；二是强化产业主管部门与金融机构的沟通与协调。新增钢铁能力将在今后三年左右的时间内集中释放，这无论对原有企业还是对新建企业，面临的风险都在逐步加大，为防患于未然或减少信贷风险，产业主管部门应及时与金融机构进行沟通、协调，促使各商业银行加强信贷审核，对不符合政策导向和市场准入条件，以及未按规定程序审批的项目，一律不予贷款。

（四）尽快制定、出台《钢铁产业发展政策》

为了保持中国钢铁工业可持续发展，实现从钢铁大国向钢铁强国的战略性转变，必须有一套对钢铁工业长远发展具有权威指导意义的政策性法规。其中最有代表性的政策是钢铁产业发展政策。该政策作为指导钢铁工业发展的法律性文件之一，应从钢铁工业发展目标、产业布局优化政策、产业技术政策、产业组织结构调整、投融资管理、贸易及原材料政策、行业准入制度等方面提出规范化的政策条文。

2004–2005 汽车工业投资形势分析与预测

近几年来，我国汽车消费市场呈现出出人意料的快速发展。在巨大的市场潜力和高额利润的吸引下，已有数千亿元国内外资本投资于汽车产业，我国汽车产业也因此而进入一个超高速发展阶段。在汽车产业投资持续高速增长的趋势下，我国汽车生产能力扩大速度非常惊人。到2007年，全国汽车总生产能力将达到1100～1200万辆以上。汽车行业投资增长过快，有可能造成供需失衡加剧。我国汽车市场在经历了两年的连续井喷之后，2004年下半年进入增长回落阶段，增长速度大为下降，汽车价格一降再降，市场供求矛盾开始凸显。预计2005年汽车市场预期产销600万辆左右，生产能力已经明显过剩。与此同时，跨国汽车公司还在加快进军我国市场的步伐，产量继续提升将不可避免，我国汽车产业将从此进入真正的激烈竞争时代。

一、2004年汽车市场与产业发展特征分析

（一）汽车市场特征分析

1．汽车产销量实现较大幅度增长

尽管我国汽车市场在连续两年的井喷之后，出现一定程度的回落，但2004年我国汽车产销仍然双双突破500万辆，实现了连续3年每年跨上一个百万辆级台阶。我国汽车产销量3年翻了一番，汽车产品结构也得到进一步优化。据统计，2004年，汽车产销507.41万辆和507.1万辆，同比增长14.1%和15.5%，增幅比上年分别下降21.1%和18.7%。虽然产销增幅较上年有一定程度的回落，但在上年400万辆规模的基础上仍能保持15%左右的增长速度，足以证明2004年汽车工业整体运行仍然处于正常且较为平稳的发展态势中。

其中，轿车总量继续增长但增幅回落，轿车产销双双突破230万辆，分别达到231.6万辆和232.6万辆，同比增长11.9%和15.2%，与上年同期相比，增幅回落71.3%和60.1%；载货车产销两旺呈现较高增长，载货车产销151.5万辆和152.6万辆，同比增长23.2%和25.9%，增幅分别比上年增加13.2%和15.6%；客车行业产销增长缓慢，轻型客车增速回落较快，客车产销123.9万辆和121.8万辆，同比增长8.2%和5.1%，增

长较为缓慢，且增幅较上年也有所回落。

2．降价幅度继续加大

与前两年不同的是，2004年的汽车降价浪潮呈现出降价周期短、覆盖面宽、降价幅度深、进口车降价幅度大于国产车的特点。据统计，1～12月份，全国汽车价格指数累计降幅为3.5%，其中轿车降幅为4.3%，载重汽车降幅为3.8%。据对全国36个大中城市监测数据，1～12月份，国产汽车与进口汽车价格持续走低。国产客货汽车价格比年初下降2.9%。其中载客、载货汽车价格与年初相比，降幅分别为4.7%和1.6%。载客汽车中轿车类价格降幅较深，累计降幅达7.5%，其中轿车、越野车、微型客车分别比年初下降8.2%、3.1%和8.3%。轿车监测品种中，爱丽舍SX、桑塔纳GLi、夏利骏雅7101A、宝来1.8、赛欧SL、捷达CiX等车型受升级换代影响大幅降价，降幅分别达到15.4%、14.7%、12.8%、10.4%、10.3%和10.3%，其余大部分品种降幅均在6%以上。

3．汽车进口增速减缓，出口呈现高速增长态势

2004年，由于国内汽车生产企业加大了产品引进和开发力度，特别是国产轿车品牌在性价比方面已经具备了和进口车竞争的实力，从而削弱了进口车对国内汽车市场的冲击。2004年1-11月，累计进口汽车15.9万辆，同比增长2.6%，与2003年同期相比，增幅下降35.2%，汽车进口量仅占同期汽车销量的3.4%。其中，轿车和越野车等汽车整车主要进口品种增幅与上年相比明显放缓，2004年1-11月，轿车累计进口10.4万辆，同比增长12.9%，与2003年同期相比，增幅下降35.6%；越野车与上年快速增长相比，增幅明显下降。2004年1-11月，越野车仅进口3.1万辆，同比下降16.0%。

与进口形成鲜明对照的是，2004年汽车出口继续呈现出迅猛增长态势。2004年1-11月，累计出口汽车11.7万辆，同比增长187.0%，与上年同期相比，同比增幅高出93.3%。由于出口产品技术附加值偏低，虽然出口总量保持高速增长，但出口创汇和进口相比仍存在较大差距。

4．汽车市场需求的个性化、多样化趋势越来越明显

近年来，汽车的主体属性已经从原来的生产资料转化为生活消费品，购买人群也从集团购买转为私人消费。随着私人汽车消费需求的不断扩大，轿车主流消费群体正在发生变化，中、低收入家庭开始逐渐进入汽车消费市场，成为主流人群。他们买车更加注重实用性和经济性，小排量微型车并不是技术落后的产物，具有节约能源、原材料、停车面积和价格低廉等优势并逐渐受到欢迎。我国轿车市场在总量增加的同时，市场越来越细分的特征日益明显。

（二）汽车产业发展特征

1．生产能力增长较快，投资规模继续扩大

随着近年来我国汽车工业的快速发展，汽车生产能力与总量规模实现了突飞猛进的增长。在2002年和2003年汽车市场高速增长的诱惑下，我国汽车产业出现了新一轮投资热潮，各类投资主体对汽车产业投资的积极性高涨，既有汽车生产企业本身的大规模投资，也有大量新进入的民营资本和非汽车产业的国有资本，因此，我国汽车产业的生产能力大幅度提高。截至2004年底，我国整车生产能力接近600万辆，其中轿车300万辆。从2003年到2007年的5年时间内，各地规划的汽车行业投资金额达2000多亿元，将新增产能600多万辆，预计到2007年，全国汽车总的生产能力将达到1100～1200万辆。

2．结构调整步伐加快，产业集中度明显提高

一直以来，我国汽车产业发展的分散性和小规模特征十分明显。随着市场竞争的不断加剧，这种状况十分不利于我国汽车产业的健康发展。新《汽车产业发展政策》明确提出要推动汽车产业结构调整和重组，避免散、乱、低水平重复建设。可以看出，这几年我国汽车产业正在加快产业结构调整的步伐，产业集中度明显提高。截至11月底，一汽集团、上汽集团、长安汽车、北汽集团、东风汽车集团五家企业产量分别为92.1万辆、78.6万辆、52.9万辆、49.2万辆、47.1万辆，同比增长11.1%、10.1%、23.9%、58.0%、6.9%；销量分别为89.8万辆、76.0万辆、52.8万辆、48.5万辆、45.7万辆，同比增长12.6%、8.9%、24.1%、59.4%、5.6%。1～11月，上述五家企业累计生产汽车312.9万辆，占汽车产量的68.5%，比去年同时提高了7.3个百分点；累计销售汽车312.9万辆，占汽车产量的68.3%，比去年同时提高了7.7个百分点。

3．汽车行业销售收入保持增长，但利润下降明显

受需求增长放慢、钢材等原材料价格上涨以及汽车价格大幅下降的影响，2004年，汽车工业销售收入和利润增长大幅放慢，利润率明显变薄。1～11月累计，全部汽车工业实现销售收入8878亿元，同比增长17.3%，比1～6月和1～3月份分别回落6.9个和10.1个百分点。1～11月累计实现利润646.4亿元，同比下降8.2%，比上年同期减少57.4亿元；而上年全年汽车工业实现利润为714.7亿元，同比增长50.7%。另据统计，2004年，我国汽车行业的平均利润由2003年的8.6%降到了5%左右，全国处于亏损状态的汽车企业有10多家。

4．自主开发能力仍较薄弱

从产品的研究开发和培育自主品牌上看，这两年我国汽车企业在产品的研发上并未取得较大突破。自主研发能力的薄弱在一定程度上造成了民族汽车品牌的市场弱势地位，在乘用车领域表现尤为明显。目前，我国共有轿车企业30余家，其中，15家企业为中外合资企业或者是以中外合资企业为主，所生产的产品均为国外品牌的轿车；而另外15家企业当中，真正民族品牌或引进技术所生产的轿车总量只有约38万辆，仅占全部国产轿车销量的19%，占国产汽车总的市场份额不到9%。绝大多数汽车合资企业是想以CKD方式引进，消化吸收，然后形成自主开发能力，最后创出自主品牌。但是，随着汽车市场需求层次的不断升级，汽车产品更新换代的速度不断加快，加上跨国汽车公司对华战略的调整，使得国内汽车企业还来不及在引进和消化吸收的基础上形成自主开发能力，引进的车型品种就已经面临被淘汰的局面。虽然国内的一部分企业已经具备了自主研发的能力，但在目前的市场环境下，仅凭这些企业自身的条件，要想在短期内提升自主研发能力，创建自主知名品牌还有相当大的难度。

（三）汽车产业投资形势分析

目前，全国共有汽车整车制造企业120余家，有27个省(市)生产汽车、17个省(市)生产轿车，有23个省(市)已建成轿车生产线。连续两年的汽车市场井喷刺激了各大汽车厂家增加投资扩大产量，还有相当一部分企业甚至将产能翻番扩张。据不完全测算，目前我国汽车生产能力已经接近甚至超过600万辆。

2004年，几乎没有一家企业不在增加产能，尤其是在华的外资汽车厂商更是推波助澜地追加投资、扩大产量。如广州本田在12万辆产能的基础上，又将产能提升至20万辆；北京现代二期扩建工程已经完成，产能达15万辆，几乎是2003年的3倍；一汽大众二厂2004年建成后，产能也将扩大到35万辆，加上老厂的30万辆，产能共计达到65万辆；上海大众在2003年完成40.5万辆产量之后，2004年目标是45万辆；上海通用2003年完成17万辆，2004年目标是20万辆；神龙汽车2003年产销量突破10.6万辆，2004年的市场目标则是15万辆。

二、2005年汽车市场发展预测与投资展望

（一）汽车市场发展趋势预测

目前，我国汽车消费正在进入理性消费阶段，预计2005年的汽车市场不会像2004年那样大起大落，而是从超高增长的阶段回归到平稳增长状态，产销有望保持在15%左右的增长速度。据有关部门预测：2005年汽车总需求量将达到580万辆，增长12%，其中轿车需求量为275万辆，增长17%。

1．国内汽车市场的竞争将更趋白热化

2005年，各大跨国公司一定还将加大对我国汽车市场的投资力度，试图占领更大的市场份额，对于市场的争夺将会更加激烈。在中高档轿车方面，奥迪A6将有换代车型新A6推出；北京奔驰E级、C级将在我国车市掀起Benz旋风；一汽丰田推出新皇冠和MarkX；而马自达6的衍生版本2005年起也将陆续投产；别克君威换代车型Lacrosse将在美国投放，引入我国只是时间问题；现代索纳塔NF完全颠覆了老款索纳塔EF的设计理念，将成为北京现代持续扩张中至关重要的一个筹码；三菱戈蓝和克莱斯勒300C的国产将使得中高档车市格局发生较大转变；而一汽大众宝来也将在PQ35平台生产宝来A5。10万元左右的紧凑型轿车已经成为低端市场的主要选择。2005年，标致206无疑是紧凑型轿车市场最大看点，而马自达2将与本田飞度展开新一轮厮杀。另外，进口汽车会逐年增加，占汽车市场的比重会越来越

大，对国内汽车生产会产生越来越大的压力，特别是在中档以上的车型市场。

2．降价仍将是汽车市场的主要趋势

从总体上看，2005年降价仍将成为其主要趋势。我国汽车行业的平均利润率还高于其他多数行业，存在较大降价空间。据汽车工业协会调查统计，目前我国汽车企业平均利润率为8.1%，高于国内的其它多数行业。其中，一汽、上汽、东风三大集团利润率约为9.4%，而轿车企业中上海通用和北京现代的利润率都在22%左右，远远高于国际市场3%～5%的平均利润率水平。显然国内市场价格还存在着较大的下降空间，特别是中高档轿车的降价空间更大，进口车的打压以及新车型的加入使本来就相对狭小的中高档车市场竞争将更加剧烈。而经济型车价格调整的幅度已经极为有限，现在经济型车的最低价已突破3万元，基本已到了维持成本的底线。中档车价将向10～15万元靠拢，这一区间的竞争将更加激烈，少数销量大的车型有可能大幅降价，以达到挤占市场的目的。对于进口汽车来说，在2005年进口配额取消、进口汽车大量到货、供求关系改善的大环境下，进口汽车价格理论上应呈现下降走势。但由于进口车随着国家政策的变化大，不能排除部分品种因供给减少而导致价格出现小幅上涨的可能。

3．运力持续紧张将促进载货汽车需求快速增长

2003年第四季度以来，运力紧张问题显现，主要表现在日益加速增长的电煤运输和原材料产品快速增长造成铁路运力的严重不足，如火车货运清车率仅保持1／3左右。2005年动力紧张可能有所缓解，但运输业的发展仍然是偏紧运行。由于替代效应和运价的上升，将继续促进公路货运量的快速增长，从而刺激货车需求量的增长，因此，2005年，重型载重车特别是载重20吨以上的重型载货车将迎来一个需求高峰。

4．各项新的汽车消费政策将进一步促进汽车消费环境的改善

国家促进汽车消费的政策将陆续出台，这有利于汽车消费环境的进一步改善。汽车产业政策重点从生产环节向销售环节转变，以便更好地发挥汽车产业的支柱作用。已经出台的《汽车产业发展政策》要求地方政府一律取消不利于汽车消费的政策，最近出台的汽车报废政策允许给予补贴鼓励报废之后购买新车。《二手车市场管理办法》也即将出台，该办法将使二手车市场经营主体多元化，允许个人之间直接交易；除涉及国有资产的车辆外，二手车的交易价格可由买卖双方商定，并建立二手车自愿申请评估制度，促进二手车流通。国家商务部公布的《汽车品牌销售管理实施办法(征求意见稿)》中，提出只要汽车生产商授权，进口车可以和国产车同网销售。

（二）汽车产业投资展望

今后五年各地在汽车整车方面的规划投资将达2000多亿元。众多国际知名汽车集团如福特、大众、通用、丰田、本田、雪铁龙、雷诺等不但没有因市场发生暂时波动而改变在华的长期战略，反而继续追加在华投资，以期扩大其市场份额。

福特公司已与长安集团签约，双方结成战略联盟，将在未来几年共同追加投资10亿至15亿美元，这些投资主要用于长安福特产能的扩张和福特在华第二个轿车生产厂以及发动机厂的建立。长安福特产能扩张之后，将从目前的年产2万辆扩大到年产15万辆。福特公司的目标是希望在扩产之后最终能取得我国轿车市场10%的占有率，并实现大部分车辆生产本地化。另外，我国政府已批准福特汽车公司、马自达汽车公司和长安汽车集团三方合作，在南京江宁经济技术开发区建立整车制造厂。

通用汽车正在计划竭尽所能地以最快和最有效的方式增加在我国的产能，措施可能包括收购现有设施、接纳转手工厂及自行建设等等。通用汽车计划在我国的合资工厂上海通用原上海厂区内再增加一个装配工厂，上海通用为扩大上海生产基地的投入在20亿元人民币以上，而扩大的产能也在2万辆以上。

与国外巨头扩大对我国汽车企业投入遥相呼应，近期内，国内的经营企业也纷纷携巨资进入汽车行业，美的收购了三湘，浙江华翔重组了江西富奇，三星奥克斯也入主了沈阳双马，业界人士认为，国内汽车行业新一轮投资热潮正在启动。

此外，一批发动机项目也在上马，其中包括东风有限汽车公司乘用车公司年产36万台的发动机新工厂项目、一汽丰田长春发动机公司的13万台年产能项目、东风本田发动机厂12万台年产能项目、广州丰田30万台年产能项目、北京现代产能30万台新厂、上海通用年产30万台的大宇发动机厂、上海大众年产30万台的发动机项目等。从各大汽车公司公布的新增发动机产能计划来看，有近200万台的产能已经处于开工或建设之中。

三、政策建议

（一）加强对汽车产业的统筹规划，努力控制汽车产业投资规模

据有关方面统计，到2007年我国汽车整车生产能力将超过同期市场需求一倍左右，将会约有50%的生产能力放空，有关专家预测将会有1/3的厂家倒闭。预计2005年国内汽车供给增长大于需求增长10%以上，供大于求的形势将显得更加突出。与此同时，各地对汽车项目投资积极性还在不断高涨，许多部门、地方和企业都提出要把汽车产业作为拉动经济增长的主导产业。面对目前生产能力大大超过市场需求的局面，各级政府应从全局的高度认识到，把汽车工业作为我国国民经济的支柱产业来发展具有十分重要的战略意义。对我国汽车产业应进行统一规划，设定汽车产业发展战略目标。要加强对汽车工业产业的宏观指导，扭转是方保护主义局面，抑制盲目重复建设，引导汽车产业的理性化投资。2004年发布的新《汽车产业发展政策》既提高了汽车行业的进入门槛，也对其退出机制进行了约束。因此，应严格按照新汽车产业政策对新上项目进行审批，控制汽车产业投资规模，防止汽车产业的投资过热。

（二）调整投资结构，解决汽车产业的结构性矛盾

长期以来，我国汽车投资存在结构性矛盾，投资比例失调。我国汽车业的投资基本上集中在建设整车装备和产能的扩大上，在发展零部件行业和产品技术开发上的投资明显不足，因而导致汽车产业的结构性矛盾突出。没有强大的零部件工业和自主开发能力作为支撑，我国汽车工业会因此而缺乏发展的基础和原动力，这对汽车工业的健康发展是极为不利的。另外，比较重视中高档车辆产品的投资，忽视对小排量经济型车辆产品的发展。这种趋势导致汽车市场产品供求结构失调，不利于扩大汽车消费市场。因此，要改革投融资体制，调整投资结构，加大对零部件工业和技术开发的投资力度，鼓励发展面向整个汽车业的零部件产业，提高自主开发能力，形成自主品牌体系，积极发展适合广大普通消费者需求的经济型小排量汽车，才能解决汽车产业发展的结构性矛盾，促进汽车产业结构的升级。

（三）改善汽车消费环境，积极扩大私人汽车消费市场

汽车市场经历了超高速增长之后，使用环境方面出现了很多问题。2004年，除了三次调低税价带动汽车的消费外，我国汽车消费环境一直难如人意。进入2005年，抛开名目繁多的收费和限制不说，汽车消费信贷、车辆保险、二手车置换等服务领域的变化，并没有给消费者带来真正的实惠。在严格控制商业银行不良贷款大环境下出台的《汽车贷款管理办法》，强化了对汽车贷款的风险管理，提高了车贷的门槛，在一定程度上抑制了汽车消费需求的释放。人保新版车险“500元免赔金额”以及新版《中华人民共和国道路交通安全法》第七十六条的有关规定，也增加了购车者的成本和风险。在消费环节，节节上升的油价抑制了人们的购车冲动。我国的油价从每升2元多，急剧上涨到现在的每升近4元，几乎上涨了1倍。不仅油价上涨，在消费者使用成本中的保险费用、服务价格也都在上涨，如零配件和服务的价格、停车费，日益恶化的交通拥堵，以及尾气噪音等对环境的影响，都直接和间接提高了整个社会的汽车消费成本。因此，亟需从影响汽车消费的各项政策入手，消除制约私人汽车消费的瓶颈，改善汽车消费环境，从扩大汽车消费需求上来缓解汽车市场的供求矛盾。

（四）以大型汽车企业集团为核心，促进发展汽车产业集群

目前，围绕汽车工业形成的产业集群已初露端倪，形成了以一汽、上汽、东风、现代、长安等汽车大企业为核心的若干个产业集聚地区。在长江三角洲，初步形成了以上海、南京为核心的产业集群；在东北地区，初步形成了以长春、沈阳为核心的产业集群；在华中地区，初步形成了以武汉、十堰为核心的产业集群；在西南地区，初步形成了以重庆为核心的产业集群。但是，与发达国家相比，这些集聚地基本上是以大的整车生产企业为中心，自制率较高，在自身专业化分工程度上还远远没有达到产业集群的水平，产业配套能力和产业规模还有待提高。产业集群的形成必须有大量的关联产业在空间上进行集聚，因此，投资方向应积极向与整车生产配套、协作和服务的上下游产业转移，才能促进产业链的形成，发挥产业集群的优势效应。

2004—2005 年房地产业投资形势分析与预测

一、房地产投资现状与特征

（一）房地产投资保持高速增长，但增幅略有回落

近几年来，我国房地产投资一直保持较高增长速度。1998 年以来房地产投资总量持续增加，呈现明显的指数增长趋势（见图 1）。1999—2004 年房地产投资同比增长率平均为 24.2%，远高于同期全社会固定资产投资同比增长率的平均值 16.3%。同时，房地产投资占同期全社会固定资产投资的比例逐步提升，由 1998 的 13.7% 上升到 2003 年的 20.7%，6 年时间提高了 7 个百分点。

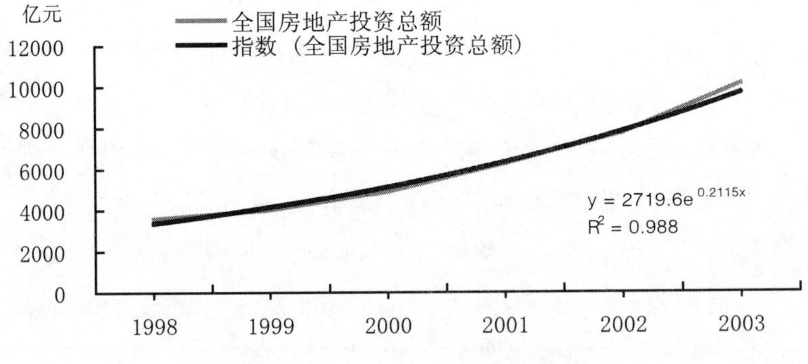

图 1 房地产投资增长方式拟合曲线

如表 1 所示，2001 年以来房地产投资逐月增长率半数以上都超过 30%。2004 年，房地产投资各月增长率呈现冲高回落的态势。2004 年 1—2 月份，房地产投资出现超常增长，同比增长率达到历史最高为 50.2%，之后在宏观调控的作用下，增幅逐步回落，下半年则维持在 28% 左右，低于 2001 年以来的平均水平。

表1 2001年以来我国房地产开发投资及其增长速度逐月情况

时间	房地产开发投资完成额（亿元）	房地产开发投资完成额同比增速(%)	时间	房地产开发投资完成额（亿元）	房地产开发投资完成额同比增速（%）
2001年1–12	6245.5	25.3	2003年1–7	4697.9	34.1
2002年1–2	416.6	30.2	2003年1–8	5566.5	33.1
2002年1–3	922.4	36.2	2003年1–9	6495.0	32.8
2002年1–4	1467.5	38.8	2003年1–10	7367.0	31.3
2002年1–5	2097.9	36.7	2003年1–11	8284.8	32.5
2002年1–6	2821.3	32.9	2003年1–12	10106.1	29.7
2002年1–7	3466.8	30.7	2004年1–2	944.8	50.2
2002年1–8	4143.7	30.0	2004年1–3	1820.4	41.1
2002年1–9	4862.7	29.4	2004年1–4	2686.2	34.6
2002年1–10	5588.0	29.8	2004年1–5	3703.2	32.0
2002年1–11	6228.1	28.2	2004年1–6	4923.7	28.7
2002年1–12	7736.4	21.9	2004年1–7	6055.3	28.6
2003年1–2	598.3	37.0	2004年1–8	7184.6	28.8
2003年1–3	1285.1	34.9	2004年1–9	8356.8	28.3
2003年1–4	1980.3	33.5	2004年1–10	9526.4	28.9
2003年1–5	2801.4	32.9	2004年1–11	10738.3	29.2
2003年1–6	3816.8	34.0	2004年1–12	13158.3	28.1

数据来源：国家统计局《房地产开发统计月报》。

（二）办公楼和商业营业用房投资增速最高，经济适用房投资增速最低

房地产不同类型物业中，办公楼和商业营业用房的投资增长速度最高，经济适用房投资增长速度最低。表2列出了2004年1–2月至1–12月房地产不同类型物业投资的逐月增长率，可以看出：办公楼投资和商业营业用房投资的增长速度最高，均高于同期房地产投资的总体增长水平；住宅和其他物业投资增长速度比房地产投资的总体增长水平略低一些；在住宅投资中，经济适用房的投资增长速度远远低于同期房地产投资的总体增长水平。而且，2004年上半年办公楼投资的增长速度最高，下半年则是商业营业用房投资增长速度名列首位。

表2　2004年房地产不同类型物业投资逐月增长速度　(%)

月份	房地产投资同比增长率	其中：住宅	经济适用房	办公楼	商业营业用房	其他
2004年1－2	50.2	46.4	11.9	95.6	64.9	44.5
2004年1－3	41.1	35.9	5.4	68.0	61.0	42.7
2004年1－4	34.6	32.2	10.5	53.6	48.6	29.7
2004年1－5	32.0	32.2	9.1	42.9	38.7	22.4
2004年1－6	28.7	29.7	4.2	38.3	33.6	18.0
2004年1－7	28.6	28.1	－0.5	31.5	35.6	24.2
2004年1－8	28.8	27.7	4.4	30.9	37.0	26.1
2004年1－9	28.3	27.4	6.1	32.0	35.1	26.1
2004年1－10	28.9	27.9	5.0	33.8	34.7	27.1
2004年1－11	29.2	28.7	3.6	29.7	33.2	28.1
2004年1－12	28.1	28.7	－2.5	28.3	31.4	22.8

数据来源：国家统计局《房地产开发统计月报》。

伴随着办公楼和商业营业用房投资较高的增长速度，2004年房地产投资结构略有调整。1998年以来，房地产投资结构日趋稳定，市场需求大且相对稳定的商品住宅开发日益成为房地产投资的重点领域。1998年以来，住宅开发投资占房地产投资的比重由48.4%上升至67%左右，自2000年以来基本稳定在房地产投资的66%左右；办公楼投资占房地产开发投资的比例逐步下降，由12.2%降至4.9%，从2001年起维持在5%左右；商业营业用房投资和其他投资占房地产开发投资的比例自2000年起基本维持在11%和16%。2004年，房地产开发投资结构略有调整，住宅投资在全部房地产投资中的比重基本稳定，为67.2%；办公楼投资和商业营业用房投资所占比重略有上升，分别为5.0%和13.1%，而其他物业投资的比重则降为1998年以来最低值，为14.8%（见表3）。

（三）土地购置费增幅下降，但土地购置价格大幅上升

土地购置费是房地产投资中的重要组成部分，也是近年变化最大的部分。如表4所示，1998年以来全国土地购置费呈现快速增长的势头，每年增幅均在40%左右。2004年1－2月土地购置费迅速上升，同比增幅达到60.9%，同期购置土地面积上升了44.4%。之后，国家一系列宏观调控政策的实施效果逐步显现，土地购置费增速逐步下降，增幅下降了50%左右。土地购置费增幅的下降源于土地政策的变动导致购置土地面积的大幅下降，2004年1－11月，购置土地面积的平均增长率为7.4%，大大低于1998－2003年购置

土地面积的平均增长率33.7%。与此同时，由于国家土地政策调整和土地招标、拍卖、挂牌等市场化方式的实行，土地购置价格持续上升，1998-2003年，土地购置价格年均上涨了8.4%。2004年，土地购置价格逐月上升，1-2月的土地购置价格为551.6元／平方米，1-11月的土地购置价格则上涨为663.6元／平方米，涨幅达到20.3%；如果与1998年371.3元／平方米的土地购置价格相比，则涨幅为78.7%。土地投资是房地产投资中最重要的组成部分，土地购置价格的上升对房地产投资增长的贡献会越来越大。根据国家统计局提供的房地产统计数据测算，[①]1998-2003年，土地价格上涨对房地产投资增长的贡献率平均为6.7%，土地购置面积的增加拉动房地产投资增长年均19.3%。其中，2003年土地购置价格大幅上升，其对当年房地产投资增长的贡献率达到了13.7%。

①资料来源：《2004年REICO报告》。

表3 历年全国房地产开发各类物业投资结构

年份	住宅	办公楼	商业营业用房	其他
1998	57.6%	12.0%	13.2%	17.2%
1999	64.3%	8.3%	11.8%	15.6%
2000	66.5%	6.0%	11.6%	15.9%
2001	66.5%	4.9%	11.9%	16.8%
2002	67.1%	4.9%	12.0%	16.0%
2003	67.1%	5.0%	12.6%	15.2%
2004	67.2%	5.0%	13.1%	14.8%

数据来源：国家统计局《房地产开发统计年报》。

（四）房地产投资地区分布不平衡

东部沿海经济发达地区仍然是我国房地产市场发展的重点和主导地区，在东部地区中，房地产市场又呈现向经济发达、居民人均收入高、购买力强和市场发育程度较高的大城市和热点城市集中的态势，房地产投资主要集中在北京、上海和广东。总体发展趋势表现为东部地区的投资比重稳中有降，而中部和西部地区的投资比重稳中有升。1998年房地产投资总额中，东部地区房地产投资占76.5%，中部地区房地产投资占12.6%，西部地区房地产投资占10.9%，北京、上海和广东三个地区房地产投资占全国房地产投资的比重为43.9%。2004年1-12月，在房地产投资总额中，东部地区房地产投资占69.5%，中部地区房地产投资占15.4%，西部地区房地产投资占15.1%，北京、上海和广东三个地区房地产投资占全国房地产投资的比重合计达30.4%。

表4 历年土地购置情况分析

年 份	土地购置费（亿元）	购置土地面积（万平方米）	土地购置费增长率（%）	购置土地面积增长率（%）	土地购置价格（元／平方米）
1998	375.4	10109.3	——	52.2	371.3
1999	500.0	11958.9	33.2	18.3	418.1
2000	734.0	16905.2	46.8	41.4	434.2
2001	1038.8	23409.0	41.5	38.5	443.7
2002	1445.8	31356.8	39.2	34.0	461.1
2003	2055.2	36965.0	42.2	17.9	556.0
2004年1-2	216.0	3916.2	60.9	44.4	551.6
2004年1-3	383.1	7166.7	45.2	33.2	534.5
2004年1-4	515.2	9492.1	33.1	23.4	542.7
2004年1-5	691.1	12380.5	26.1	9.8	558.2
2004年1-6	904.0	15489.4	20.4	2.8	583.6
2004年1-7	1121.7	18739.4	22.8	6.0	598.6
2004年1-8	1326.2	21411.5	22.9	6.0	619.4
2004年1-9	1526.4	24024.4	19.9	3.8	635.3
2004年1-10	1742.5	27059.9	22.3	7.0	643.9
2004年1-11	1983.3	29886.7	24.1	7.4	663.6

数据来源：国家统计局《房地产开发统计月报》。

（五）房地产投资来源中定金与预收款比重快速上升，国内贷款比重下降

1998—2003年，从房地产开发投资资金变化趋势看，定金与预收款比率持续上升，所占比重最高，国内贷款比率保持平稳，利用外资比率一直下降。上年结余资金1998年之后一直下降，到2000年处于较平稳的状态，占整体资金的14%左右；国内贷款一直比较稳定，维持在20%左右；自筹资金一直呈上升趋势，从1998年的21%上升到2003年的24%左右，自筹资金中自有资金的比率尽管在上升，从9.5%上升到13.3%，但在总资金中的比重仍然不高。利用外资一直处于下降趋势，从1998年的6.0%下降到2003年的1.2%，其中2003年利用外资数略高于2001年，但仍然远远低于1998年。从外国直接投资来看，也处于下降的趋势，从1998年的260亿元下降到2003年的114亿元。而本年其他

资金（以消费者定金和预付款为主）上升幅度较快，从1998年的33.6%上升到39.6%，增加了6个百分点（见图2）。从这个角度来看，1998年以来房地产业的发展主要是消费者的需求推动。

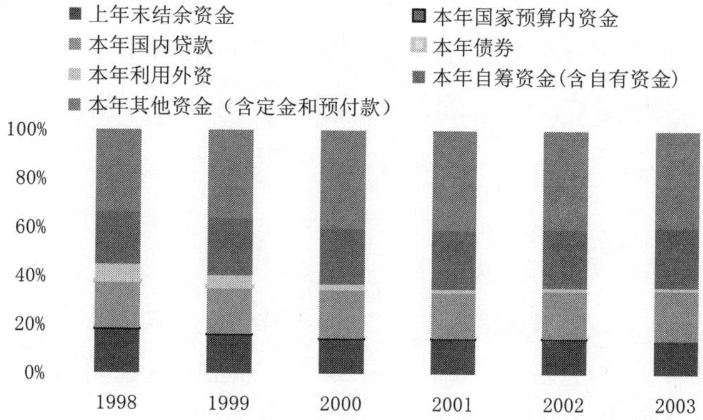

注：根据2004年中国统计年鉴相关数据计算而得。

图2 房地产开发资金来源变化趋势图

2004年1-12月房地产投资资金来源构成图见图3所示，房地产开发资金中，自筹资金和其他资金所占比重上升，其中定金与预收款比重的上升速度最快，由去年同期的38.7%上升至43.1%；国内贷款比重由去年同期的23.8%下降为18.4%；利用外资的比重保持不变；债券和预算内资金所占比重非常低，不到1%。从各项资金来源的比重变化可以看出，2004年紧缩信贷的调控政策效果显著。

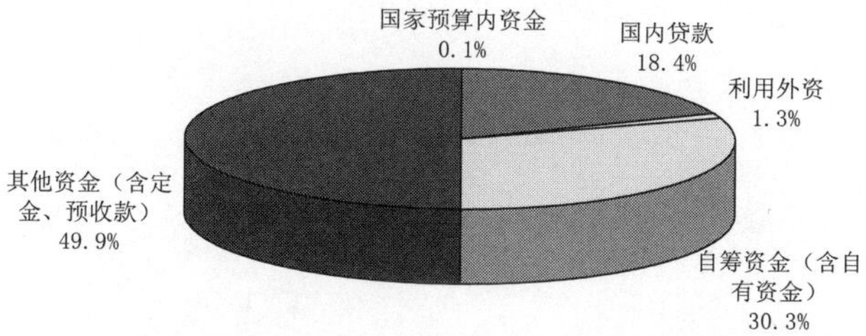

数据来源：国家统计局《固定资产投资统计月报》。

图3 2004年1-12月房地产投资资金来源构成图

二、房地产投资高速增长的原因分析

（一）房地产开发的市场化进程推动了投资的高速增长

我国的“房地产业”是指伴随我国市场经济体制建立而逐步发展起来的、以盈利为目的、从事房地产开发、经营及中介服务活动的企业群体。我国国民经济统计中的房地产开发投资，是从80年代中后期开始，针对“房地产开发企业”的开发投资进行的统计。尽管这个新生的产业以超常规的速度增长，但直到今天，由“房地产业”提供的产出，还只占我国全社会每年新增房地产供给的一小部分，大量房地产开发活动（建设面积和投资）“淹没”在各行各业的基本建设投资、更新改造投资、城镇集体投资以及城乡个人投资统计中。以住宅为例（占房地产产品60%以上），2003年，全社会新增住宅竣工面积为13亿平方米②，而“房地产业”提供的住宅竣工面积仅为4.4亿平方米③，所占比重仅为32%。大部分新增住宅仍是由社会上形形色色的业主（机关团体、工商企业、家庭）自己建设，以传统的“自给自足”方式生产的。

近年来房地产开发投资的快速增长，是我国城镇房地产建设和供应方式的市场化和建设方式结构调整的结果。从我国城镇房地产生产和供应状况看，1998—2003年，全国房屋建设施工面积和竣工面积年均增长率分别只有6.9%和3.5%，其中城镇房屋建设施工面积和竣工面积年均增长率分别也仅有10.9%和7.8%；2003年全国房屋建设施工面积和竣工面积增长率分别为12.9%和3%，其中，城镇房屋建设施工面积和竣工面积增长率分别也只有17.2%和6.7%，实际增长速度并不高，并不存在所谓“过热”现象。而近年来房地产开发投资出现快速增长局面，主要是我国城镇房地产生产和供应方式市场化和建设方式结构调整的结果，即原来由机关和企事业单位自行组织建设和供应的传统方式承担的城镇房屋建设工作量转由新型的房地产开发方式来完成，传统方式的房屋建设投资转为房地产开发投资，这就导致了我国城镇房地产建设整体增长速度不快而房地产开发投资出现快速增长的现象。

② 《中国统计年鉴2004》。

③ 同上。

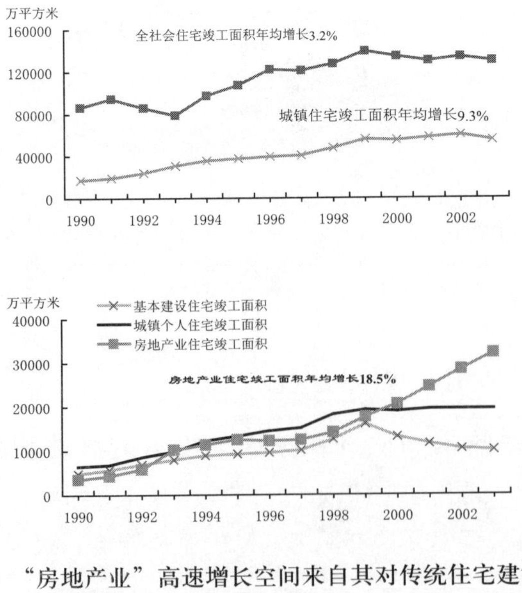

图4 “房地产业”高速增长空间来自其对传统住宅建设方式的替代④

④ 国有单位基本建设投资建房、城镇个人投资建房和房地产（业）开发投资建房是城镇住宅建设三个最大的组成部分。此外还有国有单位更新改造投资建房和集体经济投资建房，但比重相对较小。数据来源同上。

从图4可以看出，1990－1998年间，城镇住宅建设中，城镇个人建房、国有单位自建住宅（基本建设）、“房地产业”住宅建设的竣工面积几乎是在同步增长；而在1998年后，市场化、产业化生产对"自给自足"生产方式的替代明显增强了。国有单位自建的住宅建设规模于1998年后出现拐点，掉头向下，城镇个人建房增速也显著平缓下来。这种替代关系是明显的。

作为上述替代的结果，“房地产业”提供的新增住宅占城镇新增住宅的比重，从1990年的20.4%，提高到2003年的58.6%；对应地，传统的自建方式让出了相应的市场份额（见图5）。

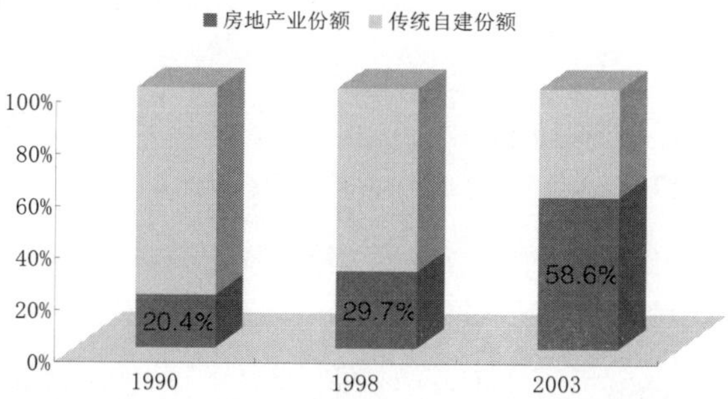

图5 城镇住宅建设中“房地产业”提供比重迅速上升

同样，城镇非住宅类房屋建设情况也正在经历着这样一个替代过程。非住宅类商品房屋竣工面积占全部城镇非住宅类房屋竣工面积的比重，由1987年的3.2%提高到2003年的19.2%；非住宅类商品房屋的实际销售面积与城镇全部单位自建非住宅类房屋之比，由1987年的2.0%提高到2003年的12.1%，且近五年来平均每年提高1个百分点，这表明近年来我国办公、商业用房等非住宅用房已逐步由单位自建转向房地产市场购买。

此外，城镇土地资产的市场化和货币化也是造成我国房地产开发投资快速增长的重要因素。近年来，伴随着我国土地资产货币化和房地产建设和供应方式的市场化进程，原来由机关企事业单位自行建房体制下无偿使用的行政划拨土地，在新型房地产开发方式下要通过国有土地使用权出让或转让的市场化方式取得，土地资产货币化并直接进入房地产开发企业的项目开发投资总额和商品房建造成本。再加上近年来由于国家土地政策调整和土地招标、拍卖、挂牌等市场化方式的通行，城镇土地购置价格的不断上涨必然会引致全国房地产开发投资总量的快速增长。

总之，近年房地产投资的高速增长源自全社会房地产领域的市场化替代，在全社会新增房屋投资增长率不高的情况下（1998－2003年，我国城镇住宅投资名义年度增长速度为13.1%，低于固定资产投资名义增长速度），房地产开发投资增长率越高，代表上述市场化替代过程进展得越快。因此，对近年来房地产开发投资的高速增长应该予以肯定。

（二）政策调控以及对未来价格上涨的预期是2004年初房地产投资超高速

增长的重要原因

2003年和2004年都可以称得上是“房地产政策年”，宏观调控、8·31大限、收紧房贷、严格拆迁等诸多政策的出台，对房地产投资均产生了不同程度的影响。

从2002年下半年以来，国家对房地产市场的发展政策开始转入规范市场、追求市场协调发展的新阶段。在这一阶段，国家针对当前房地产市场领域存在的问题，出台一系列的规范和调控市场运行的一系列宏观调控政策。其中调整最大的是规范和针对土地市场的政策和房地产金融政策。

在房地产金融调控政策方面，2003年6月13日，中国人民银行发出《关于进一步加强房地产信贷业务的通知》(即121号文件)，明确提高了商业银行发放房地产开发投资贷款、建筑施工企业流动资金贷款、个人住房贷款、个人商业用房贷款、个人住房公积金委托贷款“门坎”要求。从2004年4月开始，国务院明确首次大幅度提高了房地产开发投资项目的资本金比例，将房地产开发投资项目（不含经济适用房）的资本金比例由原来的20%提高到35%以上；国内一些商业银行业相继提高了城镇居民个人住房抵押贷款的首付款比例。

在规范和整顿土地市场的调控政策方面，2002年5月9日，国土资源部发布《招标拍卖挂牌出让国有土地使用权规定》，明确叫停城镇土地协议出让方式，要求从2002年7月1日开始，所有经营性项目用地都必须通过招标、拍卖或挂牌方式进行公开交易。2003年2月21日，国土资源部又下发《进一步治理整顿土地市场秩序工作方案》，整治的重点包括园区用地、非法圈占集体土地等。2004年，在巩固2003年全面整顿土地市场的基础上，国家继续加大力度，年初便暂停农用地向建设用地的转化，直至2004年11月1日才结束了半年的暂停期，恢复了土地正常流转。2004年3月31日，国土资源部与监察部联合下发71号文件，要求各地协议出让土地中的历史遗留问题必须在8月31日之前处理完毕，否则国家土地管理部门有权收回土地，纳入国家土地储备体系。2004年4月30日，国务院办公厅下发《关于深入开展土地市场治理整顿严格土地管理的紧急通知》，要求对所有固定资产投资项目进行清理，党政机关办公楼和培训中心、会展中心、物流园区、大型购物中心等房地产开发项目名列重点清理项目的名单；国务院还要求在治理整顿土地市场半年时间内，建设用地审批管理要实现"三个暂停"：即全国暂停农用地转用审批，暂停新批的县改市(区)和乡改镇土地利用总体规划的修改，暂停涉及基本农田保护区调整的各类规划修改。从2004年7月开始，国家开始土地市场整顿和查处工作，严厉打击土地开发中的土地囤积、土地闲置和炒卖地皮问题。

从短期来看，由于土地政策的调整，迫使房地产开发商提前将手中储备的土地完成报批程序，加上禁止拖欠土地出让金政策造成的高额信贷成本，使开发商不得不尽快进行项目开发，形成2004年初房地产投资的高速增长。此外，偏低的利率水平、持续高涨的“房地产过热”舆论环境引起购房者对未来供给下降、价格上涨的预期，无疑都是造成2004年房地产投资异常增长的重要原因。之后，土地和信贷严控的政策效应显现，房地产投资增长率迅速下降，2004年下半年则维持在近年的较低水平。从房地产产品特性来看，房地产产品的生产周期远远长于一般产品，长期供给具有弹性，而短期则供给刚性很强，在供求关系调整过程中也会有较大的投资波动现象。从长期来看，2002年下半年以来国家对房地产市场的各项规范和协调发展政策，对今后很长一段时期内的房地产业和房地产市场发展将产生深刻的影响，对促进我国房地产市场向规范、成熟的房地产市场转换，促进我国房地产业的长期稳定和持续发展将产生积极的影响。

三、房地产投资发展趋势预测

当前我国经济已经进入一个新的发展周期，宏观经济的良好发展和城市化的快速提升为房地产投资的继续增长提供了基础和条件；当前房地产市场需求旺盛，价格上升，是房地产开发投资持续增长的直接动力。预计2005年房地产投资总量将继续增长，但是随着拆迁规模的进一步控制和2004年新开工面积增幅下降的后续影响，2005年房地产投资增幅将减缓，投资结构亦会有所调整。

（一）宏观经济的良好发展为房地产投资的继续增长提供了基础和条件

经济发展开始由“温饱型”转向全面建设“小康社会”的新阶段。到2003年底，我国按当年汇率计算的人均国内生产总值已经超过1000美元（约1100美元），我国经济发展开始进入1000－3000美元的新阶段。与此相对应，党的“十六大”也提出了全面建设“小康社会”的发展新目标。在这一发展阶段，居民尤其是城镇居民收入快速增长和消费结构升级，为房地产业和房地产市场发展提供了强劲的市场需求和购买力。此外，城市化水平预计将以每年1个百分点的速度提高，也必将为我国房地产市场提供大量独立于现有城镇居民之外的新增额外需求。

2003年起，我国经济彻底摆脱了持续多年的通缩阴影。由于城乡居民消费结构升级，工业化、城镇化加速，国外产业加快向我国转移等因素，推动我国经济发展进入一个新的增长期。2003年GDP增长速度为9.3%，恢复到我国改革开放以来20年的平均增长水平；居民消费价格指数（CPI）全年指数为101.2（12月当月指数为103.1）；民间投资欲望显著增强。2004年3季度，GDP增长速度达到9.5%，1－12月全社会固定资产投资增长了27.6%。宏观经济的良好发展为房地产投资的继续增长提供了基础和条件。

（二）城市化进程的加快和消费结构的升级将拉动房地产投资的增长

目前，我国的城市化水平，保持在每年提高1至1.5个百分点的水平上，城市化进程速度加快。2010年我国城镇化水平将达到50%以上，城镇人口会达到6.5亿人左右。如果新增城镇人口中有60%需要解决住房，人均居住面积按28平方米计算，年需住房3亿平方米，2004－2010年共需住房面积21亿平方米。这是我国房地产业可以在今后10年左右保持较快发展的巨大动力。另外，城市旧区的改造和新区的拓展，又为房地产市场构建了新的项目平台。如果按拆迁住房面积对新购住房的带动系数1∶1.5计算，1.5亿平方米的危旧房改造，将带来2.25亿平方米的住房需求，年均需求安置房2800万平方米。另外，目前我国城镇住房总量约为80亿平方米，如按每年1%速度自然淘汰更新，则仅2005年就需要新建住宅0.8亿平方米。

我国人均GDP已突破1000美元，社会消费结构将向着发展型、享受型升级。人均收入不断提高，人们的消费结构将在收入增加的进程中得以改善和提升，从而使住宅消费需求继续保持增长的好势头(见表5)。

表5　城镇居民家庭收入、消费性支出和居住消费支出状况

	2000	2001	2002	2003	2004/1-6
平均每户家庭人口（人）	3.1	3.1	3.0	3.0	3.0
平均每户就业人口（人）	1.7	1.7	1.6	1.6	1.6
平均每人实际收入（元）	6295.9	6868.9	8177.4	9061.2	5154.2
平均每人消费性支出（元）	4998.0	5309.0	6029.9	6510.9	3484.2
平均每人居住消费性支出（元）	565.3	610.7	624.4	699.4	316.9
居住支出占消费支出比例（%）	11.3	11.5	10.4	10.7	9.0

资料来源:《中国统计摘要2004》。

（三）需求旺盛是房地产投资增长的直接动力

需求旺盛和价格上升是房地产投资增长的直接动力。当前我国房地产市场供求基本平衡，市场吸纳率逐步上升。1998年以来，房地产销售市场持续呈现旺销和繁荣景象，商品房销售额增长速度超过了同期开发投资增长速度；从1999年开始，全国商品房销售面积增长速度已超过了同期竣工面积的增长速度。由于房地产销售持续旺销，使得房地产市场吸纳能力逐年提高，按照国家统计局相关房地产数据计算：⑤ 1998～2003年，我国商品房的市场吸纳率由49.5%上升到66.5%；其中商品住宅的吸纳率由56%上升至70.2%（见图6）。

⑤资料来源：《2004年REICO报告》。

2004年商品房市场长期供给大于需求的状况开始缓解，年初至8月商品房销售面积超过当期竣工面积，8月之后，商品房销售面积开始略低于同期竣工面积（见表6），如果加入出租面积计算，则商品房吸纳能力与当期竣工面积基本持平，商品房市场供销两旺。根据国家统计局城调队2004年上半年对城镇居民住房消费情况的大样本调查，目前我国城镇居民住房的空屋率不足3.2%。说明我国房地产市场供需基本平衡。

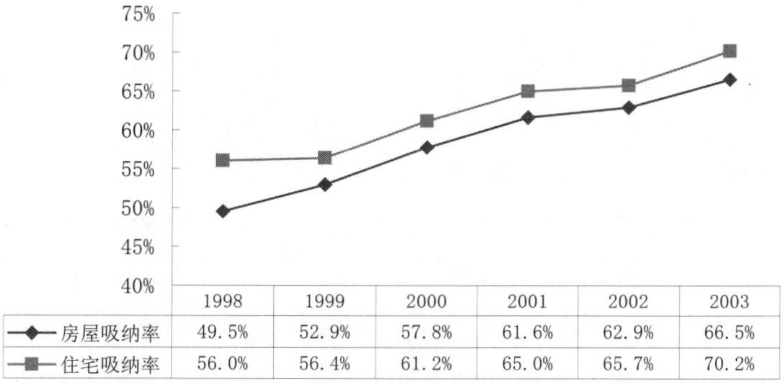

图 6 全国房地产市场商品房吸纳率增长情况

表 6　2004 年商品房竣工面积和销售面积逐月比较　单位：万平方米

时间	竣工面积	销售面积	销售面积－竣工面积
2004 年 1—2	1909.9	2221.51	311.58
2004 年 1—3	3680.62	4271.16	590.54
2004 年 1—4	5309.84	6200.70	890.86
2004 年 1—5	7084.31	8310.09	1225.78
2004 年 1—6	9552.98	11009.88	1456.90
2004 年 1—7	11808.51	13426.58	1618.07
2004 年 1—8	13989.10	15595.97	1606.87
2004 年 1—9	16882.61	18201.77	1319.16
2004 年 1—10	19849.59	20681.63	832.04
2004 年 1—11	23607.54	23725.51	117.97

数据来源：国家统计局《房地产开发统计月报》。

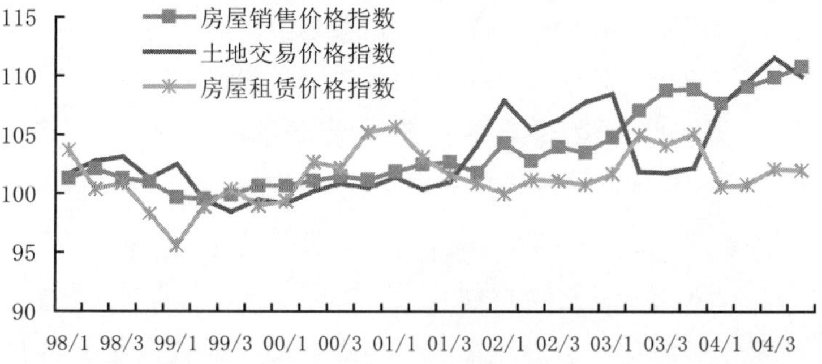

图 7　全国房地产价格的运行趋势（上年同期＝100）

（四）拆迁规模的控制和新开工面积增幅下降将降低房地产投资增幅

2004年1—11月，商品房新开工面积为49015.6万平方米，比上年同期增长11.7%。其中，前3季度商品房新开工面积增长率分别为22.5%、9.6%和6.6%，呈现总量继续增长，但增幅下降的局面。新开工面积增幅的下降将导致商品房潜在供给增幅的下降，后续将影响房地产投资的增幅。

据建设部不完全统计，2003年全国城镇房屋拆迁面积达1.56亿平方米，相当于当年商品房建设面积的48.5%，基本上是拆1平方米，建2平方米。从地区分布看，东部地区的拆迁量占全国的62%，西部为11.6%，中部为26.4%。从省市来看，有5个省市拆迁面积增长速度较快，有3个省市在1000万平方米以上，全国有一半的省会城市拆迁面积突破了100万平方米。2004年建设部有效控制拆迁规模，在年底的全国建设工作会议上，建设部负责人指出2004年全国城镇房屋拆迁总量比2003年下降50%以上。2005年建设部将继续严格控制城镇房屋拆迁规模，总量维持在2004年水平以内⑥。拆迁行为的规范将降低部分住房需求，对2005年房地产投资的增幅将产生影响。

⑥资料来源：中国房地产信息网．www．realestate.cei.gov.cn

（五）加息将通过影响自购房者和投资者的购房决策影响房地产投资的增幅

加息将促使房地产需求者重新审视房地产价格的走势，改变对房价上涨的预期，其对心理预期的影响要大于实质性的影响，将影响自购房者和投资者购房的决策。对于自购房者，要观看一下房价的走势再做决策，推迟购房的时间；对于房地产投资者，是以追逐利润为目的，如果预期房地产价格将回落，投资收益下降，资金将向其他领域转移。同时，加息改变了消费者手中金融资产的价格，增加了贷款购房的成本，提高了贷款购房的风险，使其消费行为更谨慎，安排购房计划和选择购房时机将更合理。与供给相比，加息对需求方的影响将更大。目前，由于加息的幅度不大，对房地产投资的影响并不显著，未来随着加息程度的增大，这种影响将最终反映在对房地产投资增幅的影响上。

（六）房地产投资结构将进一步调整

作为影响房地产市场最重要的“121 号文”和“18号文”两份文件同时提出“增加普通商品房供应，提高其在市场供应中的比例，努力使住房价格与大多数居民家庭的住房支付能力相适应”的观点，“18号文”更加明确了其概念，同时明确了经济适用房的政策边界。在满足中低收入住房要求方面，政府应承担更多责任，通过土地划拨、减免行政事业性收费、政府承担小区外基础设施建设、控制开发贷款利率、落实税收优惠政策等措施，切实降低经济适用住房的建设成本，努力使住房价格与大多数居民家庭的住房支付能力相适应。在此政策背景条件下，“调整住房供应结构，大力发展普通商品房，加强经济适用房的建设，严格控制高档商品房建设” 仍会成为2005年房地产投资结构调整的目标，尤其是在2004年房价大幅上涨的形势下，加强低价商品住房建设，平抑不断上涨的房价将是地方政府的首选。

此外，办公楼投资和商业用房投资仍将继续以高于房地产投资整体增长速度增加。目前，无论是国外投资商，还是国内的各种类型企业，对未来中国经济都有一个良好的预期，特别中国加入世贸组织、CEPA实施之后，金融、保险、科技、贸易、物流等行业快速发展，在这种形势下，必然会产生对作为经济重要载体的办公楼的强大需求，使办公楼市场的健康发展有了一个良好的背景。而且，随着世界经济和中国经济的快速发展，对商业物业的需求亦将持续增长。国外财团和中国企业看好中国的商业市场；国内民营经济的迅速发展，普通居民收入的提高，使得民间富余资本迫切需要找到投资渠道；银行利率很低，股市长期低迷且风险性较大；商业用房投资回报率相对较高且风险相对办公楼较小。这些将导致对商业用房的强劲需求，使商业用房的投资不断增加。特别是一些处于调整期和蛰伏期的城市将呈现出较大的市场潜力，如大连、天津等地。但在城市地域空间上，商业用房发展仍有一定局限性，未来仍将依托于其他形态的房地产而发展。对于中小城市而言，目前普遍消费能力较低，商业用房市场的快速发展存在一定程度的风险性。

四、政策建议

（一）对近年房地产市场的高速发展应予以肯定

近年来房地产市场的高速发展，与我国城镇住房制度改革后长期压抑的住房消费的释放有关。建立在个人真实需求之上的商品房市场的迅速增长，奠定了房地产业连续多年的快速成长期，因此近年来房地产市场的高速发展总体上是健康的、正常的，应该对房地产投资的这种高速增长予以肯定。在近年需求结构加速变动的背景下考察，房地产投资增长和市场需求增长是正常的趋旺表现；既定景气环境下，有效需求推动的价格指数上升，最终要通过增加供给来缓解和平抑，未来几年房地产投资、销售和价格仍将保持稳定上升。

（二）因势利导避免房地产市场出现短期大幅震荡

我国房地产业已基本发育成市场主导型产业，其投资主要由供需关系决定。在国家宏观调控情况下，房地产投资需要稳步增长，不能导致房地产业的“大起大落”。由于存在调控效应的滞后性，建议政府在进行宏观调控时注意节奏，充分考虑调控时滞，关注市场变化，及时进行力度适中的针对性调控。当前的房地产市场运行，只要在宏观景气方面加以调节（已经开始调高基础利率），同时严格约束城市政府的债务规模，不会出现什么大问题。同时，要注重管理部门的沟通，重要决议的出台应该与各个有关部门进行沟通，避免对市场预测的动荡。

（三）引导相应的地方政府缓和供求结构矛盾

在房地产市场的宏观调控上，要加强地方政府各个部门的协调配合，综合运用土地、规划、金融和管理等措施，引导地方政府做好房地产市场的宏观调控。对于房地产投资增长较快的地区，应根据市场需求，适当调整市场规模；对于结构性矛盾突出、价格涨幅过大的地区，应调整供应结构，适当增加土地供应量，加快普通住宅和经济使用住宅的建设，满足不同收入水平家庭的住房需求，平抑房价的过快增长。

（四）加强房地产投资方面的法制建设

目前我国房地产开发投资方面的法规很不完善，涉及房地产开发的法规较少，且多为原则性规定，使执法者在执法过程中难以掌握合理的尺度；对于诸如土地交易、资金投向等缺乏明确合理的规范，造成开发商擅自改变投资方向等现象；一些地方对房地产开发投资具有明显的地方保护主义色彩，形成竞争环境的不公平，诱发许多违规、违法和腐败的现象。因此，要保证房地产市场长期稳定的发展，必须加强房地产投资方面的法制建设，为企业提供一个公平的市场竞争环境，尽可能地杜绝违规现象。

（五）增强土地市场管理的科学性

随着《招标拍卖挂牌出让国有土地使用权规定》及其后一系列有关土地出让方式改革政策的出台，土地供给的市场化程度逐步提高，从长期来看，对规范我国房地产市场的发展有着积极的意义。短期来看，如何科学合理地制定土地出让计划则成为各级政府亟待解决的技术难题。多年来，各级土地管理部门一直都没有总结出一套科学制定土地出让计划的方法，而土地是房地产开发最重要的基础，土地出让计划的合理与否，将直接影响房地产投资的发展和变化。因此，政府应加强对房地产市场运行规律的认识和研究，尽快提高土地市场管理的科学性，保证房地产市场平稳健康的发展。

■ 地区形势

2004—2005年长江三角洲地区投资形势分析与预测

长江三角洲(下称长三角)地区包括上海、江苏、浙江三省市，总面积21.3万平方公里。2003年，总人口13797万人，占全国总人口的10.7%，创造国内生产总值28106.6亿元，占全国GDP的24%。这一地区是我国经济发展最快的地区之一，被公认为是当今全球最具活力的经济圈之一。

一、2004年投资形势分析

（一）投资增幅明显回落

2004年，长江三角洲(下称长三角)地区全社会固定资产投资完成15856.9亿元，比上年增长24.5%，低于全国固定资产投资增长速度1.3个百分点。与2003年相比，长三角地区投资增长速度快速回落，下降了7.9个百分点，占全国固定资产投资的比重也有所下降，由23.1%下降为22.6%，下降了0.5个百分点。其中，上海市完成投资3084.6亿元，比上年增长25.8%，增幅比上年提高了13.7个百分点；江苏省完成投资6827.6亿元，比上年增长28%，增幅比上年下降10.6个百分点；浙江省完成投资5944.6亿元，比上年增长20.2%，增幅比上年下降17.9个百分点。浙江、江苏两省的固定资产投资下降幅度尤为明显。

（二）重点行业投资得到加强，部分行业投资过热现象得到有效控制

2004年，电力行业成为制约长三角地区经济发展的瓶颈，为了解决电力不足的问题，长三角地区的电力投资明显加强。江苏省电力在建项目达到385个，建设规模达到1659亿元，比上年增长49%，完成电力投资520.8亿元，增长63.6%；上海、浙江的电力、燃气以及水的生产供应投资均增长了81.8%，成为增长幅度最大的行业之一。另外一个增长幅度较大的行业是交通运输，为了解决运力紧张问题，长三角地区的交通运输投资明显得到了加强。上海、浙江两省交通运输投资均增长了47.4%。

与此同时，一些过热行业的投资明显降温。浙江省黑色金属冶炼及压延加工业投资增幅从一季度的6.1倍回落到2004年全年的90.6%，水泥等非金属矿物制品业投资增幅

从1.3倍回落到30.7%。2004年全年，江苏省钢铁工业、水泥工业投资分别增长21.4%和77.%，比一季度回落108.6个和51.8个百分点。

（三）房地产投资继续快速增长

近年来，随着上海及其周边地区经济的飞速发展，长三角房地产市场呈现一派兴旺景象。2004年，长三角地区房地产开发投资总额达到3740.5亿元，比上年增长37.6%，远远高于全社会固定资产投资的增长速度。其中，江苏省房地产开发投资增长幅度最大，同比增长了50.3%，浙江省房地产开发投资总额最大，为1295.2亿元。2004年，长三角地区商品房施工面积达到35656.7万平方米，比上年增长28.1%，商品房竣工面积达到10544.7万平方米，比上年增长22.4%。

（四）投资向大城市集中

长三角地区的投资主要集中在上海、苏州、南京、无锡、杭州、宁波等大城市。2004年，仅上海市的全社会固定资产投资就占长三角地区的19.5%。杭州、宁波两市的全社会固定资产投资占全部浙江省的35.6%。苏州、南京、无锡三市的城镇固定资产投资占江苏省13个地级市城镇固定资产投资的55.3%。

（五）国家宏观调控有效抑制住了长三角地区的投资过热

2004年4月，中央为进一步加强宏观调控，先后出台了一系列政策，尤其是4月29日国务院办公厅下发的《关于深入开展土地市场治理整顿严格土地管理的紧急通知》，提出重点对土地审批、土地占用、占补平衡、新增建设用地有偿使用费、土地征用补偿安置及经营性土地使用权招拍挂等六个方面情况进行清理检查和整顿，明确提出在治理整顿的半年时间内，严格建设用地审批管理的“三个暂停”措施，即全国暂停农用地转用审批，暂停新批的县改市(区)和乡改镇的土地利用总体规划的修改，暂停涉及基本农田保护区调整的各类规划修改。

中央的调控政策对长三角产生了严重影响，一批重复建设、不利于资源集约利用和环境保护的项目，尤其是没有办理土地审批手续的项目被叫停。据上海统计，调控波及的项目金额达4000亿元，包括上海环球影城、上海环球金融中心、崇明岛过江隧道与上海实业投资的赛马场。而江苏受到的影响更大。常州“铁本”项目被叫停，江苏投资过热问题受到中央、国务院的高度重视。苏州规划中的总投资1370亿的轨道交通项目被叫停，苏州规划中的机场项目也同时放弃，至少5年内苏州不会再动工机场项目。浙江省也受到影响。舟山市的一些项目已经停止实施，原有意向的PTA、大型化纤、大口径钢管项目已停止。签约准备2004年动工建设的15个大型项目有5项涉及基本农田保护，8项涉及审批难以实施。绍兴市46个重点项目用地8410余亩，已办妥征用手续的仅为1816.3亩，缺口达1472.7亩，没有用地指标的项目一律被叫停。宁海县查明违法用地企业314家。国家的宏观调控有效地抑制住了长三角地区的投资过热。

二、存在的主要问题

（一）土地的瓶颈制约问题越来越严重

长三角地区是世界上人口最密集的地区之一，也是土地资源最为短缺的区域之一。人均耕地只有0.75亩，仅为全国人均耕地1.43亩的1/2左右。近年来，随着经济的快速发展和招商引资步伐的加快，长三角地区设立了大量的开发区，除国务院有关部门和省人民政府批准设立的开发区外，还有大量地、市、县、乡甚至村级开发区。这些"遍地开花"的开发区虽然在一定程度上带来了当地经济的繁荣，但同时也导致长三角出现"地荒"。2004年，江苏常州出现的铁本事件，充分说明长三角地区在经济快速发展的同时，土地的乱占乱用问题也非常严重。土地是不可再生资源，随着长三角地区可用土地面积越来越少，土地对经济发展的瓶颈制约越来越明显。土地与经济发展的矛盾已经上升为长三角地区进一步发展的最主要矛盾。

土地资源是一个地区经济发展的动力源之一，土地资源的储备量通常被视为一个地区经济发展后动力的主要因素。经验表明，土地在一定时期内的批量“变现”，通常可以带来经济的繁荣，但土地的提前或超量“变现”必然会造成经济发展的“动力透支”而导致一个地区的经济发展后动力不足。再按照目前的状态开发下去，长三角很快就将没有土地可供应，土地资源不足，将严重影响长三角地区经济和投资的可持续发展。

专栏1：江苏铁本事件

铁本于2002年初筹划在江苏省常州市和扬中市建设设计能力为840万吨的大型钢铁联合项目，2003年6月开始施工。经查明，该项目在建设过程中，当地政府及有关部门严重违反国家有关法律法规，越权分22次将投资高达105.9亿元的项目分拆审批，违规审批征用土地6541亩，违规组织实施征地拆迁。根据国务院常务会议决定，该项目已停止建设。

（二）电力紧张状况突出，制约经济发展

2004年是我国电力短缺最严重的一年，长三角普遍出现缺电现象。电力专家认为，上海属于“一般短缺”，江苏属于“严重短缺”，浙江则进入“电力危机”状态。据统计，下辖上海、江苏、浙江、安徽、福建四省一市的华东电网2004年电力负荷缺口在1800万千瓦以上，占全国缺口3000万千瓦的60%。错峰用电、避峰让电、拉闸限电等新兴词汇对于长三角而言已屡见不鲜，从春季到冬季，缺电的压力一直存在。仅2004年前5个月，华东电网全网拉限电总量就已经超过56亿千瓦时，接近上年全年拉限电的总量，达到历史之最。在浙江和江苏，许多企业被迫停工，出现每周“停四开三”的状况，拉闸限电造成的损失超过200亿元。

缺电使得长三角地区的投资吸引力锐减。浙江已经有许多企业因缺电而关门，还有一些企业迁往江西、安徽等邻省。诺基亚（中国）公司致信杭州市委、市政府，指出："如果杭州研发中心的业务开展遭到电力供应的严重掣肘，受损害的将不仅仅是诺基亚，还有杭州招商引资的信誉和效果。可以想象，没有一家公司会投资在一片电力供应无法得以保证的土地上。"缺电已经成为制约长三角投资增长的一个重要因素。

（三）水质性缺水问题严重，水资源承载力下降

由于工业排污日益严重，长三角的水源不断恶化，2004年，苏南、浙江的一些城市由此出现了工业用水和居民饮用水吃紧的局面。长三角经济核心区太湖流域，按经济社会发达程度测算，是全球第19大经济区域，国内生产总值人均近5000美元，然而这里污水排放量每年达53亿吨，流域内人均至少可以分摊100吨污水。"吴越多污水、缺好水"的困局日益严重。据水利部门调查，太湖流域有近一半地区的饮用水水源地水质不合格，上海市有2／3的饮用水水源地水质不合格。上海、苏锡常地区和杭嘉湖地区一些城市，均不得不实施或规划从长江、钱塘江跨流域调水。水资源对于一个地区的经济发展有着至关重要的作用，水资源出现"瓶颈"足以困厄一个地区的经济发展及居民生活。因此，不考虑水资源承载能力，不采取切实措施解决水质性缺水问题，长三角地区的投资增长将难以为继。

（四）技术人才短缺制约企业发展，降低投资吸引力

随着长三角地区经济高速发展、产业结构不断升级换代，对高级技术人才的需求不断增加。由于缺乏技术工人，尤其是高级技术工人，长三角地区闹起了"技工荒"，其严重性甚至超过了"电荒"。据统计，苏州每年技工的缺口至少2.5万人。即使在装备制造业实力颇为雄厚的上海市，目前，高级技工占技工总数的比例也只有6.2%，这与发达国家高达30–40%的比例相去甚远。据上海市经委预测，未来3年，上海全市年均高级技工的需求约1.8万人。尖锐的供需矛盾，使得长三角地区的技工成为炙手可热的"抢手货"，"哄抢技工"的事件时有发生。相比起长三角地区的"电荒"，"技工荒"不仅来得更紧迫，而且非一朝一夕能够解决的。

如果说电荒需要三五年可以解决的话，技工荒则至少需要10年。"技工荒"对长三角地区经济的负面影响已经显现出来，素有"皮衣之都"之称的浙江省海宁市，因为车工紧缺，2000多家企业每天至少流失100万美元订单。许多跨国公司在把工厂搬至长三角的同时，却把附加值最高、最核心的生产环节留在本国，因为这需要很高的技能，而长三角地区不能满足必要的人才需求。人力资源问题不解决，必将影响长三角地区的竞争力和投资吸引力。

（五）房地产价格持续上升，投资成本不断加大

随着房地产投资的火热及国外资金的大举介入，长三角地区的房价不断攀升。在过去的两、三年里，以广州为代表的珠三角地区房价已经跌了一半，而以上海为代表的长

三角地区，房屋却升值了一倍。2004 年，在全国房价上涨最快的9个城市中，长三角地区就占了4个，分别是上海、杭州、南京、宁波。尤其是上海、杭州、南京等城市，更成为社会资金集体炒房的主战场。

专栏2：长三角地区2004年一季度高级技工供求情况

职务等级	求职人数	岗位需求	求人倍率
职业资格四级（中级技能）	38226	69468	1.82
职业资格三级（高级技能）	6180	10480	1.70
职业资格二级（技师）	4762	8189	1.72
职业资格一级（高级技师）	472	1778	3.77
中级及以上技工	49640	89915	1.81

2004 年，按可比口径计算，上海住宅商品房价格水平比上年上涨14.6%，每平方米销售平均价格已达6385元，市中心内环线以内房价涨幅更是高达27.5%。浙江全省房价上涨了15.2%。而2003年房价涨幅排在上海、浙江之后的江苏省，2004年，商品房价格也开始快速增长，1－8月份，江苏省商品住宅平均售价与2003年底相比上升了16.5%，快于全国平均水平1.6个百分点，房价增幅快于上海（4.3%）和浙江（3.4%）。

房地产价格上升不仅引起水泥、钢材等行业的过热，而且使投资成本增大，影响城市竞争力。由于商务成本太高，2004年上海的外资进入额度已经低于全国水平。受2010年上海世博会的影响，今后一段时期内长三角地区的房价还会继续保持增长势头，房价不断上升对投资的负面影响使人担忧。

三、2005年投资预测及依据

展望2005年，长三角地区的经济发展和投资既有有利的因素，也有不利的因素。有利因素主要表现在以下几个方面：

（一）世界经济保持平稳，有利于投资稳定增长

预计2005年美国经济将保持平稳发展的势头，日本经济缓慢复苏，欧盟经济也不会有大的波动，因此，整个世界经济将保持平稳。这对长三角地区的发展是有利的，因为这一地区的进出口规模较大，外贸依存度较高。近几年，这一地区投资高增长的一个很重要的原因是国际环境好转带动出口大幅增加。但是，也要看到，2004年，重点是针对这一地区的发达国家反倾销案件在不断增多，贸易保护主义在抬头，再加上这一地区的基数已经较高等原因，2005年出口高增长还面临较多的不确定性，因此，对于出口对投资的拉动作用不宜估计过高。

（二）我国经济快速发展，促进投资继续较快增长

目前，对于2005年全国经济形势的判断，总体上都比较乐观。舆论普遍认为，我国经济正处于一个新的上升阶段，经济增长的内在动力正在增强，2005年，经济持续向好的发展趋势不会改变。主要原因基于以下几点：第一，从经济发展所处的历史阶段来看，我国经济已经进入持续快速发展阶段。根据世界各国经济发展的实际情况，人均GDP达到1000美元以后，该国经济就将发生质的变化，进入一个持续高速增长阶段。2003年，我国人均GDP超过1000美元，据此也可以初步判断中国经济已进入持续快速发展阶段。第二，我国经济正平稳地运行在新一轮周期中。自从1993年实行紧缩政策以后，我国经济进入了景气循环的下降阶段，此后，经济增长速度不断下降，2001年达到7.3%。2002年以来，我国经济再次提速，进入新一轮经济发展周期。第三，我国加入WTO、北京申奥成功、上海申博成功、人民币预期升值、我国人力资本的比较优势等一系列重大因素将继续带动外资大举进入中国。

经济增长与投资增长之间是互动关系，投资增长拉动经济增长，经济增长反过来又促进投资较快增长。2005年，我国经济形势持续向好，必将促进投资继续快速增长。

（三）城市化进程加快，推动投资不断增长

研究发现，我国城市化与投资率之间存在着十分密切的关系，其相关系数达到0.84；进一步的计量分析则发现，现阶段城市人口占总人口的比例每提高1个百分点，投资率可上升0.88个百分点。这说明城市化是导致投资率上升的主要因素之一。城市化进程的加速，对社会基础设施、市政设施、房地产、汽车等行业提出了巨大的需求，并对诸如钢材、水泥、能源、交通、运输等形成巨大的压力。

目前，我国已经进入了城市化加快发展的阶段。根据国际经验，在城镇化水平达到30%左右后，城镇化发展进入加速阶段。2004年我国的城镇化水平为41.8%，正处在加速发展的过程中。长三角地区正在努力打造世界大都市圈，城市化进程将会进一步加快，这必将有利于促进投资的进一步增长。

（四）长三角一体化进程实质性地推进，投资力度将加大

2004年，长三角一体化进程迈出了实质性步伐，从纸面走向实体。2005年，一体化进程还将不断地实质性地推进，长三角区域规划将启动，交通一体化将在2004年8月出台《长江三角洲地区现代化公路水路交通规划纲要》的基础上进入实质性操作阶段。旅游一体化出水，长三角无障碍旅游区正在抓紧建设中。随着长三角一体化进程的加快，长三角地区的交通基础设施投资力度将继续加大。

同时，我们也要看到，2005年长三角投资增长也受到一些因素的制约，主要表现在以下两点：

（一）宏观政策偏紧，低水平投资将受到抑制

2005 年，我国的宏观经济将出现以下两个新的特点：一是货币政策和财政政策都仍将执行稳健的方针，贷款规模和投资规模都将继续受到一定程度的控制；二是经济增长方式的转变。2004 年，中央经济工作会议明确提出，必须坚决扭转高消耗、高污染、低产出的状况，全面转变经济增长方式，这一方针将对以铺摊子、争项目为主的粗放式投资产生抑制作用，同时提高投资的质量和效益。因此，在国家宏观调控下，长三角地区的投资增长幅度将会有所下降，低水平投资将会受到抑制。

（二）资源、环境压力日益突出，制约投资快速增长

土地、电力等资源对长三角地区经济发展和投资增长的约束将会越来越明显。2004 年，地荒、电荒、运荒“三荒”给长三角区域敲响了警钟；2005 年，此“三荒”压力非但不会减轻，反而会更加严重。2005 年 1 月 27 日，国家发改委经济运行局副局长朱宏任表示，2005 年，中国电力供应偏紧状况仍难根本缓解，最大电力缺口估计在 2500 万千瓦左右。华东仍然是 2005 年最缺电的地区，缺口预计为 1200 万千瓦。除此之外，水荒和技工荒的警钟也将在长三角上空敲响，长三角地区的资源承载力和自然承载力都在下降，投资的可持续增长将会受到空前的资源环境压力。

基于以上几点，同时考虑到近几年长三角地区投资快速增长，大批项目已经开始建设，需要继续投资，因此，在投资的惯性作用下，2005 年长三角地区的投资还会进一步增加。2010 年，上海世博会不仅会加大基础设施的投入，而且也会促进房地产开发投资的增加。综合考虑各种因素，我们初步判断，2005 年，长三角地区的投资将会进一步增长，但增长幅度将会在 2004 年的基础上继续回落。投资质量和效益会进一步提高，长三角地区将从过去的以产品、价格、规模为核心竞争力的外延粗放式模式，逐步转向以技术、资本、人力资源为核心竞争力的内涵集约式模式。交通、能源等基础设施和基础原材料投资力度将会继续加大，房地产投资也将继续保持快速增长势头。

四、政策建议

（一）提高投资强度，提倡集约用地

2005 年是国家正式开始宏观调控后的第三年，而土地政策无疑是宏观调控中的龙头与重点。根据国土资源部正式发布的《2005 年工作要点》，2005 年建设用地供应将采取“从严从紧”政策，严格执行土地管理法律法规和供地政策、土地利用总体规划和计划，严把建设用地预审和审查报批关。在这一背景下，长三角地区要尽快研究制定鼓励土地集约利用的政策措施，推进节约和集约用地，严格执行建设用地定额指标和土地投资强度指标。 实际上，在提高投资强度方面，长三角地区还是有较大的空间的。我国普遍存在着开发区单位土地效益低的问题。法国的开发区单位面积投资的平均水平是 60 万美元／亩，新加坡、台湾等地均在 100 万美元／亩，而长三角地区，即使是投资密度比较高的

昆山市和苏州工业园区，平均水平也只有36万美元/亩。因此，提高投资强度，增加单位面积的产出效益，应是长三角地区招商引资的方向。

（二）转变经济增长方式，优化投资结构

尽管长三角地区是我国最发达地区之一，但这一地区的产业结构依然存在不尽合理的地方，第二产业仍然占较大比重，第二产业投资仍然是带动投资增长的主要因素，第三产业投资增长的动力不足。各城市间的产业相似系数较高，结构雷同现象严重。有数据显示，长三角产业结构趋同率高达70%。在苏浙沪经济圈的15座城市中，有11座城市选择汽车零配件制造，有8座城市选择石化，12座城市选择通信产业作为支柱产业。在产业趋同现象严重的同时，各地区产业还存在结构层次低、产业的技术创新能力不强、处于“产业链”低端的产业所占比重较大等问题，产业和产品的技术含量均亟须提升。尤为严重的是，由于长期以来片面追求经济增长速度，不注重环境保护和可持续发展，长三角地区的资源环境容量已接近饱和。今后，长三角地区要打造世界大都市圈，必须大力发展第三产业，尤其是现代服务业，加大对第三产业的投资力度，引导社会资金投向第三产业。同时，通过产业政策，引导资金向高科技含量、资金密集型产业聚集，摒弃低水平的重复建设，放弃拼资源、拼人力、拼价格的传统发展模式，走出一条科技含量高、企业效益好的新型工业化道路。

（三）抑制房价过快增长，降低商务成本

针对日渐升高的商务成本问题，长三角地区政府应采取各种措施，多管齐下，抑制房价过快增长。可以考虑从土地供应、住房供给、银行信贷等多个渠道来调控房价。比如，政府可以增加住宅土地供应，加大中低价房的投资和建设力度，增加住房供给；银行可以收紧个人购房按揭贷款，减少炒房行为；上海市在2004年4月26日起实施的“期房限转”政策也有一定的借鉴意义，通过限制购房者在房子造好前将向房地产开发商预购的期房转让给他人，控制炒房行为，以此避免房价大起大落。

（四）加大专业技术教育投入，为经济发展储备人才

发达国家的经验表明，发展高等职业教育，是保障经济高速发展对人才需求的重要途径。美国、德国、日本在进入经济高速发展期后，高职教育招生比例一般高达40%左右。1997年，美国高职生为547万；1999年，日本高职生数为169.7万。反观我国高等教育的现状，普通高校不断扩大招生规模，而中等与高等职业学院的增长速度却要低得多，有的地方甚至还有所下降。

随着我国经济快速发展，特别是新型工业化进程加速推进，社会对高技能人才的需求日益迫切，“蓝领”、“灰领”缺口相当大。目前，我国高级技工、技师占技术工人总量的比例只有3.5%左右，远远底于发达国家的水平。而在长三角地区，由于经济高速发展，能耗、环保、用地等指标考核越来越严，产业面临升级压力，因此，技术人才的供需缺口更大。在此背景下，加大专业技术教育的投入力度，增加专业技术人员的供给，就显得尤为重要和迫切。而发展教育事业，不能仅靠市场手段来调节。对人才的培养和储备，应该作为一项长期战略来实施，需要政府这只看得见的手来调节，需要及早行动，甚至是未雨绸缪。

2004–2005年珠江三角洲地区投资形势分析与预测

珠江三角洲(下称珠三角)地区包括广州、深圳、珠海、中山、佛山、江门、东莞和惠州、肇庆市的一部分，由于统计数据可获得性原因，本文珠三角的数据包括惠州和肇庆不属于珠三角地区的部份。本报告所指的固定资产包括基本建设投资、更新改造投资和房地产投资三个部份。

一、基本情况与特征

2004年是我国经济出现重要转折之年，煤电油运出现了供给紧张的局面，一些行业出现了投资过热的情况，国家及时采取了有保有压的宏观调控措施，保证了整个国民经济持续健康发展的良好局面。2004年也是珠三角地区快速发展的一年，固定资产投资继续保持了快速发展的势头。

（一）基本情况

2004年1–11月，珠三角固定资产投资总额为2998.8亿元，占广东省固定资产投资的78.9%，其中，基本建设投资1756亿元，更新改造投资350.4亿元，房地产投资1072.5亿元，分别为同期广东省的77.2%、59.2%、91.9%。可以说珠三角地区的投资情况基本上就反映了广东省的投资情况，反过来说，广东省的投资情况基本上就反映了珠三角地区的投资情况。

从数据上看，2004年前11个月，珠三角地区各市固定资产快速增长，尤其是基本建设投资增长很快。由于珠三角地区由9个市构成，每个市的情况不完全一样，我们先对9个市的投资情况进行简要的分析。

2004年1–11月，广州市固定资产投资956.4亿元，比上年同期增长22.8%，其中，基本建设投资476.5亿元，同比增长44.3%，更新改造投资119.8亿元，同比下降3.7%，房地产投资360亿元，同比增长10.9%。广州市39个重点建设项目完成投资275亿元，占全市基本建设投资总额的56%，比上年同期增加110亿元。

表1　2004年1-11月广东省和珠三角地区固定资产投资情况（单位：亿元）

	固定资产投资		1.基本建设		2.更新改造		3.房地产	
	绝对数	增长%	绝对数	增长%	绝对数	增长%	绝对数	增长%
广东省	3797.7	27.2	2040.3	35.6	591.59	23.1	1165.8	16.5
广州	956.37	22.8	476.47	44.3	119.85	-3.7	360.05	10.9
深圳	882.70	21.6	417.16	30.6	75.88	48.7	389.66	9.7
珠海	167.28	39.2	114.5	47.6	15.05	68.9	37.74	12.1
佛山	228.99	48.2	104.91	107.2	36.68	39.1	87.40	12.8
惠州	209.05	42.3	174.55	35.5	10.63	56.8	23.87	110.2
肇庆	62.84	40.5	41.12	63.2	8.25	12.9	13.47	10.3
江门	99.22	34.4	57.39	37.3	16.70	22.1	25.13	36.9
东莞	235.04	39.6	114.22	47	40.29	-2.3	80.52	63
中山	157.35	24.9	75.69	20.5	27.05	1.0	54.61	50

资料来源：佛山市统计信息网。

2004年1-11月，深圳市固定资产投资882.7亿元，比上年同期增长21.6%，其中，基本建设投资417.1亿元，同比增长30.6%，更新改造投资75.9亿元，同比增长48.7%，房地产投资389.6亿元，同比增长9.7%。从投资的内部构成看，基本建设的投资力度加大，增速比上年同期加快；房地产投资的额度保持平稳，增幅下降。

2004年，随着一批大型项目的启动，包括珠海港集装箱码头项目、珠海电厂3、4号机组建设，江珠高速公路珠海段、粤西沿海高速公路珠海段、广珠西线珠海中山段、珠海大道改建段等重点交通设施项目陆续动工，珠海市固定资产投资呈现快速增长态势。2004年1-11月，全市完成固定资产投资168.8亿元，同比增长27.4%，其中，基本建设投资114.6亿元，同比增长29.2%，房地产开发投资37.7亿元，同比增长12.1%，更新改造投资额15亿元，同比增长68.9%。

2004年以来，佛山市全面启动十大建设工程项目，大力推进工业园区建设和加大招商引资力度等各项措施，投资规模不断扩大，成为珠三角地区固定资产投资增长速度最快的城市。2004年1-11月，佛山市固定资产投资228.9亿元，比上年同期增长48.2%，其中，基本建设投资104.9亿元，同比增长107.2%，更新改造投资36.7亿元，同比增长39.1%，房地产投资87.4亿元，同比增长12.8%。

在江中、江肇、江珠高速公路、广珠轻轨江门段项目规划建设以及崖门出海航道疏浚工程等重大工程带动下，2004年1-11月，江门市固定资产投资99.2亿元，比上年同期增长34.4%，其中，基本建设投资57.4亿元，同比增长37.3%，更新改造投资16.7亿元，同比增长22.1%，房地产投资25.1亿元，同比增长36.9%。

东莞市新城区工程建设启动后，投资快速增长，2004年1～11月，东莞市固定资产投资235亿元，比上年同期增长39.6%，其中，基本建设投资114.2亿元，同比增长47%，更新改造投资40.3亿元，同比下降2.3%，房地产投资80.5亿元，同比增长63%。

2004年1～11月，中山市固定资产投资157.3亿元，比上年同期增长24.9%，其中，基本建设投资75.7亿元，同比增长20.5%，更新改造投资27亿元，同比增长1%，房地产投资54.6亿元，同比增长50%。

2004年1–11月，惠州市固定资产投资209亿元，比上年同期增长42.3%，其中基本建设投资174.5亿元，同比增长35.5%，更新改造投资10.6亿元，同比增长56.8%，房地产投资23.8亿元，同比增长110.2%。一批重点建设项目如中海壳牌南海石化项目、惠澳铁路二期、惠州LNG燃气电厂、大亚湾石化工业区填海工程等进展顺利，带动了整个地区固定资产投资的快速增长。

2004年肇庆市安排重点建设工程项目77项，年度计划为90亿元。在重点项目的带动下，2004年1–11月，肇庆市固定资产投资62.8亿元，比上年同期增长40.5%，其中，基本建设投资41.1亿元，同比增长63.2%，更新改造投资8.2亿元，同比增长12.9%，房地产投资13.5亿元，同比增长10.3%。其他投资及城镇集体投资24.6亿元，增长75.2%。

（二）总体特征

根据上述基本情况，珠三角地区2004年固定资产投资呈现如下特征：

1．固定资产投资规模快速增长，尤其是佛山、惠州和肇庆的增长速度快

到2004年11月止，珠三角固定资产投资保持快速增长，除了广州、深圳和中山外，其余六市的固定资产增速快于全省平均水平。其中，佛山的投资增长速度达到48.2%，惠州的投资增长速度达到42.3%，肇庆的投资增长速度达到40.2%。

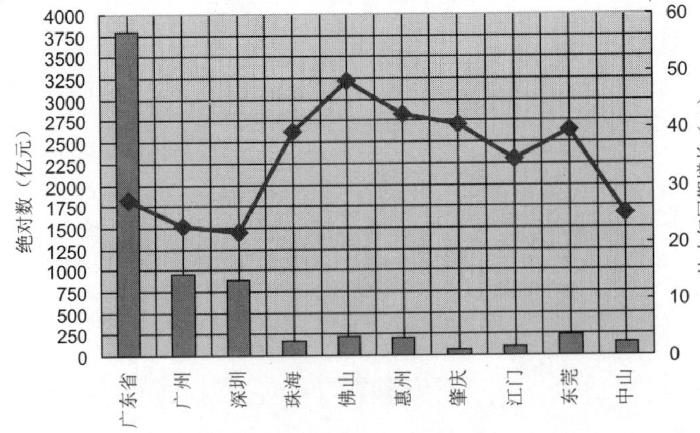

图1　2004年1–11月广东省和珠三角地区固定资产投资及其增长

从投资内部构成来看，2004 年，佛山市、珠海市、广州市基本建设投资增长速度较较，佛山市的基本建设投资比上年同期翻了一番。基本建设投资增速较低的是中山。房地产建设投资在总体上呈现较快增长的态势，惠州、东莞、中山和江门的房地产投资有较快的增长，惠州市的房地产投资增长了110.2%，翻了一番多。珠海、深圳、惠州和佛山的更新改造投资也有较快的增长，珠海的更改投资增长了68.9%，但广州和东莞的更改投资却同比下降，分别下降了3.7%和2.3%。

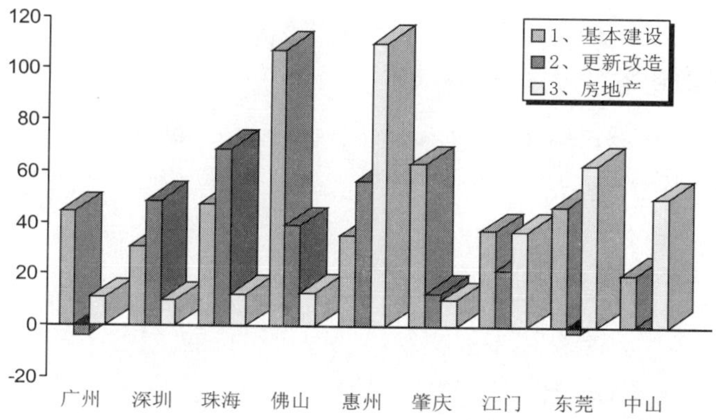

图2　2004年1-11月珠三角九市基本建设、更新改造和房地产投资增长（%）

2．基本建设投资和房地产投资比重较高，更新改造投资比重较低

从投资内部结构来看，珠三角各城市的基本建设投资和房地产投资的比重非常高，其中，基本建设投资占整个投资总额的52%，房地产投资占36%，更新改造投资仅占12%。从九城市的投资额来看，基本建设投资和房地产投资都远远超过更新改造投资。珠三角地区房地产投资数额较大的地区是广州和深圳，这两个城市由于区位条件比较优越，集聚的人口比较多，房地产的发展存在着比较大的市场空间。惠州市的房地产投资尽管其增长速度快，但由于以前的基础比较差，房地产投资的总规模仍然偏小。

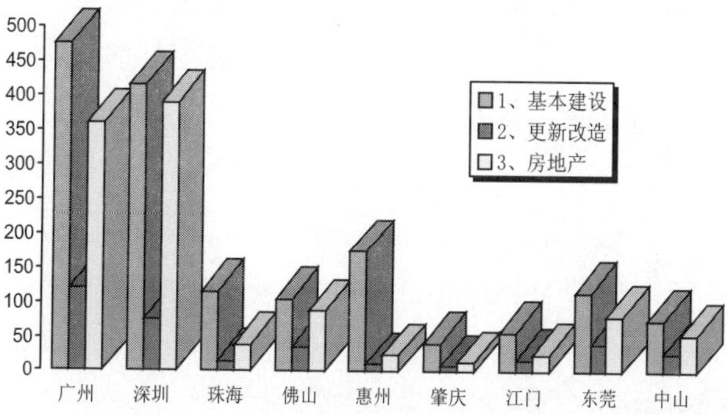

图3　2004年1-11月固定资产投资构成　（%）

3．资金渠道多样化，投资主体多元化

珠三角地区固定资产投资呈现资金渠道多样化，投资主体多元化趋势。以固定资产投资规模比较小的肇庆为例，1－11 月，肇庆市镇以上投资资金 55.1 亿元，增长61.5%。其中，国内贷款、利用外资、自筹资金、其他资金分别为5.2亿元、11.1亿元、32.1亿元、2.6亿元，各自增长37.9%、36.8%、77.2%和153.8%。2004 年1－10 月，中山市自筹资金、外商直接投资和国内贷款的资金份额超过了95%。

二、存在的主要问题

（一）更新改造投资的比重较低

2004 年1－11 月，珠三角地区更新改造投资仅占投资总额的12%，比重明显较低。珠三角地区是我国外向型经济特征非常明显的地区，也是我国重要的制造业基地。我国加入WTO 后，珠三角地区所享受的政策优势逐步削弱，长三角和环渤海地区的制造业也在快速发展，珠三角地区的制造业面临着国外市场和国内同行的激烈竞争。因此珠三角地区要提高制造业的竞争力，应当逐步加大对更新改造投资的规模，提高更改投资的比重。

（二）电力、钢铁等项目投资增长过快

珠江三角洲地区近年来加快了电力、钢铁项目的建设，2003－2010 年计划布局在珠三角地区的燃煤、燃油电厂有珠海电厂、台山电厂、新会崖门电厂等。钢铁工业目前主要布局在广州市，随着工业结构升级，珠海高栏港、惠州大亚湾也有发展钢铁工业的意向。珠三角地区是我国电力比较紧张的地区，因此在布局建设项目时，要充分考虑电力供给的满足程度。石化和钢铁等重型项目则要依据电力的供给能力进行考虑。珠三角的电力供应来源主要是西电东送，核电和沿海风能或者潮汐能等清洁电源，要控制燃煤、燃油电厂的投资，因为燃煤、燃油电厂不仅存在着比较严重的空气污染，加重珠三角地区的酸雨频率，同时也加重了我国北煤南运的压力。

（三）环境保护基础设施比较薄弱，投资不足

从发展历史看，珠三角地区的经济发展走了一条“农村包围城市”的道路，“过了一村又一村，村村像城镇；过了一镇又一镇，镇镇像农村”是珠三角地区经济发展的生动写照。到目前，珠三角地区的环境保护问题已经非常突出，经济发展与环境保护的矛盾已经非常尖锐。一些河流水污染比较严重，农村生活城镇化后导致的农村水污染也越来越突出，一些城市和城镇生活污水处理率比较低。可以说，珠三角地区突出的环境问题需要加大环境保护基础设施的投入力度，但是由于环境保护基础设施如污水处理厂投资规模大，投资效益低，民间企业不愿投资。而单靠政府投资也是不现实的，政府难以承担起巨大的投资压力。

（四）城市之间投资差别较大，东热西凉

从投资额来看，珠江口以东的地区的投资额普遍高于珠江口以西地区，广州、东莞、

深圳和惠州的投资额高于珠海、中山、江门、佛山和肇庆。城市之间投资差别过大，基础设施、水资源和土地资源既存在东岸地区压力过大的问题，又存在着西岸利用不足的问题。珠江口以西地区投资不足的主要原因是港珠澳大桥没有建起来，阻碍了这些地区与香港之间的经济交流。珠海和深圳是珠三角地区的两个经济特区，但珠海发展很慢，就在于澳门对珠海的经济带动作用小。香港和珠海之间缺乏便捷的交通，不利于两地之间进行商务往来。

三、未来发展趋势预测及政策建议

（一）未来发展趋势预测

1．在一段时期内，珠三角地区投资仍将保持快速增长态势

珠三角地区投资保持快速增长的态势主要是基于以下几个方面的优势：一是我国加入世贸组织后，国内市场进一步开放，承接国际产业转移的地区越来越多。由于经过多年的开放和较好的经济发展基础，珠三角地区具有相对较好的投资环境；已经落户珠三角的企业再投资将主要选择珠三角地区，转移投资将承担大量的沉没成本。目前，世界经济正处于分工调整阶段，美欧日三大经济体和全球500强以及东南亚的许多企业，近年来纷纷将生产基地迁往中国，这就必将为条件较好的珠三角地区迎来更多的外商投资。二是CEPA搭建起内地与香港之间的贸易自由化与投资便利化桥梁，港澳在珠三角地区投资将更为方便。三是随着泛珠三角经济区的逐步发展完善，珠三角地区的区位优势将更加显现，成为连接港澳和泛珠三角地区的中心地区。四是2003年广东省开工十大重点工程，分别是高速公路工程、能源建设工程、天然气工程、石化工程、汽车工程、城市快速交通工程、环保工程、高新技术产业工程、水利工程、文化教育工程，这十大工程主要分布在珠三角地区，惠州大亚湾、江门银州湖、广州南沙开发成为重点的投资区域。这些工程需要大量的投资，并且要经过若干年才能完成。

2．基础设施投资和环境保护投资将成为政府投资的新亮点

珠三角城市群是我国重要的城市群，要提高城市群的竞争力，促进城市群的一体化，必须加快基础设施建设和环境保护建设，包括水利设施、交通设施、电网设施、教育设施、污水处理设施、固废治理设施等。这些设施投资规模和投资力度的加强，将降低交易成本，改善投资环境。目前，珠三角已经启动了城际快速交通工程和环保工程，拉开了基础设施和环境保护投资的序幕。

3．房地产投资将有一定的增长

未来几年是珠三角率先基本实现现代化的关键时期，也是居民消费结构转型的时期，住房消费在居民消费中的比重将逐步提高。住房消费的增长将带动房地产业投资的快速增长。

（二）政策建议

1．加快港珠澳大桥的建设进度，带动珠江口西岸地区的经济发展

港珠澳大桥的建设设想已经提出了很久，但是，由于其对珠江航运、海水对珠江水顶托以及项目建成后可能对深圳的发展产生的影响存在争议，使该项目建设没有进入实施阶段。然而，在土地资源日益紧张、东岸污染日益严重、水资源供给比较吃紧的情况下，发展珠江口西岸的经济显得非常重要。港珠澳大桥的建设将珠江口西岸地区与香港联系起来，降低了香港与珠江口西岸地区的交通成本，引导更多的外资通过香港进入珠江口西岸地区，促进珠江三角洲地区投资的合理分布，改变投资主要分布在东岸的现状。

2．促进和引导民间投资

2004年7月国务院公布的《国务院关于投资体制改革的决定》指出，"放宽社会资本的投资领域，允许社会资本进入法律法规未禁入的基础设施、公用事业及其他行业和领域。逐步理顺公共产品价格，通过注入资本金、贷款贴息、税收优惠等措施，鼓励和引导社会资本以独资、合资、合作、联营、项目融资等方式，参与经营性的公益事业、基础设施项目建设。对于涉及国家垄断资源开发利用、需要统一规划布局的项目，政府在确定建设规划后，可向社会公开招标选定项目业主。"珠三角地区是我国民间投资比较活跃的地区，要鼓励社会资本进入基础设施和环境保护领域，这样既可以发挥民间资本的作用，减轻政府投资的压力，同时也可以促进珠三角地区的基础设施和环境保护设施的建设，改善珠三角地区的投资环境。

3．制订一系列优惠政策引导鼓励企业进行更新改造投资

珠三角地区是以外向型经济为主的地区，要进一步巩固和提高珠三角作为世界工厂的地位，提高珠三角制造的产品在国际市场上的竞争力，要采取一系列优惠政策如资金支持、税收优惠、财政贴息等鼓励企业进行更新投资。

4．搞好城市规划，促进房地产业的健康发展

珠三角房地产投资呈现快速增长的趋势，但是，珠三角地区一部分城市规划比较滞后，导致了房地产建设与城市发展的矛盾。要切实加强房地产业的宏观调控，进一步发挥城市规划对房地产建设的先导作用；强化房地产一级土地市场供给调控，从土地供应源头上控制房地产开发规模；规范房地产市场收费行为，促进和搞活房地产二、三级市场；加强对房地产市场的预测和信息引导，促进房地产业的协调稳定发展。

5．认真贯彻执行国家产业政策，重化工业要要适度增长

珠三角地区经济以外向型为主，要控制重化工业尤其是高耗能工业的快速发展，一方面，可以缓解珠三角地区能源紧张的状况，另一方面，可以减轻环境保护的压力。一是要对重化工业合理规划，使重化工业的发展和电力保证、环境容量、资源支撑能力相协调。二是要提高重化工业的科技含量，采用国际上最先进的工艺技术、最先进的生产线，产品主要面临国际市场。三是要从严控制重化工业的发展规模，对一些规模较小、技术水平不高的项目不予审批。

2004–2005年东北老工业基地投资形势分析与预测

2004年，全国固定资产投资呈现出“冲高走低”的态势，固定资产投资增长率逐月降低。东北老工业基地的投资形势总体上与全国一致，但在一系列利好政策的激励下，2004年东北固定资产投资增长速度的变化趋势与全国又不完全一样。虽然稳健的宏观政策效应会在2005年进一步显现出来，但在全国投资环境继续偏紧的前提下，2005年，东北老工业基地固定资产投资增长的幅度不会超过2004年。为稳定东北三省的固定资产投资速度，2005年应进一步优化投资结构，促进和引导非国有投资，为东北三省老工业基地的改造和振兴奠定基础。

一、2004年投资基本情况与特征

2004年，东北三省在振兴老工业基地过程中贯彻落实中央关于"区别对待，有保有压"的宏观调控政策，在控制部分行业投资过快增长的同时，优化了投资结构，使固定资产投资保持了较稳定增长的态势。

（一）投资增长呈现“U”字型变动趋势

在国家一系列宏观调控政策和振兴老工业基地利好政策的相互作用下，2004年，东北三省固定资产投资增长呈现出"U"字型的特点。一季度，辽宁、吉林和黑龙江城镇固定资产投资增长速度分别达45.8%、23.8%、36.2%。从4月份开始的宏观调控使得东北三省固定资产投资增长速度在其后的几个月内有所下滑。二季度，辽宁、吉林和黑龙江固定资产投资增长速度分别降到31.7%、12.4%和20.2%。但是6、7月份后，国家在振兴东北老工业基地过程中实施的财政、税收、社保等政策效应开始凸现出来，固定资产投资的增长速度开始回升，但总体运行比较平稳。到2004年底，辽宁、吉林、黑龙江城镇固定资产投资额分别为2581.2亿元、1061.7亿元、1326.5亿元，同比分别增长45.2%、21.6%、17.4%。(如下图所示)

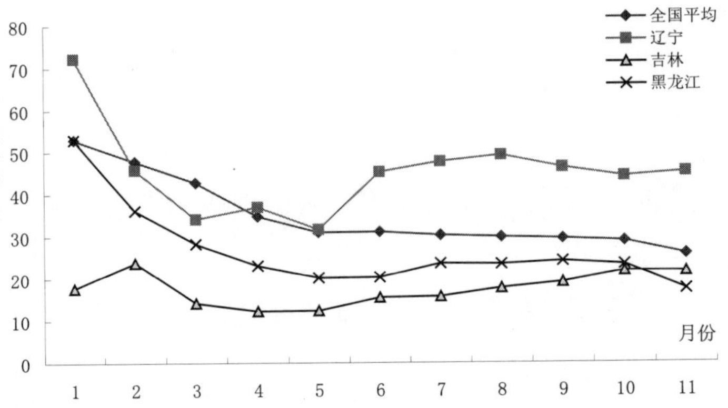

图 1　全国及东北固定资产投资增长率走势

（二）更新改造投资增长速度相对较高

由于国家技改贴息等政策引导和振兴老工业基地国债技术改造项目的拉动，东北三省更新改造投资继续保持较快增长。2004 年，东北三省共完成更新改造投资 1209.6 亿元，比 2003 年增加了 317.8 亿元，同比增长 35.6%，增长幅度比 2003 年上升了 15 个百分点。在三个省份中，辽宁、吉林增长比较快，同比分别增长 50.5%、49.3%。

（三）第一产业投资继续加快增长

以黑龙江省为例，2004 年，黑龙江省第一、二、三产业的投资额分别为 51.1 亿元、500.1 亿元、775.3 亿元，投资增长速度分别为 40.6%、22.1%、22.9%。截至 2004 年 11 月底，辽宁和吉林第一产业投资额同比也分别增长了 64.8%、69.0%。表明国家宏观调控中 " 有保有压、区别对待 " 的原则在不同的产业中已有所体现，以农业为主的第一产业投资出现加快增长。

（四）民间投资大幅度增加

受外资和国债资金的带动，以及股份制、联营经济等多元投资主题的积极参与，民间投资大幅度增加。2004 年，在辽宁和黑龙江城镇固定资产投资中，国有投资分别为 930.4 亿元和 871.6 亿元，同比分别增长 30.6% 和 10.0%；民间投资分别为 1374 亿元和 425.4 亿元，同比分别增长 54.4% 和 64.2%，分别高于城镇固定资产投资 9.2 个百分点和 41 个百分点。而吉林截至 11 月份，民间投资的增长率也达到了 41.4%，高于整个投资 19.7 个百分点。

（五）自筹资金和利用外资的速度明显加快

从资金到位情况看，2004 年 1—11 月，辽宁、吉林和黑龙江城镇固定资产投资到位资金分别为 2178.3 亿元、941.2 亿元、973.7 亿元，同比分别增长 46.2%、23%、23.5%。在辽宁省的到位资金中，自筹资金增长 60.1%，国内贷款增长 22%，利用外资增长 35.4%，国家预算内资金增长 30.1%，其他资金增长 43.3%。在吉林省的到位资金中，自筹资金同比增长了 21%，利用外资增长 2.4 倍。在吉林省的到位资金中，自筹资金占到位资金的 64.

47%，同比增长了21%，利用外资增长了2.9倍；黑龙江省的自筹资金占到位资金的68.9%，同比增长了25.6%。资金来源情况表明：1.国家预算内资金近年来不断下降的趋势使得其对投资的影响也越来越小；2.商业银行受国家宏观调控政策的影响，其贷款速度明显放慢；3.外资流入的速度在一系列利好政策的激励下快速增长；4.企业自筹资金的比重急速上升，企业投资的主导性也大大增强；5.在东北实施振兴战略的引导下，国家有关部门已启动了160个调整改造项目和高新技术产业项目，这极大地激发了企业自主投资的热情。

东北老工业基地2004年固定资产投资的特征表明：一方面，东北三省固定资产投资既受中央2004年出台的一系列金融、土地宏观调控政策的影响；另一方面，又受国家给予东北三省财政、税收、社保等优惠政策和在东北实行增值税转型试点工作的影响。所以，东北三省固定资产投资增长变化的方向虽与全国总趋势基本保持一致，但又具有自身的特点。

二、投资存在的主要问题

虽然2004年东北三省固定资产投资的速度有所增长，但是其内在的问题也不容忽视。正视这些问题，解决这些问题，将促进东北老工业基地投资持续平稳的增长。

（一）东北地区投资增速慢、规模小

2003年，辽宁、吉林和黑龙江三省全社会固定资产投资增幅分别比全国平均增速低1.9、5.9、16.9个百分点。2004年，辽宁、吉林和黑龙江城镇固定资产投资同比分别增长45.2%、21.6%、17.4%，在这三个省份中辽宁增幅比全国同期平均增幅高19.4百分点，吉林和黑龙江比全国同期平均增幅低4.2个百分点、8.4个百分点。2004年11月，辽宁、吉林和黑龙江城镇固定资产额在全国31个省市区中分别列第7位、第22位和第19位，虽然辽宁在全国的排位比2003年同期上升了两位，但吉林和黑龙江同比下降了4位和3位。前11个月，东北三省城镇固定资产投资额总计只相当于山东省同期的58.3%，固定资产投资的规模还相当小。(见表1)

表1 2004年1–11月东北三省城镇固定资产投资情况

地区	投资额（亿元）自年初累计	比去年同期增长（%）	比重（以投资额总计为100）			
			自年初累计（2004）	在全国的排序	去年同期（2003）	在全国的排序
全国总计	49274.3	28.9	100.0		100.0	
辽宁	2070.7	44.2	4.2	7	3.8	9
吉林	960.2	21.7	1.9	22	2.1	18
黑龙江	1014.8	23.3	2.1	19	2.2	16
山东	4605.0	26.3	9.3	1	9.5	1

（二）投资发展不平衡

首先是地区之间的不平衡。辽宁的全社会固定资产投资和城镇以上固定资产投资，不论是增速，还是总量在东北三省中都是最高的。2004年，辽宁全社会固定资产投资2980.5亿元，是吉林的2.54倍，是黑龙江的1.97倍。地区投资发展不平衡不仅存在于省际之间，就是省内各地区之间发展也不平衡。其次是增长速度的不平衡。2004年，东北三省固定资产投资增速只有辽宁超过全国平均增长水平，其他两省均低于全国平均增长水平。第三，投资结构增长不平衡。2004年，辽宁各类投资增长相对比较均衡，但总体看来更新改造投资的增长速度还是比另两类投资增长速度快；吉林更新改造投资的增长速度明显高于基本建设投资和房地产投资增长速度，而黑龙江房地产投资的增长速度比其他两类投资增长的速度都要快。（见表2）

表2　2004年东北地区固定资产投资主要指标比较

指标	吉林		辽宁		黑龙江	
	总量（亿元）	增速（%）	总量（亿元）	增速（%）	总量（亿元）	增速（%）
全社会固定资产投资	1171.6	20.9	2980.5	43.1	1515.3	22.1
城镇以上固定资产投资	1061.7	21.6	2581.2	45.2	1326.5	17.4
基本建设投资	469.1	8.1	938.3	37.4	726.3	22.5
更新改造投资	316.6	49.3	695.5	50.5	197.5	−14.7
房地产投资	159.9	14.9	701.1	44.1	214.1	31.2

（三）投资来源渠道比较单一

虽然近几年东北地区投资结构有了比较明显的改善，外商及港澳台投资也在不断增加，但目前还没有摆脱依赖国有经济投资的局面。2004年，辽宁城镇固定资产投资额为2581.2亿元，国有经济投资额就达到930.4亿元，占全部投资额的36.0%，外商及港澳台投资额276.7亿元，占全部投资额的10.7%；黑龙江城镇固定资产投资中，国有及国有控股投资达到871.6亿元，占全部投资额的65.7%，而外商及港澳台投资为29.5亿元，仅占全部投资额的2.2%。在国家一系列优惠政策的激励下，外部资金进入东北地区程度低显示投资环境与其他地区相比还有差距。

（四）更新改造投资仍显不足

针对东北地区老企业比较多，设备老化程度比较严重的事实，有专家分析指出基本建设投资与更新改造投资的比例为1:1较为合理。但是东北三省多年来热衷于铺新摊子，上新项目，忽视现有企业的技术改造，使基本建设投资、更新改造投资没有达到合理比例。2004年，虽然辽宁和吉林更新改造投资增长速度加快，但辽宁和吉林基本建设投资和更新改造投资的比例仍达到1.35：1和1.48:1，黑龙江甚至达到了3.68:1。

（五）信贷规模及增速低于全国平均水平

从资金供给层面看，三省资金来源主要由企业自筹资金、金融机构贷款、利用外资、股市筹资、财政支出几部分组成，其中企业自筹和银行贷款占主要部分，但这两方面资金供给严重不足。2003年，全国贷款增长率为21.4%，辽宁省为15.3%，吉林省为6.6%，黑龙江省为9.7%，分别比全国低6.1个百分点、14.8个百分点和11.4个百分点。2004年，全国货币信贷平稳增长，12月末，全部金融机构各项贷款本外币余额为18.9万亿元人民币。全部金融机构人民币贷款余额17.7万亿元，同比增长14.5%。金融机构外汇贷款余额为1354亿美元，同比增长14.4%。而东北地区银行贷款仍然偏紧。2004年12月末，辽宁省全部金融机构各项贷款本外币余额为8153亿元，年增长9.7%。其中，人民币各项贷款余额为7753亿元，年增长9.9%。2004年，吉林省金融机构本外币各项贷款余额达到3564.1亿元，人民币各项贷款余额3435亿元，按可比口径计算，同比分别增长8.6%和8.4%，两省贷款规模及增速低于全国平均水平。

三、问题存在的原因

2004年东北地区固定资产投资面临的问题是区域外因素和区域内因素共同作用的结果。区域外因素对东北地区固定资产投资的影响相对比较短暂和间接，而区域内的因素对东北地区固定资产投资的影响相对比较久远和直接。

（一）外部因素

为抑制固定资产投资增长过快的势头，遏制部分行业和地区盲目投资和低水平重复建设，缓解主要原材料、能源、运输价格上涨的压力，避免经济大幅度波动，化解经济增长中不健康和不稳定的因素，促进经济持续、快速、平稳的增长，国家从2004年4月开始采取了一系列宏观调控措施。2004年二季度以来全国固定资产投资和重化工业出现温和的调整走势。从2004年全年的经济绩效看，中国经济已经成功实现了“软着陆”。

（二）内部因素

1．经济环境不尽人意。虽然近年来东北三省的经济环境有所改善，但还存在诸多问题。首先，税负较重。尽管2004年下半年东北三省已经启动了增值税转型的试点工作，但是它的具体落实还需要一段时间。更何况，增值税转型的试点仅限于部分行业，税负较重的问题不可能在短期内完全解决。东北部分地方政府对企业的调查资料显示，较重的税负已经妨碍了企业的经营和发展，影响了企业的投资信心。其次，融资渠道不畅。东北地区的资本市场不发育，企业发展所需资金要么来自于自有资金，要么来自于银行借贷。但在国有企业投资的软预算约束没有根本改变的情况下，银行向国有企业贷款的风险相当大，再加上东北地区银行呆账比例高，这就弱化了银行向国有企业融资的动因。东北地区融资渠道不通畅影响了投资者在本地区的投资积极性，妨碍了老工业基地的振兴。第三，本地企业配套能力有限。在长期的计划经济体制下，东北地区企业打造核心竞争力的动力不足，导致产品竞争力低下，产业配套能力薄弱，在一定程度上限制了国内民间资本和外商投资大规模的进入。第四，产业链条“内部化”现象严重。目前， 东北地区企业办社会现象严重，产业链条的各个环节及相关部门大都是在企业内部完成，这种产业链条的“内部化”现象，既不利于资源配置效率的提高，阻碍了社会化分工体系的形成，也对民间资本产生一种挤出效应，扼杀了民营中小企业的发展机会。东北地区企业发展所面临的这些经济环境在某种程度上抹杀了投资者的投资冲动。

2.行政服务环境有待改善。虽然东北地区近几年加大了服务型政府的建设力度，政府职能由管理型向服务型转变取得了很大的成果，但是某些问题还必须正视。首先，行政审批效率总体比较低下。东北地区投资手续比较繁琐，政府办事效率也较低下，与政府部门交往占用了企业大量的时间，有些部门在审批的过程中甚至要求企业额外支付一笔“通融费”，这些都无意之中增加了企业的经营成本，严重影响了企业在东北地区投资的激情。其次，政府服务意识还未真正建立。这既表现在政府部门的职能转变上，又表现在政府部门的服务态度上。受传统计划经济的深刻影响，东北地区的政府有强烈的当家作主意识和传统，政府还没有完成由管理型向服务型角色的转换，对企业直接经营活动干预过多，影响了企业的自主决策权，为企业发展带来了不可预见的风险，导致许多投资者望而却步。政府职能转变缓慢直接影响了政府部门的服务态度，许多政府部门的雇员，特别是基层雇员，思想观念落后，服务意识薄弱，影响了政府的整体形象。

3.社会文化环境有待提高。社会文化环境也是影响投资行为的重要因素。它主要包括劳动力状况、社会治安和社会服务体系等内容。虽然东北地区社会文化环境建设基础较好，但还是存在一些问题。首先，社会治安环境一般。东北地区的经济正处于转轨时期，各种潜在的不稳定因素开始凸现出来，社会治安环境受到较大冲击。其次，企业员工的文化素质偏低。东北是国有经济比重占有量相当高的地区，国有企业僵化的规章制度对人才缺乏足够的吸引力，影响了高素质人才流入该地区。而在国有经济体制下，企业一方面没有预算资金对企业员工提供培训，另一方面企业也缺乏为员工提供培训的动力。长此以往，就造就了目前企业员工文化素质偏低的局面。第三，社会服务体系不健全。在传统的计划经济体制下，许多社会职能都被国有企业“内部化”了，这既影响了企业的经营绩效，又不利于社会服务体系的健全。虽然中国经济体制改革已进行了二十几年，但企业分离办社会职能的试点工作直到2004年才开始推行，这种迟来的改革已经影响了国有经济比重大的地区的社会服务体系的发育和健全。

4．法制环境尚不完善。法制环境是指一个国家或地区的法律、法规、政策及其贯彻实施，是投资软环境的重要方面。尽管在建立和完善社会主义市场经济体制的过程中，东北地区的法制环境日渐改善，但是面临的问题也不容回避。首先，政策的贯彻落实不彻底。经济政策是左右企业投资和经营环境的重要因素，对企业的生产经营影响较大，如果政策的稳定性差，就无法保证企业生产的连续性。东北地区由于市场体系还不完善，政府官员对企业发展有举足轻重的影响，在政府官员更迭的过程中，许多政策得不到彻底的贯彻落实。即使是国家有关部门制定的政策，这种情况在东北地区也时有发生。政策贯彻落实不彻底势必影响企业的发展，妨碍企业的投资信心。其次，法律、法规还不健全。虽然已具备基本的法律、法规框架，但东北地区地方性的法规仍然比较缺乏，或者是有些规定已不适应新形势的需要。这必定会影响市场机制的孕育和市场交易行为的规范，降低市场运行的效率。

四、2005年发展趋势预测

展望2005年，国际和国内的经济将继续保持平稳增长态势，东北地区固定资产投资也将延续2004年稳定快速增长的势头。随着国家振兴东北老工业基地战略的实施和各项优惠政策的出台，东北地区的发展面临新的机遇，一些深层次的矛盾也将在老工业基地的调整、改造、振兴中化解，区域经济的发展环境更加诱人。

首先，农业税改革试点在东北三省已全面实施。2004年4月，财政部、农业部、国家税务总局联合下发了《关于2004年降低农业税税率和在部分粮食主产区进行免征农业税改革试点有关问题的通知》，决定2004年首先在吉林、黑龙江两个粮食主产省先行免征农业税改革试点，辽宁等11个粮食主产省（自治区）农业税税率降低3个百分点。农业税减免政策的出台一方面将增加农民的收入，启动农村消费市场，另一方面也可能引导资金流向农业和农业企业，加大农村固定资产投资的力度。

其次，社会保障试点工作已全面展开。2004年5月份社会保障试点已由辽宁省扩大到黑龙江省、吉林省，实施工作已经全面展开，这为国企改制创造了良好的条件。

第三，2004年企业分离办社会职能试点工作也已在东北三省部分企业启动。该政策的实施将进一步减轻国有企业的社会负担，为国有企业深化改革和提高竞争力，创造必要的条件。

第四，增值税转型改革试点已经起锚。2004年7月，倍受关注的增值税改革试点工作在东北地区八个行业（装备制造业、石油化工、冶金、船舶制造业、汽车制造业、高新技术产业、军品工业和农产品加工业）开始实施，将进一步引发东北投资的“洼地”效应。

第五，东北地区具有浓厚的产业氛围。作为老工业基地，东北三省具有浓厚的制造业文化、产业氛围和制度环境，东北的产业技术在过去曾创造了一个个辉煌，培育了一大批熟练的产业工人，这种社会文化特征作为一种不可交易的资产，只有在已有知识和技术沉淀的地区获得。同时，东北三省的教育体系比较完善，拥有众多的机械及工程类大学、职业技术学校、专门的外语学校，以及大量的制造业科研机构，为外资企业本地化和企业中长期发展提供强有力的智力支持。这些构成了东北地区产业发展最有价值和最宝贵的资源，为东北地区承接国外和省外产业转移奠定了坚实的基础。

虽然东北地区经济发展面临着巨大的机遇，但其内在的挑战也不容忽视。作为中国的老工业基地，东北地区国有大中型企业比较集中，在近几年国有企业改革和产业结构调整过程中，下岗职工和离退休人员较多，城市低收入群体占的比重大，居民可支配收入低，消费需求不足，导致投资和消费之间不均衡。虽然短期内这一矛盾还不突出，但长期内可能会影响该地区的经济增长和投资增长。

2005 年，东北老工业基地发展的机遇和挑战并存，在国内外经济发展环境总体偏紧的条件下，东北地区固定资产投资的增长速度与 2004 年相比将有所下降，但随着各项优惠政策的贯彻落实，2005 年投资“洼地”效应也开始显现，东北地区固定资产投资速度增长率与全国平均增长率的差距将进一步缩小，甚至个别省会超过全国平均增长率。据此作如下预测，2005 年，辽宁全社会固定资产投资完成额 3964.1 亿元，同比增长 33%；吉林投资完成额 1359.1 亿元，同比增长 16%；黑龙江投资完成额 1742.6 亿元，同比增长 15%。

五、政策建议

（一）短期政策建议

1.继续贯彻落实宏观经济政策。为巩固 2004 年宏观调控的成果，国家宏观调控的时间将会适当延长。2005 年，东北地区要继续贯彻落实“有保有压、区别对待”政策，进一步抑制钢铁、水泥、电解铝和房地产业的投资，引导资金更多流向农业、煤电油等薄弱和瓶颈产业。在贯彻落实国家宏观调控政策的过程中，既要有效控制市场的投资冲动，又要保护民间投资的积极性，引导民间资本参与老工业基地的改造。

2.加快推进相关制度的改革进程。为加快东北老工业基地的改造，2003 年和 2004 年两年间，国家在东北进行了农业税减免试点、社会保障试点和增值税转型改革试点等工作，这些政策的“洼地”效应已经显现出来，投资增速有所加快。 2005 年，东北地区政府应加快推进相关制度的改革进程，促进投资速度理性增长。

3.进一步优化投资结构。党的十六大明确提出支持东北地区等老工业基地加快调整和改造，支持以资源开采为主的城市发展接续产业。2004 年 8 月，温家宝总理在考察东北老工业基地时进一步指出：“要立足现有基础，充分发挥比较优势。要着眼于加快科技创新和进步，充分发挥人才智力作用，大力推进经济增长方式的转变。坚持少上新项目、少铺新摊子，在改组、改造现有企业上下大功夫，注重整合现有资源，提高生产要素使用效率。”国家要求东北以内涵发展方式振兴老工业基地的这一指导思想决定了目前东北的固定资产投资应向更新改造倾斜。2004 年，东北地区的投资特征突出了这一点，2005 年，东北地区要抓住国家振兴老工业基地的契机，进一步优化投资结构，贯彻落实国家老工业基地改造的指导思想。

（二）长期政策建议

1.改善经济发展环境。首先，各级地方政府要积极贯彻落实国家的优惠政策。与我国前几次区域开发国家给予宏观经济政策支持不同，这次东北老工业基地振兴，国家制定的优惠政策都直接针对微观主体的经济活动，对微观经济主体的激励作用十分强烈。为应用好国家的政策，地方各级政府要积极贯彻落实这些优惠政策，以吸引社会资金的流入。其次，要保持畅通的融资渠道，不断扩大融资渠道，简化信贷手续，缩短信贷周期，积极培育资本市场，加快金融产业的发展，建立和完善企业信用等级体系，为企业融资提供良好的外部环境。第三，要促进中小企业的发展。为吸引更多的外来资金参与老工业基地改造，东北地区应建立促进中小企业创业的机制，着力培养企业核心竞争力，提供群体竞争的区域环境，促进产业的集群化发展，提升东北产业的配套能力和竞争力。

2.改善政府服务环境。首先，简化行政审批。要改革项目审批制度，简化投资手续，提高办事效率。政府在减少了对投资项目的直接审批之后，要利用自身的信息优势，定期披露产业投资信息，做好产业投资预警工作。对于国家鼓励或限制的投资项目可以通过财政政策、技术标准、环保标准等进行准入和退出管理。其次，加快政府职能转变。东北地区的地方政府承担的公共事务过多，降低了政府行政效率。为了改善东北地区的投资软环境，要根据党的十六届三中全会提出的要求，切实把政府经济管理职能转到主要为市场主体服务和创造良好发展环境上来。

3.提高社会文化环境。首先，创造良好的社会治安环境。地方政府应积极采取防治结合的方法打击各种犯罪，净化社会治安环境，为企业发展提供和谐的外部社会环境。其次，加大企业员工培训力度。地方政府可以借鉴国外老工业基地成功转型的经验，通过政府投资加大对企业员工培训力度。第三，加大吸引人才的力度。为使老工业基地重现辉煌，地方政府应努力营造尊重知识、尊重人才的人文环境，最大限度地给予各类人才创造和发展的空间，使人才能够脱颖而出。第四，完善社会服务体系。为实现东北老工业基地的振兴，除继续加强能源、交通等基础设施建设外，还应加大城市公共设施、服务业、文化、体育和娱乐业等方面的投资力度，积极引导和支持民间投资进入文化、教育、体育和基本医疗设施的生产领域，以满足企业发展所需的各项社会服务。

4.完善地区法制环境。首先，加大依法行政的力度。东北地区政策的持续性相对比较差，市场预期不稳定，影响了投资者的信心。政府要加大依法行政的力度，最大限度地减少对微观经济活动的干预，坚决贯彻落实中央的相关政策法规，为企业提供稳定透明、公平公正的法治环境。其次，突出地方法规的政策优势。计划经济条件下相关政策已经不再适用，而市场经济所需的政策法规还不完善，这都制约着东北地区经济的进一步发展。为适应新形势的需要，地方政府应进一步完善地方性的政策法规，为企业的发展提供宽松和谐的法制环境。

参考文献：
1. 李宏林，张闯：“发展现代流通产业，振兴东北老工业基地”，《财经问题研究》，2004年第10期。
2. 谷源洋：“2004—2005年世界经济形势分析与预测”，
http://www.china.org.cn/chinese/zhuanti/jjzw/740850.htm。
3. 魏后凯：“振兴东北地区经济的战略思考”，《经济纵横》，2004年第9期。
4. 王丽娟：“东北与上海改革开放后经济发展的比较制度分析”，《改革与战略》，2004年第1期。
5. 周景彤：“2004—2005年固定资产投资形势分析与展望”。
http://www.china.org.cn/chinese/jingji/741121.htm.

■ 外资形势

2004年利用外资形势回顾与2005年展望

一、2004年利用外资基本情况

（一）规模扩大，增速提高

2004年，中国经济继续保持快速增长趋势。尽管在这一年，中国对增长过快的投资规模进行了宏观调控，但这并未影响外资进入中国市场的步伐，中国依然成为吸引外国直接投资的热土。2004年，新批设立外商投资企业43664家，较2003年增长6.3%；合同外资金额1534.8亿美元，同比增长33.4%，增幅比2003年减少5.6个百分点；实际利用外资金额606.3亿美元，同比增长13.3%，增幅比2003年提高了11.9个百分点，这一增速是1995年以来最快的年份之一，仅次于2001年的15.1%（如图1）。

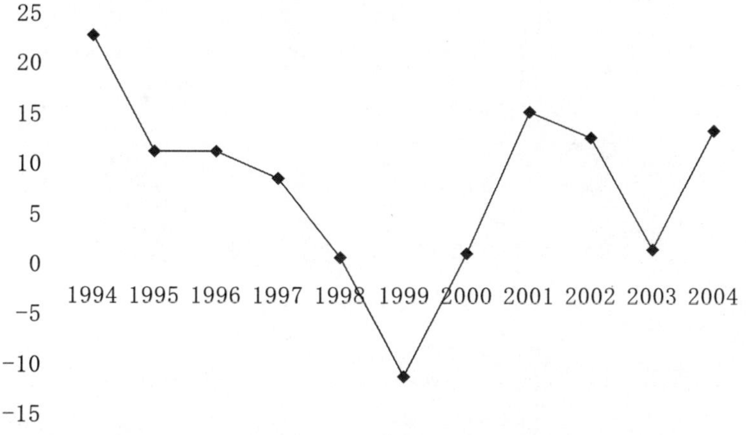

图1　近年来实际利用外资额增速变化

根据联合国贸发会议2005年1月发布的公报，2004年，全球外国直接投资总额约为6120亿美元，较2003年增长5.5%，是全球外国直接投资自2001年持续减少以来的首次回升。中国吸引外资增速高于全球平均增速，实际利用外资额仅次于美国（1210亿美元）居全球第二位，占全球FDI的比重为9.9%，比2003年提高了0.7个百分点。[①]

①2003年全球跨国直接投资总额为5800亿美元，中国535.0亿美元，占9.2%。

（二）主要引资来源国家／地区对华投资均呈增长态势

2004年，亚洲十国／地区对华投资新设立企业数和合同外资金额同比分别增长5.7%和24.3%；原欧盟十五国对华投资新设立企业数和合同外资金额分别增长16.8%和42.8%；三大自由港对华投资新设立企业数和合同外资金额分别增长18.1%、52.8%；北美两国对华投资新设立企业数负增长0.83%、合同外资金额增长22.1%（见表1）。从实际投入外资金额的增长情况看，亚洲十国／地区、原欧盟十五国和三大自由港分别增长10.0%和7.9%和29.8%，增速分别比2003年提高5.4个、1.9个和36.5个百分点；只有北美二国比上年减少了4.4%，但下降幅度有所减缓。从比重变化看，与2003年相比，亚洲十国／地区、原欧盟十五国和北美两国投入金额占全部外资金额的比重，分别比2003年下降了1.9个、0.4个和1.4个百分点，而三大自由港所占比重则提高了2.1个百分点。

表1　2004年主要引资来源地结构

来源地	项目数		合同外资		实际使用外资		
	个数（个）	增幅（%）	金额（万美元）	增幅（%）	金额（万美元）	增幅（%）	比重（%）
亚洲十国／地区	30671	5.73	9179354	24.26	3727123	9.98	61.47
原欧盟十五国	2423	16.83	836189	42.83	423904	7.86	6.99
三大自由港	3675	18.05	2588337	52.77	990173	29.80	16.33
北美二国	4920	−0.83	1436734	22.06	455482	−4.35	7.51
其他	2949	8.54	1306562	97.06	466083	41.50	7.69

注：亚洲十国／地区指中国香港、澳门、中国台湾省、日本、菲律宾、泰国、马来西亚、新加坡、印尼和韩国；原欧盟十五国指比利时、丹麦、英国、德国、法国、爱尔兰、意大利、卢森堡、荷兰、希腊、葡萄牙、西班牙、奥地利、芬兰和瑞典；三大自由港指维尔京群岛、开曼群岛、萨摩亚；北美二国指美国和加拿大。
资料来源：《中国统计年鉴2004》、商务部2004年“外资快报”。

中国香港、维尔京群岛仍排在2004年对华投资国家／地区的前两位，处于前十位的其他国家／地区依次为韩国、日本、美国、中国台湾省、开曼群岛、新加坡、萨摩亚和德国。其中韩国的位次提升了一位，开曼群岛提升了两位，日本、新加坡、萨摩亚则下滑了一位（见表2）。近年来，前十位国家／地区对华实际投入金额占全部实际使用金额的比重呈逐年下降之势，由2002年的86.5%下降为2004年的83.7%。

表2　实际使用外资金额前十位及变化

2004年	国家或地区	2004年		2003年		2002年	
		金额（亿美元）	增长率（%）	金额（亿美元）	排序	金额（亿美元）	排序
1	香　港	189.98	7.3	177.00	1	178.61	1
2	维尔京群岛	67.30	16.5	57.77	2	61.17	2
3	韩　国	62.48	39.2	44.89	4	27.21	6
4	日　本	54.52	7.9	50.54	3	41.90	4
5	美　国	39.41	−6.1	41.99	5	54.24	3
6	台湾省	31.17	−7.7	33.77	6	39.71	5
7	开曼群岛	20.43	135.9	8.66	9	11.80	8
8	新加坡	20.08	−2.4	20.58	7	23.37	7
9	萨摩亚	11.29	14.5	9.86	8	8.79	11
10	德　国	10.58	23.5	8.57	10	9.28	9

资料来源：《中国统计年鉴2004》、商务部2004年“外资快报”。

（三）三大地区利用外资全面增长，东三省成新的投资热点

2004年，东、中、西部地区利用外资全面增长。东部地区新设立企业37978家，同比增长5.0%；合同外资金额1324.3亿美元，同比增长31.7%；实际使用外资金额522.1亿美元，同比增长13.6%。中部地区新设立外商投资企业3771家，同比增长18.7%；合同外资金额131.3亿美元，同比增长37.4%；实际使用外资66.8亿美元，同比增长14.6%。西部地区新设立外商投资企业1915家，同比增长9.7%；合同外资金额为79.3亿美元，同比增长58.9%；实际使用外资金额为17.4亿美元，同比增长1.2%。

在国家实施振兴东北老工业基地战略后，良好的产业发展基础和投资环境的不断改善，使东北老工业基地成为外商投资新的热点地区。2004年，东北老工业基地吸收外资增幅明显加快，远高于全国平均增长水平。辽宁、吉林、黑龙江三省全年新设立外商投资企业3072家，同比增长9.3%；合同外资金额为106.8亿美元，同比增长40.1%；实际使用外资金额为59.4亿美元，同比增长78.0%，占全国实际使用外资总额的比重为9.8%，比重比2003年提高了3.6个百分点。

（四）投资方式更趋独资化

随着外商对中国经济社会环境的熟悉和了解，外商对华投资的方式在悄然发生变化，

独资和控股已逐步取代原有的合资、合作方式而在利用外资的各种方式中占主导地位。尤其是在中国加入WTO后，外商投资独资化趋势更为明显，一些跨国公司纷纷将合资企业转变为外商独资企业。数据表明，当年以独资方式投资的新批项目数、合同金额、实际使用金额分别于1997年、1998年和2000年超过合资方式。2004年，外商独资继续高速增长，其项目数、合同金额和实际使用金额分别增长14.0%、43.7%和20.5%，高于全部外资三项指标增速7.7个、10.3个和7.2个百分点；外商独资的三项指标占全部三项指标的比重分别为70.3%、76.4%和66.3%，比2003年分别提高4.7个、5.5个和4.0个百分点。而从实际使用金额看，合资所占比重从2003年的28.8%下降为2004年的27.0%，合作所占比重从2003年的7.2%下降为2004年的5.1%（见表3）。

表3 近年来外商直接投资方式的比重变化（%）

	项　目（万个）			合同金额（亿美元）			实际使用金额（亿美元）		
	2000	2003	2004	2000	2003	2004	2000	2003	2004
合资经营企业	37.49	30.48	26.50	31.50	22.17	18.01	35.23	28.77	27.03
合作经营企业	7.86	3.77	3.08	13.01	6.50	5.07	16.20	7.17	5.13
外资企业	54.58	65.59	70.33	55.00	70.92	76.41	47.31	62.39	66.34
外商投资股份制企业	0.04	0.09	0.10	0.31	0.34	0.50	0.32	0.61	1.28
合作开发	0.04	0.02	0.00	0.18	0.07	0.00	0.94	0.06	0.18
其他	0.00	0.06	0.00	0.00	0.00	0.00	0.00	0.99	0.04

资料来源：《中国统计年鉴2004》、商务部2004年“外资快报”。

2004年是中国入世后的第三年，许多过去以合资方式进入中国的外资企业，如宝洁、雅芳、松下、联合利华、西门子等，纷纷转为独资。例如，5月，宝洁公司收购宝洁－和记有限公司旗下20%股份而成为独资公司； 6月，雅芳收购广州美晨20%股份变为独资；1月，西门子从两家中方公司收购北京国际交换系统有限公司20%和2%的股份，持股比例从40%上升到67%，企业性质由合资变为外方控股。

（五）并购成为利用外资新亮点

跨国并购是当今全球跨国公司的重要投资手段。随着对外商收购国内企业限制的取消，以及投资领域放宽和市场竞争加剧，外资开始逐步改变传统绿地投资模式，以高起点、短周期抢占市场制高点的并购方式逐步展开。2004年，外资并购国内企业和上市公司成为我国利用外资的一个新亮点。如1月，朝日啤酒及伊藤忠商事株式会社收购康师傅控股有限公司50%权益，成为近年中国消费品市场中涉及交易金额最大的并购案；

7月，Tesco收购乐购超市50%股份；7月，美国AB公司获哈尔滨啤酒已发行股份

99.6%的股权；8月，TOM在线收购中国移动娱乐公司、美国亚马逊公司收购卓越有限公司。2004年还发生了多起外资金融机构收购上市银行的股份。如4月，恒生银行收购持有兴业银行15.9%的股份；5月，新桥投资收购持有深发展17.9%的股份；8月，汇丰银行收购持有交通银行19.9%的股份。

（六）第二产业及其制造业仍是外商投资主要领域，引资质量不断改善

随着中国加入WTO后三年过渡期的逼近和中国经济发展带来的良好前景，一些跨国公司确定了新的中国市场战略，并加快了对中国各行业的投资布点活动，绝大多数行业利用外资的规模均呈现出不同程度的增长。从外商投资的产业结构看，第二产业仍然是外商投资的重点领域，利用外资金额的比重也有所提高。2004年，第二产业实际使用外资金额454.6亿美元，增长16.0%，占全部实际利用外资的比重为75.0%，比上年提高1.8个百分点；第一产业实际使用外资金额11.2亿美元，增长11.4%，占全部实际利用外资的比重为1.8%，比上年下降0.03个百分点；第三产业实际使用外资金额140.6亿美元，增长5.5%，占全部实际利用外资的比重为23.2%，比上年下降1.7个百分点（参见表4）。

表4　2004年我国利用外资的产业结构

	项目			合同			实际	
	个数（个）	增速（%）	比重（%）	金额（亿美元）	增速（%）	比重（%）	金额（亿美元）	增速（%）	比重（%）
第一产业	1130	1.3	2.6	32.7	43.7	2.1	11.2	11.4	1.8
第二产业	31531	4.3	72.2	1166.2	37.0	76.0	454.6	16.0	75.0
第三产业	11003	12.9	25.2	335.9	21.5	21.9	140.6	5.5	23.2

资料来源：商务部2004年“外资快报”。

在第二产业中，制造业是外商投资的主要行业。2004年，制造业合同外资金额和实际使用外资金额分别为1097.4亿美元和430.2亿美元，增速分别高于全国平均水平2.5个和3.1个百分点，占全国的比重分别为71.5%和71.0%，比上年提高1.3个和1.9个百分点。在制造业领域，外商投资更趋于投资高新技术企业、技术附加值和资金附加值高的企业，如通信设备、计算机及其他电子设备制造业，化学原料及化学制品制造业，交通运输设备制造业，专用设备制造业，非金属矿物制品业，通用设备制造业等行业，其实际使用外资金额分别为70.6亿、26.6亿、37.7亿、19.0亿、18.4亿和21.7亿美元，分别增长11.2%、2.0%、58.7%、54.9%、11.6%和39.1%。

中国经济的快速发展和市场容量的不断扩大，促使跨国公司将中国市场视为全球市场的重要组成部分，纷纷调整对华投资战略，把中国从“制造工厂”变成“研发基地”。2004年，更多的跨国公司在中国建立生产基地、研发中心以及更密集的商业网络，将自

身的资源逐渐集中于最具优势的环节或能力，以增强其竞争能力。据不完全统计，2004年中国新增跨国公司研发中心近200家。目前，外商投资设立研发中心达700多家，北京和上海分别达到189家和140家，占近一半，这些研发中心既是跨国公司全球研发体系的重要支撑，又是聚焦中国市场的研发主体。

二、2004年利用外资存在的主要问题

2004年，中国利用外资取得巨大成绩，但随着年度引资规模和累计利用外资规模的不断扩大，我国在利用外资方面也出现一些需要引起关注的问题。

（一）区域结构没有明显改善，西部地区利用外资比重持续下降

由于客观上存在区域间经济社会发展的巨大差异和对外开放步伐的不一致，我国利用外资"东重西轻"的区域结构由来已久。近年来，随着西部大开发战略的实施，西部地区总体投资环境有了极大改善，2004年，引进外资无论是企业数、合同金额还是实际利用金额都呈现全面增长趋势，其中，合同外资金额增速高于东、中部地区，实际利用外资金额扭转了2003年的下降趋势。但是，利用外资区域分布不均的状况依然没有明显改变，新增外资更加集中于东部地区，西部地区实际利用外资的比重近年来呈持续下降趋势，不仅与东部地区的差距在不断拉大，与中部地区的差距也在不断拉大。2004年，西部地区实际利用外资仅17.4亿美元，还不到广东一省的1/4，也只及中部地区实际使用外资最多的江西省的85%；实际利用外资金额占全国的比重2004年仅2.9%，比2003年下降了0.3个百分点，比2001年下降了1.2个百分点（参见表5）。

表5　近年来中国实际利用外资的区域结构变化

	金额（亿美元）				占全国的比重（%）			
	2001	2002	2003	2004	2001	2002	2003	2004
东部地区	408.54	457.29	459.51	522.07	87.15	86.70	85.88	86.11
中部地区	41.01	50.09	58.31	66.8	8.75	9.50	10.90	11.02
西部地区	19.22	20.05	17.23	17.44	4.10	3.80	3.22	2.88

资料来源：《中国统计年鉴2004》、商务部2004年"外资快报"。

（二）个别领域出现外资垄断或垄断扩大苗头

近年来，通过并购方式并购国内区域或行业龙头企业，成为外资进入一些壁垒较高或受限制行业、迅速占领中国市场的便捷途径。由于外商独资或掌握控股权的企业越来越多，以及个别地方存在盲目的引资行为，目前在个别领域已开始出现外资垄断或垄断势力扩大的趋势，并对行业市场和价格拥有较大控制权。全球并购研究中心2003年出版

的《中国产业地图》表明，中国每个产业的前5名都由外资公司控制；[②]商务部《2004跨国公司在中国报告》显示，在轻工、化工、医药、机械、电子等行业中，跨国公司子公司所生产的产品已占据国内三分之一以上的市场份额。在汽车行业、高新技术产业、大型超市等领域，外资的市场垄断趋势、控制核心技术意图明显。例如，2004年，中国WAPI、EVD等数项核心技术标准暂时搁浅，与跨国公司在中国的技术策略密切相关，也表明跨国公司在对相关行业进行技术垄断、对中国本土核心技术进行抑制；家用轿车业已基本被外资企业所垄断，价格也处于外资控制之下；在商业流通领域，目前80%以上大型超级市场已被外资企业占领；在啤酒行业，过去地方品牌往往垄断当地市场，外资啤酒很难进入，但2003年底以来，外资啤酒纷纷以并购的资本渗透方式向中国啤酒市场发起一轮强大攻势，四处攻城掠地，目前已形成AB和SAB两大外资巨头，本土大企业中只有燕京尚未被外资撑控。未来外商的独资或控股企业会越来越多，在某种程度上的行业垄断呈加快趋势。

②邓瑾："重思FDI"，《经济观察报》2004年3月22日。

（三）宏观调控中外资逆势而进

2004年的中国可以被称为宏观调控年，国家对过快的固定资产投资增速采取了一系列调控措施。但是，外资却在宏观调控中逆势而进，加速对调控行业进行投资布点。从外资固定资产增速与比重变化看，2004年，我国城镇固定资产投资增速为27.6%，而外资固定资产投资增速高达41.5%，大大高于内资26.1%的投资增速，其中，外商投资企业的投资增速为52.2%，是各类投资主体中投资增速最快的。2004年，外资固定资产投资占全部城镇投资的比重达到11.9%，比2003年提高了1.2个百分点。在钢铁行业，在"铁本"事件的同时，澳大利亚博思格钢铁却在离常州不远的苏州上马一条生产线，钢铁巨头新日铁、阿塞洛、帝森克虏伯等也纷纷与中国钢铁企业合资开拓市场。在房地产业，许多国际大开发商一改多年的观望态度，加速进入房地产市场，如荷兰国际集团、新加坡的凯德置地、美国洛克菲洛集团、摩根斯坦利等分别以各种方式进入房地产行业。在汽车业，全球主流汽车制造厂都已建合资企业，且不断布点、扩产，如大众新增两条生产线、广本新增一条生产线。

外资之所以能在宏观调控中逆势而上，一是各级政府对外资存有偏爱，又不能不执行已签合同而"失信"于外资；二是外资对于行业的选择，只要有利可图，就照投不误；三是外资总部资金和强大国际金融市场的支撑，不受国内信贷紧缩的影响。从而，外资就这样成为不受"宏观调控"制约的"例外者"，甚至宏观调控为外资留下更多的拓展空间。外资在宏观调控中逆势而行，表明我国政府对外资的选择功能在减弱，外资进入与政府战略意图脱节现象在增强，这给我国宏观调控增加新的难度。

三、2005年利用外资形势展望

2004年，我国外商直接投资在宏观调控中快速增长。2005年，尽管受到国内宏观调控政策和经济运行环境变化，以及国际引资竞争的加剧的影响，对我国利用外资规模的扩大会增加一些不确定因素，但是，2005年是我国加入WTO后进入“后过渡期”的第一年，外商直接投资的领域进一步放宽，原有吸引外资的诸多有利因素也不会有太大的变化，2005年，我国外商直接投资仍会平稳增长，预计实际利用外资金额增速将保持在10%左右、金额达到650—680亿美元。

（一）2005年利用外资的环境分析

1．全球经济的平稳增长，为我国扩大外资规模提供了市场空间

2003年以来，全球经济基本摆脱了前几年网络泡沫破灭后近乎停滞的状态，步入了稳定、快速增长的轨道。2004年，以美国和中国经济为主要增长动力，推动全球经济出现多年少见的繁荣势头，增长速度达到4%以上，是30年来世界经济增长最快的一年，各国和地区也呈现出同步性复苏和增长的态势。其中，美国经济增长率达到4%，日本增长率超出日本央行预计的3.1%，西欧、非洲和拉丁美洲地区增长率分别达到2%、4.5%和5.5%，而南亚和独联体国家的增长率分别超过了6%和7%。尽管由于全球经济的持续增长正导致世界一些主要经济体的产能趋于饱和，国际市场原油和其他商品价格不断攀升提高了生产成本，加之随着全球经济的复苏，各国为避免经济过热而逐渐取消了各项刺激性政策，货币政策也随之趋紧，2005年，全球经济增长速度将会有所放缓，但2005年全球经济仍将保持较为强劲的增长势头。联合国《2005年世界经济形势预测》指出，2005年全球经济增长率将为3.25%，比2004年略有下降。

尽管2005年全球经济将有所回调，但其增幅仍是近年来较高的，这将促进全球贸易继续增长。联合国LINK项目和国际货币基金组织预测2005年全球贸易量增长将达到8.0%和7.4%，明显高于近10年来世界贸易年均6.6%的增长速度。多年来我国在国际贸易体系中已经形成了具有一定比较优势的出口产品，加入WTO后，我国的出口环境大大改善。随着全球经济趋好和全球贸易继续增长，我国的出口空间将会进一步增大，这将有助于外资扩大生产与投资，从而将为扩大引资规模提供市场空间。

2．全球跨国直接投资进一步活跃，有利于我国扩大利用外资

全球外国直接投资在2000年达到14000亿美元高点后，出现了连续3年逐年减少的趋势。随着全球经济逐步复苏，2004年，全球外国直接投资开始复苏反弹，呈止跌回升之势。据联合国贸发会议国际投资专家预测，全球跨国直接投资的低谷期已过去，随着全球经济持续增长，跨国公司盈利增加，国际资金流量将进一步增加，跨国并购活动增多，跨国投资者信心增强，全球跨国投资将进一步增长，预计2005年全球跨国直接投资仍将处于恢复性上升增长阶段。我国多年来一直居全球引资大国前例，2003年居全球第一、2004年居全球第二，到目前为止累计实际利用外资总额已超过英国而居世界第二位。联合国贸发会议专家普遍认为，未来4年外国直接投资的3个热点国家是中国、印度和美国，2005年中国将继续位列全球跨国直接投资接受国榜首。同时，目前跨国投资的复苏将主要由服务领域投资带动，部分制造产业的投资仍会有明显的复苏。而我国服务业2005年进入开放阶段，制造业仍具有极大的增长空间，无疑仍是世界制造业转移的热点地区。因此，2005年全球跨国直接投资的进一步活跃和继续增长，将有助于我国扩大利用外资的规模。

3．我国吸引外资的基本因素不断向好，更有利于外商扩大投资

稳定的政局、持续高速增长的经济、巨大的市场、低廉的劳动力成本等，是多年来我国吸引跨国投资、引资规模不断扩大的基本因素。2005年，尽管中国将继续强化宏观调控，但有利于吸引外商投资的基本因素将继续向好的方向发展。政局稳定与否是影响跨国投资选择投资地的最重要的因素。中国一直是世界政局最为稳定的国家，随着对外开放的进一步扩大和中国经济迅速地融入国际经济体系，中国始终成为全球最为安全的跨国投资地。近年来我国加大反腐力度、改善和提高执政能力，更增强了国际投资者对中国政局长期保持稳定的信心。

我国经济已进入人均GDP达到1000美元后的“黄金发展周期”，2005年将承继2002年以来的景气周期上升阶段，预计经济增长速度将在宏观调控中保持8.5–9%的高增长水平；城乡居民收入继续增长，消费结构转型、升级进一步加快，总体消费需求稳步增长，住房、汽车、通讯产品等将继续成为2005年及未来相当长时期内的消费增长热点；城市化进程继续加快；产业结构调整进一步向前推进，以重化工业为主导的新一轮工业化进程正处于加速发展阶段，对设备制造业、装备工业、基础产业发展提出了新的需求。这些因素共同作用，将带动机电、化工、冶金、建材、交通运输、电力、商业等一大批相关产业的投资热潮，形成更加巨大的市场空间。已形成的具有一定产业配套体系的经济圈、城市群和各种综合与专业性开发区，成体系的制造业基础和配套能力，为跨国公司在华投资提供了强大的产业支撑链，承接世界制造业转移的优势更加凸现。尽管2004年部分地区出现“民工荒”，工资上涨压力开始显现，但我国依然拥有强大的低成本劳动力优势，尤其是通过二十多年对外开放和外资企业的发展，更培养了一大批与成熟国际资本相结合的熟练技术工人优势，这种人力资本优势不仅不会消失，而且会随熟练劳动力规模的扩大而进一步显现。

因此，在基本有利因素没有发生变化甚至向更好方向发展的趋势下，我国在国际引资竞争中依然具有强大的竞争力和吸引力，2005年国际资本不仅不会停止进入中国的步伐，而且规模将会进一步扩大。

4．投资环境不断改善，对外资形成更强的吸引力

随着中国经济持续快速发展、对外交往加深和体制改革不断深化，我国在吸引国际投资方面已经积淀了更多更为有利的环境条件，包括交通、通讯等基础设施的硬环境和政策法规、政府服务意识与行政效率、市场经济意识等软环境。2005 年，中国在吸引外商直接投资方面的环境将不断优化，集中表现在市场的更加开放和投资准入领域的扩大。《国务院关于投资体制改革的决定》颁布实施，赋予了包括外资在内的企业投资自主权；新的《外商投资产业指导目录(2004 年修订)》扩大了鼓励类条目，增加了鼓励内容和更多鼓励投资的优惠政策；2005 年我国进入 WTO 的“后过渡期”，根据入世承诺，进入关税和市场准入门槛将大幅降低，商业领域的各种限制被取消外，运输、金融、旅游等 9 个部门和 90 多个分部门也将逐步对外资开放。

5．国际引资竞争加剧

尽管全球跨国投资呈现出恢复性增长，但各国都为争取更多的国际资本而展开竞争。2004 年，发展中国家吸收外国直接投资高速增长，拉美地区出现了近 5 年来的首次增长且增幅高达 37%。2005 年，国际引资竞争将更为激烈。据联合国贸发会议有关机构预测，2004 — 2005 年间，亚洲和中东欧是对 FDI 最具吸引力的地区。2004 年，中东欧国家吸收的外国直接投资创历史最高纪录，而 2005 年这一地区的经济将继续保持强劲增长，对跨国投资的吸引力进一步增加；印度近年来经济快速增长，成为外国投资的热点地区；邻国越南正研究制订进一步加强吸引外资的相关政策，以便更有效吸收外资；刚刚遭遇海啸的受灾国为重建家园，无疑会出台各种优惠政策吸引外国直接投资。

历来全球资本流动主要发生在发达国家之间，近年来受经济减速影响了资本流入，但 2004 年美国吸收的 FDI 重登榜首，英国也以 590 亿美元位居第三位。2005 年，以美国为首的发达国家开始进入新一轮的加息周期，这使国际资金向发达国家回流的可能性增大。如美国已连续多次加息，联邦基金利率已从 2004 年 6 月的 1% 提高到目前的 2.5%。更为重要的是，美国近年来连续推出减税法案，2004 年 12 月通过的《本土投资法》规定，美国公司将海外利润汇回国内时可享受税收减免优惠，所得税税率由 35% 下调为 5.25%，期限为一年，条件是将这些收益投资于美国。据摩根大通测算，这将为美国带来超过 4000 亿美元的回流[③]，其中就包括中国境内的外资。作为最大的经济体和吸引国际资本最多的国家，美国的减税政策将会使美国在华跨国公司减少利润再投资，也会对美国国内公司的对华投资产生影响。

③林纯洁：“减税带来资本大回流，美国把 4000 亿美元带回家”，BUSINESS.SOHU.COM.

6．科学发展观的落实和资源环境条件等因素制约，利用外资规模将受到一定程度影响

针对我国经济高速发展中出现的一系列经济社会问题，我国提出了以科学发展观统领经济社会发展全局的战略。2005年，在固定资产投资和引进外资方面，受资源环境制约，国家将强化对高能耗、高物耗、高污染投资项目进一步加以控制，过去一些地方不顾资源环境条件的盲目引资将受到限制，过度的、不合理的土地、税收优惠政策将会有所减少；前期一些过热行业的过度投资导致产能在短期内出现过剩、投资回报率趋于下降；能源原材料价格上涨，短期内煤电油运紧张局势难以缓解，增大了外商投资的成本，影响外资企业出口履约能力；民间资本的发展壮大与投资领域的放宽，对外资形成一定的竞争与替代。在这些因素影响下，外商对华投资的增速将受到影响。

（二）2005年利用外资预测

1．2005年利用外资规模预测

从我国实际利用外资的发展过程看，在20世纪80年代，我国经济规模从4、5千亿人民币上升到近2万亿人民币经历了十年时间，在此期间吸收的外资规模每年仅增加2、3亿美元，到1990年时实际利用外资规模仅34.9亿美元；在90年代，我国经济规模从1.9万亿人民币增加到近9万亿人民币，引资规模每年增加37亿美元，到2000年外资规模达到407亿美元，十年间增加372亿美元；“十五”时期4年间，经济规模增加4.7万亿人民币，引资规模增加199亿美元，年均增加近50亿美元。从年度合同外资金额与实际利用外资金额间的关系看，合同金额增长快速的年份，当年及下一年度实际利用外资金额的增长速度也快。

根据我国经济发展与利用外资之间、合同金额与实际金额之间的关系，并综合前面对引资环境的分析，预计2005年我国实际利用外商直接投资将增长10%左右，规模达到650—680亿美元。

2．2005年利用外资趋势

（1）投资方式更趋向独资化。外资独资化是我国对外开放不断深入、投资环境进一步完善的一种标志，表明外国投资者对我国经济发展前景的信心增强。从自主管理、保护知识产权、增强灵活性和适应性以及贯彻公司总部的战略意图来说，独资更为有利。近年来外商投资的独资化倾向不断强化，而后过渡期的到来和今后两、三年更多领域将进一步扩大开放，2005年外资独资化倾向将更为明显。商务部研究院《2005—2007年跨国公司对华产业投资趋势调研报告》表明，在生产投资方面，57%的跨国公司投资倾向于独资新建；在研发投资方面，46%的企业倾向于建立独立的研发中心。

（2）并购规模将会有所扩大。尽管我国并购投资方式的比例一直不高，但随着资本市场开放进程的加快、对外资并购国企行为和数量限制的放宽，2005年并购市场将更为活跃。服务业领域开放市场后，外资为尽快占领市场会采取并购的方式获取国内企业的控制权。预计2005年外资并购的规模会比2004年有所扩大。

（3）引资质量将进一步提高。这源于我国巨大的市场潜力和国际资本在我国市场竞

争的加剧，促使外资调整投资战略，加大对华研发投入，一些跨国公司会继续在我国建立地区性总部和研发中心。同时，宏观调控对地方政府行为的影响和科学发展观的要求，也使各地将提高招商引资的质量。

（4）制造业仍然是外资投资重点。尽管2005年服务业开放领域扩大，外资对服务贸易领域的投资会增强，但我国制造业发展空间巨大，对外资仍有强大的吸引力，且制造业是资金密集型行业，制造业的引资规模占全部外资的比重与2004年相比会进一步提高。在产业结构上，第二产业吸收外资的比重将进一步提高，而第一产业和第三产业所占比重会略有下降。

（5）东部地区仍是外商投资的重点地区。尽管西部地区的投资环境不断改善，但仍不具备外资大规模进入的基础和条件，而东部地区外资投资的空间并未饱和，仍将是2005年外商投资的热点地区，尤其是传统的外资集中地如长江三角洲、珠江三角洲、环渤海地区等更是外商投资的首选地区。东北老工业基地振兴和“中部崛起”政策的实施，使中部地区的引资规模进一步扩大，所占比重会有所提高。

四、2005年利用外资的政策建议

（一）调整利用外资的思路

改革开放初期，引进外资的一个重要目的就是弥补国内资金的不足，这种为资金而引资的思路至今没有改变，为GDP增长而引资几乎成为唯一目标。正是在这一引资思路支配下，出现了“重数量轻质量”的盲目引资、重复引资现象，一些技术含量低、资源消耗高、环境污染严重的项目也被引进，而经济资源和引资收益又被转移到国外。尽管在引资初期为弥补资金不足，付出一些成本是必要的，但在目前我国经济已有一定基础，存在巨大的银行存贷差，资金已不再是主要制约因素，大量国际资本看好我国市场的情况下，为弥补资金而引资的思路应有所调整，树立以科学发展观为指导的引资新思路，对外资有选择地加以引进和利用。引进外资，要以可持续发展和保证国家经济安全为前提，坚决杜绝引进污染严重、技术含量低、占用资源多、大量对外输出不可再生资源的投资项目。

（二）对内、外资企业实施同等国民待遇，加快推进两税合并进程

对内外资企业实行差别对待，给予外资企业各种优惠政策，是特定历史条件下的产物。目前我国民间资本已积蓄了相当经济实力，在许多地区和领域都能发挥外资所能发挥的相同作用，特别是对资金短缺的欠发达地区，区外的国内资金比外资更具优势。从取消优惠政策对引进外资的影响看，尽管世界范围的引资竞争越来越激烈，但目前中国巨大的潜在市场，使任何一家立足于全球市场的跨国公司都不会因优惠政策的取消而轻言放弃。因此，为保护民族经济、提高引资质量，必须适时取消对外资的各种优惠政策，2006年重点是加快两税合并进程，将以税收激励机制为主的优惠政策转向以公平竞争机制为主的规则政策。

（三）改变目前的普惠政策，实行按产业、地区和项目给予特别优惠的政策

长期看，我们仍须坚持利用外资的长期战略，为引进高质量外资，也需给予外资适当的优惠政策。但是，未来对外资的优惠政策，不应是给予所有外资同等条件的普惠制的优惠政策，而应是依据科学发展观和转变经济增长方式的要求，为促进产业结构优化升级和区域均衡发展，根据不同的行业、不同的地区给予优惠，对有助于促进技术进步、有利于国内企业掌握核心技术、节约资源、改善生态环境的项目给予优惠。

（四）严格遵守加入WTO的有关协议和承诺

按有关开放时间序列表兑现承诺，是遵守加入WTO有关协议和承诺的基本要求。按时间序列表开放，包括不推迟开放和不提前开放。我国至今没有出现推迟开放的失信行为，但常在某些地区和领域出现提前开放市场的情况。提前开放干扰了内、外资企业对政策的预期，对那些未及时进入的外资产生不公平，也使国内企业过早面对外资竞争，对内资企业也是一种不公平。因此，今后对逐步开放的领域应严格协议、不提前开放。

（五）加快反垄断立法

随着我国对外开放步伐加快、跨国公司对华投资不断增加，世界市场的竞争被逐步转移到中国，中国市场国际化、国际市场中国化趋势越来越明显，竞争的压力迫使跨国公司不断以收购合资企业股份、并购本土企业的方式进行资源整合，提高竞争实力。在这种独资化运动中，资本的本性导致垄断行为，这对国家经济安全将产生不利影响。为防止未来出现恶性收购和消除垄断行为，保护弱小的竞争者，形成比较充分的、公平的竞争环境，必须加快反垄断立法防止垄断发生。这种反垄断立法，并非针对外资，而是针对垄断行为本身，包括内资企业的垄断行为。

主要参考文献：
1．“中国遭外资掠夺最重”，http://www.ytbao.com。
2．蔡施浩：“全球外国直接投资回升　美成为头号吸收外资大国”，《每日经济新闻》2005年1月13日。
3．陈墨：“中国的外资多不多”，《中国经济时报》2004年10月20日。
4．邓瑾：“市场能否换回技术？”，《经济观察报》2004年3月29日。
5．邓瑾：“重思FDI”，《经济观察报》2004年3月22日。
6．高云才：“我国不存在外贸依存度过高问题”，《人民日报》2005年1月21日。
7．葛顺奇：“外资影响中国经济安全？”中华财会网(www.e521.com) 2004-11-07
8．张晓晶：“我国利用外资战略的思考”，http://www.neri.org.cn/。
9．何必：“警惕“‘繁荣而不富裕’”，《中国青年报》2005年2月3日。
10．胡天舒：“FDI：是魔鬼还是天使？”，《南方周末》2004年5月20日。
11．胡祖六：“关于中国引进外资的三大问题”，2004-06-03
12．林纯洁：“减税带来资本大回流　美国把4000亿美元带回家”，BUSINESS.SOHU.COM.
13．林纯洁：“美国：把4000亿美元带回家”，《第一财经日报》2004年12月14日。
14．刘建辉：“不惧江苏铁本‘下场’　外资偏不买宏观调控账”，BUSINESS.SOHU.COM。
15．曲力秋：“‘拉美化’是个伪命题”，《中华工商时报》2004年8月13日。
16．曲力秋：“拨去笼罩在FDI上的迷雾”，中华工商时报2004年8月17日。
17．王磊：“中国产业面临‘拉美化’之忧　反垄断法亟待出台”，《中国青年报》2004年6月14日。
18．杨晓平：“利用优势限制竞争　在华跨国公司负面影响扩大”，《中华工商时报》2005年1月31日。
19．杨中侠：“外资引进‘拉美化’之忧”，《国际金融报》2004年7月9日。

2004-2005年民营投资形势分析与预测

2004年，我国经济取得了令世界瞩目的发展成绩，而民营投资成为我国经济各投资主体中最活跃、增长最快、也最“市场化”的部分。未来一段时期，民营企业无论是在打造民族产业核心竞争力、促进技术创新、制度创新，还是在参与国企改造、创造新增就业机会等方面，都将继续发挥重要的作用。

一、2004年民营投资基本状况

2004年，全国民营投资[①]达到27534.1亿元，与2003年的19457.9亿元相比增长了41.5%，高于全社会投资25.8%及城镇固定资产投资27.6%的增速，更明显高于国有投资12.1%的增速。民营投资占城镇固定资产投资的比重达47.0%，与2003年相比，提高了约4.5个百分点。在各种类型的民营投资中，股份制经济（包括股份合作、有限责任公司及股份有限公司）投资19809.5亿元，比上年增长39.1%，占城镇投资总额的比重为33.8%；联营经济投资456.6亿元，比上年增长28.7%，比重为0.8%；私营个体投资6539.6亿元，比上年增长44.7%，比重为11.1%；其它内资728.45亿元，比上年增长110.6%，比重为1.2%。近两年民营投资的发展主要呈现出以下几个特点：

①本文提到的“民营投资”是指城镇投资中除去国有投资、集体投资、港澳台商投资、外商投资之外的部分，即包括私营个体经济、联营经济、股份制经济和其他内资在内的城镇固定资产投资。

（一）随着宏观调控政策的实施，民营投资从过热状态回落到正常区间

2004年5月份以来，政府宏观调控措施的效果逐渐显示出来，过热的全社会固定投资增速开始大幅度回落，逐步进入较正常、平稳的增长区间。由于投资在我国经济增长中起着主导作用，因此经济增长能否“软着陆”主要就看投资是否能够“软着陆”。而由于民营投资已占据全社会投资的“半壁江山”，其

走势对全社会投资的“起伏”乃至整个国民经济的走势都有着举足轻重的影响，全社会投资能否“软着陆”，又不得不看民营投资能否“软着陆”。因此，民营经济已成为政府此次宏观调控的重点对象之一，民营投资从过热状态回落到正常增长区间，对于整个宏观调控政策达到预期效果，至关重要。

我们将2004年1-12月全社会城镇投资与民营投资的增长率进行比较，可以发现，民营投资的走势与全社会投资的走势基本保持一致。纵观全年，全社会投资与民营投资都是从1-2月份超过50%的高速度，开始逐月下降，到5月份达到“谷底”，之后又逐步有所回升，而在第四季度，又都经历平稳下降的趋势。除年初的“过热”与年末的“偏冷”之外，民营投资在5-11月份一直保持在30-50%之间的增长区间内，说明宏观调控逐步将民营投资拉回到较为平稳、正常的运行轨道上，“大起”之后没有“大落”，政府的宏观调控政策应该说取得了初步成效。（见图1）

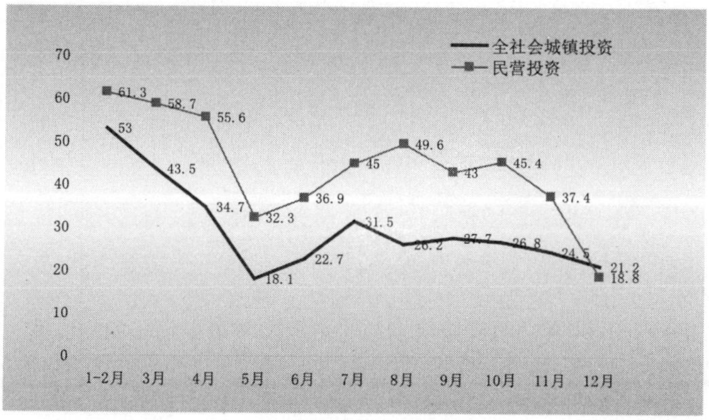

资料来源：《投资统计月报》，下同。

图1　2004年全社会城镇投资与民营投资当月增长率（%）

（二）即使在宏观调控情况下，民营投资的增长势头仍然强劲

2003年以来，由于整个国民经济逐渐步入新一轮景气周期的上升期，GDP增长达到自八十年代中期及九十年代初期以后的又一个高峰，具有很强顺经济周期特性的民营经济，其投资增长速度也明显加快。1-11月，民营投资增长曲线明显高于全国城镇投资增长曲线，2004年，民营投资累计年增长率达到41.5%，比国有投资12.1%的增长率高出29.4个百分点，说明了民营投资在全社会投资领域对国有投资的替代步伐正在加快。

2004年民营投资的这一较高增长率是在政府实施宏观调控的情况下取得的。虽然宏观调控把紧了信贷和土地这“两个闸门”，使民营企业获得贷款及征地的难度加大，对民营投资产生了一定的抑制作用，但由于民营企业对于银行信贷的依赖程度往往小于国有与集体企业，而且民营投资的自主增长能力近年来不断增强，因此，民营投资受此次宏观调控的影响程度，总体上小于国有和集体企业。2004年，在政府出台各项较为严厉的调控措施之后，民营投资除5、6月份及12月份降幅明显外，7—11月都仍保持在30%以上的水平，就说明在政府宏观调控的背景下，民营投资的活力依然不减。

由于在未来相当长一段时期，我国的经济增长在很大程度上仍有赖于投资增长的拉动，而民营投资对全部投资增长的贡献率近年来一直高达60—70%以上，民营部门在大多数领域的投资也往往比国有部门来得更有效率（据有关专家的测算，2002年包括外资与民营企业在内的非国有部门仅用全社会资源的20%却创造出60%的全国工业产值，而国有部门创造出另外40%的份额却用了全社会资源的80%），因此，未来政府宏观调控应更多考虑如何抑制地方政府及国有部门“背离市场合理需求”的投资过热，而对于民营经济、民营投资，则应在加强必要的外部性监管的同时，更多地采取鼓励措施，促进其更加快速、健康、平稳地发展。

（三）股份制经济与私营经济是最主要、最活跃的投资主体

2004年，在整个民营投资中，股份制经济与私营个体经济的投资增长率分别达到39.1 %及44.7%，股份制投资与私营个体投资在全社会城镇投资总额中分别占到33.8%及11.1%的份额，在2004年各种经济类型投资比重的排序中分别排在第二、第三位。与国有和集体投资比重的下降趋势相反，股份制投资与私营个体投资所占比重，与上年相比，分别提高了2.8与1.2个百分点，说明股份制投资与私营个体投资在全社会投资中的地位进一步上升，股份制经济与私营经济正逐步成为民营投资乃至全社会投资中十分重要、且最为活跃的投资主体。

表1　2003—2004年各种经济类型投资占全国城镇投资总额的比重（%）

	国有经济	股份制经济	私营个体经济	集体经济	港澳台经济	外商投资经济	联营经济
2003年	44.5 (1)	31.0 (2)	9.9 (3)	2.3 (6)	5.2 (5)	5.5 (4)	0.8 (7)
2004年	39.1 (1)	33.8 (2)	11.1 (3)	2.1 (6)	5.3 (5)	6.6 (4)	0.8 (7)

注：括号内数字为比重的排序。

（四）民营投资在行业和地区上呈现逐步扩张之势

近两年来，民营企业的发展逐步呈现主营行业多元化、投资领域随市场准入的放宽而向更广阔领域延伸、企业总部和生产经营基地逐步向大城市转移，以及外向型企业数量增多等新特征。目前除国家明令禁止的一些特殊行业外，民营投资范围已涉及农林牧渔、采掘、制造、电力、运输、仓储、商贸、市政公用、建筑、房地产、科教文卫、体育、金融、旅游等各个领域，民营经济的进入广度有了明显的拓宽与延伸。在一般竞争性领域，民营经济特别是股份制经济显示出强大的竞争优势，在诸如家电、服装、玩具等传统制造业中所占的份额不断上升，2003年，民营投资在制造业中所占的投资份额已达到54.9%。在科研与技术服务业中，民营投资也开始崭露头角，占据了一定的份额。2003年，民营投资占全部科学技术业投资比重达到了5.1%。此外，近两年民营投资在社会服

务等新兴产业领域、房地产等高增长产业领域、教育文化体育卫生等社会事业以及煤电油运等共用事业领域，都有不同程度的增长。据《2005年中国私营企业调查报告》②显示，在2004年全国民（私）营企业抽样调查中被调查的所有私营企业，以制造业所占比重最大，达到38.2%。而科学技术业从上次调查（2002年全国私营企业抽样调查）的2.1%增长到5.5%，几乎增长了一倍半。社会服务业从5.6%增加到11.1%，增长了近一倍。房地产企业所占比重也不小，达到8.5%。而将教育文化体育卫生等社会事业及煤电油运等共用事业作为主营业务的企业也分别占了4%及1.6%。

②参见《2005年中国私营企业调查报告》，载于《中华工商时报》2005年2月3日，1—2版。

二、民营投资发展中存在的主要问题

（一）民营企业仍面临不公平的竞争环境

尽管民营经济近年来所面临的政策与制度环境越来越宽松，但离民营企业家所期盼的完全“国民待遇”的公平市场环境仍有相当距离。民营企业在融资、行业准入、税收等方面仍不同程度地受到与国有及外资企业相比不平等的待遇。

在获得银行贷款方面，由于政府部门与国有企业天然的“血缘关系”，再加上针对民营中小企业融资的信用担保机制的缺失，国有企业往往比民营企业更易于获得银行的贷款。投资效益高于国有企业、对经济增长的贡献力已超过了2/3的民营企业从银行获得了的贷款比例还不到1/3，说明资金这一市场最为稀缺的资源在国有与民营部门之间的分配是不平等的。而股票、债券、基金、项目融资等其他融资渠道对于多数民营企业来说也是不畅的，许多民营企业往往只能通过民间集资等渠道来融资，从而增加了民营企业投资的资金成本及潜在的资金风险。

在行业准入方面，虽然随着投资体制改革的推出，民营投资从政策上来讲已可以进入法律、法规未禁止进入的一切投资领域，但在电力、铁路、公路、水利、交通、能源及市政设施等“行政性垄断”行业，民营投资要想大举进入仍将面临重重阻力。民营投资实际面临的行业准入范围，仍比国有企业甚至外资企业要窄，行业进入门槛要高。

在税收方面，民营企业家面临着除了要缴33%企业所得税外还得缴20%个人所得税的“双重税赋”的压力。相比起来，外资企业所得税往往只有内资企业税率的一半，只有15%到24%不等。因此，在资金、政策支持、税收待遇等各方面，民营企业往往从一开始就与国企和外资企业不是站在同一起跑线上。

（二）宏观调控加剧了部分民营企业“融资难”的问题

“贷款难”本来就是制约民营投资发展的一大约束，而本轮宏观调控对银根收紧更加大了民营企业获得贷款的难度。据《2005年中国私营企业调查报告》

显示，57.1%的民营企业家感到宏观调控使企业的贷款难度加大。特别是缩紧银根的政策在实际操作过程中，往往导致银行对一些民营企业实行只收不贷，有的银行甚至要求提前还贷，使部分民营企业面临资金链断裂、运作项目流失等难题。而民营中小企业受紧缩性调控影响往往更大。由于目前对中小企业的信贷担保等服务体系不健全，在紧缩性宏观调控下，银行抽紧的主要是对中小企业的贷款，同时银行为达到控制贷款总量增长的要求，往往连短期贷款也一同压缩，使得一些应该“保”的有效益的中小企业必要的流动资金贷款也受到了压缩，民营企业原本就面临的“贷款难”问题更加凸显。

（三）民营企业仍存在投资盲目过热等问题

此次宏观调控也暴露出民营企业自身的一些弱点，如易于盲目过热搞投资扩张、粗放式发展、资金链脆弱以及存在一些违法违规现象等问题。由于目前我国正处于经济转轨时期，市场经济的制度基础仍不完善，相当部分民营企业是在转轨时期特定的制度空间中，通过粗放式发展而较短时间内实现自身初步积累的。这些经历使部分民营企业家存在着迅速做大做强的心理，使一些民营企业的投资行为中包含了非市场化、非理性的激励因素，使得民营企业在整个经济步入景气上升期时，极易产生投资扩张的冲动。由于地方政府监管职能的缺位，一些民营企业也往往能够得以上马低成本、低技术含量、高能耗、高污染的生产项目，这不仅易于造成投资过热与重复建设，也使得“民营经济”发达地区环境污染的问题日益突出。

（四）地方政府在公共服务、监管职能方面的“缺位”制约着民营投资的健康发展

地方政府热衷干预经济的“越位”行为以及在公共服务与监管职能方面的“缺位”，是造成这一轮投资过热的深层次体制性原因。而民营企业在地方政府与中央政府的博弈中，往往最易“受伤”。受到现行政府考核机制的不恰当激励，地方政府为追求GDP增长的政绩效益，往往热衷于上项目、搞政绩工程，在项目审批、土地、税收、基础设施等方面竞相给予企业以优惠，同时疏于对企业“外部负效应”的监管，人为地扭曲了项目投资的价格成本信号，从而对部分民营企业的投资过热产生了“诱导”及“推波助澜”的作用。而在中央政府采取宏观调控措施后，由于信息不对称，一些真正有市场前景的民营投资机会，往往也会受到牵连，得不到必要的资金与政策支持。因此，只有地方政府从“越位”和“缺位”状态中真正“归位”、向公共服务型政府转变，困扰民营投资健康发展的深层次、体制性的问题才有望从根本上解决。

三、2005年民营投资走势预测

（一）民营投资面临的宏观经济环境与政策制度环境

2005年，影响民营投资增长的有利因素总体上要大于不利因素，民营投资面临的宏观经济环境、政策制度环境将会在2004年的基础上进一步向好，民营投资将面临更为宽

松的发展环境。但由于一些制约民营经济发展的长期性、体制性因素在2005年依然存在，民营投资在新的一年里依然是机会与挑战并存。综合各因素分析，民营投资2005年仍将保持快于全社会固定资产投资、特别是国有投资增速的增长速度，预计2005年民营投资增速与2004年相比会有所回落，但仍将达到30%左右。

(1). 从宏观经济环境来看。2005年，我国经济虽受宏观调控政策及瓶颈因素约束的影响，GDP增长与上年相比，会呈现小幅度温和回落的态势，但因为整个国民经济仍处于新一轮景气周期的上升阶段，消费与产业结构升级、城市化、国际资本流入等推动经济增长的因素仍将持续发挥作用，GDP高速增长的惯性不会改变，全年GDP增幅依然会达到8%～8.5%左右。由于民营投资具有很强的顺经济周期特性，经济景气指数上升、GDP增长加快的时候，也往往是民营投资主体投资意愿加强、投资步伐加快的时候。因此，2005年民营投资在政府继续实施“稳中求降、有保有压”的宏观调控政策情况下，一方面很难再度“过热”(如2004年初高达50%以上那样)，另一方面也将继续保持与整个GDP增长、全社会投资增长相适应的较高增长率。2004年，政府采取宏观调控措施后，民营投资的活力依然不减，就说明了民营投资者往往是最“跟着市场的感觉走”的投资主体。对2005年经济继续保持高速增长、市场空间会进一步扩大的预期，是导致新的一年民营投资主体投资意愿仍然较强的一个重要因素。

(2). 从政策与制度环境来看。对于民营资本来说，2004年发生的一系列政策层面的利好趋势将延续到2005年，而且其效应将进一步得到释放。总体来说，民营经济、民间资本将面临着一个更加宽松的政策环境、制度环境。

一是国务院新颁布的《投资体制改革的决定》赋予民营投资者更大的投资决策自主权，放宽了民营资本的进入领域，一些原由国有经济垄断的基础设施、公用事业领域已开始向民营投资开放，投资体制改革的“放权”与“解禁”作用将为民营经济创造出了非常广阔的投资发展空间，

二是2004年修改后的《宪法》规定“合法的私有财产不受侵犯”，意味着保护私有产权的原则已写入国家根本大法。同时各政府部门也正在积极清理、修订各项歧视与限制民营经济发展的法律法规。民营企业的投资环境和国民待遇正逐步得到改善。法律环境的向好使民营投资的权益得到进一步保障，使民营经济的创业热情与投资积极性受到鼓舞，民营经济的发展正迎来一个新的高峰期。

三是国有企业改革的制度创新，使民营经济可以通过收购、兼并、成立股份制公司等形式参与国企改造，进一步增加了民营经济的投资机会。

同时，我们也还应看到，国家修宪提高民营经济的地位、政府推出投资体制改革的政策效应，有可能会由于制度的惯性及某些利益集团的抵触，受到某种程度的抵消，一些不利于民营经济发展的制度与政策因素依然存在。好的法律与制度从制定、实施到完全落

实，仍有相当长的一段路要走。

此外，2005年政府将继续实施宏观调控政策，对土地与信贷这两个“闸门”仍加强控制管理，煤电油运等瓶颈产业的短缺状态也仍会持续，这都会对民营投资在一些行业、领域的扩张产生一定的抑制作用与制约作用。

还有一个政策环境的变化，也会对民营投资产生影响，就是随着政府投资管理体制改革的推进，政府部门一方面放宽了对民营资本的原本不应有的“经济规制”，另一方面也将同时加强对其原本应有的“社会规制”（即通过加强必要监管，消除其投资的外部负效应）。所以，对于民营投资来说，一方面，投资的门槛可能是低了，交易成本减少了，另一方面，有些过去在地方政府忽视监管的情况下可能有利可图的投资机会，将会因为政府加强对资源、环保等外部性因素的监管，变得成本增加、甚至无利可图了。

（3）．从民营企业自主投资能力及投资意愿来看。经过多年的“市场打拼”、顽强的自我积累和发展，使许多民营企业的自身实力取得了长足进步，民营经济的自主投资增长能力不断增强。由于多数民营企业多年来一直靠自筹资金及“体制外”融资来发展，因此，宏观调控对信贷的控制对其产生的影响或十分有限、或仅是暂时的。根据民建中央企业委员会与我国企业家调查系统共同组织实施的“2004我国民营企业经营者问卷调查”显示，在宏观调控情况下，部分民营企业经营状况虽有所回落，但多数民营企业仍保持一定的盈利水平，企业产销稳定增长，企业订货预期比较乐观，从业人数保持增长，未来投资意愿仍然较强。调查结果显示，民营企业有近六成计划增加投资，而国有企业计划增加投资的只占一半左右。民营企业未来的投资意向对未来民营部门的投资走势往往会产生重要影响。由此可见，影响民营投资增长的两个重要的内在因素（民营投资者的投资意愿与投资能力）都决定了民营投资在新的一年里仍将表现出依然强劲的活力。

（二）民营投资的“新增长点”

近年来，随着“入世”效应的不断显现、政府各项改革的不断深入，民营投资面临的政策制度环境越来越宽松，民营投资涉足的产业领域越来越广，在部分行业和领域甚至已占据了投资的主导地位，并开始呈现由劳动密集型产业向资金、技术密集型产业，由传统产业向高新技术产业发展的态势。而随着行业准入政策的放宽，民营投资也开始进军基础产业、基础设施与社会服务领域，总之，民营经济投资的广度与深度都在不断增加，已基本覆盖国民经济的主要领域。

但是，目前民营投资所集中的领域仍以劳动密集型制造业及传统服务业为主（因为这些行业往往技术、资本含量低，进入门槛低，符合民营企业的“秉赋优势”），而在这些民营经济原有的优势产业中，民营投资已开始面临“边际效益的下降”（也正因为进入门槛低，大量企业挤在有限的市场空间内，竞争日趋激烈，产品明显过剩，利润空间越来越小）。而在大型制造业、高科技产业、金融保险、通讯、旅游等现代服务业及基础设施、公共事业领域，由于现实生活中仍存在不同程度的市场准入方面的不平等，民营资本到目前为止仍然进入得很不充分。大多数民营企业栖身于劳动密集型制造业这一现代产业价值链的下游、低端区域，付出大量能耗、物耗及环境污染的代价，却往往只能赢来整个产品价值链中的一点“微利”。这样的增长模式，已制约了民营经济乃至整个民族产业的进一步提升与发展。因此，民营经济要走向成熟，必须适时地向整个现代产业价值链的两端（高科技研发与现代服务业）拓展，并在基础产业等未来的高增长产业中担当起重任，才能开拓出新的投资发展空间。而只有民营经济产业结构的“成熟”，才能带来整个民族产业的产业结构“成熟”及市场化微观结构的全面形成，实现国民经济增长方式的良性转变。由于目前我国经济正处于高速增长的新一轮景气周期的上升期，投资体制改革等酝酿多年的改革方案也已“新近出炉”，民营经济经过多年发展也已具备了在更大的空间与更高的平台上完成产业“升级”的条件。因此“行业突禁”的主客观条件已初步具备，2005年对于民营投资来说，应该是在一系列新的产业领域“展开手脚、施展一番”的时候了。

——在制造业方面，伴随着产业结构调整所带来的机遇，民营投资将开始从劳动密集型制造业转向技术资金密集型的设备制造与机械制造业。

——在基础产业、基础设施领域，由于我国经济正进入新的经济增长平台，重化工时代的来临、消费与产业结构的升级及城市化进程都会对基础产业、基础设施形成巨大的市场需求。2004 年，许多民营投资已开始进军基础产业、基础设施领域。2005 年，民间投资进入基础产业与基础设施领域的步伐不会停下来，而只会走得更快。

——在现代服务业方面，按照加入世贸组织的承诺，2005 年，服务业将进一步向外资开放。预计 2005 年第三产业固定资产投资增速将超过 2004 年，达到 18% 左右。外资将开始进入机构服务、律师事务所、商业银行等现代服务业。伴随着这样的趋势，我国民营企业将会在现代服务业领域获得更多的投资机会。

——在高科技领域，民营高科技企业的发展壮大对于国家科技创新体制的发展完善有着重要作用。将科技成果及时转化成技术、并将技术与市场联系起来，需要有企业化的运作机制。在技术创新的企业化方面，民营企业应有其独特作用。2005 年，民营投资在电子通讯、生物制药、新材料、计算机技术及软件业等行业都将拥有广阔的发展前景。民营企业只有走向高科技研发的产业链高端，在国际产业分工中开拓新的竞争优势，才能提升“中国制造”的含金量，提高我国产业增长的效率与可持续性。

四、未来的政策取向

目前，民营经济、民营投资所面临的问题，既有属于民营企业自身的，也有属于外部市场环境的，而其中更主要的问题均与政府及金融体制相关。因此，解决民营经济的发展问题，不能“头痛医头、脚痛医脚”，而应依靠全面的改革与制度创新，来整体地“辨证施治”。要特别重视政府转型对于民营经济发展的特殊作用。塑造公共服务型政府，转变政府部门片面的发展观、政绩观，真正代之以“以人为本”的科学发展观，并努力提高政府公共服务水平，应成为未来改革的重点。

为民营投资发展创造良好的外部环境，需切实解决民营企业的“国民待遇”问题。在行业准入方面，应进一步清理歧视民营经济的各项法律法规及部门规章，应对民营企业可以或不可以进入的行业与领域作具体明确的说明，并参照西方一些国家政府的做法，制定指导民营部门投资公共事业及基础设施领域的详细指南，给民营投资者以尽可能多的便利。在税收方面，应采取切实可行的措施，减轻民营企业的税赋负担，特别是要杜绝工商、质检、卫生防疫、交通、城管、街道等政府部门向民营中小企业进行乱收费、乱摊派和随意罚款的现象。规范、限制政府部门的权限，减少政府部门对民营中小企业的过度管制，让民营企业在参与市场竞争中享有更多的自由与权利。

在解决民营企业“融资难”方面，从长期看，应逐步建立起多层次的资本市场与金融体系，建立起针对民营中小企业的中小型银行或金融服务机构，发展非国有金融部门，建立、健全民营企业投资担保机制及信用评级制度等。在近期内，则应注意银行贷款结构的优化，适当地增加短期贷款的增长量，以适应民营中小企业对短期流动性资金贷款的需要。

应加强地方政府在环保和资源方面进行有效监管的动机和能力，以约束民营企业可能有的种种非理性投资行为，减少其投资的外部“负效应”。民营企业自身也应尽快完成向现代企业的转型与过渡，逐步转变其“粗放”的发展模式，增加技术含量，向国际产业链的两端发展，担当起民族产业振兴的大任。而这单靠民营企业自身又是无法完成的，需要制度环境的完善以及一个高效率的金融系统的支持。

总之，现代市场经济体系的真正建立，有赖于一个高效廉洁的公共服务型政府部门，一个安全、高效率的金融部门，一个充满活力、具有竞争优势的民营部门，三者及三者间良性互动关系的全面形成。从这一意义来讲，民营经济的发展之路仍然任重道远。

参考文献：

1．谢伏瞻等：“宏观调控负面效应显现五大问题突出”，《中国经济时报》2004年12月3日。

2．非公有制经济发展问题与对策研究课题组：“制度、市场与非公有制经济”，《经济社会体制比较》2004年第3期。

3．韦坚祥：“简论民营投资进入障碍及其对策思路”，《计划与市场探索》2003年第12期。

4．杨婷：“民营企业呼唤更公平的环境”，《中国经济时报》2005年1月5日。

5．盛松成　周鹏：“关注民营经济投资的新特征”，《金融时报》2004年7月29日

6．“宏调中的民营企业：现状问题及期望”，《中华工商时报》2004年12月9日

7．“2005年中国私营企业调查报告”，《中华工商时报》2005年2月3日

8．“改变中国经济增长方式　民营经济不能再卖苦力”，《中国经济时报》2004年11月4日。

■ 股票市场

2004–2005 年股票市场发展状况与趋势

一、2004 年股票市场发展现状

2004 年 1 月 31 日，国务院发布了《关于推进资本市场改革开放和稳定发展的若干意见》(简称“国九条”)，其内容覆盖了市场投资理念、多层次市场建设、上市公司治理、投资者权益保护、机构投资者队伍建设、股权分置等诸多方面。在其指导下，证券市场的制度建设和体系建设等都取得了一定进步，市场规模进一步扩大，上市公司数量、投资者人数、基金数量、保险资金、企业年金、社保资金、QFII 机构投资者等都有了很大的发展。然而，股票价格走势在短暂冲高后便持续下滑，股价结构继续保持调整趋势。

（一）2004 年股票价格走势冲高回落

2004 年，上证综指年初开盘 1492.7 点，年底收盘 1266.5 点，全年下跌了 15.2%。在“国九条”的刺激下，2004 年股票市场在第一季度继续上涨，延续了 2003 年收盘时的上升走势。在宏观经济快速增长的背景下，钢铁、汽车、石油化工等周期性行业表现突出，经营业绩大幅上升。市场在继续倡导价值投资理念的基础上，相关上市公司承接了 2003 年以来的“二八神话”，带动了大盘上涨。并于 4 月 7 日创出近三年来的新高 1783 点。然而，由于投资和经济过热以及随后产生的通胀压力，大盘继续上升已经面露疲态，前期走势迅猛的权重指标股明显滞涨。伴随着 2004 年 4 月宏观调控政策的出台，股指见顶回落，并于 4 月 9 日以破位长阴线一举确定了中期调整的下跌趋势，随后展开了 3 年来最猛烈的下跌，连续五个月保持单边下行，一度跌破 1300 点重要心理关口，最低跌到 1259 点这个五年来的新低。在此危难之际，政策的有形之手再度发挥作用，但由于政策缺乏对股权分置以及全流通关键问题的解决思路和力度，又加上央行十年来首次加息，股指反弹乏力，市场在稍作震荡整理之后继续下跌，全年振幅接近 30%。(见图 1)

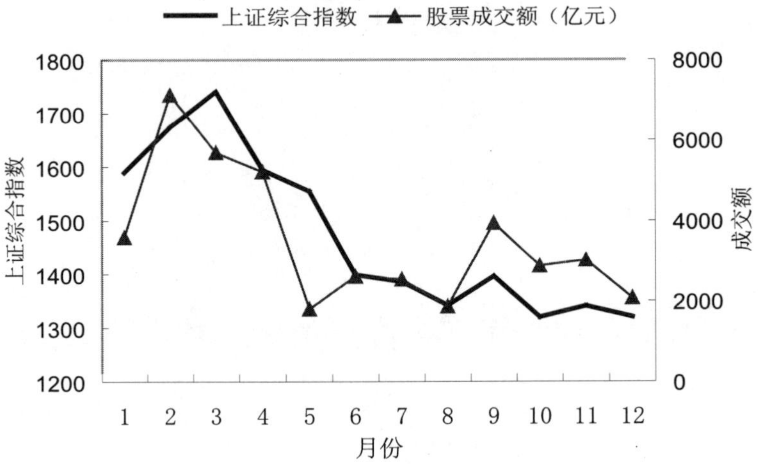

数据来源：中国证监会网站。

图1　2004年上证综合指数及股票成交额（两市合计）

与股指走势相似，股票市场月成交额提前于2004年2月见顶，之后迅速萎缩，但是全年总成交额比上年有所增长。由于全年大盘走势大起大落，股价的波动促进了市场交投的活跃，沪市全年股票成交合计26470.6亿元，较2003年增长27%，日均成交达108.9亿。流通股换手率为288.7%，较2003年增长15.1%。深市由于有中小企业板的“贡献”，全年累计股票成交金额达到15863.3亿元，较上年增长40.5%。而且，全年成交金额已经连续两年出现增长。（见表1）

表1　2000－2004年沪、深两市股票总交易情况

年 份	成交金额（亿元）	成交量增减（%）
2000	60826.6	94.0
2001	40259.8	−34.0
2002	29157.1	−29.0
2003	32797.9	12.5
2004	42333.9	31.8

数据来源：中国证监会网站。

（二）宏观调控是影响股市运行的重要因素

由于我国的消费增长乏力，所以，长期以来固定资产投资一直是拉动经济快速增长的主要动力，固定资产投资的完成情况也就相应成为左右经济运行的关键因素。2002年降息之后，经济的快速增长并未引致官方利率的相应调整，较低的利率刺激了企业和地方政府的投资冲动，又加上2003年的SARS诱发了持续数月的信贷宽松，这两种因素共同发挥作用使投资冲动变为现实需求。2004年，固定资产投资延续了1999年以来加速增长的态势，出现了超常规增长。一季度全社会固定资产投资同比增长43%，GDP增长9.8%，实际增速已经接近1992－1993年的经济过热时期。根据国家发改委稍后公布的数据，全国共清理固定资产投资项目70600个，总投资规模17.2万亿元，如果按平均建设周期两年计算，当年新增固定资产投资规模将达到8.6万亿元，同比增长将达到56%，经济内生的投资需求爆发性增长，远远超出经济现有的承受能力，过热迹象明显。

当然，经济出现过热的深层原因仍在于经济结构的失衡，尤其是前期对煤炭、运输、电力等部门需求增长估计不足使其成为经济发展的瓶颈。固定资产投资的高速增长，更加剧了煤、电、油、运等瓶颈行业的紧张局面，导致了各种基础原材料价格水平的持续上涨。伴随着固定资产投资过热，2004年，国内各种物价指数彻底摆脱了连续数年的下降趋势，出现了快速上涨趋势，通货膨胀压力增大。为了防止经济过热引发全面通货膨胀，从2004年三月份以来，政府先后出台了包括紧缩的货币政策等在内一系列的宏观调控措施，投资增速明显回落。再加上美元兑世界主要货币持续下跌，人民币面临升值压力，由此降低了上市公司的盈利预期，股票市场的走弱自然顺理成章。（见图2）

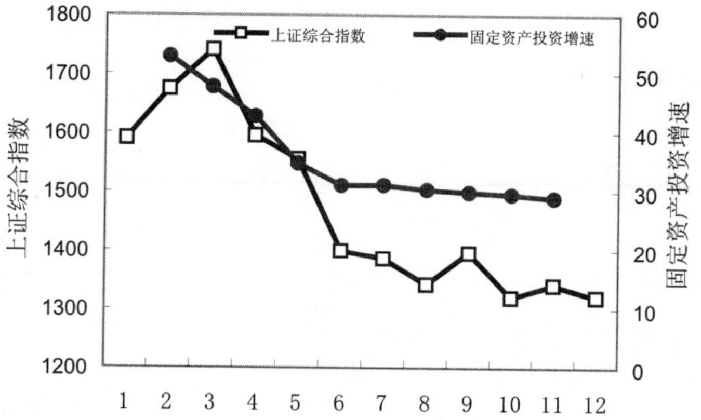

数据来源：中国证监会，国家统计局

图2　2004年上证指数与固定资产投资增速

（三）2004年股价结构调整仍在继续

随着证券市场机构投资者的数目和所管理的资金规模的双扩大，价值投资理念日益成为市场的主流投资思路。众多估价过高、泡沫过大的股票被迫向内在价值回归，2004年，股价结构调整仍在继续，并向两个较为极端的方向进行。一方面，极少数的优质公司股价继续稳定上扬，即使在2004年的冲高回落调整的大背景下，相当多优质蓝筹股的股价仍然相对较为稳定。另一方面，业绩较差的上市公司股价则连续进行调整，其间虽经历了几次超跌股的大幅反弹行情，但随后却以更猛烈的下跌加速了其股价结构调整的

① 上海证券报分析师志愿团、湘财证券研究发展中心："2004年中国证券市场年度报告（展望篇、回顾篇）"，《上海证券报》，2004年12月15日。

进程。统计显示[①]，2004年1月2日－12月24日，下跌的个股达到了1041只，在市场所占比重达到了77.6%；而其余比重占到22.4%的310只上涨个股成为这场股价结构调整的最后赢家。对个股跌幅的统计数据更能说明2004年股价结构调整的惨烈程度。2003年1月1日－12月24日期间，沪深两市累计跌幅超过50%的个股只有37只，而到了2004年1月2日－12月24日期间，沪深两市累计跌幅超过50%的个股已经增加到了68只，股价结构调整的直接后果是市场整体重心在2004年下了一个台阶。市场的平均股价由2003年6.79元下降至2004年5.18元，重心下移了1.61元，降幅达到了23.7%。

（四）投资者结构趋于多元化

一方面，2004年机构投资者获得进一步发展，证券投资基金、企业年金、保险资金、社保资金以及QFII等机构投资者规模日益扩大；另一方面，近几年投资者的新增开户数目增长缓慢。

证券投资基金逐渐成为中国证券市场上举足轻重的力量。截至2004年9月底，已经正式成立运作的基金上升至152只，基金总份额达到3143.7亿份，净值总额为3192.3亿元，分别比2003年底增长了36.9%、92.5%和85.9%。截至2004年9月底，144只基金股票投资市值占A股流通市值的比例超过12%。基金数目的扩张与所管理的资金规模的双膨胀，使得证券投资基金的重要性大大增强。

企业年金、保险资金获准直接进入证券市场，社保资金也加快了入市的步伐。QFII规模迅速扩大，截至11月，共有12家QFII获准进入A股市场，使QFII总数达到27家，获批资金规模达到30.7亿美元。券商获准发债和短期融资从一定程度上缓解了其经营的压力，银行通过参股基金管理公司有望疏导部分储蓄资金流入A股市场。证券市场投资主体渐趋多元化。

近几年投资者新增开户数增长缓慢，截至12月底，2004年投资者新增开户数为186万户，比2003全年增加31.6%，连续两年新增开户人数少于200万户，显示证券市场的未来走势不容乐观。（见表2）

二、股票市场中存在的问题和原因

（一）新股发行受阻，证券市场的总市值缩水

截至12月30日，2004年，中国A、B股市场新增上市公司90家，融资总额为1510.9亿元，比上年增长11.3%，但是，A股首次发行筹资522.2亿元，同比下降7.4%。2004年上半年，股市融资800亿，创历史同期最高纪录。但是，2004年发行上市的股票中，跌破发行价的超过30家，4只股票更是在上市首日即跌破发行价。苏泊尔上市首日最高价即为发行价。新股久联发展在上市公告

书披露，中签者放弃认购比例达6.1%。由于中签投资者纷纷放弃认购，双鹭药业的保荐机构华林证券包销比例高达16.5%，创下了近十年的新股包销记录。新股发行在8月末暂停。由此推动了新股发行价由核准制向询价制的改革。

近四年来，我国证券市场虽然筹集资金几千亿，但是总市值较2001年减少了6466亿元，平均股价持续下降。截至2004年末，深市流通市值为4337.7亿元，较上年末减少639.6亿元，缩水12.8%；沪市流通市值为7350.8亿元，较上年减少850.2亿元，缩水10.4%。市值缩水的原因之一是新股首次发行定价过高，市场在不堪重负的情况下只好用自身的力量对此进行修正，因此，市场化定价是未来的发展趋势。(见表3)

表2 2000 −2004年投资者开户数(截至12月数据)

年份	投资者户数(万)	年增加户数(万)
2000	5801.1	1319.2
2001	6650.4	849.3
2002	6884.1	233.6
2003	7025.4	141.3
2004	7211.4	186.0

数据来源：中国证监会网站。

表3 近4年证券市场发行情况(截至2004年12月30日)

年份	上市公司(A、B股)(家)	市价总值(亿元)	平均股价(元)	筹资额(含境外)(亿元)
2001	1160	43522.2	8.34	1199.2
2002	1224	38329.1	6.52	961.6
2003	1287	42457.7	6.79	1357.7
2004	1377	37055.5	5.18	1510.9

数据来源：中国证监会。

(二)机构主体多元化与投资理念单一化形成矛盾

自2000年以后，管理层开始着力发展证券投资基金等机构投资者，使投资者结构逐渐发生变化，以基金为主的机构投资者所占的比重越来越大。到2004年10月为止，基金的总规模已经接近3000亿元，投资股票的基金也接近2000亿元规模，加上证券公司的委托理财和自营业务的3000亿元，机构投资者持有的股票占股票流通市值的比重超过了50%。与机构投资者的发展速度相比，我国股票市场的制度建设比较滞后。2004年，证券市场虽然在制度建设和体系建设等方面都取得了一些成就，但是一些根本性的制度不完善，例如股权分割、市场分割、单边市场（无卖空机制）以及缺乏金融衍生工具等，仍未得到根本性的解决。在一个还不完全有效的市场中，机构投资者很难建立可持续的盈利模式。机构主体多元化与投资理念单一化之间的矛盾，已经构成影响市场发展的一大障碍。

大力发展机构投资者的政策目的是为了股票市场的健康发展。然而，实证分析也发现我国证券投资基金存在羊群行为，表现为投资理念的单一。原因在于：第一，市场规模有限，特别是上市公司的股票质量良莠不齐，优质股票数量太少。基金业内部的博弈导致新加入的基金通常模仿先入者投资策略，理念的一致性客观上造成了主流热点筹码的稀缺性。在价值投资理念的指引下，基金在挑选股票时便纷纷选择那些业绩优良的股票，这样便形成了众多基金追捧少数蓝筹绩优股的现象。第二，市场结构单一。债券市场的发展相对股票市场更加落后，市场规模狭小，交易品种还不丰富。货币市场本身发展也极不完善，可供交易的品种极为有限，且利率尚未完全市场化，这些都给货币市场基金的投资造成了障碍。第三，我国证券市场的金融衍生工具发展滞后，金融期货、期权等基础工具尚不存在，而且市场也不存在做空机制。在一个单边的证券市场，无法有效规避市场的系统风险。这在客观上造成了基金只能选择那些业绩优良的股票，从而形成基金的羊群行为。第四，投资者往往更多的从基金的收益率排名来选择基金，实际上，这一点忽视了在分析收益的过程中考虑风险的因素，因此，发展独立的基金评价机构，建立科学而公正的基金评价体系，有利于改变投资者对基金的选择标准，从而引导基金建立自身独特投资风格。

（三）估值与国际接轨受到关注，股权分置导致 A 股价值的不确定性

2004 年，机构投资者特别重视对 A 股进行估值分析。随着中国加入 WTO，中国证券市场的国际化已是不可逆转的趋势，而且这一趋势正在加速，到 2004 年底外资可持有基金公司 49% 的股权、证券公司 33.3% 的股权，越来越多的外资进入中国市场。随着越来越多的海外上市公司到国内增发 A 股及 QDII 政策的出台、QFII 资金的不断流入，中国证券市场与国际市场的联系越来越密切了，国内市场的估值水平将进一步向国际市场靠拢。

但是，由于我国证券市场本身的特殊性，A 股估值不能简单与国际接轨。目前 A 股价格的形成，不能不考虑国内证券市场有流通股与非流通股之分的特殊因素。上市公司发行股票之初，发起人股东“承诺”其持股暂不流通，才导致流通股股东不得不以相当高的溢价水平来认购股票。因此，我国 A 股的流通股，实际上类似一种“混杂证券”，兼有普通股与全流通补偿期权的特性，其中的含权预期，就是指非流通股股东对流通股股东做出合理的补偿，以此来赎买流通权。流通股是否含权是评价 A 股估值的大前提，如果承认 A 股流通股是含权的，并且能够得到国家政策的确认，国内现有 A 股则可能是被低估的；如果本着尊重历史，采用股权调整类的办法来还原 A 股流通股的权利，则国内现有 A 股更具有投资价值。

以目前A股市场市盈率，当未来的全流通方案优于或等于流通股东的预期时，A股市场从估值水平来看具有一定吸引力。但是，假如全流通变革中并不对现在流通股东进行补偿，那么，现在A股的定价就高于理论上的估值区间。因此，我国内地A股市场估值的不确定性将使全流通成为中国股市惊险的一跃。

（四）股票市场中的政策效应依然存在，政策的执行成本逐渐增加

在我国股票市场早期的发展阶段，由于"股权分割"和"市场分割"以及政府的干预，使市场上存在着强烈的"政策预期"，并由此产生剧烈的"政策效应"。在我国的管理政策缺乏连续性和稳定性的状况下，市场参与者难以形成稳定的政策预期，使得他们遇到利多消息就蜂拥而上，遇到利空消息则疯狂抛售，中国股市由此被称为"政策市"。这种对政策的依赖不仅表现在管理层曾经习惯于通过发布政策来表达其对股市涨跌的态度，还在于市场也逐渐习惯了在大幅下跌后乞求政策的"托市"。

但是，纵观我国股市十几年来的发展历程可以看出，政策效应已经开始逐步弱化，但依然存在，而政策的执行成本却在逐渐增加。1994年，股市发生了严重的信用和信任危机，当时的市场管理部门主要依靠强力的行政手段②挽救了市场危局，但同时也开启了以行政手段干预市场危机的先例，这次上证指数涨幅达到215.3%。1996年③上证指数跌近500点和1999年④上证指数跌近1000点时，这两次市场管理部门仍是以行政方式出手干预，虽然立即扭转了股市形势，也同时大大强化了我国股市的"政策市"色彩，上证指数上涨幅度分别是74.4%、65.7%。2001年以后，伴随第一次国有股减持试点，股市由上证指数2200点急转直下，直逼1300点。市场管理部门紧急出面叫停国有股减持进程，进一步印证了股市的政策效应，上证指数由1339点反弹到1749点，仅上涨了30.6%。2004年，上证指数第四次逼近1300点。当时如果股市进一步下跌，将全面引发券商委托理财资金的抛盘风潮，继而引发基金的抛售风潮，导致股市的全面崩溃。这一次股市危机最终由国务院领导出面讲话，才暂时稳住了市场。但上证指数仅由1259点反弹到1496点，反弹幅度不足19%。由此可见，随着股市规模的扩大，政策的执行成本相应增加的同时，政策的效应却在逐步弱化。

分析政策效应弱化和政策的执行成本增加的主要原因有以下几点：首先，市场规模增加后，供求关系不再是影响价格的关键因素。一些影响股市短期价格的政策虽然改变了股市资金的供求关系，其作用力度却在下降。这些政策主要包括：鼓励合法资金入市，默许银行资金违规资金入市，停止（放缓）新股发行数量、规模，降低股市交易成本等。其次，决定市场走向的力量正由资金拉动型向价值推动型转化，股票的内在价值成为其价格的决定因素。第三，政策出台的侧重点致力于市场化、规范化、国际化改革。最后，政策并没有解决股票市场最根本的股

②1994年7月29日，《人民日报》发表证监会与国务院有关部门共商稳定和发展股票市场的措施，昭示1993年上半年熊市后管理层的坚定信心，引起八月狂潮，俗称"三大政策"。上证指数从当日收盘的333.9点，涨至1994年9月13日的1052.9点，涨幅达215.3%。

③1996年12月16日，《人民日报》发表题为《正确认识当前股票市场》的特约评论员文章，指出对于目前证券市场的严重过度投机和可能造成的风险，要予以高度警惕，要本着加强监管、增加供给、正确引导、保持稳定的原则，做好八项工作。从而引发市场暴跌。由1200附近下跌至865.5点。此后一路上扬，最高至1997年5月12日的1510.2点，涨幅74.5%。

④1999年5月19日井喷。经过两年调整，在美国股市网络股盛行，机构以《人民日报》社论为背景展开了大幅单边逼空行情。指数由18日的1059.8点到1999年6月30日1756.2点，涨幅65.7%。此后持续了两年大牛市。

权分置问题，只是推出了一些过渡性质的政策，诸如：分类表决，从而影响了其他政策发挥效应。

三、2005年股票市场发展趋势

2005年将是机构投资者大发展的一年， 基金、社保、保险、企业年金、QFII 甚至银行等机构投资者的持续壮大与入市将为市场提供源源不断的合规资金。大规模扩容一方面将促使A 股市场的资产结构与整体质量得到优化，另一方面也将促使大批的非蓝筹股迅速被边缘化。

此外，石油价格和人民币的升值预期也是影响股票市场的重要因素。如果油价持续上涨，影响经济增长，会制约股市上涨；而油价高位回落将减缓通胀压力，在不影响发达国家经济复苏的大趋势下，使美国等西方国家更有信心执行加息的货币政策，从而使我国央行加息的可能性增大，同样会制约股市上涨。如果人民币的升值压力继续增大，一方面，央行冲销外汇占款也将持续加大，促使货币政策可能就要从偏紧转向偏松，货币供应量的相应增大会提高加息的预期，导致股市下跌；另一方面，由于预期人民币升值而买入股票、债券和不动产的行为，会刺激股市上涨。

预计2005年股指先跌后涨，转折点在春节前后，如果政策措施到位，股指上涨时间会持续较长、上涨空间也会较大；假如政策措施力度不够，那么股指的反弹时间和空间会比较有限，股指会冲高回落继续运行于下降通道之中。

（一）资金供给的不确定性在增加

受2004年股市冲高回落的影响，2005年资金供给将呈现出局部扩张与局部收缩的趋势。一方面，由于2004年下半年股市低迷，投资者结构发生变化，中石油等海外大蓝筹登陆A股的计划暂时受挫，迫使发行制度进行改变，但加速大蓝筹公司上市的计划不会停止。2005年将是具备条件的大型和特大型中央企业境内外上市的高潮年，政策上会优先扶持与国计民生关联度高的企业。根据计划，除了中石油外，建设银行、中国银行以及交通银行等都将在2005年完成上市，这就需要机构投资者在央企扩容的过程中参与度要大大增强，央企直接融资能否获得成功将取决于机构投资者的实力和态度。因此鼓励和引导合规资金入市、大力培育机构投资者等政策的进一步推进，将使主流资金的队伍进一步壮大。而在另一方面，收缩的主要压力来自违规资金的陆续撤离和个人投资者的被迫退出。券商的分类管理与遗留问题的解决将使这一群体整体处于调整之中，私募基金的规范与调整过程也同样艰难，这二者更加大了资金的收缩压力。另外，受汇率政策调整、通货膨胀预期以及全流通等不确定因素的影响，从整体上看，2005年资金供给的不确定性在增加。

随着机构投资者的多元化，政策对基金的扶持力度会逐渐弱化，但2005年股市的最大增量资金仍然来自于投资基金，预计2005年发行股票型基金的数量不会超过2004年。

此外，银行设立基金公司也将直接给股市带来近百亿的增量资金，两项投入A股市场的增量资金之和有望超过800亿元。保险资金的直接入市使其在股市里的权重大增。截至2004年9月末，我国保险业总资产和可运用资金规模已突破1万亿元，保险资金运用余额已达11308亿元，比去年同期增长39%。如果以近年32%的平均增长率来计算，2005年年底保险资产将达到16868亿元，根据有关规定，保险资产可投资于股票的比例不超过总资产规模的5%。因此可投入A股的资金约为800亿元。另外，到2005年年底，QFII数目可能会达到50家以上，资金总规模有望达到80亿美元以上。企业年金的规模至2005年年底预计将达到2000亿元，根据相关规定可投入A股市场的资金约400亿元。社保基金总资产到2005年年底将达到1900亿元左右，届时，社保基金可投入A股市场的总资金将达到350亿元。⑤

⑤海通证券研究所："展望2005 整体投资环境向好 市场逐步走出低谷"，《上海证券报》2004年12月14日。

从以上主流资金总量的结构来看，在存量资金中，基金公司仍然占有绝对优势，但主流资金增量结构分析却显示，保险投资资金和QFII的地位在加强，这可能会使得2005年股市中投资价值取向出现一些新的变化特征，将对市场的整体价值取向产生越来越大的影响，稳健和保守可能是未来更加明晰的取向。

（二）股价走势的不确定性增大

2005年，企业盈利增长速度放缓。由于2005年继续实施结构导向的宏观调控政策，在人民币升值预期，石油、煤炭等基础能源原材料价格维持高位，居民消费倾向下降等情况下，上游行业的价格上涨将逐渐消减下游行业的利润。2004年末，交通运输设备制造业中的汽车业利润率首先整体下滑，改变了行业利润普涨的局面。预计2005年利润下降的行业将有所增加。从整个工业利润看，2005年保持利润增长的有利因素仍然较多，预计2005年全国工业利润将继续增长，但与2003–2004年40%左右的增幅相比会有明显回落，全年增幅约在20%左右。

从短期来看，股价走势有下降压力。从股利贴现模型可以看出，预期的折现率和预期的盈利增长率是决定股票价值的关键因素。首先，资产供需关系剧烈变动、利率的上升预期以及询价制的推出所导致IPO股价下跌都增加了预期的折现率。其次，我国上市公司偏低的净资产收益率及盈利增长率无法保证上市公司的长期增长速度。因此，宏观调控的结果是公司短期业绩的预期下降和预期折现率的增加，受此影响，A股市场的股票定价水平仍有进一步下降的动力。

从长期来看，一方面，管理层加强对投资者的保护、改善上市公司的治理结构以及开始着手解决股权分置问题等政策措施能够降低预期的折现率。其中，分类表决制度，累积投票制度，独立董事制度，加强股利分红，增加公众股东对管理层的监督等一系列措施将在一定程度上加强对投资者的保护以及改善上市公司的治理结构，但是仍要看到，上市公司治理结构的改善需要长时间的制度性建设。另一方面，上市公司治理结构的改善也增加了预期的盈利增长率。由于上市公司普遍缺乏完善的公司治理结构，特别是股权分置问题又造成了非流通股东与流通股东之间的根本利益冲突，导致利润漏出问题一直长期困扰着A 股上市公司，代理成本也相应增大，因此，公司治理结构的改善将从根本上增加上市公司的盈利水平，提高其可持续增长的能力，减少其对外部融资的依赖性，最终实现上市公司盈利的高增长和提高上市公司的价值。

此外，解决股权分置的政策使A 股的价值充满不确定性。由于我国股票市场的制度性缺陷，A 股实际上更像附加期权的混杂证券。A 股的价值除了“基本价值”还包含“期权价值”。基本价值是指企业盈利所决定的价值，预期的收益率和增长率是关键因素；而期权价值是指“补偿预期”价值，取决于政府的政策。因此，我国A 股市场未来的发展存在极大的不确定性。

（三）股市结构调整中的投资机会

随着2005 年初新股发行闸门的重新打开和IPO 询价制度的实施，机构投资者的投资重点将发生改变。以银行股为例，国家整体改革的思路是：从近期来看，国家向国有银行注入外汇储备以增加其资本金，而后通过股份制改造和上市，初步解决国有银行不良贷款率高和资本金不足等问题。而从远期来看，国家是通过完善上市公司的治理结构建立起健康的银行体系，以避免金融风险，提高资源配置效率和促进经济增长。因此，不论从短期业绩增长条件来看，还是在流动性方面，以及未来市场发展金融衍生工具的角度来分析，银行股以及中国石油等大蓝筹股由于其总资本庞大，必将成为稳定指数以及影响指数的关键力量，必定会得到机构投资者的重点关注。

2005 年上半年，以“煤电油运”概念为主的瓶颈性行业可能会有所缓和。理由是受惠于宏观经济高速发展的基础设施行业如交通运输业等，在2005 上半年可能仍然供应偏紧，这一局面预计要到下半年才会有所缓解。从经济周期的角度来看，目前上游行业和投资相关性行业占A 股市场行业构成的近50%，而消费服务相关行业的市场比重仅占30% 左右。一旦周期敏感型行业步入调整，将会带动市场指数走低，并引发新一轮的股价结构调整，市场热点将转向抗经济周期的防守型行业，如食品、药物、医疗、烟草和影视等行业，其中那些具有长期成长潜力的优质上市公司会成为稀缺的投资品种，这类股价有望出现持续上涨，而垃圾股及受经济周期影响较大的敏感型行业中的公司股价将进一步向下回归。⑥

随着券商创新试点的进一步推行、IPO 询价制度的出台和分类监管力度的加

⑥ 唐祝益、汪盛：“2005 年行业业绩评估和投资选择”，《上海证券报》，海通证券投资策划部。

大，2005 年，证券行业结构调整将呈现清晰的优胜劣汰的格局。当然，2005 年也不排除国家为了落实 " 国九条 " 的政策而对解决长期困扰证券市场的股权分置问题进行一定的尝试，由此也会产生一定的市场结构性调整的投资机会。

四、 2005年股票市场政策选择

2005 年将是我国股市的市场化进程中非常重要的一年，股市制度化、市场化建设的力度和速度将会明显增强和加快。2005 年，证券市场政策主基调依然是2004 年政策的延续，政策选择的主要方向是把“国九条”落到实处。

（一）股市制度化建设需要触及根本性问题

在2004 年股市制度化建设过程中，中小企业板如期推出，证券公司的风险监管和退出问题正着手解决，另外，芝加哥期交所及新加坡等境外市场相继推出中国股指期货，加上ETF（上市交易基金）指数基金推出后出现的现实需求，势必加快国内股指期货交易和其他金融创新工具的推进步伐。但是，启动全流通变革解决股权分置这一股市中的最基本问题却未从根本上被触及。如果股权继续分置下去，不仅会影响到上市公司治理的完善和资本市场功能的全面发挥，也会制约到我国经济体制改革和对外开放的步伐，甚至会损害决策者水平和政府公信力，长此以往，市场的活力就会进一步消减。只有股权分置问题得到合理解决，才能逐步消减上市公司造假、政府官员寻租和证券行业危机等问题，才能增强场内外投资者对股市的信心，市场的活力才会重新焕发。因此，政府应按“三公”原则确定全流通总体方案，利用现有的询价制和类别股东表决机制，赋予流通股股东知情权和话语权，通过两类股东的博弈，实现多赢的结局。

（二）加大保护中小投资者利益的力度

继2004年初“国九条” 发布之后，证监会发布了《关于加强社会公众股股东权益保护的若干规定》，这是在股权分置情形下试行的一项过渡性的措施。其中最重要的两个方面内容：一是试行分类表决制度，建立流通股东和非流通股东的利益平衡机制，这项措施在今后解决股权分置的问题上会有利于保护中小投资者的利益。二是政策意图明确鼓励上市公司分红，但力度还不是很大。鼓励分红只是治标的举措之一，除此之外，还要加强对上市公司的监管，规范上市公司违规担保以及上市公司控股股东侵占上市公司资产的行为，逐步解决已经存在的控股股东侵占上市公司资产的问题。在试点“以股抵债”方式的同时，也要建立和完善相关的配套措施制度（特别是监督机制），防止上市公司控股股东进一步利用“以股抵债”方式进行套现，努力提高整个资本市场的投资回报率。

（三）继续完善证券发行制度

2005 年要进一步完善证券发行制度。这需要作好两方面的工作：一是证券发审委制度需要在执行过程中不断完善，增大透明度。二是完善保荐制度。建立保荐制度的主要目的，是希望通过加强中介机构的监管责任来从源头上把好上市公司的质量关。然而，在试行过程中，也产生了相当多的问题。首先，保荐制度没能替代好原来的“通道制”，市场化改革并不彻底；其次，保荐制度的实施引发了保荐代表人的争夺，加剧了证券行业的恶性竞争；再次，保荐代表人难以真正起到保荐作用，这其中既有保荐机构和保荐代表人自身责任意识薄弱的问题，也有客观制度缺陷所导致的问题。因此，2005 年需要逐步实现通道制和保荐制度的对接，努力消除过度竞争带来的负面作用。三是开始试行新股询价制度。2004 年 12 月 10 日，证监会正式发布《关于首次公开发行股票试行询价制度若干问题的通知》，并于 2005 年开始实施。新股发行试行询价制度的最大意义在于给予机构投资者新股定价权，这有利于推进新股定价的市场化和国际化改革，同时也是大力发展机构投资者的一个重要举措。定价是发行制度的重要环节，询价制度能否达到预期效果，将取决于机构投资者的定价能力和定价过程的透明程度，而这又取决于机构投资者的研究实力和保荐机构能否充分履行其职责。

参考文献：

1．袁克、陈浩：“中国股票市场机构投资者羊群行为的实证研究”，《深圳证券交易所第六届会员单位、基金公司研究成果评选》，P.18－22。

2. Bikhchandani,s.and Sharma.S.,2000, "Herd Behavior in Financial Markets:A review ", Working Paper of IMF (WP/00/48). pp.14–27.

3. 陈建瑜：“我国开展证券融资融券交易问题研究”，深圳证券交易所综合研究所，2004.01.12 深证综研字第0088 号。

4. 郑泽香 [机构展望2005] “四大国际机构看缓明年世界经济”，《中国证券网》，2004 年 12 月 29 日。

5. 陈李、施恒新：“询价制度构建新盈利模式”，《证券时报》2004 年 12 月 15 日。

6. 冯飞：“2005 年股市展望：全流通和做空机制有望推出试点”，《证券时报》 2004.12.15。

7. La Porta, Rafael, Florencio Lopez–de–Silanes, Andrei Shleifer, and Robert W. Vishny, 1997, Legal determinants of external finance, Journal of Finance 52, 1131–1150. 1998, Law and finance, Journal of Political Economy 106, 1113–1155. 及2000, Investor protection and corporate governance, Journal of Financial Economics 58, 3–27.

8. 沈艺峰、许年行、杨 熠：“2004 我国中小投资者法律保护历史实践的实证检验”，《经济研究》，2004 年第9 期。

9. 施东晖、司徒大年：“中国上市公司治理水平及对绩效影响的经验研究”，《世界经济》，2004 年第5 期。

专题篇 政府投资的管理体制

SPECIAL TOPIC

- 专题1：我国政府投资体制的演变过程
- 专题2：中央政府投资领域与投资重点研究
- 专题3：政府投资决策约束与监督机制研究
- 专题4：政府投资方式改革研究
- 专题5：强化政府投资项目建设管理的对策研究
- 专题6：美国政府投资的管理体制
- 专题7：英国政府投资的管理体制
- 专题8：德国联邦政府投资的管理体制
- 专题9：日本政府投资制度的现状及特点
- 附件：我国投融资体制中的开发性金融

■ 专题1

我国政府投资体制的演变过程

内容提要： 改革开放之前，我国政府投资体制按计划经济的脉络发展，重政治，轻经济，不注意科学决策。改革开放之后，经过3个阶段的改革，在政府投资方面，建立了符合基本建设规律的建设程序和审批程序，推行了法人责任制、招投标制，对规范政府投资行为，进行科学决策起到了较好作用；去年颁布的《国务院关于投资体制改革的决定》针对政府投资管理的问题，提出的一系列改革措施，对政府投资希望加以规范，将提高政府投资的管理水平和投资效益。

新中国成立以来，为了尽快把我国建成社会主义的强国，党和国家一直非常重视投资建设，50多年以来，国家在建设领域投入了大量的资金（见表1），对促进我国经济和社会的全面发展、壮大国家综合实力、提高人民生活水平起到了极其重要的作用。为了保证我国的有限资源发挥更大的作用，改革开放以来党中央和国务院非常重视政府投资体制的改革，去年7月颁布的《国务院关于投资体制改革的决定》中专门设立了“完善政府投资体制，规范政府投资行为”篇章，将推动政府投资体制继续向适应社会主义市场经济的方向发展。

“一五”时期以来国有经济投资情况（亿元）

年 份	国有投资					全社会投资
	国有合计	国家投资	国内贷款	利用外资	自筹和其它	
一五时期	611.00	58.00	543.48		68.10	
二五时期	1307.00	956.91			350.09	
63－65年	499.45	424.80	3.30		71.35	
三五时期	1209.09	923.86	13.40		271.83	
四五时期	2276.37	1519.28	21.86		735.23	
1976	523.94	324.90	9.50		189.54	

年　份	国有投资					全社会投资
	国有合计	国家投资	国内贷款	利用外资	自筹和其它	
1977	548.30	317.61	9.40	13.12	208.17	
1978	668.72	415.69	11.28	28.16	213.59	
1979	699.36	440.56	25.17	16.34	217.29	
1980	745.90	333.09	87.05	53.65	272.11	910.9
1981	667.51	257.50	90.62	36.09	283.30	961.0
1982	845.31	265.43	136.90	60.13	382.85	1230.4
1983	951.96	336.80	135.72	65.83	413.61	1430.1
1984	1185.18	417.95	182.49	69.82	514.92	1832.9
1985	1680.51	403.00	387.13	88.56	801.82	2543.2
1986	2079.40	461.62	472.05	135.17	1010.56	3120.6
1987	2448.80	501.90	602.28	178.73	1165.89	3791.7
1988	3020.00	439.89	729.15	271.17	1579.79	4753.8
1989	2808.20	373.48	586.89	286.42	1561.41	4410.4
1990	2986.30	394.27	704.91	271.80	1615.32	4517.0
1991	3713.80	378.82	1043.60	308.25	1983.13	5594.5
1992	5498.70	346.44	1671.69	439.92	3040.65	8080.1
1993	7925.90	475.55	2013.18	483.48	4953.60	13072.3
1994	10054.49	492.67	2573.94	713.86	6274.02	17042.1
1995	11021.52	544.98	2578.19	859.38	7038.97	20019.3
1996	12092.99	556.95	2851.23	811.07	7873.74	22913.5
1997	13052.66	612.72	3008.12	663.11	8768.71	24941.1
1998	15236.73	1080.62	3578.07	665.89	9912.15	28406.2
1999	15587.49	1555.89	3737.61	612.24	9681.75	29854.7
2000	15934.24	1719.10	4160.24	398.69	9656.21	32917.7
2001	17606.97	2163.63	4073.12	346.14	10603.80	37213.5
2002	18877.35	2639.39	4520.09	407.43	10966.94	43499.9
2003	21661.00	2248.30	5547.35	338.72	13472.63	55566.6

注：1．在我们能够查到的资料中，都没有1979年以前的全社会投资数据，只好空白以待。
2．表中2000年以前的数据取自《中国固定资产投资统计数据1950－2000》，中国统计出版社2002年5月版。2001年以后数据取自2002－2004年中国统计出版社出版的《中国统计年鉴》。

一、改革开放前的投资体制

新中国建立之后，面对国家一穷二白的状况和以美国为首的资本主义国家的经济封锁，缺乏建设经验的我国采取了向前苏联学习经济建设的方针。随着前苏联和东欧社会主义国家援助的156项工程建设的实施，前苏联计划经济的投资管理制度搬到了我国。之后，虽然根据经济发展的实际需要，进行了一些调整，但政府投资体制一直是按计划经济的脉络发展的。

解放初期的投资主体是中央政府、私人企业和农民。在对城市的工商业进行社会主义改造和农村公社化之后，投资主体只剩下中央政府和集体所有制的城市小企业和农村人民公社。其中中央政府的投资额占全社会投资的80%以上。

改革开放之前的30年间，投资体制的主要特点是：

国有单位的投资建设全部纳入国家计划，由中央政府主管全国的建设。税收、企业利润、固定资产折旧等可用于固定资产投资的各项费用全部上缴政府，1967年国家曾决定把50%的折旧资金留给地方和企业，但实际上是由地方政府掌握，直到1978年，才确定把固定资产折旧的50%留给企业作为更新改造资金。用于投资建设的资金绝大部分是由中央政府根据计划拨付地方政府和企业使用，地方政府掌握有一部分自有资金，企业没有投资自主权。大型企业800元以上、中型企业500元以上、小型企业200元以上的固定资产购置和建设计划都要纳入年度的固定资产投资计划。

在投资体制方面也进行过一些调整，如在1958年“大跃进”时期和1970年前后，为了“发挥中央和地方的两个积极性”，中央政府曾把一部分投资权限下放到省级地方政府，但很快就收回了。在资金来源方面，国家在50年代曾发行了一些国债用于建设，并接受前苏联等社会主义国家的建设项目资金援助；从60年代初期开始。国有投资的来源绝大部分是中央预算性资金，当时的银行只为企业的流动资金贷款。投资方式是基本建设投资和少量的更新改造投资。

在改革开放之前的经济和社会环境下，政府投资管理中存在的主要问题是投资建设以领导意志为主，中央政府投资决策大多数是从政治的需要出发，经济的考虑往往放在第二位，不注意科学决策。特别是在“大跃进”和“三线建设”等时期，上了许多无效的项目，造成许多建设资金的浪费。当时的项目建设都是采用行政办法进行管理，有较为严格的程序。经过“三反”、“五反”和“反贪污、反浪费”等运动，参与投资建设的人员基本上都能“克己奉公”，极少出现腐败现象，建设管理中的资金浪费和流失现象不明显。

二、改革开放后的投资体制改革

改革开放以来，为了适应经济发展的需要，充分发挥投资在国民经济和社会发展中的作用，国家一直把包括政府投资在内的投资体制改革作为经济改革的重点之一。从1979年到2004年国务院颁布《决定》之前的20多年中，国家和政府有关部门在投资和与投资有关的体制方面颁布和推行的改革政策和措施超过40项，涉及投资领域的各个方面。

在20多年的改革历程中，投资体制的改革一直是伴随着经济体制的发展而不断向前推动，大体上可以分为3个阶段。

1. 探索阶段（1979－1983）

改革首先是以提高政府投资建设的效益为目标而开始的。1979年8月，为了提高基本建设项目的投资效益，国务院批准了《关于基本建设拨款改贷款的报告》，开始在基本建设领域进行“拨改贷”的试点，打破了长期以来基本建设由政府财政无偿拨款的计划经济模式，开创了利用银行信贷进行企业项目建设的先声，迈出了资金来源多渠道的第一步。在这一年，在基本建设中还试行了合同制、设计单位实行企业化管理、改进国营企业折旧费使用办法、开征企业固定资产税等工作。其后，在1980年的全国基本建设会议上提出了扩大施工企业经营管理自主权，实现利润留成制度；1981年在国营施工企业试行经济责任制；1982年试行工程招投标制度；1983年国家计委颁布了《建设项目进行可行性研究的试行管理办法》，规定国家基本建设工程项目要进行可行性论证；同年开始对基本建设项目试行“包干经济责任制”，实施建设前期工作“项目经理制”，等等，都是为提高政府投资建设的效益而采取的措施。

在宏观调控方面，为了更加有效地管理国家的投资建设，1982年将国家建委的投资管理职能并入国家计委，其他职能并入城乡建设环境保护部。1983年，国务院决定把“技术改造作为扩大再生产主要手段”，并把基本建设和技术改造分别由国家计委和国家经委管理；在地方财政不断扩大，基本建设项目数量不断增多之后，为了有效发挥地方政府投资建设的积极性，对投资建设实行两级（中央和省级）管理，大中型项目由国家部门审批，小型（1000万元以下）项目下放给地方政府审批，1亿元以上的项目由国家计委核报国务院审批。

在开辟资金来源方面，随着1980年开始的特区建设，开始让外资直接进入中国的项目建设；1981年国家开始发行国债，部分用于基本建设；1982年国家计委等部门颁发了《关于试行国内合资建设暂行办法》，1983年开始征收国家能源重点建设基金和建筑税，用于国家能源等重点建设。

2. 扩大改革阶段（1984－1988）

随着国家把经济体制改革的重点转向城市，投资体制改革出现了一个高潮，除了前一阶段进行试点的改革措施在这一时期都被广泛推广外，又出台了许多改革措施。

1984年，国务院在9月颁布了《关于改革建筑业和基本建设管理体制的若干问题的暂行规定》，10月批转了国家计委《关于改进计划体制的若干暂行规定》，这两个文件对政府投资的多方面进行了改革。包括预算内基本建设投资全部由拨款改为贷款（在1985年，考虑到公益性项目没有偿还能力，又把教育等方面的投资建设改为政府拨款），并对不同行业采取差别利率；简化基本建设审批程序，由原来的审批项目建议书、可行性研究报告、设计任务书、初步设计和开工报告等五道程序改为只批项目建议书和设计任务书（90 年代初期改为项目建议书、可行性报告和开工报告）；进一步扩大地方的投资项目审批权限，由 1000 万元提高到 3000 万元，投资 2 亿元以上的项目由国家计委核报国务院审批；在施工建设领域全面推行“工程招标承包制”，建立工程承包公司，专门组织工业交通等生产性建设；建立城市综合开发公司，对城市土地、房屋进行综合开发；勘察设计全面推行技术经济承包责任制；建筑安装企业普遍推行百元产值工资含量包干；推行住宅商品化；等等。

1984 年，将中国人民银行确定为中央银行，其一般业务交新成立的工商银行办理，主要承担各类存款和企业流动资金的贷款业务；将中国人民建设银行从财政部划出，主要承担基本建设贷款任务，兼有政策性银行的职能。在上海、北京等地开始股份制试点，为企业建设开辟了直接融资的渠道。

1985 年，国务院决定成立中国国际工程咨询公司，并由其承担大中型项目可行性研究报告和大型工程设计的评估。国家计委、城乡建设和环境保护部联合颁发了《工程设计招标投标暂行办法》，招投标制度首先在政府投资建设领域全面推开。

1986 年，开始进行 “企业债” 试点，为企业直接融资开辟了新渠道；国家计委批准一汽、二汽等大型企业集团建设项目在国家计划中单列户头。

1987 年，国务院明确规定，限额以下的技术改造项目，在计划规模内，由企业自主确定；把基础设施和基础产业的地方项目审批权限扩大到 5000 万元。国务院颁布《企业债券管理暂行条例》并开始实施；同年，全国第一家住宅储蓄银行在烟台成立，全国第一个股份制企业集团——中国嘉陵工业股份有限公司（集团）建立。

1988 年，国务院原则同意有关部门制定的《关于投资管理体制的近期改革方案》，该方案在加大地方的重点建设责任、扩大企业投资决策权、建立基本建设基金、成立国家和地方投资公司、改进投资计划管理、强化投资主体自我约束机制、充分发挥市场和竞争机制等 7 个方面提出了改革的思路，是改革开放之后第一个较为系统的改革方案。其中，国家基本建设基金在当年开始启动，建立投资公司的方案在当年实施，成立了国家农业、林业、能源、交通、原材料、机电轻纺六大投资公司，作为国家经营性项目投资主体，管理政府经营性项目投资，各地也纷纷成立隶属于地方政府的投资公司。由于从 1988 年第四季度开始治理整顿，其他的改革措施没有实施。

1988 年，国家建设部颁布《关于开展建设监理工作的通知》，我国政府投资项目建设监理试点工作由此起步。

1989 和 1990 年，在经济处于整顿的形势下，没有出台新的投资体制改革措施。

3. 深化改革阶段（1991－2003）

1991年，随着经济形势的好转，投资体制的改革也开始启动。当年的一个重要措施是取消建筑税，开征“固定资产投资调节税”，指导思想是通过对不同产业投资项目的不同税率，达到调控投资结构的目的。

1992年，在国家经济体制改革进入新阶段的形势下，国家计委开始研究制定能够适应经济和社会发展的系统的投资体制改革方案。当年，国家计委颁布了《关于建设项目实行业主责任制的暂行规定》，并确定在64个国有大中型项目开始试点。

1993年，在党的十四届三中全会通过了《关于建立社会主义市场经济体制若干问题的决定》，确立了我国经济体制向社会主义市场经济体制转变，同时提出经济增长方式要从粗放型向集约型转变；在投资领域要实现市场对资源配置的基础性作用。为了改进投资管理体制，提出把投资项目分为公益性、基础性和竞争性三类；公益性项目由政府投资建设；基础性项目以政府投资为主，并广泛吸引企业和外资参与投资；竞争性项目由企业投资建设。

1994年，国务院批准发布了《90年代国家产业政策纲要》，这是指导企业投资方向的重要政策文件，也是我国的第一部完整的产业政策文件；国家计委颁布了《工程咨询业管理暂行办法》，对工程咨询业的发展和管理进行了规范。根据国务院的决定，撤销六个国家投资公司，组建国家开发银行、中国农业发展银行和中国进出口银行，作为国家政策性金融机构，建设银行不再承担政策性金融机构的职能，实现了政策性投资贷款和商业性投资贷款分离；成立政策性银行的目的是运用政策性投融资引导社会投资方向，较好地满足社会重要基础设施和基础产业建设对资金的需求，扶持具有国际竞争力的支柱产业形成和发展。六个国家投资公司的自有资产合并组成国家开发投资公司。

1995年，国家审计署发布《关于内部审计工作规定》，要求国家大型建设项目的建设单位要设立独立的内部审计机构。国务院批转国家计委、财政部、国家经贸委《关于将部分企业“拨改贷”资金本息余额转为国家资本金的意见》，结束了国家采用贷款建设企业的办法。国家计划委员会、国家经济贸易委员会、对外贸易经济合作部联合发布并施行《外商投资产业指导目录》。

1996年，国务院颁布了《关于固定资产投资项目试行资本金制度的通知》，对各种经营性投资项目的资金进行规范；国家计委发布了《关于实行建设项目法人责任制的暂行规定》，对投资项目由项目法人全过程管理作了明确规定。取代了1992年发布的《关于建设项目实行业主责任制的暂行规定》。

1997年，国家计委颁布《关于基本建设大中型项目开工条件的规定》和《国家基本建设大中型项目实行招标投标的暂行规定》，前者对项目法人、资本金、设计、监理、开工准备工作等条件作了严格规定；后者则要求国有大中型项目要实现全过程招标，确立了项目法人在招标过程中的主导地位，并要求政府部门对招标过程进行检查和监督。国家计委与中国建设银行等4大专业银行联合发布《关于完善和规范商业银行基本建设贷款管理的若干规定》，允许建设项目业主和贷款的商业银行有互相自由选择的权力。

1998年，国家计委将经过多次修改完成的《深化投资体制改革方案》上报国务院，并在国务院会议上征求各部门的意见。为了扩大内需，国务院决定增发1000亿元建设国债用于基础设施等方面的建设；国家计委发布《国家重点鼓励发展的产业、产品和技术目录》，指导企业投资。国家确定在国家计委设立“国家重大项目稽察特派员办公室”，对国债项目和国家大型项目进行稽察。

1999年，财政部发布《关于加强基础设施建设资金管理和监督的通知》，强调要加强资金源头管理，确保建设资金及时、足额到位，凡使用国债资金或其他财政性资金建设的项目都要认真搞好工程概算审查。国家计委发布《重大项目违规问题举报办法》，要求各有关单位和广大群众发现重大项目在建设过程中有违犯国家法规的问题时，向国家计委举报。

2000年，《中华人民共和国招标投标法》从1月1日起执行。为贯彻该法，国家计委发布《工程建设项目招标范围和规模标准规定》和《招标公告发布暂行办法》。同年，国家计委还公布了《国家重大项目稽察办法》。

2001年，国家计委宣布，对于不需要国家投资的城市基础设施等5大类投资项目，投资总额在国务院审批限额（2亿元）以下的基本建设项目，不必报国家计委审批，按“谁投资，谁决策”的原则，地方政府出资的由地方计划部门审批，企业出资的由企业自主决策。在年底的全国计划会议上，国家计委将又一稿的《深化投资体制改革方案》交各部门和各地区征求意见。为了充分调动和发挥民间投资者的积极性，国家计委发表《促进和引导民间投资若干意见》，提出鼓励民间投资参与基础设施和公用事业建设，要改进政府对民间投资的管理，创造公平竞争的条件，依法保护民间投资者的合法权益，等等。同年，国家审计署发布《审计机关国家建设项目审计准则》，规定了审计机关对国家建设项目审计的内容及相关问题。

2002年，国家计委颁布《国家重大建设项目招标投标监督暂行办法》，对重大建设项目的招投标监督作了具体规定；国务院转发建设部、国家计委和监察部联合制定的《关于健全和规范有形建筑市场若干意见》，针对建筑领域的不良倾向和存在的问题提出了规范措施。

2003年，党的十六届三中全会审议通过的《中共中央关于完善社会主义市场经济体制若干问题的决定》指出深化投资体制改革的方向是：“进一步确立企业的投资主体地位，实行谁投资、谁决策、谁收益、谁承担风险。国家只审批关系经济安全、影响环境资源、涉及整体布局的重大项目和政府投资项目及限制类项目，其他项目由审批制改为备案制，由投资主体自行决策，依法办理用地、资源、环保、安全等许可手续。对必须审批的项目，要合理划分中央和地方权限，扩大大型企业集团投资决策权，完善咨询论证制度，减少环节，提高效率。健全政府投资决策和项目法人约束机制。国家主要通过规划和政策指导、信息发布以及规范市场准入，引导社会投资方向，抑制无序竞争和盲目重复建设”。12月31日，国务院原则通过由新组建的国家发展和改革委员会经过多次征求各方面的意见数易其稿完成的《深化投资体制改革方案》。

2004年7月，经国务院批准的投资体制改革方案以《国务院关于投资体制改革的决定》（以下简称《决定》）名义颁布，我国投资体制进入新阶段。

三、对《决定》颁布之前改革的评价

在《决定》颁布之前的20多年，各项改革措施对投资领域实现投资主体多元化、投资方式多样化、资金来源多渠道、项目建设市场化的发展起到了重要的作用，调动了各类投资主体的积极性，促进了我国投资建设的蓬勃发展，对我国改革开放以来经济和社会作出了重要贡献。在政府投资方面，建立了符合基本建设规律的建设程序和审批程序，对规范政府投资行为，进行科学决策起到了较好的作用；推行建设项目法人责任制、项目监理制和建设项目招投标制等措施有利于提高建设效率，防止建设资金浪费和流失。

改革取得了一定的成绩，但却一直没有解决投资资源由市场优化配置的问题，政府投资的效益情况也未见彻底好转，投资规模、投资结构一直难以得到有效地控制和约束，使国家对投资的调控和管理丝毫不能放松，在缺乏有效的调控和管理手段的情况下，往往不得不仍然采用计划经济时代的控制贷款规模、强化审批手续等老一套做法去管理投资。

造成这种现象的原因是多方面的，既有宏观方面的，也有微观方面的。其中起决定性作用的是以下几点：

一是缺少一个整体的战略部署。改革开放以来，我们在投资体制改革方面开展了很多的工作，但给人的感觉是改革缺少目标明确的战略部署和认真的论证。有些改革措施缺乏整体的考虑，往往是就事论事地制定和推出，如，部门投入产出包干，设计单位企业化管理；有些措施缺乏认真的论证，推出后又取消，如，从“拨改贷”到“贷改投”；国家六大投资公司的建立和取消，以及取消后又要建立国家投资主体；建设项目业主责任制还没推广就被法人责任制取代；等等。

二是缺少相应的配套体制。投资活动与许多方面都有密切的联系，在政府投资的管理上，涉及到政府多个有关部门、中央和地方政府以及企业之间的分工与合作关系；在资金的来源上，涉及政府财政和金融体制，以及企业和社会资金的管理；在项目的实施方面，要与建设、土地、环保、规划、城建、工商、金融、设计、施工、咨询部门或单位打交道。因此，投资体制改革所涉及的许多内容并不是投资领域本身的问题，国家的行政管理体制、计划体制、财政体制、金融体制、市场和价格体制、企业体制、乃至人事体制都直接影响投资体制的发展与变化。投资体制作为一种综合体制，它的改革进程要受其它体制改革进程的制约。投资体制改革多年以来虽然一直在探索之中，并且出台了众多的方案，却没有显著的成效，很重要的一个原因是各种体制的改革难以与投资体制改革配套。投资体制实际上是融合在上述各种体制之内，并受上述各种体制所制约的[①]。

三是缺少适用的调控手段。虽然已出台的各项政策和措施大多数都是为宏观调控和政府投资管理而制定的，但国家有关管理部门却依然感到调控手段的缺乏。这里有认识问题，即在社会主义市场经济的条件下，究竟有哪些方面需要调控，哪些方面可以放开，政府管的面是否太宽了？同时也确实有些必须由政府管的事情，却因为缺乏有效的调控手段而束手无策；如对盲目建设、产业均衡、环境保护、各种资源和土地的合理利用等等，虽然都有相关的法规和制度作出了规定，但却难以起到应有的作用，特别是近几年在政府投资项目建设过程中不断出现资金浪费和流失现象，政府建设项目成了腐败分子蚕食的对象。问题的关键是缺乏有效的落实手段，使法规和制度不能有效地贯彻执行。

四是缺少有效的执行监督体系。如果认真执行，已出台的大多数改革措施都可能获得好的效果，如，项目可行性研究制度，招投标制度，项目监理制度等等，都是对提高投资效益能起到重要促进作用的政策和措施。但是，各项政策和措施的实际执行效果大多与预想的有较大的差距。在政府投资的许多项目中，可行性研究变成了“可批性研究”，招投标失去了公正性，成为行贿受贿的主要环节，项目监理起不到监理作用等等。虽然大家都知道这些现象的存在，却不知道这些事情应该由谁来管，也不知道应该通过什么途径制止这些现象的发生。

五是缺少严格的约束机制。投资主体形成多元化是投资体制改革的一个重要标志。在多元化的格局下，中央的有关部门、地方政府和国有企业都是国有单位投资的主体，但却没有对这些国有投资主体行为起约束作用的风险和责任机制。作为投资主体的各级政府在对国有单位的投资管理中如何进行自我约束，如何处理“计划”与“市场”的关系，如何保证科学决策，有效防止项目决策中的“长官意志”，如何建立投资法制环境，依法规范各投资活动当事人（包括政府、企业、银行、中介机构）的行为等等，虽然一直都在探讨，也推行了一些措施，但至今在国有单位的投资管理中仍无法建立起符合市场经济要求的责任约束机制。

四、《决定》的贯彻执行将改进政府投资管理

政府投资的管理一直是国家和各界人士关心的问题，在2004年7月公之于世的《国务院关于投资体制改革的决定》中，再一次把政府投资的改革作为投资体制改革的重点之一。《决定》的第三部分以“完善政府投资体制，规范政府

①在市场经济的国家中，一般没有人专门地研究投资体制，而我国之所以要专门地研究投资体制，是因为我国长期实行计划经济体制，一直是以国家（中央政府）作为主要的投资主体，并把投资作为政府经济管理的一项主要的工作；我国50年代以来国民经济的历次波动都与中央政府对投资总量的控制所引起的变化密切相关，中央政府对投资及其相关的政策一直给予较大的重视。在我国完全步入社会主义市场经济体制，各种相关的体制都达到一定的完善程度之后，大概专门以投资体制作为研究对象的历史使命也就完结了。

投资行为”为题目，针对政府投资管理的上述问题，提出将通过合理界定投资范围，健全投资项目决策机制，规范投资资金管理，简化和规范投资项目的审批程序，加强投资项目管理，引入市场机制等方面对政府投资加以规范。严格贯彻执行这些规定，对于完善政府投资职能，提高政府投资的效率和效益，减少和杜绝政府投资活动中出现贪污、受贿等腐败现象，防止资金浪费和流失，都将起到重要的促进作用。

在合理界定政府投资范围方面，根据“谁投资、谁决策、谁收益、谁承担风险”的原则：再次明确政府投资建设的项目，由政府进行审批；并把政府投资限定在“主要用于关系国家安全和市场不能有效配置资源的经济和社会领域，包括加强公益性和公共基础设施建设，保护和改善生态环境，促进欠发达地区的经济和社会发展，推进科技进步和高新技术产业化”；同时合理划分了中央政府与地方政府的投资事权。通过限定，明确了在投资领域，作为投资主体的政府该干什么，哪些应该交给企业和其他投资主体去投资，既明确了政府投资的职能所在，也体现了政府不与民争利的原则，是实现发挥“市场配置资源的基础性作用”重要举措。

为了减少政府投资决策失误，《决定》在政府投资项目决策机制方面提出一系列的改进措施。除了要进一步完善和坚持科学的决策规则和程序，还要求政府投资项目一般都要经过符合资质要求的咨询中介机构的评估论证，咨询评估要引入竞争机制，并制定合理的竞争规则；特别重大的项目还应实行专家评议制度；逐步实行政府投资项目公示制度，广泛听取各方面的意见和建议，等等。这些办法的贯彻执行，无疑会提高政府投资项目决策的科学化、民主化水平。

在规范政府投资资金管理方面，政府将根据资金来源、项目性质和调控需要，分别采取直接投资、资本金注入、投资补助、转贷和贷款贴息等方式。对以资本金注入方式投入的资金，政府要确定出资人代表。并将针对不同的资金类型和资金运用方式，确定相应的管理办法，逐步实现政府资金管理的科学化、制度化和规范化。

在政府投资项目审批程序方面，将合理划分审批权限。对于政府投资项目，采用直接投资和资本金注入方式的，从投资决策角度只审批项目建议书和可行性研究报告，除特殊情况外不再审批开工报告；采用投资补助、转贷和贷款贴息方式的，只审批资金申请报告。审批程序的简化，将提高政府投资的时间效率，使政府投资项目的建设较快地发挥效益，加快公益性和基础性项目建设的步伐，有利于经济和社会事业的发展。

在政府投资项目建设实施管理方面，将规范政府投资项目的建设标准，并加强政府投资项目的中介服务管理，采取措施提高中介服务质量。对非经营性政府投资项目加快推行“代建制”，通过招标等方式，选择专业化的项目管理单位负责建设实施，严格控制项目投资、质量和工期，竣工验收后移交给使用单位。这些措施将改进对政府投资项目的实施管理，实现由有项目建设管理经验的机构为政府投资的项目建设把关，减少政府投资项目建设中的资金浪费和流失，对防止建设过程中出现政府官员的腐败现象有重要的作用。

为了充分发挥政府投资的效益，吸收更多的社会资金进入政府的投资领域，《决定》要求各级政府要创造条件，利用特许经营、投资补助等多种方式，吸引社会资本参与有合理回报和一定投资回收能力的公益事业和公共基础设施项目建设。对于具有垄断性的项目，试行特许经营，通过业主招标制度，开展公平竞争，保护公众利益。已经建成的政府投资项目，具备条件的经过批准可以依法转让产权或经营权，以回收的资金滚动投资于社会公益等各类基础设施建设。这些鼓励社会资金进入政府的投资领域的办法，对于解决政府资金不足，为社会资金扩大投资范围都具有重要的意义。

《决定》特别提出了要建立政府投资责任追究制度，对不遵守法律法规给国家造成重大损失的，要依法追究有关责任人的行政和法律责任。"问责制"是规范涉及政府投资的部门和官员管理行为，提高他们的责任心，防止出现渎职和腐败行为的重要制度，如果能够认真贯彻执行，将大大减少目前政府投资建设中的决策失误和各类腐败现象的发生。

《决定》还提出要通过完善政府投资制衡机制，进一步加强对政府投资项目的审计监督，完善重大项目稽察制度，建立政府投资项目后评价制度，建立政府投资项目的社会监督机制，鼓励公众和新闻媒体对政府投资项目进行监督等措施，对政府投资进行多方面、多层次、全过程的监督，这些措施的认真贯彻执行，无疑会提高政府投资的管理水平和投资效益

目前我国的经济体制还处于从计划经济向社会主义市场经济的转变过程中，国家经济体制中还存在许多需要改进和完善的地方，《决定》是针对我国的现状和今后一个发展时期的目标而制定的，所确定的投资体制可以说是一个阶段性体制。随着我国的经济和社会发展的需要，投资体制还要进一步深化改革。

■ 专题2

中央政府投资领域与投资重点研究

内容提要：产品或服务的基本特性——是否具有排他性、竞争性或可分性，是否具有外部性和再分配效应等等决定了政府投资的领域。有效的政府应该是有限的政府。我国政府投资领域选择与政府职能要求存在一定的差距，这与政府投资范围过宽、过滥有关，也与投资领域选择缺乏制度化规定、随意性较大有关。我们认为，按照重要性顺序，政府投资可以在以下方面作出贡献：具有非竞争性和非排它性的纯公共品；带有显著外部收益、能够创造社会公平的准公共物品和服务；以电力等为代表的自然垄断产品。公共及基础设施的民营化是我国投融资体制改革的重要方面，但是，民营化是一柄双刃剑，用得不好，则会导致政府逃避本应承担的公共职能，增大社会成本，降低公共产品及服务的质量。不同级次政府投资重点领域应有所不同，这才符合政府间职能分工以及受益原则要求。如果中央政府与地方政府、各地方政府之间投资职责没有明确的正式责任分工，将导致地方政府重复和重叠投资程度很高。在重复责任广泛存在的情况下，有可能致使提供服务不足和效率不高。根据政府间投资职责划分标准和原则，可以将我国中央政府与地方政府的职能做出相对规范的划分。要实现政府投资领域的规范化及政府间投资分工的合理化，就要按照市场经济的客观要求，将政府投资限定在公共产品的提供上；中央政府要与地方政府确立投资责任的正式划分；中央政府要尽快解决地区间财政不平衡问题。

一、政府投资范围的界定

有效的政府应该是有限的政府。亚当·斯密在《国民财富的性质和原因的研究》中明确对政府职能作了三点限制，第一，保护本国社会安全；第二，保护人民不受压迫；第三，建设公共事业及公共设施。[①]在斯密看来，政府要想管理得好一点，就必须管理得少一点。显而易见，政府应该以社会的需求为导向，有针对性地提供高质量的公共服务；应该考虑与市场或社会各司其职，各种各样的物品和服务，由各种各样的组织通过复合的制度安排来供给。在条件允许的情况下，政府完全可以利用非政府的力量提供公共性服务。

①亚当·斯密：《国民财富的性质和原因的研究》（下卷），P.253—272，商务印书馆，1974年版。

（一）政府的职能决定其投资范围

公共部门经济学认为，市场失灵是政府部门存在的前提条件。正是由于市场在资源配置、收入分配和经济稳定方面的失灵，因此，就赋予了政府三大职能：资源配置职能、调节分配职能和稳定经济职能。资源配置职能是指政府选择（决定）提供某种物品或服务并为之提供资金的职责和功能；收入分配职能是指政府为了实现社会公平对市场经济形成的收入分配格局予以调整的职责和功能；稳定经济职能是指政府具有保证国民经济稳定增长的职责和功能。显而易见，政府投资作为政府经济活动的重要组成部分和主要手段，必须全面、准确反映上述政府的职能要求。

1．公共物品特性及政府投资范围

公共物品是用于满足社会公共需要的物品或服务，公共物品或服务的特性可以归纳如下：第一，效用的不可分割性，即公共物品或服务是向整个社会共同提供的，具有共同受益或联合消费的特点。其效用为整个社会的成员所共享，而不能将其分割为若干部分，分别归属于某些个人或厂商享用。第二，消费的非竞争性，即某一个人或厂商对公共物品或服务的享用，不排斥、妨碍其他人或厂商对其的同时享用，也不会因此而减少其他人或厂商享用该种公共物品或服务的数量或质量。第三，受益的非排他性，即在技术上没有办法将拒绝为之付款的个人或厂商排除在公共物品或服务的受益范围之外。从另一个角度说，任何人都不能用拒绝付款的办法，将其所不喜欢的公共物品或服务排除在其享用范围之外。

公共品既不可分，也不具有消费的竞争性，亦不满足排他性。一旦公共品摆在那里，供给者将无法阻止那些未出钱的人享受其好处，这就意味着公共物品的消费存在搭便车问题。公共品的市场需求不是不存在，就是被严重低估。由于生产者没有办法排除那些免费获益者，所以不能保证公共品的有效供给。既然公共品不可或缺，免费搭车者的问题又不可避免，就只有依靠强制性的融资方式来解决公共品的供给问题。于是，政府一方面以征税手段取得资金；另一方面又将征税取得的资金用于公共品的供给。

2．外部效应的存在和政府投资范围

政府政策可以用来纠正外部性，亦即所谓的外部效应或溢出。溢出是市场交易对第三者产生的成本或收益。一般来说，如果某人或企业在从事经济活动时给其他个体带来危害或利益，而该个人或企业又没有因为这一后果支付赔偿或得到报酬，则这种危害或利益称为外部效应。由于经济活动的某种后果没有得到市场的承认，当事者不必承担负外部效应所造成的损失，也无法从正外部效应中得到报酬。这样，该经济活动的私人成本或私人利益与社会成本或社会利益便不一致。当存在溢出成本时，就会发生相关产品的过度生产，分配给该产品的资源过多；相反，如果存在溢出收益，就表明生产过少和资源分配不足。当外部效应影响了很多人或整个社会利益时，为了取得经济效率，也就需要政府出面干预。其中，溢出收益则可通过由政府提供补贴或公共品本身来解决。特别是当某一产品的溢出收益极大时，政府就可能会决定将其作为公共品来提供。

3．收入再分配与政府投资领域

以基础教育、公共卫生、低收入住宅为代表的是具有再分配性质的公用事业。政府配置和市场配置的内容有着本质的不同，市场配置理论恪守等价交换原则，强调的是要素配置的权利公平，人们收入的结果有赖于要素禀赋，但是，其结果通常有失公平。政府配置所关切的公平分配是在要素禀赋基础上个人与家庭之间的分配结果，以强制性的方式提供“有益需要”的社会公共品，是减少个人间和地区间收入差距，改善低收入人口生活状况的一个重要方面。政府通过投资基础教育、公共卫生等，特别是加强落后地区的公共事业投入可以有效增加低收入者的实际所得。在总结香港的公用事业支出时，香港大学的何镇源博士曾计算出社会公共服务支出可以使最低收入家庭的收入增加5倍。林聪标教授则认为：“公共房屋和教育的政府投资有最强的收入再分配效果，因为它们的累进程度十分高。医疗和卫生的开支也使低收入市民大为获益。”[②]20年代30年代以后，即由于经济危机日趋严重，失业人数不断增加，需要救济的贫困居民也大大增加，这就需要政府不断增加这类支出。特别是进入60年代以来，社会福利支出也得到了普遍推行和强化，在公共支出中的地位日益重要。

②杨灿明、李景友：《公共部门经济学》，P.61，经济科学出版社2003年版。

4．稳定经济与政府投资方向

中央政府的财政政策是保证经济稳定增长和实现充分就业的有效手段。研究表明，在经济过热或经济衰退时期采取的相机抉择的财政政策使经济增长趋于稳定和持续。成熟市场经济国家经验表明，政府投资政策是影响经济周期波动的重要政策因素。如果撇开宏观经济调控因素，理论界比较一致的观点是政府投资方向调节与规模控制同样重要，政府资金（尤其是国债资金）使用方向决定了财政赤字的合理性。布坎南曾指出“如果事实上联邦政府的经费中通过举债筹集的部分同可适当地列入公共投资的部分大体相等的话，那么在国家资产项下将有一项抵消项目，与表示公债现值的负债项目相平衡。在这种情况下，把举债和购置资产两方面都作了记录，国家资本储备的净现值就不会出现变化；当然，如果证明投资支出基本上是纯生产性的，按正规计算的现值还应有某些增加。[③]总的来看，政府资金是否具有生产性和投资性，是否与国民生活质量提高密切相关，以及这种生产性和投资性资金规模的大小，都会在相当程度上决定经济增长的速度与质量，决定经济与财政的可持续性。

③布坎南：《自由、市场和国家》，P.201，北京经济学院出版社1988年版。

（二）我国政府投资范围及其重新界定

1．比较宽泛的政府投资范围和公共服务领域的政府投资不足

历史数据分析可以帮助我们了解政府投资的主要范围及其存在的问题。在我国的固定资产投资统计中，没有明确的政府和民间投资主体的划分，所以，我们只能通过资金来源结构中相关政府投资的内容进行分类与汇总，以近似反映政府投资的基本状况。在投资资金来源中，国家预算内资金主要是中央政府的投入，其中还包含少量的地方政府投入，但无法进一步拆分，所以，我们将国家预算内资金均看作中央政府投资的一部分，再加上中央自筹投资，合计为中央政府投资；地方政府投资包括省自筹、地（市）自筹和县自筹，其中，省自筹作为省级政府投资，而地（市）自筹和县自筹合计为省以下政府投资。中央政府和地方政府投资合计为政府投资。较为详细的分行业和地区的投资资金来源数据始于1996年，所以，我们计算了1996年、1998年、2000年和2002年四年的政府投资在国民经济大行业中的分布比例，以及国民经济大行业中政府投资所占比例，分别如表1和表2所示；工业行业的政府投资情况如附表1和附表2所示。

1990年代中期以来，我国政府投资的集中度非常高，主要投向了交通邮电业、社会服务业和电力煤气及水的供应业，1996—2002年间，上述三大行业政府投资分别平均占全部政府投资的33.5%、13.6%和11.3%，合计占58.4%。交通、通信、电力等行业的技术特性和经济特性使政府在提供设施和服务方面可以发挥特殊作用。但是，这并不意味着这些部门必定都要受到政府和公共部门的支配。经验表明：政府部门垄断往往会造成配置错误和供不应求，因此，上述基础设施的商业化和民营化是发展趋势。社会服务业包括公共交通、环境卫生、园林绿化、市政工程等纯公共品或准公共品的投资与经营，也包括居民服务业和信息咨询服务业等完全竞争性行业。从总体来看，政府在这一行业投资较多有一定合理性。

值得关注的是，政府在教育、科技和卫生等社会事业领域的投入较少，1996—2002年间，上述三大行业政府投资分别平均占全部政府投资的6%、1.2%和1.5%，合计只占8.7%。尽管上述产品大多数在受益上可以排他，即谁花钱谁受益；但是，就学、就医能够产生较为明显的外部收益，且具有一定的公平分配效应；因此，政府投入的比例理应较大。特别是随着经济的发展，公共需求的规模和领域还会扩大，原有价格排他性的公共物品逐渐转变为纯公共产品，例如，医疗在发达国家大多免费；发达国家实施12年甚至15年义务教育。

政府在某些纯粹的竞争性行业仍然保留投资份额。1996—2002年间，采掘业、制造业、建筑业和商贸业政府投资分别占全部政府投资的2.2%、4.3%、1.8%和0.7%。在39个工业行业中，只有其他矿采业和文教体育用品制造业两个行业没有政府投资，绝大多数工业行业均多多少少有政府投入。政府投资领域又明显过宽、范围明显过大。

与1996年相比，2002年，政府在相关产业投资比重明显上升的行业是农业、地质勘探和社会服务业。政府在农业方面投资占全部政府投资的比重由1996年的1.3%上升至2002年6.5%；地质勘探业由4.7%上升至8.1%；社会服务业由10.6%上升至17%。上述产业政府投资增加基本符合政府的职能要求。与此同时，采掘业、制造业、电力和商贸业的政府投资比例下降，这也符合政府逐步从竞争性产业退出的需要。但是，值得忧虑的是：在教育、科技和卫生等社会事业领域政府投入比例本来就不高的情况下，政府投入比例不升反降，卫生从1.7%下降到1.5%，教育从6.5%下降到5.7%，科技从1.3%下降到1.1%。(见表1)

表1　全部政府投资的行业分布（以全部政府投资为100）(%)

	1996年	1998年	2000年	2002年	平均
总计	100	100	100	100	100
农、林、牧、渔业	1.35	2.36	4.40	6.48	3.65
采掘业	2.60	1.73	3.75	0.61	2.17
制造业	6.25	3.90	3.48	3.68	4.33
电力、煤气及水的生产和供应业	16.28	11.12	10.55	7.44	11.35
建筑业	2.82	1.34	1.50	1.76	1.85
地质勘查业、水利管理业	4.71	6.86	7.76	8.14	6.87
交通运输、仓储及邮电通信业	30.16	36.44	34.48	32.81	33.47
批发和零售贸易、餐饮业	0.86	0.64	0.73	0.59	0.70
金融、保险业	1.55	1.16	0.58	0.25	0.88
房地产业	0.69	1.04	0.64	0.48	0.71
社会服务业	10.60	12.54	14.24	17.02	13.60
卫生、体育和社会福利业	1.74	1.49	1.40	1.54	1.54
教育、文化艺术及广播电视业	6.51	6.25	5.34	5.76	5.97
科学研究和综合技术服务业	1.36	0.97	1.26	1.16	1.19
国家机关、政党机关和社会团体	10.15	10.12	7.78	11.12	9.79
其他行业	2.38	2.04	2.12	1.15	1.92

资料来源：国家统计局。

再看各行业投资对政府资金的依赖程度。1996-2002年间，政府投资在相关行业投资比例较大的行业分别是地质勘探(65.9%)、科技(47.4%)、政府机构(45.9%)、农业(45.6%)和社会服务业(41%)，这符合公共物品特征越显著、外部收益越大以及再分配功能越明显的产业，政府投资越多的原则。值得关注的是：采掘、制造、建筑、商贸等纯竞争性行业的政府仍然保持一定的投入规模，例如，采掘业政府投资平均占行业投资的8.8%，建筑业政府投资占比高达20%。与此相对照，教育、科技和卫生等社会事业领域的政府资金占行业投资的比例仍然较低。另外，这些行业近年来政府投资比例明显趋于下降，其中，教育政府投资占本行业全部投资的比例由1996年的44.3%下降为2002年的30.2%，科技由56.

5% 下降为 43.1%，卫生由 38.1% 下降为 26.8%。下降幅度均超过了 12 个百分点，这使人怀疑这些行业市场化和商业化的步伐是否迈得过大，政府正在从本应由其发挥作用的领域不恰当地、过度地退出。（见表 2）

表 2　政府投资占各行业投资的比例（以各行业资金来源合计为 100）（%）

	1996 年	1998 年	2000 年	2002 年	平均
总计	22.30	24.40	26.03	24.42	24.29
农、林、牧、渔业	28.60	36.87	53.79	63.09	45.59
采掘业	7.81	6.71	17.35	3.20	8.77
制造业	4.50	4.44	4.39	3.48	4.20
电力、煤气及水的生产和供应业	27.34	18.90	18.71	15.54	20.12
建筑业	34.59	26.63	25.88	29.67	29.19
地质勘查业、水利管理业	61.36	62.95	66.25	73.13	65.92
交通运输、仓储及邮电通信业	31.51	31.88	33.61	34.42	32.85
批发和零售贸易、餐饮业	6.34	6.44	7.67	5.90	6.59
金融、保险业	28.21	25.44	24.70	16.63	23.75
房地产业	10.44	16.24	15.93	12.98	13.90
社会服务业	42.55	41.58	40.97	39.23	41.08
卫生、体育和社会福利业	38.13	31.89	29.53	26.77	31.58
教育、文化艺术及广播电视业	44.27	42.26	31.97	30.19	37.17
科学研究和综合技术服务业	56.49	45.60	44.42	43.13	47.41
国家机关、政党机关和社会团体	47.93	45.38	42.23	48.38	45.98
其他行业	33.35	35.52	39.80	23.36	33.01

资料来源：国家统计局。

2．重新界定政府的投资范围

(1)政府投资范围的一般规定

我国政府投资领域或范围选择与政府职能要求存在一定的差距，这与政府投资范围过宽、过滥有关，也与投资领域选择缺乏制度化规定、随意性较大有关。所以，根据政府投资职能要求及其变化，根据不同物品与服务的特点及供给方式的不同，对政府的投资范围进行明确的区分和界定具有重要意义，只有这样，有限的政府资金才能最大限度地发挥效用，保证最为急需的公共产品及服务领域获得政府的投资支持。我们认为，按照重要性顺序，政府投资可以在以下方面作出贡献。

第一类，具有非竞争性和非排它性的纯公共品，如国防、司法、行政、邮政、防灾救灾、卫生防疫、大江大河治理、重大科研计划、消防、公共博物馆和图书馆等，政府部门的直接投资是这类产品的惟一供给方式。政府直接投资上述领域并不意味着此类公共品的全部投资与运营责任都需要政府部门自已承担。上述产品与服务内部仍然可以作更为细致的分类，将竞争性业务与普遍服务业务分业经营，政府投资与补贴只负责保障提供普遍服务。政府也可以借助市场组织和社会组织的优势与能力，来生产这些公共物品。

第二类，带有显著外部收益、能够创造社会公平的准公共物品和服务，如高速公路、城市道路、基础教育、医疗卫生、公有住房分配、社会福利、环境保护等，这些领域可以是政府投资的范围，也可通过政府补贴和特许权经营引入非营利组织④和企业投资经营。政府介入程度的高低取决于政府的财力及经营的效率，在政府财力有限和经营效率低下的情况下，完全可以借助社会及市场的力量，但是，社会化及市场化的范围和程度要有明确的限制，同时，要对社会化和市场化提供的公共品及服务（准公共品及服务）进行科学的规划和组织以及严格的监管和控制。而当政府财力充裕的时候，政府部门应当在具有显然外部效应（如城市道路、基础教育）的领域发挥更大的作用。

④注：非营利组织或非营利机构是不以营利为目的、不以分红为标志、以自主治理和自愿参与为特征的社会组织。这类组织以志愿精神作为追求公益的动力，灵活多样地满足社会群体尤其是贫困人群对公共物品的需求，弥补了一部分公共物品提供中的“市场失灵”和“政府失灵”。在发达国家，2/3的非营利组织集中在三个传统福利领域：教育、卫生保健和社会服务。会费与经营性收入，以及政府以各种方式提供的资金构成非营利组织的主要收入来源。

第三类，以电力、铁路、电信、地铁、供水、污水处理、垃圾处理、广播电视等为代表的自然垄断产品。这些产品和服务或具有排他性，或具有竞争性，存在着超额需求，消费者愿意直接付费，这就为私人通过市场供给提供了现实可能性。上述产品和服务市场供给的形式可以有两种，其一是私人的完全供给，即公共物品的投资、生产以及运营由私人单独完成，私人通过收费的方式向消费者收取费用；其二是私人与政府的联合供给，政府对私人提供一定的补贴和优惠政策，或政府根据合同进行采购。此类产品和服务应实施政府管制包括价格管制和市场准入管制，以避免由于企业拥有市场垄断地位，或因厂商盲目竞争而导致的资源配置的效率损失。

下图给出了一个政府提供公共品程度的示意图，纵轴代表物品序列，按公共品程度大小不同从下往上排列，横轴代表政府及私人提供的比例。此图只是一个理论的模式。

（2）现阶段我国政府投资范围的特殊性

公共及基础设施的民营化是近年来我国投融资体制改革的重要方面，各级政府用于公共及基础设施的财力不足以及政府投资与运营效率低下是加速民营化的根本原因。这里面既有合理成分，也有不合理的成分。民营化是一柄双刃剑，用得好了，能够充分利用社会资金，促进基础设施的快速发展；用得不好，则会导致政府逃避本应承担的公共职能，增大社会成本，降低公共产品及服务的质量。

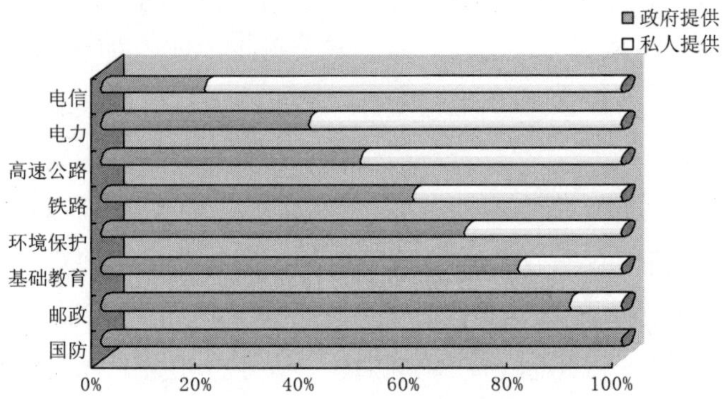

图1　政府与私人在物品序列提供中的比例

2002年底，国家建设部公布了《关于加快市政公用行业市场化进程的意见》，鼓励社会资金、外国资本采取独资、合资、合作等多种形式，参与供水、供气、供热、污水处理、垃圾处理等经营性市政公用设施的建设。由政府授予企业在一定时间和范围对某项市政公用产品或服务进行经营的权利，即特许经营权。实施特许经营权制度应包括已经从事这些行业经营活动的企业和新设立企业、在建项目和新建项目。这标志着市政建设将逐步实现投资主体的多元化。在此之前，我国高速公路投资体制也遵循了相同的改革思路，即政府选择具有一定实力的社会投资人作为投资主体，由其发起组建项目公司。政府以特许经营合同的形式授予项目公司一定年限的高速公路收费经营权，允许项目公司通过收取车辆通行费、经营公路的相关服务设施等取得的其他收益作为其投资回报。许多电力及桥梁项目也是通过BOT等项目融资方式建设起来的。无论是市政基础设施，还是高速公路、电力，这些产品具有某些市场特征，需要有偿使用，甚至可以有良好的经济回报，能够实现收费上的排它性。严格来讲，它们不是公共产品，而是自然垄断产品。政府并不需要负责这些设施或服务的直接投资、建设和运营，而应该更多在总体规划、政策引导、管理组织和法制环境方面发挥主导作用。

我国市政设施产品价格的制定通常是由政府部门干预决定的，其定价要比一般产品复杂得多。许多产品既有国家政府的补贴，又需要消费者适当负担，价格的定位往往是福利性行政定价，价格偏低，背离了实际生产经营成本。这抑制了经营者的潜能，也阻碍了投资各方的介入。以自来水价格为例，尽管我国各城市的自来水价格有了较大幅度的提高，但与国际水平相比较，总体水平较低。还有许多公共基础产品没有形成收费机制，如垃圾处理，这使得BOT投资者社会化招商缺乏市场运作基础。因此，只有通过改进收费方式，用好价格和收费等政策杠杆，建立公共设施项目的现金流量，才能为进行BOT投资创造良好的环境。要按照产品区分原则，实行分类定价。对于纯经营性的市政公用设施项目，真正实现“用者付费”原则，政府可根据相关的法律法规进行规制，对外进行招投标，采用听证会的形式通过，政府作为监控人执行审定批准。对于现金流量不足或者没有现金流量的准经营性和非经营性的公共基础设施项目，采用“用者付费＋政府补贴”原则。

公路、桥梁等基础设施项目比较特殊，它们具有较强的外部性。尽管可以通过收费实现特许权经营，但是，频繁设立的收费站和高昂的收费又会给区域经济带来较大的负面效应。以北京五环路项目为例，按照“贷款修路，收费还贷”模式，它的投资人首发公司向银行借贷116.3亿元，并享有30年的道路经营权。首发公司当初预计30年后不仅可以收回投资，而且还有较大的盈余。但实际收费情况与预计相去甚远。2003年底五环路通车后，更多人真切地感受到五环路收费的压力。人们宁愿挤在三、四环上，也不愿意付费走五环。根据首发公司的统计，按照当时的收费情形，需要200年才能还清贷款。无奈之下，五环路很快停止收费，现在100多亿的建设资金回收毫无着落。这意味着政府财政可能承担这笔巨额开支。同样的情况也发生在广东、福建、浙江、重庆等许多地方，而这些地方也都在探索路桥建设与运营的新模式。[⑤]总的来讲，是政府将逐渐承担更多的财务责任，而不是一味将投资与建设的任务推给社会。在发达国家中，项目融资和特许经营合同为基础的公路特许制也只是传统投融资体制的有益补充，而完全采用国家财政拨款的形式的中央财政制和以公路使用者税收作为公路资金主渠道的专项基金制仍然大量存在。[⑥]随着我国经济发展和财力增强，政府在外部性较强的基础设施中的作用不会削弱，且不会局限在组织与规划方面。

近年来，一些政府部门打着产业化和民营化的旗号，逃避本应承担的公共责任，导致某些公共事业领域因为过度市场化而逐步发展滞后。以教育为例，当前，我国贫困地区义务教育普及水平低，义务教育未完成现象突出。教育基础薄弱与发展不平衡与教育的政府投入不足密切相关。据2002年瑞士洛桑国际管理发展学院（IMD）的世界竞争力年鉴评价，在49个国家中，我国公共教育支出占GDP的比例位于第47位。我国教育内部资金投入也存在不平衡，具体来讲是各级各类教育投资、不同地区及区域教育投资、城市及农村教育投资、重点及非重点学校教育投资的不平衡。这种教育资金投入或使用中的不平衡导致有限的公共部门资金不能按照国民经济与社会发展的要求得到合理、高效的利用，使得相当一部分地区及人群接受基础义务教育的权力得不到保障。公共医疗部门也是一样，当前，我国部分重大传染性疾病的危害仍很严重，突发公共卫生事件时有发生，医疗卫生资源总量不足与配置不平衡、不合理现象比较突出，卫

⑤以前深圳市的公路建设主要遵照国家“贷款修路，收费偿还”的政策进行，使深圳在迅速建成了四通八达的公路网的同时，也带来了收费站过多、影响公路通行效率、影响投资环境的问题。2003年，深圳设立路隧项目偿还及发展专项资金，专项资金自2003年起至2030年止，通过深圳市财政、国土基金、各区政府、养路费改建资金、公路车辆通行费收入等渠道每年筹集约11亿元，用于偿还非经营性公路和隧道建设所承担的债务；经营性公路和隧道的补偿费用；经深圳市政府批准的路隧收费改革和新建公路所涉及的融资本息偿还；未来10年新建公路和隧道的建设投资和养护、管理费用；受让的原经营性及非经营性公路、隧道的养护和管理费用。又据交通部综合规划司副司长李兴华近期所说：为了减少收费公路的总量，多引入财政性的资金来建设高速公路可能是需要考虑的一个方向，这样的话，贷款少一些，收费的路相应的就少一些，收费标准少一些，收费时间短一些，为老百姓、为社会用户的使用会带来更大的收益。《交通部：加大财政投入，减少收费高速公路》，人民网2004年9月5日。

⑥朱丽杰：《一些国家高速公路投融资体制》，中国公路，2004年9月6日。

生行政管理手段和公共卫生管理服务同经济发展与社会进步不相协调，同广大城乡居民生活质量改善和健康水平提高的要求存在相当大的差距，公共卫生体系建设薄弱、现状堪忧。这与各级政府对卫生事业建设缺少足够的财力物力支持密切相关。

不光政府公共事业增量投入严重不足，目前，一些地方政府还借市场化之机，通过出售转制方式，不断将教育和医院等公共事业甩给民营机构，这样，政府既不必再补贴学校、医院等公共设施的运营费用，也省去了教师等事业单位的工资支出。而教师工资又常常占到一些县市财政收入的一半以上。例如，江苏的宿迁、徐州、连云港、淮阴等市都提出在保证九年义务教育和职业教育的前提下，全面放开学前教育和高中段教育。对现有的公办幼儿园以及城乡幼儿园，采取公开出售、股份制、股份合作制等形式改革；村办幼儿园逐步从村小中分离，实行民有民营、独立办园。对高中阶段教育也可以采用出售、股份制、股份合作制等形式，实行资本置换。在基础教育和公共卫生资源严重短缺的情况下，地方政府却想方设法地甩包袱、减负担，这突出反映出政府在公共事业领域的缺位与失职，也引起公共服务质量明显下降，公众基本医疗教育条件得不到保证。

二、政府间投资职责划分

有效政府应该是一个分权的政府。这对于一个大国政府来说，尤其如此。[⑦]孟德斯鸠曾经说过："一个共和国，如果小的话，则亡于外力；如果大的话，则亡于内部的不完善。"[⑧]对于一个大国来讲，建设适当的制度来配置权力，避免过分集权和过分分权十分重要。适当分权的政府，可以使政府贴近公众的需要，切实履行为公民服务的责任，使政府具有比较准确的成本和收益感觉，从而更好地实现配置效率以及社会公平。

⑦毛寿龙：《有效政府的基本逻辑》，制度分析与公共政策网站，2000年。

⑧孟德斯鸠：《论法的精神》，P.130，商务印书馆，1987年。

（一）政府间投资职责划分的依据

1．政府职能分工层次标准

依据政府职能划分投资事权，是合理划分中央及地方政府投资职责的出发点。由于不同层级政府所执行的特定职能或侧重点不同，因而应根据各级政府行使职能的需要，相应地划分投资职责。例如，稳定的职能主要由中央政府履行，涉及稳定的财政投资权限应划归中央政府及其财政；分配的职能也主要由中央政府履行，有关分配的投资权应主要由中央政府及其财政掌握；配置的职能主要由地方政府履行，与配置相关的投资权应主要由地方政府及其财政掌握。这是由中央政府与地方政府所处的地位决定的。这样的基本分工适合中央政府有能力把握全局和地方政府有条件因地制宜的要求。

要实现经济稳定，政府运用财政、货币政策进行调控是必不可少的。这包括内在稳定器和相机抉择政策。与政府稳定功能相对应的收支有：熨平经济周期的政府投资、政府间的转移支付。由于地方政府缺少相应的政策工具，地方政府调控容易出现利益外溢和恶性竞争，所以稳定的职能只能由中央政府执行。政府的收入再分配有利于缩小差别，实现社会公正。如果允许地方政府行使再分配的权力，则会在全国范围内出现地方间的差别税收、差别转移支付等制度，从而导致生产要素不合理流动，导致缺乏经济效率。鉴于地方政府实行收入再分配的低效性，为使收入再分配政策出台动机与效果相统一，收入再分配这一功能应以中央政府履行为主。与政府再分配功能相对应的收支有：累进的所得课税和转移支付（包括专项拨款）等。政府的资源配置功能，即提供公共物品。政府的配置功能一般由中央、地方共同承担。由于资源配置具有较强的地域性，能够更好地体现因地、因事制宜，因而地方政府在履行政府所执行的资源配置职能方面应多有所作为。相对于中央政府而言，地方政府只是在较小的范围以内进行资源配置，但这种配置的针对性却明显增强了，其中提供地方性公共基础设施，是地方政府配置资源职能的主要内容。

2．受益范围标准

公共物品由于受益范围的不同，可分为全国性公共物品和地方性（地域性）公共物品，因此，提供商品的主体也就不同。全国性公共物品和服务应当由中央政府提供。对于全国性公共物品来说，外溢性问题几乎可以忽略不计。地方性的公共物品则由地方政府提供。这些地方公共物品本身具有利益外溢的特性。利益外溢性指地方公共物品提供的受益外溢至辖区以外，使地方政府单独决定其最适数量时，无法达到帕累托最优。这是由于一个国家内的各个地区之间有着密不可分的经济、政治和社会文化联系，区域间的人口迁移与流动经常发生；行政区域之间的界限并非依照公共物品受益范围来划分和规定，而且是历史形成的。因而，较之全国性公共物品来说，区域性公共物品的外溢性问题就在所难免。鉴于公共物品的提供和受益范围的空间特点，要保证公共物品有效地供给，客观上要求中央和地方政府分工负责，中央与地方各有侧重地提供不同的公共物品与服务。

尽管根据公共物品本身的特征和受益广度的差异以及各级政府职责的内在要求，可以判断出区域性公共物品须由地方政府负责提供，全国性公共物品则由中央政府出面提供，然而，这并不意味着逆命题成立，即不能够反过来说由地方政府提供的就是区域性公共物品，由中央政府提供的就是全国性公共物品。实际上，由地方政府提供的许多公共物品，同时也具有某种外溢性，（一些大江大河治理）其受益范围以本地区为主，但也可以在一定程度上超出本区域的界限，成为对其他地区产生一定影响的公共物品。同理，由中央政府提供的许多公共物品，也可能仅仅在某一特定区域内发挥其效应。（如奥运投资更大程度上只是使北京受益）总之，公共物品层次划分上的复杂性，反映着不同公共物品受益范围上的相互交叉，这在相当程度上决定了对公共物品受益层次划分的准确性不是绝对的，而是相对的。

较多的事实上的交叉），但是，重复责任使得我们更难以辨别哪级政府应该负责提供哪些特定服务。在重复责任广泛存在的情况下，有可能致使提供服务不足和效率不高。尽管有一些粗略的分工，如只有中央政府和省级政府负责经办高等教育机构，而职业和技术教育由省和一些市级政府负责管理，各级政府均创办中学和小学。责任重叠与相似性高也容易造成缺乏责任感。投资职责划分高度重复使得真正由哪一级政府负责为相关投资提供资金变得模棱两可。导致上级政府推卸责任或下放责任，使得某些公共服务供给不足。

表6　1996－2002年间各行业的不同层级政府投资比例（%）

	全部政府投资	中央政府投资	省级政府投资	省级以下投资
全　国　总　计	100.00	43.14	21.49	35.37
农、林、牧、渔业	100.00	68.12	10.49	21.40
采掘业	100.00	83.77	5.01	11.21
制造业	100.00	47.47	14.38	38.15
电力、煤气及水的供应业	100.00	47.80	31.08	21.12
建筑业	100.00	31.14	25.69	43.17
地质勘查业、水利管理业	100.00	58.77	14.12	27.11
交通运输、仓储及邮电通信业	100.00	43.37	32.79	23.84
批发和零售贸易、餐饮业	100.00	26.87	13.82	59.31
金融、保险业	100.00	59.18	22.22	18.60
房地产业	100.00	7.06	14.22	78.72
社会服务业	100.00	17.51	14.64	67.85
卫生、体育和社会福利业	100.00	37.39	13.76	48.85
教育、文化艺术及广播电影业	100.00	42.61	9.60	47.78
科学研究和综合技术服务业	100.00	81.23	7.49	11.28
国家机关、政党机关社会团体	100.00	37.23	10.81	51.96
其他行业	100.00	57.52	6.91	35.57

资料来源：国家统计局。

农业、基础设施和公共事业是我国政府投资的主要领域，在上述领域中，各级政府的投资范围又是如何划分的呢？在农业的政府投资中，中央政府占了大头，1996－2002年，中央投资占全部农业政府投资的68%，而省级政府和省级以下政府分别只占10%和21%；在交通基础设施政府投资中，中央、省、省以下政府投资分别占43%、33%和24%；在卫生、社会福利事业政府投资中，中央、省、省以下政府投资分别占37%、14%和49%；在教育政府投资中，中央、省、省以下政府投资分别占43%、9%和48%；而在科技事业政府投资中，中央、省、省以下政府投资分别占81%、7%和11%。(见表6）可见在上述领域的政府投资中，特别是农业和科技领域，中央政府都占有重要地位。固定资产投资权限高度集中于中央政府有利于其从全局出发，实现其配置资源和收入再分配的职能。但是，在这个过程中，也存在许多问题。

以农业为例，根据国务院发展研究中心的调查，中央政府对农业的投入渠道多且乱，大约涉及26块，主要有：农业基本建设投资主要由发改委系统单独管理或发改委与农口主管部门共同管理；农业科研费用主要由财政部门和科技部门或者科技部门与农口主管部门共同管理；支援农村生产支出、农林水气等部门事业费、农业综合开发资金由财政部门或财政部门与农口主管部门共同管理。这种管理模式存在的问题是，不同渠道的投资在使用方向、实施范围、建设内容、项目安排等方面有相当程度的重复和交叉，不利于统一管理和协调，不能形成合力。比如湖南省粮食方面的财政支农项目，有国土资源部的耕地整治项目、发改委的粮食自给工程项目、农业部的商品粮基地县项目、农业综合开发中的中低产田改造项目，此外还有水利、财政部门参与的项目，甚至有的田地出现了“一块地里插几块牌子”的怪事。又比如：按照传统的支农分工体制，水利枢纽和浇灌面积达万亩以上的渠系项目由发改委系统负责，而万亩以下的水渠及配套工程由水利系统负责，这样，两个部门各自为政，造成不少地方有水库无配套工程、有配套工程无水库的怪现象。[11] 由于不少财政支农项目批复透明度低，监管乏力，导致了比较严重的“跑步（部）要项目”的歪风，增加了中央政府的投资成本，降低了效率。上述现象在教育、卫生等公共事业领域均明显存在。

[11] 刘健等：《财政支农每年高达2000亿 农民受益“毛毛雨”》，新华网2004年6月13日。

（四）我国政府间投资职责划分

根据上述政府间投资职责划分标准和原则，以及发达国家的一般模式，可将我国中央政府与地方政府的职能做如下划分：

●中央政府职能及所应提供的公共品范围是：

(1)反映国家整体利益的全国性公共品，如国防、外交、涉及全国的资源开发与保护、防灾救济、中央政府行政管理等；

(2)具有规模经济特点和经济外部性的产品，中央政府应负担全部或部分投资，如空间、海洋开发、尖端科学、基础教育、卫生防疫、环境保护等；

(3)实现全国范围的收入再分配，均衡地区差距，例如，对经济落后地区和农村的公共及基础设施投资。

表4　部分国家支出项目分担比例{%}

	阿根廷		加拿大		印度		印度尼西亚		美国	
	(1989)		(1989)		(1988)		(1992)		(1990)	
	(1)	(2)	(1)	(2)	(1)	(2)	(1)	(2)	(1)	(2)
支出总计	85.5	14.5	47.8	52.2	44.4	55.6	84.9	15.1	52.7	47.3
行政司法	68.2	31.8	53.2	46.8	14.8	85.2	83.4	16.6	47.2	52.8
国防	100	0	100	0	99	1	100	0	100	0
教育	70.3	29.7	14	86	13.9	86.1	81.6	18.4	5.5	94.5
医疗卫生	57.1	42.9	18.1	81.9	28.4	71.6	60.6	39.4	55.6	44.4
社会福利	97.1	2.9	67.8	32.2	--	--	88.8	11.2	72.4	27.6
住宅	18.6	81.4	49.6	50.4	72.7	27.3	84.6	15.4	67	33
文化宗教	82.7	17.3	36.1	63.9	--	--	55.5	44.5	15.4	84.6
经济服务	90.2	9.8	52.5	47.5	--	--	82.2	17.8	56.6	43.4

注：(1)代表中央财政支出占总支出或某项支出的比重；
　(2)代表地方财政支出占总支出或某项支出的比重。

资料来源：Anwar Shah, "The Reform of Intergovernmental Relations in Developing and Emerging Market Economics" The World Bank, 1994.

（三）我国政府间投资职责划分的状况及问题

各级政府投资及财政支出划分是各级政府职责划分的具体体现，成熟市场经济国家各级政府投资及财政支出基本上是按照政府的事权范围确定的，其政府投资及财政支出结构是财政、事权合理划分的必然结果。同样，我国各级政府投资及财政支出结构特征也是政府职责范围的真实反映。

不同级次政府投资重点领域应有所不同，这才符合政府间职能分工以及受益原则要求。1996～2002年间，我国中央政府投资较多的行业是交通通信、电力、地质勘探、教育、农业和社会服务业；省级政府的投资较大的行业是交通通信、电力和社会服务业；省以下政府的投资较大的行业是社会服务、交通通信、党政机关、教育、电力和地质勘探。三级政府相对照，中央政府更多投入了农业、电力、地质勘探和党政机关建设；省级政府侧重交通通信和电力发展；而省以下政府更为侧重社会服务、党政机关和教育投资。三级政府在建筑、商贸、金融和房地产业方面的投资比例都非常小。与此同时，三级政府在卫生以及科技行业的投资，省及省以下政府在农业，中央及省级政府在教育方面的投资比例也非常低，这与经济与社会可持续发展要求不符。

在14个国民经济大行业中，中央政府与省级政府的投资相似度[10]高达0.96，

⑩投资相似度是指不同级别政府投资结构的相关系数。

而中央政府与省以下政府、省级政府与省以下政府的相似度也达到0.65和0.67，属于中度相关。这表明，中央与省级政府之间的事权分工并不明确，而中央与省以下政府、省级政府与省以下政府的职能分工有一定差别，但是，这种差异性和错位并不十分明显。上述情况容易导致政府投资重点重者恒重、轻者恒轻，在特定经济能力下，某些行业发展过度，而某些行业发展严重不足。例如，三级政府各自的交通通信业投资在本级政府投资中所占比例分别达到1/3强、一半以上和1/5左右。中央及省级政府在电力行业的投资规模也比较大。两级政府在交通、电力方面的投入分别占本级投资的46%和68%，资金集中度过高、过偏，使得中央及省级政府在其他公共事业中的投资力度明显不足。（见表5）

表5　1996-2002年间各级政府投资在各行业中的分布（%）

	全部资金来源	中央政府投资	省级政府投资	省级以下投资
总计	100	100	100	100
农、林、牧、渔业	1.81	5.97	1.14	1.73
采掘业	6.01	4.57	0.39	0.50
制造业	24.72	4.66	2.87	4.69
电力、煤气及水的生产和供应业	13.50	11.89	16.40	6.95
建筑业	1.50	1.32	2.18	2.26
地质勘查业、水利管理业	2.53	9.32	4.13	5.40
交通运输、仓储及邮电通信业	24.81	33.85	52.49	22.51
批发和零售贸易、餐饮业	2.58	0.43	0.45	1.17
金融、保险业	0.83	1.23	0.88	0.52
房地产业	1.25	0.09	0.49	1.58
社会服务业	8.14	5.54	8.97	26.16
卫生、体育和社会福利业	1.20	1.35	1.00	2.13
教育、文化艺术及广播电视业	3.97	6.07	2.78	8.05
科学研究和综合技术服务业	0.61	2.33	0.45	0.40
国家机关、政党机关和社会团体	5.14	8.48	4.77	14.24
其他行业	1.39	2.90	0.61	1.71

资料来源：国家统计局。

中央政府与地方政府、各地方政府之间投资职责没有明确的正式责任分工，导致了地方政府重复和重叠投资程度很高。尽管重复责任划分有一定的必然性（职责划分存在

（二）政府间投资职责划分的模式

1．投资职责划分的原则

按照政府职能分工标准和受益范围标准划分各级政府的投资权限，只能得出一个基本的共识，实际上还存在一些由于各种原因，划不清、理不顺的权限。这包括各级政府之间职能分工，虽各有侧重，但还存在较多的事实上的交叉；准公共物品不完全具有非竞争与非排他性，应由谁提供与补偿；地方公共物品和服务供应中出现的外部性问题，应由谁提供此类商品，或由谁补偿；偏好的差异、要素流动引起“用脚投票”，对受益范围有何影响（是否向外来人口提供免费教育，外来人口是否能够购买经济适用房）。如何处理这些问题，事关中央与地方投资权限划分的合理程度。

对政府间投资职能分工和各自的活动范围进行基本的划分是必要的，也是可行的。但政府作为一个整体，实现稳定、分配、配置三大职能，是中央政府与地方政府的共同责任。因此，在职能履行中是上下级政府相互协作的，好多事务是共同承担和完成的。这就要针对不同的情况，对事权、财权与财力加以确定。

在中央与地方政府投资职责的划分问题上，巴斯特布尔曾提出以下三条原则：第一，受益原则。政府所提供的公共服务，其受益对象如果遍及全国，那么，其责任应属于中央政府；其受益对象如果是地方居民，那么，其责任应归地方政府。第二，行动原则。政府提供公共服务，需要在行动上做到全国统一规划的领域或活动，其支出责任属于中央政府；凡政府活动必须因地制宜，以本级政府财力为基础的，其支出责任属于地方政府。第三，技术原则。政府活动或公共工程，凡支出规模庞大，需要高技术才能完成的项目，其支出责任应归中央政府，否则应属于地方政府。

美国经济学学阿图·埃克斯坦（O.Eckstein）更重视决策程序问题，他认为，与中央政府决策相比较，地方政府通过一项决策程序所需要的时间更短一些。中央决策本来即使是科学的，也常常会因为决策程序过长而时过境迁。并且，地方政府决策更能够符合本地居民的利益，体现居民的偏好和习惯，因而主张除国防、外交、国家管理等项支出需要由中央财政承担之外，其他支出应主要由地方负责。美国经济学家塞力格曼(Seligman)在强调以效率为标准划分支出的同时，还提出规模较大的支出归中央财政，规模较小的支出归地方财政。美国财政学者费舍尔(Ronald.D.Fisher)在分析地方财政支出时认为，外溢性较小和地方性较强的公共产品，包括基础设施、警察、消防等，更适合于由地方政府提供。[⑨]除了上述划分原则的观点之外，还有人提出了均衡原则，认为均衡地区差别、产业差别等投资属于中央政府。

⑨孙开：《政府间财政关系的理论及对中国的体制改革评析》，《中国财政理论前沿Ⅱ》，社会科学文献出版社2001年版。

2．投资职责划分模式

在各国的实践中，国防、外交、国际贸易、中央银行、全国性的立法和司法等方面的支出均由中央政府负责。而交通、教育、卫生、环保、警察、消防、公园、社会福利等的大部分(或至少一部分)为地方政府的职责，由地方安排投资。不同国家之间的区别只是在于中央政府在多大程度上介入上述地方政府的功能，并通常与财政分权程度有关。财政分权程度高的国家，中央政府在这些项目上支出的比重较低。而在财政分权程度低的国家，中央政府在这些项目上支出的比重较高，其形式包括中央直接投资、各种拨款等。

世界银行《1997 年世界发展报告》提出了一个按政府级别划分支出的参考性建议，如表 3 所示。

表 3　按政府级别划分支出的可能的分配办法

中央政府	州(省)政府	地方(省)政府
三级医疗保健(控制传染病、研究)	二级医疗保健(医院、治疗)	初级医疗保健
大学教育	大学和中学教育	初等和中等教育
道路和高速公路(城市间)	道路和高速公路(城市间)	道路和高速公路(城市间)
公共交通(城市间)	公共交通(城市间)	公共交通(城市间)
	空气和水污染	空气和水污染
自然资源管理	自然资源管理	土地使用管理和区域划分
防务	警察保安	警察保安
		住房
		固体废物处理、供水、排污和防火
		文化政策
		促进旅游

资料来源：世界银行《1997 年世界发展报告》，P.128，中国财政经济出版社 1997 年版。

政府的投资，有一些受益范围非常明确，分别用于提供全国性公共产品或区域性公共产品，因而亦可明确界定为中央政府投资项目或地方政府投资顶目，例如国防、消防。但大部分投资项目是由中央政府和地方政府共同承担的。在各投资项目中，中央与地方财政分担比例是不同的。各自分担的比例要视这些项目的外部效应溢出及受益范围的情况而定。在不同国度里，即使是同类投资项目的分担比例也有不小的差别（如下表)。比如，对于卫生事业来说，在德国是属于中央政府的事权，由中央财政安排支出，而在加拿大、印度则主要由省(州)安排支出，而在墨西哥和阿根廷等国却是各级政府的共同职责。教育在德国、澳大利亚、印度等国主要是省(州)级政府的职责，在美国是州和县市地方政府的共同责任，而在巴西和墨西哥则是中央与省级政府的共同责任，在印度尼西亚则由中央政府支付了大部分的教育经费支出。(见表 4)

●地方政府职能及提供公共品的范围：

提供区域性公共产品和辖区内居民受益的项目，如地方行政、社会治安、文化教育、消防、垃圾和污水处理、供电、供水和供气、地方道路等公共服务。

●中央与地方政府共同承担的投资范围：

⑴某项公共产品属于中央政府职能范围，但出于效率的考虑，由地方分别去做，但以中央政府为主，如奥运工程等；

⑵某项公共产品属于地方政府职能范围，但由于其收益产生外溢，应由中央政府帮助协调，有关的地方政府协作承担，例如，跨地区的大型基础设施项目；

⑶一些大的社会福利或公共服务项目，需要建立费用分担机制，其费用往往需要由两级或多级政府共同分担。

不同领域政府间投资职责划分如表 7 所示。

表 7　政府间投资职责划分

公共事务	中央政府	省级政府	省以下政府
邮政	邮政		
国防	国防		
公共安全		警察	警察保安
农业	大型生态农业保护工程、带有全局性的重点农业科技开发	全省性农林水利事业发展项目，重大科技成果推广应用	本区域农业工程设施，社会化服务体系
公路	国道、跨省高速公路	省道，高速公路	市、县、乡镇公路
河流治理	国际河流、一级河流	二级河流	三级河流，一、二级河流的某些部分
港口		省一级港口	市县一级港口
住房		廉租房、经济适用房	廉租房、经济适用房
卫生防疫	国家卫生防疫体系	省级卫生防疫	市、县卫生防疫
医院		省级公立医院	地方公立医院
教育	高等教育	高等教育、高中教育	本地基础教育
科技	基础研究项目	基础研究项目	
环境保护	大气治理、水土保持、全流域污染治理	本地区的大气治理、水土保持	污水及垃圾处理
消防			消防设施
文化体育			剧院、博物馆、体育馆、游泳池
城市基础设施			电煤气、给排水

需要注意的是：上述政府间投资范围的划分仅仅从原则上说明了不同层级政府在不同公共产品和服务领域投资的必要性。而各级政府具体投资多少、采取什么方式与机制，则取决于合理的公共品投资与供给的制度安排，其中，企业的市场机制以及非营利组织的志愿事业机制均可以参与上述公共品的投资与供给。

三、保障措施

(1)按照市场经济的客观要求，重新划分和规范政府与市场的职能，政府的投资要从“越位”领域退出和填补“缺位”领域，政府投资要限定在公共产品的提供上，同时退出全部私人产品的生产。政府投资职能和范围的界定必须有进有退，即一方面要逐步退出一般竞争性、营利性的投资范围，另一方面需切实强化公共性领域的投资。诸如基础教育、公共卫生以及基础和公益性科学研究等，在任何情况下都是政府必须确保的内容；有些则可在保证了基本需要之后再量力而行或逐步发展。

(2)政府不应再将投资重点集中在机械工业、电子工业、汽车工业、石油化学工业和建筑业等支柱产业。国际和国内经验表明，频繁的财政支持不利于这些具有成长性的产业市场竞争力的提高，政府投资也容易造成信息不充分带来的配置错误。政府也应减少对电力、供水、供气、电信等可收费行业的投入，通过合资、合作、独资等方式吸引社会资本的进入，将置换出来的政府资金保证对关键领域的投资力度。

(3)政府投资范围不是一成不变的。随着经济的发展，政府投资的规模和领域有扩大的趋势。例如，城市化水平的提高对交通设施提出了更高的要求，加上地方流动人口的增加使居民增加了对公共交通、公共安全、消防、环境保护等公共品的需求。中央政府的宏观经济政策也影响着政府投资规模与结构。在扩张性财政政策下，扩大政府投资规模和领域是实现宏观经济政策的一个重要组成。

(4)中央政府要与地方政府确立投资责任的正式划分。有必要清楚和明确地划分责任，不仅涉及中央政府对全部地方政府，还有各省内地方政府的投资责任划分。依法规定哪级政府有明确的责任提供有关公共服务，和当有重复责任分工时，哪级政府负责监管和制定提供服务的规定，为服务提供资金和实际提供服务，并建立相应的费用分摊机制，以避免在事权及投资责任履行过程中相互转移负担。比如基础教育等，通常由中央政府统一规划，地方政府组织实施，所需经费或由地方政府承担、中央政府实施补助和转移支付，或主要由高层级政府财政支出。

(5)中央政府要尽快解决横向财政不平衡问题。重点解决各级政府之间财政收入能力与支出责任不对称问题，使接受转移支付的地区能有足够的财力履行政府的基本职能，提供与其他地区大致相等的公共服务。要引入国家有关服务（教育和卫生等）供给的最低标准，同时，大幅度改进现行国家与省级政府间均等化转移支付的资金提供方式，重

■ 专题3

政府投资决策约束与监督机制研究

内容提要：受投融资体制改革实施进程的制约，当前我国政府投资管理决策和监督体制与机制存在着一系列问题，集中表现为：决策缺乏责任约束机制，决策权限过度分散和划分不合理，决策程序不甚完善，辅助决策的工程咨询机构改革不到位，工程咨询市场存在分割和垄断现象，决策的民主化、科学化和透明化需要提高；决策监督体制和机制不完善；监督机构专门化和专业化不足，监督的法制化建设严重滞后等。急需国家采取包括完善投资决策和监督体制，建立健全投资决策约束和监督机制，完善决策程序和合理划分决策和监督权限，提高决策透明性和社会公众与舆论监督，重视决策监督结果的实际运用，加强法制化、规范化和程序化建设等综合措施予以解决。

政府投资决策是指政府投资策略或方法的决定和确定。从我国政府投资管理实践看，政府投资决策包括宏观层面上的政府投资总规模和行业（部门）和区域投向上的资金分配的决定和确定行为，以及微观层面具体的政府投资项目从项目策划、可行性研究、初步设计到正式开工建设之前的相关决定和确定活动。政府投资项目监督是指政府对政府投资活动的全过程进行察看并督促改正项目实施过程中失误行为或倾向的活动。当前我国政府尤其是中央政府在对政府投资项目的决策约束和监督机制方面存在着一系列问题亟待解决。

一、当前政府投资决策约束与监督机制方面存在的主要问题

改革开放前，我国实行高度集中的投资管理体制，各级政府对包括政府投资在内的全社会投资活动进行严格的计划管理，并在实践中对政府投资从投资决策到监督管理形成了一整套行之有效的管理体制、机制和办法。改革开放后，由于我国对投融资体制改革缺乏完整的部署，对投融资体制改革的目标模式缺乏深入的研究，社会各界和政府投资主管部门对政府投资的特殊性认识不足，在“放权让利”、行政性分权、渐进式和零敲碎打式的改革思路下，政府投资被视同为企业投资和社会投资一样，按照

同一思路、同一方式推进改革进程和实施运行管理。结果，在对企业和社会投资的管理日益向适应社会主义市场经济体制要求的投融资改革目标靠近的同时，政府对对自身投资（政府投资）的管理却处于十分尴尬的处境，一方面，原有计划经济时期形成的、传统的对政府自身投资的管理体制、机制和方法被打破；但另一方面，适应社会主义市场经济体制的投融资体制要求的新型政府投资管理体制、机制和方法又尚未正式建立和完善起来，“破而未立”，这使得我国政府投资在决策机制和监督机制方面出现了一系列问题需要重新认识并亟待解决。

（一）当前政府投资的决策机制方面存在的主要问题

(1)政府投资的决策约束机制尚未建立和健全问题。改革开放后，伴随着我国投融资体制改革进程，政府在对国有和集体企业的经营性项目投资通过“投资包干制”、“业主责任制”和“法人责任制”等改革措施，逐步建立起投资责任约束机制的同时，对由自身组织运作的大量非经营性项目的直接投资和部分采取资本金注入方式投资的“准经营性”的政府投资项目则没有相应建立起健全和完善的投资决策责任约束机制。由于公共财政体制和部门预算管理体制尚未正式建立起来，包括政府投资在内的政府资金使用的“预算软约束”普遍存在；同时大量的政府投资项目尤其是用于提高政府管理能力的机关能力非经营性建设项目（主要包括政府办公、公共安全设施及其他固定资产购置等）以及科研、教育、文化、卫生、体育等社会事业项目，通常均采取决策（包括项目审批、初步设计审查）与建设相分离的管理体制，由政府投资主管部门负责项目审批决策，而由其他各个政府部门负责相应项目的组织建设与建成后的使用和维护。由于项目决策部门只管决策、分配资金而不管建设和使用，而建设和使用部门承担建设职责、只管花钱而不享有项目决策权，这就为实践中项目决策部门和实施部门相互推卸责任提供了空间，项目一旦出现失误或失败，无人真正承担责任。这是当前很多政府投资项目投资“超概算”、超工期、工程质量难以保证、投资效益不高的重要原因。

(2)与政府投资资金分配使用权分散化相对应的政府投资决策权过度分散问题。从整体看，由于我国目前尚未制定覆盖政府所有投资活动的全口径的政府投资计划，目前可划作政府投资范围的国家预算内资金、主权外债资金、专项建设资金以及其他财政性资金的分配使用和投向决策权实质上是由多个政府部门来行使，利用国家预算内资金和主权外债资金的项目由国家投资主管部门负责决策和分配资金；专项建设资金投资项目的决策权名义上由国家投资主管部门和由拥有基金提取权的各个行业部门（例如铁路、水利、交通、民航等）共同来行使，但真正的或最终的决策权和资金分配权实际上掌握在各专业部门手中；此外，财政部门通常还直接掌握着一部分使用财政性资金的政府投资项目建设的决策和资金使用分配权，政府投资分配使用和投向决策

非金属矿物制品业	0.61	0.21	0.16	0.29	0.32
黑色金属冶炼及压延加工业	0.15	0.23	0.16	0.17	0.18
有色金属冶炼及压延加工业	0.42	0.33	0.09	0.15	0.25
金属制品业	0.10	0.06	0.02	0.04	0.05
普通机械制造业	0.19	0.08	0.07	0.12	0.11
专用设备制造业	0.11	0.08	0.09	0.12	0.10
交通运输设备制造业	0.77	0.62	0.69	0.61	0.67
电气机械及器材制造业	0.11	0.06	0.10	0.06	0.08
电子及通信设备制造业	0.19	0.10	0.17	0.19	0.16
仪器仪表及办公用机械制造业	0.04	0.02	0.04	0.28	0.09
其他制造业	0.08	0.10	0.17	0.20	0.14
电力、蒸汽、热水的生产和供应业	14.21	9.15	8.98	6.22	9.64
煤气生产和供应业	0.67	0.54	0.47	0.21	0.47
自来水的生产和供应业	1.39	1.43	1.10	1.02	1.24

资料来源：国家统计局。

附表2　政府投资占各行业投资的比例(以各行业资金来源合计为100)(%)

	1996年	1998年	2000年	2002年	平均
工业合计	10.85	9.71	11.31	6.79	9.66
煤炭采选业	7.72	4.50	8.79	5.23	6.56
石油和天然气开采业	8.08	7.41	19.39	1.22	9.03
黑色金属矿采选业	2.64	2.16	2.67	1.21	2.17
有色金属矿采选业	4.89	3.76	6.49	1.49	4.16
非金属矿采选业	8.55	4.65	3.98	3.19	5.09
其他矿采选业	0.00	5.54	0.00	4.32	2.47
木材及竹材采运业	17.81	33.45	56.36	61.60	42.31
食品加工业	5.20	3.73	3.13	3.95	4.00
食品制造业	2.82	2.97	4.12	2.54	3.11
饮料制造业	2.90	3.19	2.83	2.83	2.94

烟草加工业	1.25	3.61	2.66	0.73	2.06
纺织业	4.72	2.34	3.22	4.81	3.77
服装及其他纤维制品制造业	4.37	1.62	0.90	2.30	2.30
皮革、毛皮、羽绒及其制品业	3.80	23.24	0.79	1.44	7.32
木材加工及竹、藤、棕、草制品业	6.00	4.36	6.08	0.99	4.36
家具制造业	7.47	0.82	1.01	1.41	2.68
造纸及纸制品业	5.66	2.90	6.32	1.28	4.04
印刷业，记录媒介的复制	5.02	6.01	3.32	1.09	3.86
文教体育用品制造业	3.80	0.76	0.80	1.12	1.62
石油加工及炼焦业	8.09	6.64	7.14	6.95	7.20
化学原料及化学制品制造业	5.02	5.63	6.62	3.21	5.12
医药制造业	4.22	3.30	2.60	2.00	3.03
化学纤维制造业	7.68	3.92	5.85	1.58	4.76
橡胶制品业	2.65	2.93	3.12	3.28	2.99
塑料制品业	2.51	1.38	0.83	1.38	1.53
非金属矿物制品业	5.45	4.43	3.65	4.26	4.45
黑色金属冶炼及压延加工业	0.89	2.60	2.41	1.57	1.87
有色金属冶炼及压延加工业	10.28	14.24	3.55	3.79	7.97
金属制品业	3.22	3.57	1.37	1.51	2.41
普通机械制造业	3.86	2.54	2.94	3.82	3.29
专用设备制造业	3.35	3.79	4.79	4.04	3.99
交通运输设备制造业	7.34	7.39	10.94	7.32	8.25
电气机械及器材制造业	2.35	1.84	3.45	1.57	2.30
电子及通信设备制造业	2.52	1.58	1.80	1.72	1.90
仪器仪表及办公用机械制造业	5.61	3.79	7.11	22.40	9.73
其他制造业	4.65	7.72	10.02	8.83	7.81
电力、蒸汽、热水的生产和供应业	27.05	17.30	17.47	14.26	19.02
煤气生产和供应业	31.17	30.07	30.06	15.34	26.66
自来水的生产和供应业	28.69	34.40	32.11	34.47	32.42

资料来源：国家统计局。

新明确分配计算公式，以保证能够解决财力和支出需求之间的差异。

（6）允许地方政府向商业银行负债或发行债券。地方政府通常负责为本地区基础设施融资，以提供支出责任中规定的服务。可是，实际上许多地方政府，从省到县乡，缺乏融资手段，或只有最低的流动性，来承担规定的投资支出。因此，应允许地方政府进行良好规范的借款活动，并时时考虑地方财政的可持续性。

（7） 毫无疑问，各级政府是提供公共品的一种选择，但不是唯一选择。而就政府提供公共品而言，也可以分成政府直接生产与政府利用市场来生产两种模式。只要解决好外部性问题，私人生产公共品往往比政府生产更有效率。[①]因此，越来越多的政府将不同性质的公共基础设施产品以经营特许、补助、签约外包等方式授权给私人企业，在公共设施领域引入市场机制。而教育、卫生、社会福利和社会救济等部门则更多地依赖非营利组织及其社会志愿机制提供服务。

注：以药品生产为
如果是政府生产，
性很难内部化，
，供给数量可能
但是，只要解决
利保护问题，就
将外部性很好地
化，从而使企业
求利润最大化的
下，生产出更多
共品（药品）。

主要参考文献：

1．杨之刚：《公共财政学：理论与实践》，上海人民出版社1999年版。
2．鲁照旺：《政府经济学》，河南人民出版社2002年版。
3．方福前：《公共选择理论——政治的经济学》，中国人民大学出版社2000年版。
4．杨灿明、李景友：《公共部门经济学》，经济科学出版社2003年版。
5．王晶：《城市财政管理》，经济科学出版社2002年版。
6．张成福、党秀云：《公共管理学》，中国人民大学出版社2001年版。
7．袁东：《公共债务与经济增长》，中国发展出版社2000年版。
8．高培勇、崔军：《公共部门经济学》，中国人民大学出版社2001年版。
9．周惠中：《微观经济学》，上海人民出版社1998年版。
10．保罗·萨缪尔森、威廉·诺德豪斯：《经济学》，第16版，华夏出版社2000年版。
11．坎贝尔、斯坦利：《经济学－原理、问题和政策》，北京大学出版社2000年版。
12．曼昆：《经济学原理》，北京大学出版社1999年版。
13．N·阿克塞拉：《经济政策原理：价值与技术》，中国人民大学出版社2001年版。
14．刘溶沧等：《中国财政理论前沿》，社会科学文献出版社2000年版。
15．刘尚希等：《财政风险及其防范研究文集》，0经济科学出版社2000年版。
16．王传纶、高培勇：《当代西方财政经济理论》，商务印书馆1988年版。
17．韩文秀、刘成：《积极财政政策的潜力和可持续性》，经济科学出版社2000年版。
18．平新乔：《财政原理与比较财政制度》，上海三联书店1992年版。
19．世界银行：《1994年世界发展报告》，中国财经出版社1994年版。
20．黄佩华等：《中国：国家发展与地方财政》，中信出版社2003年版。
21．李齐云：《分级财政体制研究》，经济科学出版社2003年版。
22．世界银行：《1997年世界发展报告》，中国财政经济出版社1997年版。
23．埃莉诺·奥斯特罗姆：《公共事物的治理之道》，上海三联书店，2000年版。
24．王绍光：《多元与统一——第三部门国际比较研究》，浙江人民出版社1999年版。
25．休·史卓顿：《公共物品、公共企业和公共选择》，经济科学出版社2000年版。
26．毛寿龙：《有效政府的基本逻辑》，制度分析与公共政策网站，2000年。
27．孟德斯鸠：《论法的精神》，商务印书馆，1987年。
28．亚当·斯密：《国民财富的性质和原因的研究》，商务印书馆，1974年版。

附表1　政府投资的行业分布（以全部政府投资为100）（%）

	1996年	1998年	2000年	2002年	平均
总计	100.00	100.00	100.00	100.00	100.00
工业合计	25.13	16.76	17.78	11.74	17.85
煤炭采选业	0.85	0.30	0.34	0.24	0.43
石油和天然气开采业	1.50	1.27	3.03	0.15	1.49
黑色金属矿采选业	0.03	0.01	0.01	0.00	0.01
有色金属矿采选业	0.07	0.02	0.05	0.01	0.04
非金属矿采选业	0.07	0.02	0.01	0.01	0.03
其他矿采选业	0.00	0.00	0.00	0.00	0.00
木材及竹材采运业	0.08	0.11	0.30	0.19	0.17
食品加工业	0.22	0.08	0.07	0.14	0.13
食品制造业	0.07	0.05	0.09	0.07	0.07
饮料制造业	0.13	0.09	0.07	0.07	0.09
烟草加工业	0.03	0.07	0.03	0.01	0.04
纺织业	0.28	0.07	0.13	0.26	0.19
服装及其他纤维制品制造业	0.06	0.01	0.01	0.04	0.03
皮革、毛皮、羽绒及其制品业	0.02	0.11	0.00	0.01	0.04
木材加工及竹、藤、棕、草制品业	0.10	0.03	0.04	0.01	0.05
家具制造业	0.02	0.00	0.00	0.01	0.01
造纸及纸制品业	0.24	0.15	0.21	0.03	0.16
印刷业，记录媒介的复制	0.05	0.06	0.03	0.01	0.04
文教体育用品制造业	0.01	0.00	0.00	0.00	0.00
石油加工及炼焦业	0.58	0.36	0.24	0.24	0.36
化学原料及化学制品制造业	1.16	0.70	0.60	0.32	0.69
医药制造业	0.14	0.08	0.08	0.12	0.10
化学纤维制造业	0.26	0.09	0.06	0.02	0.11
橡胶制品业	0.05	0.03	0.02	0.04	0.03
塑料制品业	0.06	0.02	0.02	0.04	0.04

上的分散化倾向十分严重。从局部看，即使在由国家投资主管部门主导决策的国家预算内投资安排上，投资决策的分散化问题也大量存在。由于目前国家投资主管部门对国家预算内资金的分配上仍然采取传统的“基数法”，各政府行业管理部门对分配给自己部门的“基数”或额度内的国家预算内投资仍然享有较大的决策权。在部门利益的驱动下，各行业管理部门常常利用自己拥有“限下”项目的审批决策权限，通过缩小单个项目投资概算甚至分拆项目的方法，不断扩大自己自行决策的项目范围，使得政府投资项目的小型化、资金使用分散化倾向较为普遍，从而影响着政府投资效益的整体提高。

(3)现行政府投资项目决策程序不科学和决策权限的划分不合理问题。目前政府投资项目的决策程序仍然沿用着计划经济时期的基本建设决策程序，只不过在决策程序阶段上有所缩短，绝大部分政府投资项目依次要经过项目建议书、可行性研究、项目开工报告等决策阶段。但由于目前实践中的政府投资项目有经营性项目和非经营性项目两大类，对经营性项目而言，由于对项目经济效益方面的考虑，可行性研究报告阶段必不可缺，但对非经营性项目而言，则可行性研究报告阶段则非必需（实际上目前很多非经营性的政府投资项目决策也往往是在批准项目建议书后即进入建设阶段，也没有履行可研报告决策程序）。从决策权限划分看，目前各级政府投资项目仍然按照项目投资规模大小，在国务院、国家发改委和政府行业管理部门及地方政府之间划分相应的决策范围，而非按照项目性质、产业政策和资金来源在不同层级的政府之间划分审批决策权限。这种仅按项目投资规模大小划分决策权限的方法，在实践中不仅未能体现国家的产业政策导向，将国家产业政策难以落到实处，同时也为行业和地方政府划小单个项目投资规模、分拆项目、规避审批决策提供了操作空间，人为地造成了项目决策程序的混乱和决策权限划分的不统一，降低了政府投资项目决策程序和决策权限的权威性。

(4)辅助政府投资决策的工程咨询等投资中介机构的改革不到位与投资中介服务市场的垄断、分割问题。由于目前我国投资中介机构改革不到位，工程咨询等投资中介机构仍未实现与相应的政府行业管理部门脱钩，尚未真正成为独立的市场经营主体，这使得工程咨询等投资中介机构提供服务的公正性、科学性大打折扣。同时由于投资中介服务市场发育程度不足，政府投资项目所需的中介咨询服务不得不依赖一个或几个有限的工程咨询机构来提供，市场垄断现象比较严重。尤其是由国家发改委和国务院决策的重大政府投资项目，在实践中通常只能依靠中国国际工程咨询公司一家来提供相关的项目评估咨询和提供决策依据，市场垄断问题更为突出。此外，在实践中由于工程咨询等投资中介服务机构改革不到位，隶属于不同行业部门和地方政府的工程咨询等投资中介机构往往依赖行政权力垄断各自行业和区域的中介服务市场，排斥其他行业和地区的工程咨询机构参与竞争，人为地造成了市场分割，降低了市场配置资源的效率。

(5)政府投资决策的民主化、科学化、透明化问题亟待解决。改革开放后，我国在引入工程咨询和项目评估理念、提高政府投资决策的科学化和民主化方面取得了很大成就，例如规定所有投资项目在审批决策前必须先经过有关工程咨询机构的项目评估等。但从总体看，目前很多政府投资项目的工程咨询评估往往流于形式，专家意见得不到实质性的尊重，行政首长干预项目决策的现象依然大量存在，项目决策的“一言堂”现象或“首长工程”在实践中难以完全禁绝，项目决策的民主化和科学化仍然有待进一步提高。此外，目前政府投资项目决策通常只局限于政府部门内部“暗箱”运作，社会公众对政府投资活动的知情权和参与权被严重忽略和剥夺，项目决策的透明化和公众参与程度不高，这是实践中往往出现政府想“为民”办事而不被社会公众理解、很多政府“形象工程”大行其道的重要原因之一。

（二）当前政府投资决策的监督机制方面存在的主要问题

改革开放以来，伴随着投融资体制改革的逐步深化，我国在完善投资决策监管方面也采取了一些措施，如由开展项目开工前审计、建立项目后评价制度、实施重大项目稽察制度等。但从实践看，目前政府投资的决策监管体系从监管体制、机制到监管方法上仍然存在很多问题需要解决，这集中表现在：

(1)现行政府投资项目决策监管体制不完善问题。一是目前我国对政府投资的监管仍然局限于政府自身的内部监管，即由政府设立隶属自身的专门监管机构来监管自身的投资活动，而没有引入外部独立的第三方力量对政府投资决策活动进行监管，这使得投资监管的公正性、公平性、科学性大打折扣。二是从实践看，目前能够对政府投资决策行为进行监督的部门包括国家发改委、国家审计署、财政部和监察部等多个职能部门，监管权利的行使过于分散。这不仅不利于政府有效集中监管力量，充分发挥监管作用和提高政府行政监管效率；同时也使得项目建设单位要同时面对和穷于应付的多个监管部门的重复性监管和各种临时性检查，建设单位的人力、物力、财力和精力被分散，不得不相对弱化了对项目建设过程的实施管理，从而对提高政府投资效益、提高建设管理水平产生不利的影响。

(2)监管机构的专门化和监管人员的专业化不足问题。从国际经验看，专门化的监管机构和专业化的监管人员是确保政府投资监管有效性的基础，发达国家的政府部门一般都设立专门的监管机构和使用专业化的管理人员。例如美国《1978总检察官法案》规定：总检察官办公室在联邦政府的各个部门都设有总部办公室，并在州和地方政府设有该机构的分部办公室，各部门的总检察官由总统直接任命，国会予以批准。法案赋予总检察官办公室高度自主的权力，使其能够独立于政府各部门之外进行监管，监管的对象包括政府出资的项目和相关的项目主管部门，监管结果直接向国会和总统报告。日本政府通过设立建筑审查会对项目的有关执行情况进行调查和审议；德国则由审核局负责组织独立的审核工程师对项目设计进行审核，以保证项目在技术方面的安全性，政府还通过委派监理工程师的方式，对项目建设过程中的各个环节进行监督。此外，发达国家除了政府自身拥有专门的监管机构和专业化的监管人员以外，通常还将项目监管工作以合同的方式委托给专业化的市场中介机构实施（例如瑞士政府就将一些政府投资的项目监管工作委托瑞士通用公证公司（SGS）来实施），充分发挥第三方的独立监督作用。

而从我国投资项目监管看，目前政府投资项目监管没有专门化的独立监管机构，审计部门虽然被赋予对政府投资监管的职责，但实践中由于投资监管的复杂性和专业性较强的特点，使得审计部门的基本建设审计工作未能够真正开展起来，尤其是审计部门缺乏相应的处罚和制裁手段，其对政府投资项目开工前的审计往往流于形式，未真正发挥到决策监督的作用。隶属于国家发改委的重大项目稽察办公室，由于其设立初期主要是负责国债项目的建设过程的稽察，其稽察范围尚未真正延伸到项目决策阶段的监督和稽察；纪检监察部门（监察部）由于缺乏相关经济和投资方面的专业化人才，也无法对政府投资项目的决策过程实施真正有效的监督检查。此外，由于我国投资中介服务市场发育不够，引入专业化的投资中介机构作为独立的第三方，参与政府投资项目的监管工作尚未起步。从实践看，目前我国对政府投资项目决策阶段的监督实质上处于“空白”或“半空白”的放任状态，由政府投资主管部门自行决策、自我监督的“暗箱”运作，这也是当前政府投资决策责任制难以落实，投资决策失误责任难以有效追究的重要原因之一。

(3)政府投资监督检查的结果难以得到有效和充分运用问题。实施政府投资监督的真正目的是通过监督检查、发现问题并督促相关决策和建设单位减少失误、改正错误，从而全面提高投资效益和建设效益。如果相关监督检查结果不被政府投资管理部门接受，或者监督检查结果不能够对政府投资决策者和建设单位产生有效的制约和制裁作用，则投资监督的实际效用就难以发挥。而从国外发达国家经验看，各国政府均很重视对政府投资活动相关监督检查结果的实际运用。例如在美国、日本和很多欧盟国家对政府投资项目监管的相关法律法规条文中，对监督检查结果的违规处理方面均设置了较为明确和详细的规定：政府投资建设主管部门和项目单位一旦出现违规或违法行为，监管部门或机构有权要求包括限期改进、减少部分付款、直至部分或全部取消投入资金等制裁措施。一旦某一行业或部门被监督检查发现项目执行情况的总体评价较差，甚至可能会导致以后政府对该行业或部门投资预算的减少，处置措施比较严厉。而从我国投资决策实践看，我国目前对相应监督检查结果的运用尚未建立起有效的处理和处置制度，由相关监管机构（例如审计部门）在监督检查中发现的问题，投资决策和项目实施部门常常可以不予接受，甚至不予理睬，更谈不上督促要求其改正或修正，这使得监督检查结果的实际效用无从发挥。投资监督并未起到发现失误和改正错误的功效。同时，由于监管部门的意见长期被忽视，也大大抑制了相关投资监管机构的监管积极性，抑制了政府投资监管水平的实质性提高。

(4)政府投资监管的规范化和法制化严重滞后问题。从国际经验看，完善的监管法律法规体系是确保监管有效性的重要保障。发达国家均对政府投资监管工作一般制定有专门的法律法规，对投资监督的范围、程序、监管机构职责和监督的作用都以法律法规形式予以明确规定。例如欧盟的《结构基金总条例》甚至对项目实施过程中应使用的物资和资金明细表都进行了明确的规定，为监管提供了良好的工作基础。日本政府制定的《政府投资项目投标和签约合理化促进法》和《政府投资项目合理化方针》，对投标过程中应公布的具体事项，进行了详细的规定。美国对政府投资项目的监管主体都给予相应级别的政府授权，保证了监管工作的合法性，尽管美国政府没有特别针对政府投资项目制定相关法律，但由于美国法律体系比较完备，监管工作从检查的内容、检查的时间和具体检查活动都是根据明确的条例和规则进行的。反观我国，则至今尚未制定一部覆盖政府投资项目从项目决策到项目建设、项目后评价全过程的监管法律或法规；现有的《招投标法》、《审计法》、《国家重点项目管理办法》、《国家重大建设项目稽察办法》等法律法规，主要局限于对项目建设阶段的监管规定，而没有对包括项目决策在内的全过程监管作出明确规定。同时现有监管法律法规中对监管机构的职责和范围划分比较模糊，在实践中也容易形成监管漏洞；有关监管内容的规定过于空泛、不具体，使得项目监管人员在组织实际监督工作时容易引入主观判断，留下了执法随意的空间；对违法、违规、违纪行为的处罚不充分，难以起到有效惩罚和警示作用等。因此，不断提高投资监管的规范化和法制化水平，是当前政府投资监管领域迫在眉睫、亟待解决的问题。

(5)政府投资决策过程中的公众监督、社会监督和舆论监督亟待培育和发展问题。由于目前政府投资决策的透明化、民主化程度不高，在国外发达国家行之有效的公众监督、社会监督和舆论监督在我国尚未得到充分的发育和发展。目前除政府自身的内部监督外，不仅社会公众及报刊、电视媒体等舆论机构难以对政府投资决策形成有效的监督和制约，即使是作为国家最高权力机构的全国人民代表大会及各级地方人民代表大会，对同级人民政府的政府投资从规模、投向、资金分配乃至重大投资项目决策实施过程也未形成有效的监督和监管，致使在政府投资决策中的行政权力不受社会公众、立法机构和舆论机构的监督约束而过度膨胀，这也是当前很多政府“形象工程”得以决策并实施、政府投资效益和效率难以提高的重要原因之一。

二、完善我国政府投资决策与监督机制的政策建议

针对当前政府投资决策和监督机制方面存在的问题，需要按照科学发展观和完善社会主义市场经济体制的客观要求，超越政府各管理部门之间的部门利益和部门意识，从决策和监督体制、机制乃至具体管理手段与方法等方面采取综合性对策才能真正解决。

（一）完善政府投资决策机制的政策措施建议

(1)逐步建立和完善政府投资决策责任制和责任追究机制。一是针对当前政府投资决策无责任承担主体的问题，可按照投资项目性质分别确认决策责任的承担主体。对以资本金方式投入的政府经营性项目，由经过国家授权的国家投资主体（可在目前由国资委管理的183家中央企业中选择）全面承担经营性政府投资项目从决策、建设到竣工验收、交付使用全过程的投资责任，一旦经营性项目投资决策出现失误，政府投资主管部门可根据与其签订的投资任务合同和资产经营合同，对其采取减少、取消乃至追缴全部投资的处罚；对国家授权投资的法人代表，与国资委协商按照业绩考核指标，对其做出降薪、降职、免职等行政处罚，在投资决策中有严重违法乱纪行为的，要移交纪检监察乃至司法部门处理。对由政府直接投资运作的非经营性项目，应逐步改变目前由政府投资主管部门审批决策、由行业管理部门组织建设和使用的模式，全面采取“代建制”，即由政府投资主管部门负责项目审批决策、组织建设（或组建由投资主管部门直接管理的“政府非经营性投资项目管理中心”负责所有政府非经营性项目建设，或采取市场化方式委托社会上的“代建公司”进行建设），然后交付各行业部门使用的方式，这样，投资决策和建设的责任就相对统一，政府投资主管部门就被明确成为政府非经营性项目的投资决策和建设的责任承担主体，这类项目一旦出现决策失误，就可以直接追究国家投资主管部门及直接决策者的行政责任乃至司法责任。

二是逐步推行重大政府投资决策失误行为的“行政问责”制度。当政府投资决策出现重大失误时，承担对决策行为的各个主体—包括政府投资主管部门、行业管理部门应公开出面对社会公众做出明确解释，部门主管领导应主动承担决策失误责任。因决策失误造成政府投资出现重大损失，部门主管领导应引咎辞职，并规定其在一定时期内不能够再担任政府行政领导职务。只有这样，才能对投资决策部门及其主要负责人产生真正意义上的惩戒和警示作用。

三是逐步建立与投资后评价和绩效挂钩的政府及其公务人员的投资决策行为考核制度。今后，应逐步扩大和完善对政府投资项目的后评价制度，并将投资后评价的结果直接纳入对承担政府投资决策行为的政府投资主管部门、行业管理部门及其公务人员的业绩考核范围，作为全国人大考核该部门工作质量及作为对相关公务人员职务升迁及工资、福利待遇升降的依据，真正将投资决策责任制落到实处。

(2)逐步建立全部政府投资资金分配和使用的集中决策制度。首先，可配合落实

2004年国家《投融资体制改革方案》要求制定独立的政府投资计划的契机，将目前分散于国家发改委、财政部及各行业部门分别管理和分配使用的所有财政性资金，包括国家预算内资金、主权外债、专项建设资金及其他用于经济建设活动的政府财政性资金集中由国家投资主管部门统一管理，由国家投资主管部门按照政府投资计划确定的投向，集中进行资金分配决策和统筹使用。从而避免因投资资金分配决策权过度分散而造成的资金使用分散化、各部门行业间苦乐不均、资金使用效率低下等弊端。

其次，要逐步改变原来计划经济时期形成的按“基数法”分配国家预算内投资的做法，逐步实施将全部国家预算内投资集中于国家投资主管部门，由国家投资主管部门按照各行业管理部门提出的项目数和汇总项目的投资规模分配投资的新作法，即将原有的“基数法”改为“项目法”分配和使用。这样，可将国家预算内投资的全部决策权和资金使用分配权集中于国家投资主管部门，从而实现政府投资的相对集中决策和统筹分配、使用，这将有利于大幅度提高政府投资的管理效率和投资效益。

(3)按照项目不同性质，完善现有政府投资项目的决策程序。即按照政府投资项目经营性和非经营性分类，分别确定相应的决策管理程序。对以资本金注入方式投资的经营性项目，由于具有对经济效益方面的考虑，项目决策程序可仍然维持现有的决策程序，即经营性项目决策仍然要经过项目建议书、可行性研究报告、初步设计概算审查、开工报告等四个决策阶段，由于经过初步设计和概算审查后，政府对该项目的资本金投入规模已事实上已经确定，即可对该项目下达项目投资计划，因而作为项目投资计划下达依据的开工报告没有实质性意义，因而除特殊项目外，经营性政府投资项目的决策阶段可简化为项目建议书、可行性研究报告和初步设计概算审查三个阶段。对非经营性政府投资项目，由于没有经济效益方面的要求，可行性研究报告阶段事实上可以省略，非经营性项目的决策程序实质上可简化为项目建议书、初步设计概算审查两个决策阶段，政府投资主管部门审批项目初步设计概算后，即可下达项目投资计划。此外，对政府以投资补助、贴息、转贷等投入方式建设、带有政府鼓励性质的投资项目决策，可按照新的投融资体制改革方案，仅仅经过审批“项目资金申请报告”一个决策程序。经过上述改革以后，政府投资项目的决策程序得到进一步简化和明确，有利于提高政府投资项目决策管理效率。

(4)按照投资资金来源和国家产业政策，合理划分各级政府的投资决策权限。首先，对决定政府投资规模、投向的政府投资中长期计划、专项投资规划及年度投资计划，应由国家投资主管部门会同财政、国有资产管理部门、行业管理部门共同研究提出，报国务院审核后由全国人民代表大会负责审批决策。为提高对全国经济和社会发展影响特别重大的特大型投资项目以及国家产业政策禁止类投资项目决策的权威性和严肃性，特大型项目和产业政策禁止类的政府投资项目审批决策权，也可从目前由国家投资主管部门和国务院行使上收到全国人民代表大会，由全国人大及其常委会行使。

其次，可按照投资资金来源和国家产业政策，合理划分国务院、国家投资主管部门及地方政府之前的审批决策权限，对需要国家投资或者即使不需要国家投资但属于国家产业政策限制发展的限制类投资项目，由国家投资主管部门审批决策，重大项目由国家投资主管部门审核后报国务院审批；对不需要国家投资并属于国家产业政策鼓励发展的政府投资项目，则由地方政府自行审批决策。按投资来源和产业政策划分审批权限，可有效克服原有按投资规模限额划分审批权限的弊端，不仅易于实际操作，而且也有利于通过具体的投资项目决策，将国家产业政策真正落到实处。

(5)继续推进工程咨询业的市场化进程，确保咨询评估机构真正能够为政府投资决策提供客观、公正、科学的项目评估和决策咨询服务。工程咨询机构的项目评估是政府进行投资决策的重要依据之一，确保工程咨询机构提供的项目评估成果的客观、公正性和科学性，是政府进行正确决策的基础。为切实解决目前工程咨询机构独立性不足和市场垄断等问题，首先，要继续推进工程咨询机构改革，真正实现相关工程咨询机构与政府部门脱钩（当前尤其应强调各行业和地方政府的工程咨询机构与相关行业管理部门与地方政府的脱钩问题)，割断工程咨询机构与政府部门的行政隶属关系（包括人事关系和财务关系)，将工程咨询机构逐步培育成为真正法人实体和市场竞争主体，增强工程咨询机构的独立性。

其次，要稳步加快工程咨询服务市场的培育工作。今后，中央政府投资项目的咨询评估，要打破目前仅由中国国际工程咨询公司公司独家垄断的格局，国家投资主管部门应鼓励更多的国内甚至国外的工程咨询机构参与政府投资项目的咨询评估工作。对政府投资项目的咨询评估服务，应逐步扩大通过向社会公开招投标方式选择咨询单位的范围和力度。通过引入市场竞争机制，促使工程咨询机构树立市场诚信意识和品牌经营观念，不断提高项目咨询评估的质量和水平。

再次，要不断强化工程咨询机构的资质管理和市场准入管理，明确工程咨询机构只能承揽与其资质相对应的政府投资项目的项目评估与工程咨询服务，政府投资主管部门和行业管理部门也不能将政府投资项目授予或委托给不符合相应资质的工程咨询机构进行咨询评估。

最后，要加快对工程咨询机构提供项目评估和决策咨询服务的责任约束机制和惩戒机制建设，当工程咨询机构提供的项目咨询评估服务出现评估结果不实、不客观公正或评估深度达不到相应要求时，国家投资主管部门可采取包括公开通报、追回评估费用，降低工程咨询资质直至取消其对政府投资项目评估资格等市场禁入措施，增强工程咨询机构的责任感和责任意识，自我约束，不断提高项目咨询评估的质量和水平。

(6)继续推进政府投资项目决策的科学化、民主化进程，不断扩大社会公众参与政府投资项目决策的力度和深度。首先，要继续巩固改革开放以来投资项目决策科学化、民主化的成果，重申所有政府投资项目决策前必须经过有资质的工程咨询机构进行评估、未经工程咨询机构的项目评估不得决策上马的制度性规定，充分发挥专业工程咨询机构在政府投资决策中的作用，最大限度地减少政府项目决策过程中的行政首长干预决策或行政首长“一言堂”决策的现象，努力做到科学和民主决策。

其次，要充分发挥专家在政府投资项目决策中的作用，对影响特别巨大的政府投资项目要逐步推行专家评议制度，即政府投资主管部门在相关项目正式决策形成之前，要邀请该项目所在行业领域的经济、技术、管理等方面的专家对该项目的投资前景、实施的必要性和可行性、经济和社会影响等进行总体评议，并将专家评议结果与专业工程咨询机构的项目评估结论相对照，共同作为政府投资主管部门进行项目决策的依据。

再次，逐步实行政府投资项目决策前的公示和重大项目决策听证制度。今后，凡不涉及国家机密的民用投资项目，要逐步建立在正式决策前向社会公示的制度，让社会公众知晓并积极参与项目决策过程。对社会影响较大的重大政府投资项目，应仿照当前实施比较有效的价格听证制度，逐步建立起重大政府投资项目决策听证制度，即政府投资主管部门在重大投资项目正式决策前，召开由各方面专家、学者、行业管理部门、社会公众以及其他利益相关者参加的投资决策听证会，以听取和吸收社会各方面的意见。通过不断提高社会公众参与影响政府投资决策的力度和深度，不仅可有效解决当前政府投资决策中存在的“首长干预决策”难题，提高决策的科学性，减少决策失误现象，同时也可大幅度减少社会公众对政府投资决策行为的不理解或不公平的抱怨情绪，提高政府投资决策的民主化水平，有利于确保政府投资项目的顺利实施。

（二）完善政府投资决策监督机制的政策措施建议

(1)按照决策、执行和监督相分离的原则，完善政府投资的内部监管体制。针对当前对政府投资决策监督权过于分散及重大项目稽察由投资主管部门自己监督自己决策的弊端，可对目前的政府投资决策监督体制进行改革，具体思路和途径有两条：一是可将目前由国家发改委管理的重大项目稽察办公室、财政部管理的企业稽察特派员办公室的相关职能划归国家审计署，由国家审计署按照基本建设投资审计的要求，对国家投资主管部门和财政部门的投资项目决策行为实行独立监督；二是将现有重大项目稽察办公室、企业稽察特派员办公室、审计署的基本建设审计职能统一划归监察部，由监察部对政府投资项目决策履行从经济监察、行政监察到违纪处理的全方位监督检查职责，相对集中政府内部监管权力，提高监管效率。

(2)引入全国人大等立法机关参与对政府投资项目决策和实施的监督活动。具体办法是：可在全国人民代表大会所属的财经委员会下面设立专门小组，由专门小组接受全国人大及其常委会的委托，负责对经过全国人大审批的政府投资规划、计划的执行情况和国务院、国家发改委的重大投资项目决策和实施活动进行定期或不定期的日常监督检查，如发现问题则要求政府相关投资决策和实施部门做出正式答复并要求限期改正。引入全国人大等立法机构对政府投资决策实施外部监管，有利于提高政府投资监管的独立性、公正性、客观性和权威性，提高政府投资监管的质量和效益。

(3)加强社会公众、新闻媒体对政府投资决策过程的社会监督。今后，国家投资主管应逐步做到将政府投资规划、政府投资规模、投向计划及具体政府投资项目的决策程序、决策依据和决策结果向社会公布，逐步实现政府投资决策的公开化、透明化，自觉接受社会公众和新闻媒体的监督，对由社会公众和新闻媒体揭露出来的决策问题，政府相关投资决策部门应给予正式回应和答复，反馈相关调查结果和处理意见。尝试建立政府投资项目决策举报制度，鼓励社会公众采取具名或匿名举报方式，向全国人大、政府监察、审计机关等政府投资监管部门举报投资决策部门及其公务人员的违纪、违章、违规和违法行为，对举报情况经调查属实的，政府监管部门应予以物质上和精神上的奖励，以提高公众参与决策监督的积极性。

(4)强化为政府投资决策提供决策依据的工程咨询、勘察设计等投资中介机构及工程咨询、设计市场的日常监督和管理。首先，政府应严格市场准入管理，新设工程咨询和勘察设计机构必须具备与承担咨询评估和勘察设计任务相对应的专业技术和工程咨询人员、注册资本、正式办公场所和相应技术设备。今后，政府对工程咨询和考察设计机构的市场准入监管，要由目前主要针对工程咨询机构的管理逐步过渡到符合国际惯例的、对执业人员的执业资格的管理，从而将咨询评估和勘察设计责任直接具体到个人，强化责任约束功能。其次，政府部门应逐步加大对工程咨询和勘察设计市场的日常监管力度，对目前存在的某些工程咨询和勘察设计机构垄断和分割市场，在项目咨询评估和勘察设计招投标过程中相互“串标”、搞假投标，以及不惜以降低服务质量的变相压价、恶性竞争行为，要逐步加大处罚和制裁力度，确保工程咨询和勘察设计市场健康运行。

(5)加快政府投资决策监督的专业化和专门化建设。首先，对政府投资监管和项目稽察部门而言，要加快相关人员的专业知识和专业技能的培训，使现有投资决策监管人员和项目稽察人员尽快成熟起来，真正掌握对政府投资项目的运作流程和运作规则的监管技能和方法，不断提高政府决策监管水平。其次，可尝试采取目前发达国家比较流行的、引入市场化、专业化的社会中介机构参与政府投资监管的作法，即政府投资监管部门可将对政府投资的监管任务委托给熟悉投资管理的相关咨询、工程监理等专业化的社会中介机构，由其接受政府委托，作为独立第三方对政府投资活动运作过程进行全过程的监督。引入专业化、市场化的专业机构参与政府投资决策的监督活动，不仅有利于提高政府投资监管的专业化水平，提高政府投资监管效率，而且有利于相关市场的培育，促进我国咨询业和服务业的发展。

(6)高度重视对政府投资决策监督结果的运用问题。目前政府各监管部门对政府投资监督的积极性不高，与相关监督结果得不到有效运用密切相关。为此，国家应逐步建立起确保相关监督结果得到实际运用的机制和具体操作方法。例如可明确规定：全国人大可将对政府投资决策的监督结果作为对政府投资决策部门的考核内容，纳入相应部门业绩考核指标体系；要求政府投资决策部门必须对监督部门在监督检查中发现、暴露出来的投资决策问题做出正式答复，并提出相应处理和反馈意见等

(7)加快政府投资监管的法律法规建设，逐步将政府投资决策监管工作纳入法制化轨道。首先，应对现有政府投资监督管理的有关政策法规进行清理工作，对其中不符合社会主义市场经济体制要求、违背国际惯例的，要明确予以废止；对被实践证明行之有效、符合投融资体制改革方向的，要加紧贯彻并加大对社会公示和宣传力度，以便政府相应监管机构和项目建设单位了解和掌握，并提供给社会公众和舆论监督。其次，应加快当前实践迫切需要的有关政府投资稽查监管的新型法律法规建设，尤其应尽快制定针对政府投资决策运作流程中一些关键环节的专项法律法规，例如可尽快制定和出台《政府投资管理条例》、《政府投资计划制定和投资项目决策管理办法》、《政府投资项目工程咨询评估和勘察设计管理办法》、《政府投资项目初步设计概算审查管理办法》、《政府投资监督管理条例》等专门性法律法规，逐步形成覆盖政府投资决策监管全过程的专门法律法规体系，为政府投资监督部门提供监管依据，将对政府投资的监管和稽察活动逐步纳入法制化、规范化管理轨道。

■ 专题4

政府投资方式改革研究

内容提要： 政府投资方式的运用与政府投资效率的高低有着内在的、密切的联系。在“穷国办大事”的特殊国情下，要用最低的成本消耗，获得最大的投资效率，就需要逐步引进与创新适合社会主义市场经济条件的一系列新的投资方式，合理搭配各种投资工具，使政府投资由“多花钱、少办事”的低效配置格局转变为“少花钱、多办事”的高效配置格局。总之，研究政府投资方式的目的就是探索政府如何花好钱，提高政府公共投资供给能力、质量与效率。

政府投资属于公共支出的范畴。从公共经济学的角度来看，研究政府投资方式的基本目的，就是探索使有限的财政资源得到优化配置的最佳途径，使之最大限度地发挥公共财政的功能，提高政府公共投资供给能力、质量与效率。因此，本课题要完成三大任务：一是分析政府不同投资方式的功能差异与适用范围；二是分析当前政府不同投资方式运用过程中的低效率问题；三是提出提高政府投资方式的适用性即提高政府投资效率的若干对策建议。这里需要特别指出的是，研究政府投资方式归根结底是研究政府怎样花钱的问题，而政府怎样花钱不仅是一门艺术，更是一项艰巨的改革工程。因此，在政府投资体制改革的大背景下研究政府投资方式是有很大现实意义的。

一、研究政府投资方式的目的

从20世纪80年代以来，英、美等西方发达国家针对实施“福利国家”政策导致政府职能膨胀引起的财政危机，进行了一系列政府公共服务的市场化改革。改革的基本主线就是重新界定政府与市场的关系，在政府公共服务领域引进市场机制，全面更新政府公共服务的提供方式，全面提高政府公共服务的供给能力、质量与效率。

我国加入WTO后，在加速推进政府投资体制改革的过程中，也需要借鉴国际经验，研究在财政资源十分有限的条件下，政府如何通过多种投资方式的优化配置，使有限的财政资源用最低的成本消耗，获得最大的公共服务的投资效率，实现社会效益最大化的优化配置目标。一句话，我们的政府必须学会如何花好钱，以提高政府投资的使用效率。因此，研究政府投资方式与政府投资效率之间的联系是一个非常有理论意义与实践意义的课题。我们研究政府投资方式适用性的目的主要体现在三个方面：

（一）实现“少花钱多办事”的节约效应。

在纯公益性建设领域，面对“穷国办大事业”的基本国情，财政投资的压力很大。鉴于政府所掌握的投资资源毕竟极为有限，面临方方面面的公共投资需求，就必须讲究政府投资的效益，在成本效益分析的基础上作出合理的选择与安排。目前，有大量的公共工程有事不好好干，又有大量的高效率的民间机构无事可干，这样，政府要在公共工程建设与运营领域适当地引入竞争机制，用高效率的公共产品供给机制替代低效率的供给机制，从而有效地增强政府公共工程投资的使用效率，实现“少花钱也办事”的节约效应。

（二）实现“少花钱办大事”的放大效应。

在外部性较强的准公共建设领域，政府仍然要进行一定数量的投资，但是，与纯公益性领域不同的是，政府投资不必百分之百地包办，而是可以采取各种方式吸收社会资本共同完成公共工程的建设。在政府投资能力严重不足的情况下，要研究如何使用最低限度的政府资金作为“酵母”资源或者先导资源，带动社会资本的跟进或更大程度的投资公共工程，实现“少花钱办大事”的放大效应。同时，在必要的价格管制下，许多公共工程投资回报可能低于成本支出，财政资金只需要投入少量的补助资金，弥补民间投资的收益差额、资金成本差额等等，就可以完成投资建设的任务。也就是说，在民间资本投入了99%的资本之后，政府付出1%的财政补助，就可以实现公共工程的投资盈利或者收支平衡，从而解决民间投资关键环节遇到的收益“瓶颈”问题，激发社会资本投资公共工程的积极性。

（三）实现“少花钱办好事”的服务效应。

在公共财政条件下，政府的投资职能将从“全能型”转向“有限型”，因此，政府在一般竞争性领域的投资方式已经与传统体制有了本质的不同。政府一般不会采取股权投资等方式显示财政的经济职能，而是采取“借鸡下蛋”等间接投资的方式支持社会投资发挥更大作用。因此，政府采取间接投资方式所产生的效果不是“与民争利”，而是为民提供便利服务，为民间投资提供良好的投资盈利的商务环境，降低民间投资的交易成本。因此，需要研究如何巧妙的发挥财政间接投资的杠杆作用，把少量的政府资源作为杠杆，资源吸引民间资本的配套投资或者更大投入，达到“四两拨千斤”的放大效应或乘数效应。

二、政府投资方式的分类、功能与作用范围

（一）政府投资方式的定义。

所谓政府投资方式，从一般意义上来讲，就是指政府充分利用自身的资源实现公共财政建设目标的工具与手段。它应当至少包括四大含义：是政府部门用来实现全社会固定资产投资建设的工具，是政府部门对公共资源进行优化配置的手段，是政府为实现公

共财政的既定目标必须经过的桥梁，也是政府对宏观经济特别是投资需求进行必要干预的对策措施。总之，政府投资方式是在运用政府投资资源达到投资目标的各种方式、手段、工具与途径。

（二）政府投资方式的内容。

政府多种投资方式往往是通过多种投资工具加以实现的。在公共投资领域内，政府投资工具主要有五大方面内容，即财政投资（包括财政拨款与资本金注入）、财政补助(如财政补贴、基金补助、研发委托费等)、政策性金融(如低息贷款、贴息及贷款担保等)和税收优惠(如特别折旧、进口设备税收减免、所得税减免、税前扣除研发费用等)。

（三）政府投资方式的分类。

抽掉政府投资方式的各种功能不谈，依据政府各种投资工具本身的理论特性可以组合为多种类型。我们给政府投资方式的类型下两组定义，一组是无偿的、直接的、不可控制的、一般利益支出的投资方式；另外一组是有偿的、间接的（转移性）、可控制的（弹性）、特殊利益支出的投资方式。政府投资方式的分类如表 1 所示：

表 1　　政府投资方式的分类

	按投入性质划分		按投入对象划分		按投入控制力划分		按投入受益面划分	
	无偿性投资	有偿性投资	直接投资	间接投资	不可控制性	可控制性	公益支出	特殊利益支出
投资拨款	V		V		V		V	
资本注入		V	V			V		V
投资补助	V		V			V		V
贷款贴息	V			V		V		V
债权投入								V
税收投入	V			V		V		V

(1)按照投入性质划分为无偿性投资与有偿性投资。有偿性财政支出形式主要指政府采取政策性贷款和资本金注入等方式提供的财政投资，包括对有重要的社会效益或对国家有重要战略意义的国民经济建设项目给予的扶持。所谓无偿投资就是政府部门为保障纯公益性部门提供的产品与服务能力所进行的投资。一般采取拨款形式投入资金。无偿投资体现了法律与契约赋予政府公共投资的应尽义务。

(2)按照投入对象可以分为直接投资与间接投资。所谓政府直接投资是指政府通过财政支出拨款给公营部门来提供相应的产品或服务。所谓政府间接投资指政府通过财政贴息、政策性贷款、税收减免等途径给社会资本，通过社会资本的投资实现投资效益。尽管财政投资并不直接形成固定资产，但只要财政支出最终转化为固定资产，就可以列为间接投资范畴。

(3)按照投入控制力可划分为刚性投资与弹性投资。所谓刚性投资是指政府根据特定领域与特定区域的特点必须进行的、不能随意停付或逾期支付的投资支出，也可以称之为不可控制的投资，如政府对义务教育等纯公益性领域的投资拨款就不能变成弹性的、可以缩减的支出。所谓弹性投资就是政府根据行业特点与每个预算年度的需要决定增减的支出，弹性投资也可以称之为可控制性投资，如政府对由政府定价而导致亏损的基础行业进行的补助支出、教育券、医疗券支出等等。

(4)按照投入受益范围可划分为一般利益支出与特殊利益支出两大类。所谓一般利益支出指的是政府通过财政拨款等途径向全体社会成员均可享受的社会服务的支出，如义务教育、公共交通、公共医疗、国防支出、司法支出等等，一般利益支出也称之为公益性支出。所谓特殊利益支出是指政府通过产业补助等方式对社会某些特定居民或企业给予特殊利益的支出，如企业补助支出、教育券、医疗券支出等等。

(四) 政府投资方式的功能。

财政“篮子”里的各种投资工具或投资方式并不是随意设置的，而是为了实现特定的服务功能而设置的。我们对不同投资方式的功能进行描述，目的是为政府在使用某种投资方式时能够有的放矢。

(1)政府投资拨款方式的功能分析。应当说，财政拨款投资是非常古老的投资方式，是政府实现公益性投资目标的首选手段，是政府为实现预期宏观经济效益和社会效益，以国家或政府为主体，将一部分公共资金 (税收)不断转化为政府公共部门的资产以满足社会公共需要的一种经济行为。表2对投资拨款方式的实现形式、方式类型、使用范围、使用功能与使用原则进行了一般性描述。这里需要特别指出的是，对于公益性领域来说，能否获得政府的投资拨款至关重要。所以政府在安排财政投资盘子时，应当以公益性领域的投资拨款得到优先安排与充分保障作为重点，而不应当把资本金注入、产业补助或财政贴息作为支出的重点。

表2　政府投资拨款方式的功能

方式形式	投资拨款、土地划拨、资产划拨
方式类型	属于直接投资、无偿投入
方式范围	社会效益显著，外部性强，无收费机制、无资金流入的项目，是市场失效而政府有效的部分。如义务教育、敞开式道路、卫生防疫等等
方式功能	实现社会效益最大化为目标与宗旨弥补市场失灵的缺陷、实现公平的资源配置、稳定经济三大功能
方式原则	必保来源、基础层次、优先安排、不可替代

(2)政府资本金注入方式的功能。资本金投资方式属于股权投入，从公共管理的角度来看，是否有必要采取资本金投入的方式主要取决于三个方面的因素。一是有必要控制产权。在某些关系国计民生的基础设施领域，政府有必要通过资本金注入的方式控制产权即控股权，以防止产权自主私人资本威胁到国家安全与民众生计。所以，资本金注入可以起到控制关键领域的作用，而不是单纯的解决公共工程资本金不足的问题。二是改善财务结构。对于一些资本密集型、外部性很强的公共工程来说，由政府注入适量的资本金可以优化建设项目的财务结构，降低投资运营的成本与风险；三是引导社会投资。在很多情况下，完全靠政府资本金投入远远满足不了庞大的公共投资的需求，所以政府采取资本金注入的方式有助于吸引民间资本加入，放大公共投资。表3对投资资本金注入方式的实现形式、方式类型、使用范围、使用功能与使用原则进行了一般性描述。

表3　　资本金注入方式的功能

实现手段	投资资本、土地入股、资产入股
方式特点	属于直接投资、有偿投入
使用范围	主要限于准公共物品领域，具有明显外部性、自然垄断性、排他性的基础领域，收费公路、非营利医院、电信、政策性金融机构等等
运作目标	兼有社会效益与不明显的经济效益
实现功能	改善财务结构、保持必要控制力、放大社会投资三大功能
使用原则	关键性领域、滚动不分红

(3)政府投资补助方式的功能分析。WTO《补贴与反补贴措施协议》第一条规定，所谓“补贴”，就是政府直接或通过其它公共机构或机制使企业获益的财政资助或收入、价格支持，包括直接和潜在转移资金或债务的行为、税收减免、供给和购买商品和服务，或通过向基金机构付款或委托或指导私人机构提供上述支持，以及对出口提供收入、价格支持或其它优惠。从我国情况来看，政府使用投资补贴或补助的方式肯定不是不加选择的，而是有着特定范围、特定对象与特定要求的。一般来说，政府产业补助更多的用在准公共产品领域，是对外部性投资效益内部消化的一种补偿，弥补市场失灵或低效的损失。表4对投资投资补助方式的实现形式、方式类型、使用范围、使用功能与使用原则进行了一般性描述。

(4)政府政策性融资方式的功能分析。政策性融资是政府在新的体制条件下投资方式的变革与创新。随着政府资本逐步退出一般竞争性领域，政府更多的是通过间接调控的渠道影响企业投资主体的行为，包括贴息、担保、政策性贷款在内的政策性融资，是政府支持社会投资的方式之一。通过为民间资本提供一系列政策性金融服务的“套餐”，使民间投资的成本更低、风险更小、效益更好、积极性更高。表5对政府政策性融资方式的实现形式、方式特点、使用范围、使用功能与使用目标与使用原则进行了一般性描述。

表4　政府投资补助方式的功能

实现手段	转移支付、资金补助、土地补助、研发委托等等
方式特点	属于直接投资、无偿投入
使用范围	主要限于准公共物品领域，具有明显外部性、自然垄断性、排他性的基础领域，收费公路、非营利医院、电信、政策性金融机构等等
运作目标	主要为了弥补基础设施投资收益低于成本的不足；弥补中小企业投资风险的能力不足；弥补落后地区投资环境差异
实现功能	弥补外部效益、弥补市场失灵或低效、促进公平配置、放大社会投资三大功能
使用原则	扶弱原则、扶新原则、扶优原则、扶小原则

表5　政府政策性融资方式的功能

实现手段	贴息、担保、政策性贷款等等
方式特点	属于间接投资、无偿投入
使用范围	主要限于私人物品领域，具有明显
运作目标	放大竞争性领域的投资效益，间接实现国家产业政策目标
使用原则	量力原则、扶弱即公平原则

(5)政府运用税收杠杆方式的功能分析。尽管税收杠杆的变化并不直接体现为固定资产投资的增减，但由于税率的高低直接影响与决定了全社会投资增长的快慢，使得政府通常把税收政策作为特殊的投资方式来运作。从我国的实际情况来看，根据国家产业政策、地区均衡发展与企业技术进步的要求，对财政支出结构和税种结构进行有增有减的调整，适度的做好税率调整的“减法”，将是促进社会投资特别是民间投资的有效办法。

表6　政府税收杠杆方式的功能

实现手段	税收优惠(如特别折旧、进口设备税收减免、所得税减免、税前扣除研发费用)
使用范围	主要限于私人物品领域，重点是高科技产业与衰退产业
运作目标	放大竞争性领域的投资效益，间接实现国家产业政策目标
实现功能	减少民间投资的风险、减低民间投资的成本、提高民间投资收益
使用原则	量力原则、扶优助弱原则

（五）政府各种投资方式的综合用途。

在经济增长和产业结构演进的过程中，政府投资方式会随着不同产业资源配置活动性质的差异而呈现多样化的格局。在不同的产业领域，政府投资工具有着不同的适用范围，说到底，不同的政府投资工具有不同的服务产业对象。

(1)公益性项目应当拨款投资为主，以间接投资（包括贴息、政策性金融等）为辅。公益性项目主要涉及科、教、文、卫、体、环保、广电等设施；公检法司等政权设施；政府、社会团体、国防设施等领域。与经营性项目和基础性项目相比，公益性项目的社会效益最高而经济效益最低，是一般企业无力或无意承担的，政府应当从总体上承担此类项目的投融资责任，主要采取无偿的直接投入的方式，可以采取全额或大部分拨款、土地划拨、税收免除等投资方式。

表 7 公益性项目政府投资方式的运用

项目特点	社会效益显著，外部性强，无收费机制、无资金流入的项目，是市场失效而政府有效的部分
投资范围	科、教、文、卫、体、环保、广电等设施；公检法司等政权设施；政府、社会团体、国防设施等领域
投资主体	投资主体应由政府担当，资金来源应以财政投入为主，必要时可以采取部分政策性金融的手段
投资方式	主要采取投资拨款、土地划拨、资产划拨等方式
实现功能	弥补外部效益、弥补市场失灵或低效、促进公平配置
使用原则	优先、不可替代、刚性

(2)准公益性的投资项目应当以资本金注入和产业补助为主，以间接投资（包括贴息、政策性金融等）为辅。准公益性项目主要涉及农、林、牧、渔、水、气象基础设施、能源、交通邮电运输业；地质勘探业、基础科研、基础原材料、城市公用事业以及高等教育、医疗服务等社会事业等等。我们知道，准公共领域投资项目不同于一般竞争性领域与公益性领域，是有收费机制和资金流入，须承担部分公共职能、具有明显的外部性与一定的经营性，政府定价且不足以补偿成本的建设项目。投资主体应以社会团体与企业为主投资，政府部门可以提供适当补贴或提供必要的资本金作为引导资金，弥补外部效益、弥补市场失灵或低效、促进公平配置。

(3)一般竞争性项目的投资方式应用。应当以间接投资（包括贴息、担保、政策性贷款等）为主，以直接投资（即资本金注入、产业补助）为辅。与公益性项目和基础性项目不同的是，经营性项目的最大特点就是投资的社会效益（即外部性）较弱，经济效益较高，因而投资主体主要由企业来担任。但由于经营性项目受到技术进步、企业规模、信用等级等多种因素的影响，完全依靠企业特别是中小企业的独立投资，难以发挥更大的投资效益。因此，政府部门的投资主要采取间接投入为主导的投资方式，如通过信贷贴息、政策性贷款、信用担保等投资工具的使用，降低企业投资的商务成本、技术进步成本与社会成本，用“四两拨千斤”的办法，即用很少的杠杆资金投放来实现放大企业投资效益的目标。同时，对于一些关系国计民生的关键行业，如中国的四大专业银行遇到资本充足率不足的问题时，国家财政还是需要通过资本金的输入起到稳定金融的作用。

表 8 准公益性项目政府投资方式的运用

项目特点	有收费机制和资金流入，具有承担部分公共职能、具有明显的外部性与一定的经营性政府定价且不足以补偿成本的建设项目
投资范围	能源、交通邮电运输业；地质勘探业、城市公用事业、高等教育、城市医院、社区健身俱乐部、电视台等等
投资主体	投资主体应由社会团体与企业为主投资，政府部门适当补贴或投资引导
投资方式	资本金注入和产业补助为主，以间接投资（包括贴息、政策性金融等）为辅
实现功能	弥补外部效益、弥补市场失灵或低效、促进公平配置
使用原则	效率优先、有效引导、关键控制

表 9 一般竞争性项目政府投资方式的运用

项目特点	有收费机制和资金流入，可通过市场进行有效配置，其动机与目的是利润最大化
投资范围	食品、服装、汽车等等
投资主体	经营性项目的最大特点就是投资形成是价值增值过程，因而投资主体主要由企业来担任
投资方式	主要采取间接投资（包括贴息、担保、政策性贷款等）等方式
实现功能	降低企业投资的商务成本、技术进步成本与社会成本
使用原则	效率优先、量力而行、四两拨千斤

三、政府投资方式的改革设想

未来我国政府投资方式的改革总体设想是，在转变政府投资职能、发挥市场在资源配置中的基础作用，确立有限政府角色的前提下，探索全新的公共财政理财思路，综合发挥政府投资的各类杠杆作用，发挥政府投资方式对社会资金的引导、扶植、激励与放大的杠杆作用，达到少花钱、多办事、办好事、办大事的效果。

（一）在纯公益性领域，采取“官资民用（官事民办）”等新型投资建设方式，“少花钱、多办事”

由政府直接投资纯公共产品，并不意味着政府要直接生产公共产品。要借鉴发达国家的经验，在政府公共服务领域引进市场机制，通过"代建制"、"承包制"、"定购制"等途径，将政府权威与市场交换的功能优势结合起来，以最低的成本，最大限度的提高政府公共服务的供给能力、质量和效率。具体来说，主要解决四个方面的问题：

(1)实行公共服务项目公示制，优化政府投资的使用用途。建立社会主义市场经济体制对政府投资的公共性提出了更高的要求。政府公益性投资项目的服务对象是全社会特别是普通民众，因此，必须保持充分的信息披露，依靠广大人民群众的监督提高政府投资效益。政府部门有责任也有义务向社会公示公共项目的有关信息，包括建设项目的投资规模、负债规模和成本、偿债计划、雇员情况等等，并且举行有关的听证会，以便社会各界判断与监督政府的投资的可行性，从而提出相关的建议，提高公共工程投资的科学性。特别是对于一些劳民伤财、没有实际用途的形象工程、政绩工程或者是过于豪华的公共工程，通过项目公示制就可以得到社会的有效监督，从而及时予以纠正。比如北京在筹办2008年奥运会过程中，在主要场馆的设计中过于追求高档次，工程造价预算过于高昂，项目公示后，社会上提出了异议。北京奥组委本着“节俭办奥运”的观念，认真细致地计算成本，计算投入产出，对高价奥运工程设计做出了重新调整，实现了少花钱也能办好事的效果。可见，民间参与政府投资的使用也是投资方式的重大变革。

(2)实行公共服务招标购买制，节约政府资金的使用成本。实行公共服务必须由政府出资提供，但并不必完全由公共经济部门生产。例如，垃圾处理可能由私人企业投资，军用机场和码头可由政府出资、私人企业建设，等等。但是，这个过程不是政府指令的，而应当是向私营部门和非盈利部门招标定购的，因为用市场机制的办法会有效地提高公共服务的生产效率和经济效益，因此，可以节约政府资金的使用成本。一般来说，向民间企业招标代建制，可以节省政府开支成本22～25%，并且可以推动服务业及相关新兴产业的发展。

(3)实行公共工程招标代建制，控制政府资金的使用质量与工期。对非经营性政府项目实行“代建制”，将非经营性政府项目的建设管理任务交由专业化、常设性的项目管理机构或公司而非项目使用单位承担，是近年来政府投资项目建设实施方式的一项重大改革与制度创新。国家投资体制改革决定提出，对非经营性政府项目加快推进“代建制”，即通过招标等方式，选择专业化的项目管理单位负责建设实施，严格控制项目投资、质量与工期，竣工验收后移交给使用单位。目前，北京、重庆、深圳等地已经在城市医院、学校、文化设施等社会事业领域引入了招标代建的方式，解决了多年来难以解决的超概算与拖工期等老大难问题。

(4)实行公共服务合同承包制，分散政府资金的使用风险。合同承包就是政府将过去一直由政府部门向公民提供的某些公共服务推向市场，向私营部门和非盈利部门招标承包，中标的承包商按与政府签订的供给合同提供公共服务并收取报酬。合同承包制最大的好处在于，政府作为出资人只对最终服务的内容和标准提出要求，对项目建设、运营方面的具体要求尽可能降到最低限度。企业提供的服务没有达到合同所要求的标准，政府可以削减支出；如果达到或超过规定标准，承包方可以获得一定比例的追加收益。原则上，政府不承担最低的支付水准，从而使公、私部门合理分担，降低风险成本。同时，民间企业按照政府的要求代建了监狱、医院、义务教育的学校、城市街道照明系统之后，政府可以根据合同要求分期支付租金和维护管理费的形式，从而将财政支出由单年度全额支付转换为将来多年度的平衡支付，从而进一步分散投资风险。

总之，与“政府投资、政府生产”的方式相比，“政府投资、民间生产”的投资方式由资金拨款制改为合同制、资金使用由指令制改为招标制、投资执行由报销制改为奖惩制，投资（执行）风险由独家承担改为分担制，因而提高了投资效率。

2004年4月，杭州市开始实行政府采购公益文化产品的办法。政府分别出资20万元，“订购”了杭州滑稽艺术剧院百场文艺演出进社区、红星剧院“开启音乐之门”两项文化活动，免费或低价提供给城乡群众。以往杭州市组织过类似的公益性演出活动，全由政府拨款，花的钱不少，可总也突破不了“经费紧张、事业难办、水平难上”的困境。推行文化项目政府采购制，以政府采购替代拨款的形式，可以监督文化产品质量。政府采购的文化产品都要签订合同，对节目质量把关。对演出场次、时间都有详细规定，达不到这些要求，采购方随时可以终止订购合同。政府对文化事业的投入犹如杠杆，“四两拨千斤”，起到启动、示范的作用。

（二）推进准公共领域政府投资方式的改革，支持社会力量参与公共工程建设，取得“少花钱，办大事”的效果

为了弥补政府部门资金与管理能力的严重不足，未来政府部门必须改变单一化的投资方式，探索通过资本注入、贷款贴息、财政补贴等多种资助或补偿方式，支持、鼓励、引导社会力量更多的参与基础领域的投资建设，形成广泛的公私伙伴关系，从而大大开拓公共工程的投资渠道，取得“少花钱，办大事”的效果。

(1)通过参股或控股等方式吸引社会资金，弥补财政投资能力的不足。社会基础设施等准公共领域资本投资大、资金周转慢，单靠政府投资肯定满足不了建设需求，这就需要政府采取灵活有效的投资方式，更多的吸引民间资本的参与。在城市基础设施等公用工程项目中，目前民间资本看中的是政府资本背后的政府信誉和行政手段，能够更好地解决征地拆迁、环境保护、劳动保障、配套设施等方面的条件，使得民间资本普遍愿意投资有政府参与和一定市场前景的建设项目。只要政府出少量资本参股就可以吸引更大股份额的民间资本的介入，不仅解决了基础工程投资的来源的不足，而且大大减少了政府投资的负担与民间投资的风险。这种运作方式也被称为“政府搭台、民间唱戏”或“政府主导、市场化运作”。另一方面，对于一些全国性的重大基础设施建设，中央政府仍然应当具有必要的控制力即控股能力，同时广泛引进民间资本作为补充。鉴于民间资本较为分散，除掉少数大企业以外，独立直接投资基础设施的实力不足，可以借鉴国际经验，由政府控股投资与私人权益资本市场相结合，把重大基础设施投资项目公开推向市场招标招股，通过产业投资基金、发行企业债券等方式吸引民间大量闲散资金参与基础设施投资，将分散的民间资本集中起来办大事，取得很好的放大效益。

2003年以前的5年里，温州市完成交通基础建设投资137亿元，其中100亿元采自民间资本；绍兴市近几年共投180亿元完成了城市广场、污水处理工程、城市门户改造等城市建设，其中政府财政性资金投入仅占10%。台州市路桥区自1994年建区之后，城区面积从3.5平方公里扩大到13平方公里，城建投资的85%由民间资本完成。

(2)通过特许经营权等方式吸引民间投资，弥补政府抗风险能力与经营能力的不足。传统社会事业投资方式，政府部门全额投资并负责项目的全过程，资金与管理风险由政府全部承担。未来政府可以在项目建成之前或之后，通过公私合营、民间承包经营、BOT（建设—运营—移交）、TOT（移交－运营－移交）等方式向民间资本转让全部或部分经营权，形成“官有民营”的公私合作方式，以分解政府的投资经营的负担。具体来说，政府可以采取公私伙伴关系（如公私合资、国有民营、国有民办、公私合营）等方式吸引社会力量参与投资建设，政府可以与项目法人签订特许经营协议，并赋予一定期限内排他性的特许经营权，明确双方的责任及风险分担，将社会事业的融资、设计、建设、运营、维护和管理的全部或部分业务委托给企业，既使政府的投资压力与投资风险被大大分散，又使社会力量拥有投资收益权，可以通过向消费者收费来收回成本和追求回报。这种改革措施的意义在于：政府通过市场机制调动社会资源提高公共服务生产能力，以弥补政府财力和服务能力的不足，又通过价格机制显示社会对公共服务的真实需求，达到以私补公、一箭双雕的目的。

(3)利用投资补助等方式支持民间投资，弥补投资收益的外部化损失。社会准公益事业的投资主要是为了满足大众社会的外部化效益的需要，尽管可能享受政府的免税待遇等优惠政策，但是在价格上仍然要受到必要的规制，不可能完全放开，使得投资收益必然受到制约。如果政府部门不加以援助，就会导致外部化投资收益往往全全要由投资主体内部消化，严重挫伤社会力量参与投资的积极性，对于那些由政府定价收费，但是收费不足以回收投资和实现合理利润的，不足部分应由政府部门提供补贴。如实际收益低于投资成本的医院、高等学校、文化事业单位与社会福利部门，政府可以按补偿成本加合理回报、财政拨补和社会公众合理承担相结合的原则，给项目经营单位贴补一定经营费用，也可以在建设期内一次性补贴投资费用，从而使得社会力量能够借助于政府补贴使投资收益至少达到盈亏平衡点。 例如，2008年第29届奥运会的主会场——国家体育场，在35亿元的总投资中北京市政府无偿出资58%，不要回报也不管亏损，中标企业则以42%的投资获得30年的特许权经营。

(4)通过贴息贷款支持民间投资，弥补公共投资信用能力的不足。在经济发展的不同阶段，围绕产业政策规定的重要部门与重大项目提供长期政策性信贷资金支持，有效引导了产业投资流向，保障了产业政策的实施。对于投资回收期长、规模较大的基础设施的融资，政策性贷款可长期稳定地提供资金支持。对于承担公共负担、社会效益好的基础项目来说，一般商业性贷款的成本往往难以承受。通过政府贴息等方式形成的政策性贷款就可以弥补这方面的缺陷。浙江省在全国率先运用财政贴息政策，对建设项目银行贷款给予贴息补助，把众多民间资本引向基础设施投资。从1998年到2000年的3年间，全省共安排贴息25.2亿元，直接带动银行贷款500亿元，民间投资数百亿元。

(5)通过凭单制支持民间投资，弥补特定消费群体消费能力的不足。从社会上来看，由于低收入消费群体的消费能力不足与面向低收入阶层的供给体系无利可图，使得非义务教育、医疗、社会福利机构的投资与消费能力严重不足。从促进公共服务发展的角度，政府可以发挥凭单制等经济杠杆的作用，提高特定消费者的消费能力。所谓凭单是政府为帮助某些特定集团的人购买某些特定的货物或服务而发放的有价证券，主要运用于政府提供的食品补助、医疗补助、教育补助和住房补助等领域。有资格接受凭单的消费者在政府指定的公共服务供给组织中使用凭单购买特定的货物或服务，然后政府用现金兑换各组织接收的凭单。比如给经济困难的学生发放教育券，给低收入的人群发放医疗券，给需要照料的孤寡老人发放福利券等等，通过这种途径在弥补了贫困阶层在非义务教育、医疗、社会福利机构的消费差额，扩大公益性质的科教文卫体俱乐部消费规模的同时，也间接的补助了社会事业经营单位的投资收益的差额，放大了财政支出的社会效应，调动了全社会投资的积极性，从而弥补市场失灵引发公益性投资的缺口。

瑞安市是一个人口大市，有110万人，在校中小学生17万人，财政的负担相当重，学校经费紧张。2001年市里拿出200万元作为教育券对就读职业高中的困难学生进行补助，2002年，又拿出牋300万元作为教育券，规定补助学校的经费只能用于改善学校的办学条件或补助学生。因此很多学校采用“双赢”的战略，降低学费，使生源的数量和质量都比往年有很大的提升，换取了学校的长远利益。如瑞安计算机职业学校降低了收费标准，在短时间内招收518人，比去年翻了将近一番。瑞安市实验中学招生时对贫困山区学生降低了20分，减轻了学生负担，多招了2个班100多人。如龙翔高中去年投入3000多万元，征地80亩，使校园占地面积扩大到120亩，再建教学楼，计划招生14个班级，给周边的公办高中带来不小的“震动”。

（三）推进经营性领域政府投资方式的改革，放大社会投资产业化的投资效益，取得“少花钱，办好事”的效果

经营性领域是在政府统筹规划、宏观调控下由国内外民间组织、个人或其他社会力量举办，由市场调节供需关系，不断满足全社会多样化、多层次商品需求的产业。与公益性、准公益性领域明显不同的是，政府在经营性社会事业的资源配置中只是起到间接调控的角色，投入财政资源的目的是为了更好的发挥市场在资源配置中的基础作用。 从未来来看，要在国家产业政策允许的范围内，发挥政府的财政贴息、税率调整等政府特殊投资方式的有效功能，降低民间投资的市场交易成本、资金成本、人力成本与社会成本，调动民间投资的积极性与创造性，从而放大社会投资的效能。

(1)建立健全扶植鼓励政策，为民间中小资本降低创业投资成本。民营中小型投资具有产权清晰、自主经营、点多面广、自担风险、滚动发展等优势，可补充大企业单位无法满足的市场空白，有很大的发展潜力。投资实力弱，融资难，经营管理落后。目前，在市场准入、土地使用、银行贷款、税费上缴，收费价格、证书颁发等方面还存在体制内外政策待遇的巨大差异，对民营经济投资办学、办医、办文化、办社会福利还存在种种的歧视，一些不利于“社会事业社会办”的传统观念与管理制度仍然大量存在，使得社会力量的投资积极性受到了极大压制；政府部门应当创造一个较为宽松的市场准入环境与发展创业环境，扶植鼓励中小民间资本的发展。比如政府投入一定的资源，在税收、土地、信贷等方面给予必要的扶植，减轻民营中小科技、文化企业的创业成本，促进更多的民间资本进入到科教文卫体的创业行列中来。

(2)政府分担改革成本，促进民营资本参与国有资产存量的优化重组。从优化国有资产战略性布局的全局出发，要推进一般竞争性领域的国有资本有序退出，鼓励社会资本通过参股、控股、兼并、租赁、承包经营、托管、特许经营等多种途径参与国有存量资产的重组改造。但是，如果对资产重组中的债务、人员分流等改制成本政府不加分担，直接转嫁给社会或民间资本，就会增加盘活资产存量的难度。因此，应当由政府出资承担部分改制成本，包括债务成本、富余人员安置成本，余下的改制成本再由各方承担，促进民营资本参与国有资产存量的优化重组。

(3)为民间投资提供贴息与担保支持，减低社会投资的资金成本。当前，商业性金融机构往往热衷于大企业建设项目的贷款，而对中小企业的贷款缺乏积极性。大多数中小企业受制于信用等级、信用担保和抵押等制约因素，融资普遍存在困难。为缓解中小企业特别是小企业贷款难、担保难方面的问题，政府部门应当有所作为。建议政府出资建立专门服务于中小企业的政策性银行与信用担保体系，为有发展潜力的民间投资提供贴息与担保支持，允许民间投资项目的贷款利息适度抵扣企业所得税等等举措，将大大降低民间投资资金成本，使得中小企业在政府的支持下获得至关重要的金融资源。

(4)利用税收杠杆促进企业技术进步，降低社会技术进步投资的风险与代价。加速我国企业的技术改造与技术进步的步伐关系着整个国家综合竞争力的提升。鉴于国内企业普遍面临技术进步投资严重匮乏、抗风险能力不足与动力不强的状况，政府可以通过投资的税收抵扣和税收减免等特殊投入办法，降低企业的投资负担，促进企业加大技术改造与技术进步等方面的投资。如为了促进东北老工业基地设备更新，国家近期出台了加速折旧的优惠政策，允许当地工业企业的固定资产在现行规定折旧年限的基础上，按不高于40%的比例缩短折旧年限；受让或投资的无形资产，可在现行规定摊销年限的基础上，按不高于40%的比例缩短摊销年限。为了促进企业提高研发投入与引进新技术，有的地区准许企业从应纳所得税额中按比例减去新设备购置费用，允许企业将一定比例的试验研究费、引进技术支出在企业税前收入中扣除等等。目前在财税政策方面还存在一些不利于企业技术进步的规定，应当进一步探讨如何通过制定适度的税收“投资优惠”，鼓励投资者加大技术进步投资力度，激励民间投资者的投资热情。

参考文献：
1．郭小聪：《政府经济学》，中国人民大学出版社2003年版。
2．李荣融：《外国投融资体制研究》，中国计划出版社2000年版。
3．高培勇、崔军：《公共部门经济学》，中国人民大学出版社2003年版。
4．姜杰、马全江：《公共经济学》，山东人民出版社2003年版。
5．项怀诚：《领导干部财政知识读本》，经济科学出版社2001年版。
6．萨瓦斯（美）：《民营化与公私部门的伙伴关系》，中国人民大学出版社2003年版。

■ 专题5

强化政府投资项目建设管理的对策研究

内容提要： 当前我国政府投资项目建设管理中存在建设单位分散、建设单位行为不规范、工程咨询尤其是设计责任约束机制不健全和施工市场竞争无序等突出问题。这些问题导致的结果往往是项目超工期、超投资、质量低下、安全得不到保障等。为强化对政府投资项目的建设管理，制约一些针对项目的“创租”、“寻租”活动，提高投资效益，建议采取政府投资项目“代建制”、强化设计阶段的投资控制、试行建设单位投资包干制、实行施工风险包干制、严格落实工程承包履约担保制和强化项目外部监管等制度措施。

政府投资项目是指政府或其授权机构以直接投资或资本金注入方式投资建设的项目。从我国政府投资项目建设管理的实践看，近几年随着投资和建设管理体制改革的深入，特别是项目法人责任制、招标投标制、工程监理制和合同管理制等的推行，政府投资项目的质量、工期、投资、环保和安全等的控制和管理工作总体上取得了很大的进展。但由于项目产权关系不对等及相关管理制度的建设滞后和实施力度不足，政府投资项目建设管理中依然存在不少问题。

一、政府投资项目管理难的理论探讨

政府投资项目的建设管理，主要目标包括质量、工期、投资、环保和安全等，是一项十分复杂而困难的系统性工作。如为加快项目建设实施进程，可能会影响工程质量；又如为确保工程质量，造价可能或有所提高；再如，超工期往往又伴随着超投资。从世界范围看，甚至在发达的西方市场经济国家，政府投资项目相对私人投资项目而言，在质量、工期、投资、环保和安全等方面的管理绩效都不是很理想。究其原因，从本质上讲，是由于政府投资项目“天然”的“产权缺陷”及大量针对项目的“寻租”、“创租”活动造成的。

政府投资活动是一种以项目为载体的公共资源的再分配过程，项目参与各方或利益群体（包括直接和间接的利益群体）通过不同的渠道和方式、在不同的阶段获得公共资源[①]。比如，政府投资主管部门获得项目审批权和政府性投资资金的分配权，财政部门获得政府性投资资金的使用管理和监督权，建设单位获得建设管理权和工程发包权，使用单位获得项目实物资产和使用权，可行性研究、勘察、设计、造价、监理等工程咨询单位获得相应的咨询服务费，施工和设备承包商则获得承包合同和相应的利润，等等。在这个过程中（即项目实施全过程，不仅包括建设实施期，也应包括前期论证和决策期），政府投资项目始终存在比较严重的“产权缺陷”[②]，即项目各参与方或利益群体的产权关系是不平等的，有的产权关系非常明确，有的则是很不明确或“虚位”的。这种不平等的产权关系，使得政府投资项目相比私人投资项目而言，“天然”缺乏内在的约束机制和动力[③]，再加上现阶段我国投资建设领域相关法制建设滞后，尤其是一些制度措施的实施力度不足，导致参与项目实施全过程的产权关系明晰的有关单位和个人在想要更多地分享与政府投资相关的利益或资源时，不必承担与其所获利益或资源相对称的责任和义务。按经济学的术语来说，就是在政府投资这种公共资源的分配过程中，项目有关参与方或利益群体“用较少的交易成本就有可能获得较多的公共资源”。在这种情况下，项目各参与方或利益群体对政府投资这种公共资源的“创租”、“寻租”活动便难免经常出现，尤其是在项目建设实施阶段表现得更为明显。实践中，不仅勘察设计、监理等工程咨询单位、施工企业和设备供应商“想方设法”进行“创租”或“寻租”活动，甚至相关政府主管部门和项目建设单位（业主）及其有关个人出于自身利益也参与这种活动。

大量针对政府投资项目的“创租”、“寻租”活动，引发了项目决策和建设管理中的众多问题，加大了项目建设管理（包括监管）的难度。

①这里所谓的公共资源包括行政权利和经济利益等多方面，主要指的是政府性投资资金。

②作为公共资源的政府投资的“产权缺陷”问题不仅在中国，在西方发达国家同样存在。

③尤其是对非经营性政府投资项目而言，由于没有对运营期财务效益的要求，因而其内在的约束机制和动力更加缺乏。

二、当前政府投资项目建设实施中存在的突出问题

由于“产权缺陷”及相关制度建设滞后和实施力度不足，我国政府投资项目建设实施中仍然存在不少问题，其中比较突出且急需解决的问题包括建设单位分散、建设单位行为不规范、设计责任约束机制不健全、施工市场竞争无序、中央投资“跑、冒、滴、漏”及项目超工期、超投资等。

（一）建设单位分散

目前，我国政府投资项目建设实施过程中经常出现“超概算、超工期”问题，有的项目甚至出现安全和质量问题，其中有许多是因项目建设单位过于分散造成的。建设单位过于分散的突出表现是在非经营性的政府投资领域仍然存在大量的临时性建管机构和各部门自设的建管机构。条块分割的行政管理体制则是造成建设单位分散的主要原因。从实践看，无论是临时性建管机构，还是各使用部门自设管理

机构均存在不少问题。

1．临时性建管机构

临时性建管机构尽管可以防止有关部门互相扯皮的现象，可以较好地协调各方面的力量，为工程实施创造一个良好的外部环境，但也存在不少问题。

(1) 外行业主，缺乏项目管理知识和经验，难以实现专业化管理。临时组建项目管理机构，其人员素质参差不齐，许多人员不了解国家的有关法律法规和工程建设的标准规范，不熟悉基本建设程序，甚至缺乏工程建设管理的基础知识。由于工程建设管理具有很强的专业性、技术性，因此外行业主往往会出现诸如在设备采购时把关不严、在工程招标中资格审查不实、在签订工程合同时有关条款不合理甚至重大遗漏等问题，从而难免损失、浪费建设资金。

(2) 机构分散，不利于监督，容易孳生腐败。政府投资项目如果缺乏有效的监督，建设过程中很容易产生腐败。但大量临时性建管机构的存在又恰恰分散了监督部门的力量。相比而言，集中管理模式尽管由于上述的“创租”、“寻租”活动的存在，也有可能孳生腐败现象，但毕竟机构和人员集中，十分有利于监督。

(3) 机构重复设置，重复交“学费”。临时性项目建管机构，在内部机构设置上往往搞“大而全、小而全”，造成公共资源的重复配置，浪费大量人力、物力、财力。更重要的是，众多的临时性建管机构在“为掌握和应用项目管理知识”而重复交学费，从而浪费政府财政性资金。

(4) 不利于提高项目管理水平。一个项目建成后，作为“一次性业主”的临时性管理机构即行解散，对工程建设实施中的经验和教训难以总结和积累。对另一个项目，很可能又需要重新组织一批人员进行建设管理。这对提高政府投资项目的整体管理水平十分不利。

2．各部门自设的建管机构

各部门自设建管机构，自为一体，是长期以来形成的部门分割体制的突出表现之一。这种建设模式的最大特点是“自建、自管、自用”，虽然可以使项目较好地体现使用要求，保证工程的适用性，但弊端也十分明显，即不符合社会生产分工的经济学原理④。因为这种建设管理方式反映的是小生产式的生产方式，与适合经济发展规律的社会化、专业化的生产方式相违背。此外，在“自建、自管、自用”的情况下，建设单位的权利过于集中，最容易发生建设单位自身行为不规范甚至违法的问题。

④关于生产的社会分工，亚当·斯密在200多年前说过“裁缝不必生产鞋子，他向鞋匠购买”。

（二）建设单位自身行为不规范

由于前述的产权关系不对等和缺乏有效监管，我国很多政府投资项目的建设单位作出了一些不规范（甚至违法）的行为。而建设单位自身行为不规范（甚至违法），这在很大程度上就是建设单位对项目的“创租”、“寻租”活动，不仅可能直接造成项目损失、浪费，更严重的是可能进一步引导工程咨询和施工单位的不规范（甚至违法）行为。

1．执行招投标制度不严格

一些建设单位逃避招标、虚假招标，不按照法定程序开标、评标和定标，有的在需要采取公开招标情况下，却采取了邀标、议标甚至直接指定的方式，致使一些无相应资质的施工单位承揽了工程施工任务。如审计署调查发现，广东火电工程总公司海南分公司不具有市政工程施工资质，却承包了三亚市城市污水处理项目部分管道工程，后又擅自转包给其他两家单位。对有些本应进行招标的工程设计或设计监理工作，建设单位却不进行招标，而是直接委托所谓的“关系户”进行设计或监理，致使设计质量难以保证。实践表明，我国这些年来发生的重大工程质量事故和重大腐败案件，大多与招投标制度执行不力，搞内幕交易、虚假招标有关。

2．挤占挪用建设资金问题十分突出

目前，我国政府投资项目建设资金的流向基本是“财政部门－－→主管部门－－→建设单位－－→工程咨询单位、施工承包商和设备、材料供应商”，由于资金管理层次多和资金使用监管不到位，经常发生中间层次特别是建设单位挤占、挪用建设资金的问题。如辽宁抚顺市三宝屯污水处理项目在考察工艺和采购2300万元的国外设备中，出国费用就高达195万元；新疆石河子市污水处理厂在完成投资尚不到10%的情况下，业务招待费就超支了2.3倍。

3．擅自扩大建设规模、提高建设标准

这种现象最容易发生在使用单位“自建、自管、自用”的情况下，且在非经营性项目建设实施过程中表现得尤为突出。由项目使用单位担当建设管理者，实行建、管、用合一，虽然可以解决“责、权、利”统一的问题，但使用单位为了自身利益（如尽量提高项目使用的适用性和方便程度），难免擅自扩大建设规模和提高建设标准，而不太注意工程成本。[⑤]实践证明，在使用单位自建、自管项目的情况下，最容易导致工程超概算。

4．擅自增减项目建设内容

擅自增减或更改项目建设内容的问题也经常发生在一些使用单位自建、自管的情况下，而且也在非经营性项目建设实施过程中表现得更为突出。如据审计署2004年审计调查发现，安徽省合肥市建委等有关部门在建设南淝河治理项目过程中，一方面大幅度增加沿河两岸景观改造等建设内容，另一方面又大幅削减污水管网、河道清淤等必要的建设内容。[⑥]

⑤通过扩大建设规模和提高建设标准来增强项目的使用功能，无疑是使用单位的原动力。

⑥资料来源：《部分城市基础设施国债项目建设效果的审计结果》，国家审计署，2004年7月。

⑦政府投资项目在勘察、设计和监理等工程咨询领域普遍存在责任约束机制不健全的问题，只是在设计环节表现更为突出，且影响更大。

（三）设计责任约束机制不健全⑦

设计是控制投资和保障质量的关键环节之一。但由于目前设计责任约束机制和激励机制不健全，相关制度建设滞后，设计阶段是目前政府投资项目建设实施过程中存在问题最多的环节之一。

1．设计错、漏项和变更多

目前，我国不少政府投资项目的设计质量和水平不令人满意，设计错、漏项和变更多。有的项目在结构施工完成后才发现矛盾，需要采取补救措施或拆除重做；有的项目设计和施工脱节，设计人员对实际施工工艺了解少，施工经验少，设计出来的图纸难以或无法施工；有的设计单位受项目单位的影响甚至有意漏项，以达到不超过概算并获得投资主管部门批准项目的项目。可以说，投资失控、拖延工期甚至出现质量、安全问题的政府投资项目，绝大多数都存在设计错、漏项或设计变更等方面的原因。

2．普遍存在着技术与经济结合不够紧密的问题

在现阶段，一些政府投资项目的设计单位往往只负技术和质量责任，不负工程成本和经济责任，只重视设计技术和工程的安全性，不注意技术经济分析和经济合理性。特别是，由于政府投资项目的建设资金来源政府，又以社会和环境效益为主，故其建设成本控制和经济合理性的问题更加容易被忽视。⑧

⑧由于没有经营叶业绩要求，公益性政府投资项目的成本控制和经济合理性，相对于经营性项目而言，本身也不容易被验证。

3．设计单位对控制投资缺乏动力与压力

一方面，由于现行设计费按工程造价或建筑面积计取，设计方案造价的合理性和项目的经济效益在这种取费办法中得不到反映，故设计单位优化设计方案的积极性不高。另一方面，对设计人员在保障工程安全可靠和不降低功能的前提下，采用新工艺、新技术、新材料、新设备节约了工程造价，也没有相应的激励机制。

4．设计市场竞争不规范

长期以来，我国设计单位隶属于行业主管部门（或行业性公司），目前尽管绝大多数设计单位实行了企业化经营并与行业主管部门脱钩，但历史上因隶属形成的“关系”并未完全割裂。实践中，许多设计单位在竞争中往往不是依靠自身设计水平和能力，而主要是通过这种“关系”承揽设计任务。此外，随着市场化和企业化改革的深入，设计市场的竞争也更为激烈。但在这种激烈竞争的市场状况下，很多设计单位为了承揽设计合同，并不注重提高设计质量和水平，而是采取竞相降价和恶性竞争的方式。

（四）施工市场竞争无序

目前，我国工程施工行业存在两个突出的特点：一是由于市场化改革比较深入，市场竞争十分激烈，呈现典型“买方市场”特征，市场上“粥少僧多”而又“鱼龙混杂”(市场集中度非常低，不同资质和能力的施工企业共同竞争)；二是在施工市场上，尤其是在政府投资项目的施工领域，施工单位一旦承揽到工程建设任务，则利润相对比较丰厚[9]。在这种市场状况和竞争格局下，目前政府投资项目施工市场产生了十分严重的问题，即市场竞争无序甚至可谓恶性竞争，突出表现在：(1) 无资质和实力施工单位通过挂靠和围标、串标等方式进入施工市场；(2) 有关施工单位承揽工程后又擅自转包和违法分包工程；(3) 中标后的施工单位利用现场签证和设计变更弄虚作假，牟取不正当经济利益。这实际也是前述的“寻租”、“创租”活动在施工行业的重要反映。

⑨关于政府投资项目施工利润的形象说法是：骑着自行车进场，开着奔驰车出场。

这些不规范甚至非法行为，一方面使得政府工程招投标中“围标”和“串标”等本应严令禁止的行为成为可能，而且在实践中还难以被发现（实际上即使被发现也可能因证据不足而难以被查处或废标）；另一方面，扰乱了建设市场秩序，特别是一些原本不符合建筑资质的施工企业进入市场，可能进一步造成建筑质量低下和安全难以保障等严重后果。

（五）中央投资资金经常出现“跑、冒、滴、漏”等问题

长期以来，在政府投资项目中，无论是中央项目还是中央政府投资补助的地方项目，中央政府投资资金的管理和使用存在的问题较多，主要表现在：一些主管部门或建设单位利用权力，滞留、挤占挪用建设资金；一些主管部门巧立名目，挪用或变相挪用建设资金；一些建设单位则随意变更建设标准、扩大工程规模，肆意浪费建设资金；有的建设单位采用“钓鱼”的做法，配套资金迟迟不到位，只靠中央拨付的资金来应付工程的各项开支，造成资金缺口和建设进度延误。(当然，地方政府投资资金也在不同程度上存在“跑、冒、滴、漏” 和被挤占非法挪用等问题)

值得注意的是，1998年以来，由于长期建设国债的大量发行，中央政府投资资金显得相对比较“充裕”，国债建设项目数量也很多，国债资金的“跑、冒、滴、漏”等问题在国债项目中表现得更为突出。

（六）超工期、超投资问题比较严重

上述几个当前政府投资项目建设实施中存在的突出问题，导致的最终结果是投资效益低下，而投资效益低下最集中的反映就是超工期、超投资、质量低下和安全难以保障等，尤其是超工期和超投资问题比较严重。

据审计署2004年对526个国债基础设施建设项目的调查结果显示，有136个没有按照国家发改委与有关省（区、市）政府签订的建设责任书或项目计划建成，占26%。这136个项目尚有85.47亿元投资未如期完成，占计划投资额的26.8%。又如，陕西省1998年在渭河沿岸建设5个污水处理工程，其

⑩资料来源：《部分城市基础设施国债项目建设效果的审计结果》，国家审计署审计结果公告，2004年第3号。

中应于2002年底建成4个，但实际只建成2个；山东省莒县、日照、微山污水处理厂和菏泽引黄供水工程等4个项目已上报建成，但实际还有近一半工程量未完成。再如，山东省烟台市套子湾污水处理厂回用水处理工艺无法消除氯离子，生产的回用水氯离子严重超标，连绿化用水标准都难以达到；贵州省贵阳市高雁垃圾填埋场已投入使用近两年，渗透液处理指标一直未能达标。⑩

三、强化政府投资项目建设管理的若干建议

政府投资项目建设管理是非常复杂和系统性的活动，上述问题的产生实际也不是独立的。为有效解决上述问题，我们的主要思路是继续强化制度建设并加大现有有关制度的实施力度。

⑪在经营性政府投资领域，则仍按有关规定实行“项目法人责任制”，由项目法人对项目建设实施和运营的全过程负责。

（一）尽快建立非经营性项目“代建制”⑪

为提高政府投资效益，解决建设单位过于分散造成的建设规模、建设标准、投资、工期和质量等难以控制的问题。近年来地方政府在改革政府投资项目建设实施方式中进行了一项制度创新，即对非经营性政府投资项目实行“代建制”，将非经营性政府投资项目建设管理任务交由专业化的项目管理机构或公司承担，竣工验收后再移交给项目使用单位。实践证明，实行“代建制”，将非经营性政府投资项目进行适当的集中、统一管理，有利于提高政府投资项目管理的专业化水平，对于控制投资和提高投资效益可以发挥积极作用。鉴于各地推行“代建制”的成效，《国务院关于投资体制改革的决定》也要求：对非经营性政府投资项目加快推行“代建制”。⑫从各地实行代建制的做法看，还存在很大差异，建议从以下几个方面完善非经营性项目的“代建制”。

⑫就单个项目的建管方式而言，并不存在孰优孰劣的问题，应该是不同的方式适宜于不同类别和不同投资规模的工程。如，公益性的社会事业项目和政府办公楼建设项目适宜于集中统一管理，而经营性项目由于建成后需要经营和维持再生产则可能比较适合项目法人管理的模式，而一些投资额较小、技术条件比较简单的项目由临时性机构管理也未尝不可。

1．代建机构应以常设性的事业单位为主

政府投资项目代建单位的组建或选定，从各地实践看，主要有以下两种模式：

一是组建常设性的事业单位性质的建管机构，如深圳市建设工务局，安徽省公益性项目建设管理中心，珠海市政府投资建设工程管理中心。从一些组建了事业性质的建管机构的隶属关系看，不同地区也有所不同，有的隶属政府投资主管部门，如安徽省公益性项目建设管理中心为安徽省发展改革委的直属事业单位；有的隶属政府建设主管部门，如珠海市政府投资建设工程管理中心即为珠海市建设局管理的事业单位；还有的是独立于投资、建设主管部门的政府直属的事业性机构，如深圳市宝安区建设工务局。

二是选定社会中介性质的项目管理公司。具体包括两种方式：一是短名单或有限选定代建机构的模式，如武汉市通过招标选定了3家项目管理公司作为代建单位，对于某个具体项目，由政府投资主管部门从这3家单位中选择一家

作为代建单位。又如，上海市选定11家单位作为首批承担政府投资项目的工程管理公司；二是通过公开招标或招募方式选定项目代建单位[13]，如北京市、重庆市通过公开招标方式择优选定社会中介性质的项目管理公司作为代建单位。

⑬ 代建机构招募是指政府在确定实行代建的项目后，向有关代建机构发出邀请，通过审慎调查和意向谈判确定候选人，提交评审委员会确定优先谈判对象，并通过谈判确定代建机构。

这两种代建单位的选定模式各有所长，相对而言，第一种模式，即组建常设性的事业性质的建管机构，更为可行，主要原因在于：

第一，理论上，企业性质的项目管理公司的服务对象主要应是企业投资项目，尤其是不具备项目管理经验和能力的企业投资建设的项目。对于"连续不断地"投资建设项目的政府而言，需要组建常设性的代建机构，并追求规模化的项目建设管理绩效。"连续不断地"将政府投资项目交由常设性的代建机构进行集中统一管理，也是"社会化大生产方式"的必然要求。

第二，事业性质的建设管理单位，不以盈利为目的且具有很强的独立性，在项目建设实施中并没有自身特殊的利益，为政府把关和节约项目投资资金的责任心相对更强，更适合充当项目建设实施阶段的责任主体或项目法人；而通过第二种方式选定的代建机构均为以盈利为主要目的经济实体，项目投资规模和建设标准在一定程度上与其有利益关系（如投资规模越大，其获得的项目管理费可能越高），因而为政府把关和节约项目投资的动力"天然"不足。

第三，由事业性质的建设管理单位作为项目建设实施阶段的责任主体，从根本上解决了长期以来政府投资项目建设单位特别是工程发包方分散的问题：工程勘察、设计、施工和设备采购等工作或任务的发包方不再是临时性建管机构或项目使用单位，也不是投资主管部门、建设主管部门、财政主管部门或行业主管部门，而是该专业化的代建机构。而通过社会中介服务机构"代建"政府投资项目的模式，并没有解决政府投资项目建设单位或工程发包方分散的问题：由谁作为发包方与社会中介服务公司签订"代建"合同，临时性建管机构、项目使用单位还是投资主管部门、建设主管部门、财政主管部门或行业主管部门。由于不能没有解决长期以来存在的政府投资项目建设单位分散的问题，选择社会中介服务公司作为政府投资项目代建机构的作法显然受到很大的限制。

第四，事业性质的建设管理单位为非盈利性机构，政府可直接核定其事业经费，从而减少项目建设管理费支出；而企业性质的代建机构，需要通过实施项目管理活动获得利润，因此政府所需支付的项目建设管理费要高得多。

从各地实践看，实行政府投资项目代建制的地区（城市），绝大多数选择了组建常设性事业单位的模式[14]。当然，实践中这三种模式并不是相互排斥的：在事业性质的建设管理单位集中管理多数政府投资项目的基础上，对个别政府投资项目，也可通过招标或招募的方式，选定社会上的项目管理公司承担建管任务。

⑭ 有的地区则先成立了企业性质的代建机构，后又将其改为事业单位。如深圳市宝安区于1994年成立"城市建设投资公司"作为代建机构，后又于2003年组建事业性质的工务局。

2．合理确定代建项目的范围

对常设性代建机构而言，代建项目的范围应该与机构规模相协调。但从各地实践看，不同地区代建机构承接代建项目的范围差异较大，而且界定都不是很准确，在确定代建项目时往往存在一定的随意性。如深圳市工务局负责除规划国土、交通、水务、公安、教育五个系统外政府项目的建设管理工作”，安徽省公益性项目建设管理中心代建项目集中在省直公共房屋建筑领域，河北省社会公益项目建设管理中心负责“总投资500万元以上（含500万元）的省直培训、接待、技术业务用房、公共设施等社会公益性项目”建设期间的组织管理。为充分发挥代建机构在人才、专业及管理经验等方面的优势，提高政府投资工程项目管理水平，我们建议按照“基本集中”和“抓大放小”的原则确定代建项目范围。

（1）基本集中。对于建设任务较重，且具有相应项目建设管理机构或有特殊要求的交通、水利、林业、国防、公安等部门的政府投资项目，可暂由相关部门继续承担建设管理职责或设立项目法人并由项目法人负责项目全过程管理；其余项目，如政府直接投资的市政工程、党政群工等机构的办公用房、科教文卫体等社会性基础设施，原则上均可纳入代建范围。

（2）抓大放小。由于每年政府投资项目很多，且投资规模相差很大。代建制作为一种新的建设模式，在我国还出于探索阶段，不是很成熟。对于上述几个部门以外的政府投资项目，全部纳入代建范围的难度也可能很大，至少需要大量的人力资源支撑。有鉴于此，纳入代建范围的项目的投资规模最好在一定限额以上（各地的限额可自行确定）。

3．按照“尽量全过程负责”的原则设定代建机构的职责

从国内实践看，不同地区常设性代建机构的职能界定存在相当大的差距，借鉴国外设立代建机构的经验，总结国内的做法，我们认为，应该按照“尽量全过程负责”的原则，设定代建机构的职能，具体如下：

（1）参与或主持“无明确行业主管部门”的政府投资项目的策划、项目建议书编制工作，主持项目可行性研究、初步设计和概算编制工作（不包括单独成立项目法人的项目）；

（2）参与代建项目的项目建议书编制工作；根据项目使用单位对使用功能的要求，主持项目可行性研究、初步设计和概算编制工作；

（3）根据投资主管部门下达的政府投资计划，组织施工图设计与审查，编制项目总预算（并报投资主管部门核定）；

（4）负责项目的招标投标、委托监理、签订合同、质监登记、安监登记、开工报告报批和施工报建等施工准备工作；

（5）负责项目施工过程的协调和监管，包括组织投资主管部门、建设部门和设计、监理、施工单位参加的现场签证（非施工单位原因造成的工程内容及工程量的增加）和设计变更工作；

（6）负责编制项目的结算、竣工决算并送审，组织有关单位进行工程竣工验收，办

理产权登记和资产移交手续。

4．代建机构的规模要适度

对政府投资项目实行集中管理的发达国家和地区，有一个突出特点，就是代建机构的规模都比较庞大，如香港工务局，下辖7个专业署，拥有约2万公务员；又如加拿大的公共工程和政府服务部，下辖5个地区办公室，共有1.4万公务员；再如，美国管理公共建筑建设的联邦总务署，其工作人员曾多达4.5万人，目前仍有1.4万人。

从国内的情况看，目前实行政府投资项目集中管理的地区，代建机构的规模普遍太小，如珠海市政府投资建设工程管理中心正式编制只有20人，深圳市宝安区工务局正式编制只有33人，安徽省公益性项目建设管理中心编制只有15人，除去行政后勤人员，专业项目管理人员就更少。过小的规模对这些机构能否有效履行建管职责是个巨大的挑战。由于一个专业人员有效管理工程的能力和精力是有限的，因此，既定规模的机构管理能力也是有限的。与发达国家和地区相比，我国专业化、常设性的项目管理机构的规模明显偏小，而承担的建管任务普遍偏重，今后应该逐步扩大其规模（参阅图文框一：机构规模VS管理效率）。

图文框一：代建机构规模VS项目管理效率

有人认为，美国、加拿大、香港等国家和地区设立庞大的专业化代建机构是一种弊端，机构过于臃肿。这种看法可能存在一定的片面性。美国、加拿大、香港的行政效率在世界算是相当高的，不能简单地认为规模大就是机构臃肿，规模小就是机构精简。代建机构规模应该与其承担的项目管理任务和职责相对应，合理的规模应该是有效履行既定职责的最小规模。一个代建机构承担很多职责却将其规模不适当地限定得很小，尽管机构运转的费用会减少，但行政效率和管理不到位的损失会更大。

（二）强化设计阶段的投资控制

设计是工程建设的先导，投资项目设计可分为初步设计、技术设计和施工图设计三个阶段。据有关统计，这三个阶段对项目投资的影响程度分别为75%－95%、35%－75%、5%－35%，而施工阶段的影响一般只有10%左右[15]，可见设计阶段对项目投资的影响非常大。做好设计阶段的投资控制工作，对实现项目投资控制目标至关重要。

[15] 卢洪：《项目管理中的费用控制》，引自www.spc.com.cn网站相关主页。

1．重大投资项目尝试由投资主管部门委托设计单位

长期以来，政府投资项目的设计工作基本上是由项目使用单位或主管部门委托的。我们知道，项目使用单位或主管部门建设该项目，最主要目的是促使项目在功能和标准上满足使用要求，投资控制虽然也是其重要职责之一，但显然缺乏投资控制的内在动力。相反，从实际情况看，为了使项目尽量满足其使用要求，项目使用单位或行业主管部门往往会“有意”甚至“无理”地要求设计单位扩大建设规模和提高建设标准，从而造成项目投资失控。总之，由项目使用单位或行业主管部门委托设计单位进行政府投资项目设计的做法是不可取的，不利于项目投资控制。

从国外尤其是一些西方发达国家政府投资项目管理的实践经验看，一般采取“谁投资、谁委托设计单位”的方式，而不是我国常用的“谁使用、谁委托设计单位”或“谁主管、谁委托设计单位”的方式。由于外国政府的财政部门往往承担政府投资管理职能，故其政府投资项目往往由财政部门或代建单位直接通过招标或招募的方式择优选择设计单位。然而在我国，政府投资管理和使用的主要职能，包括制定政府投资计划、选定投资项目和安排项目建设资金等，并不由财政部门而是由同级政府投资主管部门负责。

借鉴国际经验，我们建议对一些重大政府投资项目可尝试由政府投资主管部门通过招标或招募的方式选择设计单位的做法。这样做，尽管也难以有效制约设计单位不注意节约投资资金甚至有意扩大项目投资规模的行为，但通过切断项目使用单位或主管部门与设计单位之间的委托与被委托关系，可以有效制约项目使用单位或行业主管部门出于自身经济利益考虑“擅自”、“随意”扩大建设规模和提高建设标准等的行为。

2．改革政府投资项目设计取费方法

长期以来，按照有关规定，我国工程建设项目，尤其是政府投资项目包括政府投资项目设计费用的计取方法主要有以下两种：

A．设计费＝工程造价×费率　　或者

B．设计费＝建筑面积×费用标准（元／平方米）

尽管近年来我国设计收费管理体制改革取得一些进展，如改变以前一刀切的做法，实行政府指导价和市场调节价相结合的价格体系，但设计费用的计取方法基本没有改变[⑯]。

⑯ 按照《工程勘察设计收费管理规定》（计价格[2002]10号文），项目总投资500万元及以上的工程勘察和工程设计收费实行政府指导价，500万元以下的实行市场调节价。实行政府指导价的工程勘察和工程设计收费，浮动幅度基本不超过基准价的±20％。

从第一种计费方法可知，扩大项目投资规模，提高工程造价，就可以达到提高设计费的效果。显然，设计单位不会自己主动降低造价，反而可能会故意做大项目投资以获得更多的设计费。第二种方法实际也差不多，设计单位也有可能通过扩大项目建设规模和建筑面积获得更多的设计费。总之，这两种设计费用的计取方法不仅不利于发挥设计单位主动控制项目投资的积极性，反而可能会助长其“故意”扩大项目投资的行为。

要发挥设计人员主动控制项目投资的积极性，必须在设计取费的计算方法上引入激励机制，使得设计单位控制项目投资时也能够获得一定的经济利益。建议对政府投资项目，尝试在现有设计费用计取的基础上，加入设计单位节约投资提成的数额。在初步设计阶段可采用如下两种计取设计费用的方法：

A．设计费＝建筑面积×费用标准＋（估算投资－概算投资）×奖励费率

在施工图设计阶段可采取如下方法计取设计费用：

B．设计费＝建筑面积×费用标准＋（概算投资－预算投资）×奖励费率

按上述思路，将设计单位节约的项目投资的一定比例奖励给设计单位，可以有效制约设计单位不注意节约投资资金甚至有意扩大项目投资规模的行为，对调动设计单位优化设计方案、控制项目投资的积极性可起到一定的作用。

3．进一步落实限额设计

项目投资估算是在可行性研究阶段编制的，批准后就作为初步设计概算投资的限额。工程概算是以初步设计为基础编制的，批准后就作为施工图设计总预算的限额。这是限额设计“目标管理”的原则要求。实行限额设计，可改善设计单位只重技术不重经济的状况，对防止投资失控的效果立竿见影。

为进一步落实政府投资项目的限额设计，更有效发挥限额设计对投资控制的作用，建议加强以下几个方面的工作：

（1）严格控制建设规模和标准。对于使用单位提出建设规模和标准的建议和依据，政府投资主管部门和财政部门应共同把关，决不能任由使用单位决定。这是政府投资项目实施限额设计的首要条件。凡因规划设计需要，导致项目扩大规模、增加内容、提高标准的，其投资或建筑面积增加额不得超过已批准面积的5%。超过上述限额的项目，须重新编制可行性研究报告，报投资主管部门审批。项目预算一般不得超过已批准的项目总投资，确需超过的，也必须报投资主管部门批准。

（2）不断优化设计方案，合理确定设计限额。优化设计方案，解决的是政府工程投资建设的科学、合理性问题，也就是投资效益问题。投资是否合理，主要通过可行性研究来确定，既能满足使用功能的需要，又与社会经济发展水平及财政实际承受能力相适应，就是可行的。必须进一步加强对政府投资项目进行多种设计方案及其投资进行反复论证，正确处理技术与经济的关系，要努力做到技术先进条件下的经济合理，经济合理基础上的技术先进。防止故意压低投资、有意漏项，给投资控制留下先天性隐患，也要防止有意抬高投资。

（3）由于项目可行性研究的深度和广度受基础资料和信息的限制，初步设计时出现一些小的修改、变动是正常的，由此引起的有关专业投资限额变化在一定范围内是允许的，但必须认真进行核算和调整，才能为施工图设计确定科学、合理的投资控制目标。施工图设计必须按批准的初步设计确定的范围、内容、设计原则和概算限额进行。由于施工图

设计阶段的设计条件得到进一步深化和完善，因此在施工图设计中必须进行多种设计方案和经济比较，以确保施工图预算不突破概算。如专业设计出现重大方案改变，必须先算经济帐后设计。

4．全面引入设计招标和设计监理制度

(1) 全面引入设计招标制度。设计招标是指通过公开招标的方式择优选择项目设计单位。目前，政府投资项目设计招标基本没有实行，选择设计单位普遍采用的仍是“暗箱操作式”的由项目建设单位“私下”进行的方式，这种方式严重缺乏透明度，不利于引入竞争机制优选设计单位和提高设计质量，同时由于缺乏有效监督机制，可能滋生不正之风甚至腐败现象。引入竞争机制进行设计招标则可以较好地解决这类问题。建议对重大政府投资项目全面实行设计招标制。

(2) 全面引入设计监理制度。目前，我国政府投资项目的施工监理制度已得到较好地落实，并在“三控”中发挥了积极的作用，但设计监理工作尚未真正开展起来。引入设计监理尽管需要增加一定的监理费用，但实际上由于设计不当或把关不严造成的浪费可能超过监理费用的数十倍甚至上百倍。设计监理不仅对投资控制具有积极意义，更重要的是有助于提高设计质量，并因此对项目施工阶段的“投资、进度、质量”等的控制以及项目建成后的使用功能、经济寿命和维护费用等都有深远影响。建议对政府投资项目，尤其是重大项目实行设计监理制度。为便于与施工阶段的工程监理衔接，设计监理和施工监理可通过公开招标方式确定并委托同一家监理单位。

5．建立设计单位的责任约束机制

在实践中，设计单位受一些客观条件的限制（如地质资料不够详尽）难免会或多或少地会出现一些失误或错误，如设计深度不够，设计漏项，甚至设计错误等，因此国家有关规定允许项目投资中计入一定比例的“基本预备费”（基本预备费一般不超过工程费用的10%），但如果由于设计单位自身设计水平低下或尽责不够等原因造成的投资费用增加额超过了项目的基本预备费，原则上超过的部分应由设计单位承担一定的比例（具体可根据项目的复杂程度和技术要求难度在工程设计服务合同中规定）。通过这一经济性措施或责任约束机制，可有效地促使设计单位“尽责”—尽量提高设计质量。

（三）重新实行建设单位投资包干制

政府投资项目包干制，是指对政府计划确定的投资项目，实行建设规模、投资总额、建设工期、工程质量和安全等包干的责权利相结合的建设管理制度，属于经济性的投资项目管理措施。上世纪80年代初期，作为一项重要的投资管理体制改革措施，我国基本建设领域曾尝试过基建项目经济责任包干制。从当时实践看，项目包干制对于制约建设单位的不规范行为和建立投资风险约束机制发挥了积极作用。

政府投资项目包干制的主要内容包括：（1）包投资。以政府投资主管部门批准的初步设计概算或审定的施工图总预算确定的投资额为准。根据项目具体情况，可以分别采取按设计概算包干、按施工图总预算包干、按施工图总预算加系数包干，或按建筑平方米造价包干等不同方式；（2）包工期。以政府投资主管部门或项目主管部门规定的合理工期为准；（3）包质量。以有关技术标准、规范以及设计要求的工程质量标准为准；（4）包达到项目设计目标或设计生产能力，如房屋建设项目的建筑面积或使用面积，防洪工程的防洪能力，道路项目的通行能力，自来水项目的供水能力，污水处理项目的污水处理能力，等等。

实行建设单位投资包干制的主要做法是：项目确定投资总概算和列入年度投资计划后由投资主管部门、财政部门代表政府与项目建设单位签定投资包干责任书。对于超投资包干的项目，政府不再追加投资，并查明原因和追究项目建设单位负责人及相关人员的责任。在保证工程质量的前提下，对投资包干节约的资金，全部留给建设单位用于其他项目，经批准允许建设单位在留用部分中提取10%～30%作为单位福利和对有关人员的奖励。

由此可知，建设单位投资包干制既是一种对建设单位（尤其是其主要负责人）行为的严厉制约，也是一种激励性的经济措施。在市场经济体制下，实行建设单位投资包干制应该更具积极意义：有利于建立政府工程的建设单位的责任约束机制，调动建设单位控制投资的积极性，改变以往建设单位“倘口花钱”、吃政府财政“大锅饭”的弊病。对于保证建设工期、保障工程质量和降低工程造价等具有显著的效应。

为建立对项目建设单位的制约机制，并调动其积极性，建议对一些政府投资项目试行建设单位投资包干制。作为起步，可先对一些技术条件相对简单的政府投资项目（如公共房屋建筑）实行建设单位投资包干制。

（四）实行施工风险包干制

工程现场签证和设计变更会给施工承包商的“寻租”创造机会：收买腐蚀设计单位、建设单位和工程监理单位人员，弄虚作假，随意增加工程量甚至变更设计。若有关人员抵挡不住诱惑而签名，大量政府投资资金就会变成施工承包商的非法利润。实行工程承包风险包干制有利于从根本上杜绝这类“寻租”活动。

1．工程承包风险主要内容

工程承包风险的主要内容通常包括以下几个方面：

（1）工程量清单风险。由于各方面原因，工程从发标到开标的时间往往非常紧迫，造价中介机构在编制工程标底时，根据设计图纸计算的清单项目及工程量，可能会出现漏项、计算有误，导致标底不十分准确，从而产生风险；

（2）施工中经常碰到的问题是勘察结果与实际有误差，从而导致设计图纸考虑不周全，施工中发生签证及设计变更，产生风险；

（3）因天气、地形、地质等自然条件的不确定，为了保证工程的质量、进度、安全以及环境保护等，有可能要采取一些招标时的施工方案未包括的临时措施而增加费用，产生风险。

2．施工风险包干的做法

考虑到这些风险因素，本着客观、公平、公正的原则，建设单位应在尽可能细致、全面、准确编制出标底的基础上，再增加一定幅度的风险系数，根据项目投资规模、技术复杂程度、施工难易程度等可暂定为3%～5%左右，作为工程造价的最高上限发标。在这一风险范围内，施工承包商可以根据施工工程中的实际情况通过合法、合理程序和手续从政府获得相应的投资资金，但超出该风险范围外的造价，则只能由其自行承担。

投标企业根据各自实力、施工经验以及对现场及周边环境考察，结合对招标文件的理解，进行综合投标报价，中标后签订合同，包死造价，对超出风险范围外的造价，竣工结算时不再调整，实行“零签证”，这就是“风险包干”。

建设单位的项目管理人员，只负责工程进度和质量管理，没有现场签证权；若工程出现招标文件以外且超过风险系数所包含内容的工程量，则由施工单位提出申请，设计单位据实变更设计，监理单位和甲方核实，报上级主管部门审批。

3．施工风险包干的成效

目前国内建设市场普遍存在着“中标靠低价，赚钱靠设计变更”的现象。一些政府投资项目的施工承包商投标时拼命压价，中标后则设法要求签证增加造价，利用设计图纸、勘察结果、施工合同的漏洞或不够明确的环节，采取无中生有、以小化大，甚至拉拢腐蚀、软硬兼施等各种手段达到签证和设计变更的目的，导致政府投资项目施工阶段的造价难以控制，投资大幅增加。此外，一些经不起利益诱惑的项目建设单位和使用单位的工作人员甚至与施工承包商串通作假。实行风险包干制，建设单位（甲方）将各种风险一并考虑在工程标底中，一般情况下施工承包商（乙方）再也无理由要求签证。除非因甲方自身原因或勘察成果与实际地质状况出现重大偏差（超过风险系数所包含的内容）导致工程量增加，需按程序、权限另行调整外，其他一律不予签证。由此，建设单位可以牢牢控制住工程造价管理主动权，无须在签证问题上与施工承包商纠缠不清，耗时费力，可以有更多时间、精力重点抓质量、进度、安全等目标的控制和管理。

实行施工风险承包，既有助于控制政府投资项目施工阶段的造价，又能堵塞可能出现腐败现象的源头，一举两得。由于通过现场签证和设计变更等途径“寻租”的可能性基本被杜绝，故实行风险承包制也可促使施工承包商通过提高技术水平、加强管理、优化施工方案等途径提高经济效益，最终实现双赢。

从一些地区的实践看，施工风险承包制的对于投资控制的效果十分显著。如珠海市政府投资建设工程管理中心采取“风险包干、零签证”的招标管理方法，项目造价基本不超，也无现场签证。

（五）严格落实工程承包履约担保制

工程承包履约担保是国际上工程建设领域的惯例，是促进项目顺利实施、保护项目建设单位资金安全和促使承包单位诚实守信的重要措施（参见图文框二：美国、加拿大的工程担保制度）。

我国建设事业“十五”计划纲要明确提出：要大力推行工程承包履约担保制度。一些地区甚至制定了强制性的规定，如深圳市要求：承包商履约担保的担保金额不得低于工程承包合同价的10%，采用经评审的最低投标价法中标的招标工程，担保金额不得低于承包合同价的15%”[①]。但在实践中，政府工程承包履约担保制度实施效果并不太理想，主要表现为：一是普及面不广，很多项目实际并未真正落实承包履约担保；二是履约担保金占合同金额的比例偏低，对工程承包商的制约效应不足，致使一些资信和能力不足的工程承包商进入了政府投资项目建设市场。实际上，如果缺乏有效的工程承包履约担保，前述的政府投资项目“施工承包风险包干制”也难以真正落实。

① 参见《深圳市建设工程担保实施办法》（深圳市建设局，深建市场〔2002〕36号文）。

图文框二：美国、加拿大的工程担保制度

美国在工程建设方面建立了完善的工程担保和保险制度。这套制度为政府投资项目建设实施中的风险控制和投资控制，发挥了重要作用。美国的承包商在取得工程建设合同后，必须要以业主为权利人向专业担保机构投保，通常有投标担保、履约担保及付款担保。投标担保保证的内容是：如承包商中标后，因故不能与业主签约承建工程，保证机构须支付业主保证金（通常是最低标和次低标之间的差额），同时次低标成为中标者。投标担保有效地防范了业主因中标者调整而产生额外支付的风险，保证了招标结果的不变性。履约担保保证的内容是，由于非业主的原因，承包商无法履行合同义务，保证机构应该接受工程，并经业主同意，由其它承包商继续完成工程建设，业主只按原合同支付工程款。履约担保充分保障了业主依照合同条件完成工程的合法权益，有效地防范了承包商在实力不够时进行钓鱼、拖延甚至造成工程烂尾的风险。付款担保保证的内容是，若承包商没有根据工程进度按时支付工人工资以及分包商和材料设备供应商的相关费用，经调查确认后由保证机构予以代付。付款担保使得业主避免了不必要的法律纠纷和管理负担以及额外的工程拖延风险。

加拿大政府投资项目也实行一整套严格的担保制度。一般地，投标担保的保证金额通常为投标价格的10%；履约担保和付款担保的保证金额则相当高，通常达到承包合同价格的50%。这种严格的做法是对工程承包商的资信和能力的严峻考验，但有利于促进项目顺利实施和防范政府投资风险。

为了完善政府投资项目建设市场的运行机制，加强项目的风险管理，维护投资项目建设单位的合法权益，保护政府投资资金的安全和保障工程建设的顺利进行，借鉴国际经验，我们建议应从以下几方面加强和完善政府投资项目承包商履约担保制度：

一是所有政府投资项目，无论项目属性、所属行业、建设规模和投资额，均一律实行工程承包履约担保。

二是工程担保的保证人应当是在中华人民共和国境内注册的银行、保险公司或专业担保公司，而非其他经济实体，从而进一步提高履约担保的可靠性。

三是为加大担保的制约力，提高进入政府工程建设市场的门槛。政府工程承包商履约担保的担保金额不得低于工程承包合同价的20%，采用最低投标价法中标的政府工程，担保金额应不低于工程承包合同价的30%。

四是当剩余合同价值已不足原担保金额时，承包商重新提交的履约担保的担保金额不应低于剩余合同价值。

五是政府投资项目的建设单位应当将承包商履约担保与工程承包合同一并送投资主管部门和建设主管部门等备案，否则投资主管部门不得批准开工报告，建设主管部门不予办理施工许可证。

当然，从“权责统一”的角度考虑和出于公平起见，并防止重蹈一些政府投资项目严重拖欠工程款并损害政府“诚信”形象的现象，与工程承包履约担保相对应，政府投资项目的建设单位也应向承包商提供“支付担保”，且担保金额应与承包商履约担保的担保金额相等。

（六）中央政府投资资金“事后”拨付

前述的中央政府投资资金“跑、冒、滴、漏” 和被挤占非法挪用等问题的产生，除了项目建设单位行为不规范甚至违法的原因外，与中央政府投资资金的支付制度不尽完善也不无关系。为保障中央政府投资资金的安全，有效防止中央政府投资资金“跑、冒、滴、漏”和被挤占非法挪用，提高中央政府投资效益，我们建议，对中央政府投资资金的支付制度进行改革。

1．中央政府资金变“事前”支付为“同步”支付和“事后核销”

（1）同步到位。地方政府或者其他出资人，应当严格按照中央政府投资计划要求，及时足额将投资资金拨付到位。地方政府或者其他出资人未及时、足额将投资资金拨付到位的，中央政府财政部门应当暂停资金拨付。通过实施各类建设资金“同步到位”制度，可有效制止“钓鱼工程”。

（2）事后核销。项目建设单位根据工程进度到中央财政主管部门报帐，中央财政主管部门按比例核销中央政府出资部分。

2．对重大投资项目实行“直接支付制度”

对重大政府投资项目，中央财政部门可实行与世界银行和亚洲开发银行等国际金融组织以及香港等发达国家和地区通行的政府投资资金“直接支付制度”（参见图文框三：香港政府投资项目的直接支付制度）：

（1）限定资金用途。针对某个具体项目，规定中央政府投资资金在相关投资项目中的具体用途（技术转让、技术咨询、设备采购或土建工程）。

（2）资金事后直接支付。将资金通过事后报帐的方式直接支付给承担上述任务的工程咨询机构或承包商。

中央政府投资项目建设资金直接支付程序如下图所示：

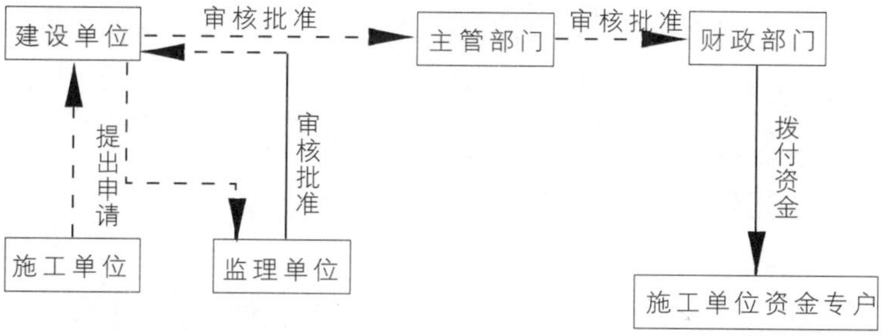

图文框三：香港政府投资项目的直接支付制度

香港政府投资工程的实施部门虽然是工务局，但资金管理则由库务局负责，工务局自始至终不直接运作资金。香港政府投资资金直接支付给承包单位，但要经工务局工程管理人员签字后才能够到库务局领取。由于实行直接支付制度，且建设资金拨付的时间和数量又有严格的合同管理的制约，因而对政府投资资金，建设单位（工务局）和工程承包单位很难有变通和舞弊的机会。

为有效防止地方政府投资资金“跑、冒、滴、漏”和被挤占非法挪用等问题，建议地方政府投资资金的支付管理也可以参照上述办法。

（七）进一步强化对政府投资项目的外部监管

目前，对政府投资项目的外部监管涵盖：投资主管部门（稽察特派员办公室）的稽察、审计部门的审计、财政部门的财务监督以及司法和纪检部门的监察等多方面。为进一步加强外部监管，应强化人大的监督职能和完善项目举报工作。

1．强化人大对重大项目建设实施的监督[18]

目前，人大（及其常委会）在政府投资管理中行使的主要权利是根据政府的相关建议审核、批准政府的年度投资计划，同时监督该计划的执行，但一般不直接对单个政府投资项目的必要性和可行性进行决策，也不对某个具体项目的建设实施情况进行监督。

⑱ 人大在政府投资项目决策方面的权利和职责也应得到强化，本专题从略。

为更好地发挥人大对政府投资的监督作用，建议人大（及其常委会）除审核、批准每年的政府投资计划并监督其执行外，还应进一步加强和完善在政府投资项目监督方面的职能，具体做法包括：

（1）定期或不定期地组织有关专家和学者、社会公众代表和部分人大代表，监督检查政府重大投资项目的建设实施情况。监督检查的主要内容包括项目“质量、进度、投资、安全、环保”等方面。

(2) 就政府投资项目中的某个重大事项，组织有关专家和学者、社会公众代表和部分人大代表，进行特定问题调查。

人大（及其常委会）或其专门委员会针对政府投资项目组织的监督检查活动，有关部门、单位和个人应当积极配合，如实反映情况和提供必要的资料。

2．进一步完善项目举报制度

投资项目举报制度对于加强项目监督管理、防范违法违规现象和揭露工程投资建设领域的腐败行为等具有积极意义。如果没有完善的项目举报制度，可能难以从根本上制约项目参与各方行为的不规范甚至违法行为。实践中，很多重大项目出现的违规、违法行为是根据举报线索查出的，因而进一步落实项目举报制度非常必要。我国相关政策法规鼓励对投资项目建设实施过程中出现的违法、违规和腐败问题进行举报。

建议政府投资项目的举报受理单位为政府投资主管部门（具体工作可由其所属的重大项目稽察特派员办公室承担）。政府投资主管部门应会同有关部门、地方政府对举报内容进行核实和处理，各有关部门和地方政府要积极配合和支持对政府重大投资项目的举报工作。

为鼓励个人和新闻媒体等举报政府投资项目在决策和建设实施中有关单位和个人的违法、违规行为，建议建立相应的激励机制：对举报有功的单位和个人，根据情况给予一定的奖励；除征得举报人同意外，不得公开举报人的姓名和单位。

值得注意的是，由政府投资主管部门主办的项目举报制度与现行司法和纪检部门的举报制度并不矛盾，而应相互协调、配合。特别是当项目举报系反映有关单位和个人的贪污、腐败问题时，投资主管部门应及时将有关情况通报司法或纪检部门。

主要参考文献：

1．《国务院关于投资体制改革的决定》（国发〔2004〕20号文）。
2．《政府投资条例》（国家发改委征求意见稿），2004年5月。
3．国家审计署：《部分城市基础设施国债项目建设效果的审计结果》，审计结果公告2004年第3号，2004年7月。
4．杨灿明、李景友：《公共部门经济学》，P61，经济科学出版社2003年版。
5．李德全：《发达市场经济国家和地区政府投资工程管理方式》，《建筑经济》2002年第6期（总第236期）。
6．尹贻林等：《政府投资项目管理模式研究》，南开大学出版社2002年版。
7．北京市发改委：《北京市发展和改革委员会关于政府投资管理的暂行规定》（京发改〔2004〕2423号文）。
8．深圳市人大常委会：《深圳市政府投资项目管理条例》（深圳市人大常委会公告2000年第105号文）。
9．杨庆蔚：《切实把投资体制改革推向深入》，《中国经贸导刊》2004年第18期。

■ 专题6

美国政府投资的管理体制

内容提要：美国政府通过直接投资、补助、投资税收抵免以及其他行政和法律手段，弥补私人投资不足，引导和调控私人投资。美国州和地方政府是政府投资的主角，联邦政府投资在促进技术进步、基础设施建设中发挥着重要作用。政府投资决策重视公众参与，同时发挥大咨询公司在项目评审中的作用。项目建设受严密的法规约束，并十分注重风险防范。

一、美国政府的规模

政府的规模与政府承担的职能多少有关系，后者又与社会主流思想意识对政府的认识有关，与经济发展阶段对政府职能需求有关。

度量政府的规模有很多种方式，可以从政府雇员占社会总就业人口的比例，政府机构的数量和层次，以及政府收支占GDP的比例等多方面测度。在此，我们看看美国商务部公布的美国国民生产总值、政府消费与投资的统计数据（见表1）。

从表1中看出，从上世纪50年代以来，美国各级政府的消费和投资占国内生产总值的比例基本稳定在20%左右，只是在上世纪90年代开始略有下降。如果加上政府给个人的转移支付部分，1999年这个数字为9981亿美元[①]，则政府消费和投资支出加上给个人的转移支付达到GDP的28.26%。因此，政府分配的GDP接近1/3。

① 《2001年总统经济报告》。

就表1中的数字看，各级政府总消费与投资支出中，联邦政府所占份额由上世纪50年代的60%左右下降到约1/3，州和地方政府所占份额则由40%左右上升至2/3。如果不考虑联邦政府通过比例补助和一些法规对州和地方政府支出施加的影响，可以说，美国的联邦财政体制中，财政分权化趋势明显，地方政府承担了越来越多的责任。

根据经济合作与发展组织的统计（见表2），横向比较来看，美国政府支出占GDP的比例在一些发达国家中属最小的。这从某种程度上印证了美国是自由市场经济的典范说法。

表1　美国国民生产总值、政府消费与投资的统计数据（10亿美元、当年价）

年份	国内总产值（1）	各级政府消费与投资		联邦政府消费与投资		州和地方政府消费与投资	
		金额（2）	(2)/(1)(%)	金额（3）	(3)/(2)(%)	金额(4)	(4)/(2)(%)
1959	506.6	110.0	22	65.4	59	44.7	41
1965	719.1	151.5	21	80.4	53	71.0	47
1970	1,038.5	233.8	23	113.5	49	120.3	51
1975	1,638.3	357.7	22	149.1	42	208.7	58
1980	2,789.5	566.2	20	243.8	43	322.4	57
1985	4,220.3	879.0	21	412.8	47	466.2	53
1990	5,803.1	1,180.2	20	508.3	43	671.9	57
1995	7,397.7	1,369.2	19	519.2	38	850.0	62
1999	9,268.4	1,620.8	17	555.8	34	1,065.0	66
2002	10,480.8	1,932.5	18	679.5	35	1,253.1	65

资料来源：Department of Commerce, Bureau of Economic Analysis.

表2　部分经合组织成员国政府总支出占国民生产总值的百分比（%）

国家	澳大利亚	英国	比利时	加拿大	德国	美国	法国	日本
1970	—	37	42	34	38	31	39	19
1975	31	44	51	38	48	33	43	27
1980	32	43	59	39	48	32	46	32
1985	37	44	62	45	47	33	52	32
1990	35	40	55	46	45	33	50	32
1994	38	43	55	48	49	34	55	35

资料来源：转引自毛寿龙《有限政府的经济分析》上海三联书店，2000年版。

二、政府投资的规模

美国政府投资从绝对额看很大，但是从相对额来看，80%以上的总投资是私人投资，政府投资在总投资中占的比例还不到两成，而且，政府投资比重还表现出进一步萎缩的趋势（见表3）。

表3　美国私人投资与政府投资的统计数据（10亿美元、当年价）

年份	国内总投资（1）	国内私人总投资		国内政府总投资	
		金额（2）	(2)/(1)(%)	金额（3）	(3)/(1)(%)
1959	107.8	78.5	73	29.3	27
1965	153.8	118.2	77	35.6	23
1970	196.0	152.4	78	43.6	22
1975	293.3	230.2	78	63.1	22
1980	579.5	479.3	83	100.3	17
1985	895.0	736.2	82	158.8	18
1990	1,076.7	861.0	80	215.7	20
1995	1,376.7	1,144.0	83	232.7	17
2000	2,040.0	1,735.5	85	304.5	15
2001	1,924.2	1,607.2	84	317.0	16
2002	1,926.3	1,589.2	83	337.1	17

资料来源：Department of Commerce, Bureau of Economic Analysis.

三、政府投资结构

（一）政府投资中，州和地方政府是主角

从表4可以看出，在政府总投资中，上世纪50年代，联邦政府与州和地方政府投资基本上是平分天下，随后，联邦政府所占比重不断降低，到本世纪初，只占到1/4。投资分权化趋势非常明显。

（二）联邦投资越来越多－地转向非国防投资

政府投资中，随着联邦政府所占投资份额的下降，联邦国防投资也随之下降，非国防投资呈现上升趋势。国防投资所占比例下降可能和这些因素有关：首先，美国是最大的经济体，在长时间里美国是世界上国防支出额最大的国家，比例的下降没有影响其在国际军事竞争中的优越地位；降低这个比例有助于经济发展，增强未来可用于军事的经济资源。其次，上世纪美苏争霸时期，当双方获得具有相互摧毁的核能力情况下，战争实际上不容易在两个大国间爆发，常规的战争准备不具备先前的紧迫意义，这方面的投入可以削减。上世纪90年代以后，美国成为唯一的超级大国，把更多的资源投向民用领域也是自然选择。国防基本上由联邦政府负责，国防投资增长的放慢以及所占比例的下降，又在一定程度上解释了联邦政府投资在政府总投资中所占比例的下降。

表4　美国政府投资的统计数据（10亿美元、当年价）

年份	国内政府总投资	联邦政府投资		州和地方政府投资	
		投资额	投资占(%)	投资额	投资占(%)
1959	29.3	15.4	53	13.9	47
1965	35.6	14.7	41	20.9	59
1970	43.6	14.9	34	28.8	66
1975	63.1	19.5	31	43.6	69
1980	100.3	36.3	36	64.0	64
1985	158.8	74.4	47	84.4	53
1990	215.7	88.5	41	127.2	59
1995	232.7	78.7	34	154.0	66
2000	304.5	79.4	26	225.0	74
2001	317.0	81.2	26	235.8	74
2002	337.1	88.7	26	248.4	74

资料来源：DEPARTMENT OF COMMERCE, BUREAU OF ECONOMIC ANALYSIS

表5　美国联邦政府投资的统计数据（10亿美元、当年价）

年份	国内政府总投资	联邦政府投资		联邦政府国防投资		联邦政府非国防投资	
	金额（1）	金额（2）	(2)/(1)(%)	金额(3)	(3)/(2)(%)	金额（4）	(4)/(2)(%)
1959	29.3	15.4	53	13.7	89	1.7	11
1963	33.6	16.1	48	12.6	78	3.5	22
1965	35.6	14.7	41	10.0	68	4.7	32
1970	43.6	14.9	34	11.1	74	3.8	26
1975	63.1	19.5	31	13.0	67	6.5	33
1980	100.3	36.3	36	24.3	67	12.0	33
1985	158.8	74.4	47	57.5	77	16.9	23
1990	215.7	88.5	41	65.9	74	22.6	26
1995	232.7	78.7	34	51.4	65	27.3	35
2000	304.5	79.4	26	48.8	61	30.6	39
2002	337.1	88.7	26	55.6	63	33.1	37

资料来源：Department of Commerce, Bureau of Economic Analysis.

（三）联邦投资的技术结构越来越优化

从表6 可以看出，无论是国防投资还是非国防投资，联邦投资的技术结构都越来越优化，用于设备和软件方面的投资不断上升，远远超过建构筑物的投资，这种结构的变化会非常有助于这些投资的效能发挥。

表6　联邦政府国防投资与非国防投资中建构筑物投资与设备软件投资结构

年份	国防投资				非国防投资			
	建构筑物金额	占比例%	设备与软件金额	占比例%	建构筑物金额	占比例%	设备与软件金额	占比例%
1959	2.5	18	11.2	82	1.5	88	0.2	12
1965	1.1	11	8.9	89	2.8	60	1.9	40
1970	1.3	12	9.8	88	2.1	55	1.7	45
1975	2.3	18	10.7	82	4.1	63	2.4	37
1980	3.2	13	21.1	87	7.1	59	4.9	41
1985	6.2	11	51.3	89	7.3	43	9.6	57
1990	6.1	9	59.8	91	8.0	35	14.6	65
1995	6.3	12	45.1	88	10.8	40	16.5	60
2000	5.0	10	43.8	90	8.3	27	22.3	73
2001	4.6	9	45.6	91	8.4	27	22.6	73
2002	4.4	8	51.2	92	9.9	30	23.2	70

资料来源：Department of Commerce, Bureau of Economic Analysis.

（四）联邦政府在研发领域是重要的投资者

如果按照一些经济学家的意见，研究开发投入不是列为消费，而是列为投资的话，那么从表7 的数字来看，美国联邦政府是研发领域非常重要的投资者。上世纪50 年代至70 年代，全国的研发投资资金有一半以上来自联邦政府，到70 年代以后，产业才开始慢慢占据主导地位。不过，即使是现在，全国的研发资金中，联邦政府也仍然贡献了近3 成。如果看看对国民经济长远发展很重要，而私人投资动力相对不足的学术研究发展经费来源，我们会发现，联邦政府仍然是主要的投资者，上世纪70 年代以来，联邦政府投资基本上始终保持在该类投资总额的60% 以上（见表8）。

（五）公立教育主要是州和地方政府的责任

美国教育实行联邦、州、地方（学区）三级管理，各级行政拥有各自管理权限，中小学教育的管理权主要在学区，作为地方自治的一种形式，学区对本辖区内学校负全部责任。以税收为主要来源的教育拨款也来自三级权力机关。1986 / 1987 学年以前，中小学教育经费主要由地方财源承担，随着近一、二十年教育拨款集中化倾向的发展，州政府承担的财政负担比重不断增加。联邦政府教育支出在全部政府教育支出中占的比例基本上都在10%以下。具体情况见下表9。

表7　按来源分的美国研究开发资金（10亿美元、当年价）

年份	联邦政府		产业		其他来源	
	金额	比例(%)	金额	比例(%)	金额	比例(%)
1953	2.783	54	2.247	44	0.132	3
1958	7.022	64	3.707	34	0.235	2
1964	12.719	67	5.888	31	0.452	2
1970	14.993	57	10.449	40	0.839	3
1975	18.615	52	15.824	44	1.314	4
1980	30.002	47	30.929	49	2.310	4
1985	52.662	46	57.962	51	4.068	4
1990	61.596	41	83.208	55	7.175	5
1995	62.965	34	110.870	60	9.783	5
2000	66.371	25	183.703	69	14.651	6
2002	78.185	28	180.769	65	17.231	6

注释：其他来源包括学术机构、非盈利组织及州和地方政府。

资料来源：National Science Foundation, Science & Engineering Indicators — 2004。

表8　按来源分的美国学术性研究发展支出（10亿美元、1996年价）

年 份	联邦政府来源		非联邦政府来源	
	金 额	占比例(%)	金 额	占比例(%)
1972	5.731	68	2.668	32
1982	7.255	65	3.888	35
1989	10.841	60	7.217	40
1995	13.594	60	9.015	40
2002	19.044	58	13.517	42

资料来源：National Science Foundation, Science & Engineering Indicators — 2004。

表 9　美国基础教育经费的来源结构（各级政府）

年 份	总收入来源的结构（%）		
	联邦政府所占比例	州政府所占比例	地方政府所占比例
1959–1960	4.4	39.1	56.5
1969–1970	8.0	39.9	52.1
1979–1980	9.8	46.8	43.4
1989–1990	6.1	47.1	46.8
1990–1991	6.2	47.2	46.7
1991–1992	6.6	46.4	47.0
1992–1993	7.0	45.8	47.2
1993–1994	7.0	45.2	47.8
1994–1995	7.0	47.8	45.2
1995–1996	7.0	47.7	45.3

数据来源：国家教育统计中心，1996 年；全国教育协会，1996 年。

（六）政府是重要的基础设施投资者

基础设施是为国民经济正常运行提供公共服务，并保证社会扩大再生产得以顺利进行的各种物质技术条件的总和。基础设施一般可分为：（1）环境与卫生设施；（2）医疗保健和社会福利设施及观光风景设施；（3）学校；（4）公路；（5）铁路；（5）机场；（6）港湾；（7）给排水系统；（8）邮电通信系统；（9）大江大河的整治，如修建大坝，加固堤防等；（10）街道；（11）政府各种设施等。

这些基础设施通常具有这样一些特点：（1）为社会生产和公共生活提供服务，服务对象具有社会性和公共性。（2）基础设施具有不可分性，不能像一般商品按一定单位分割出售，否则会破坏系统运转的整体性和连续性，影响其效应的发挥。（3）由基础设施的不可分割性得出其管理的集中统一性。基础设施多属于公共部门，由政府直接管理和经营，或在政府的监督和扶持下由私有企业垄断经营，因而基础设施的竞争性有限。（4）基础设施具有明显的层次性。如有中央级和地方各级的基础设施。（5）基础设施一般所需投资大、收费低甚至是无偿服务，资金周转慢，投资回收期长。所以，一般由政府直接投资，尤其是大型骨干基础设施和服务于全国的公共基础设施，或者在政府财政补贴下由私人投资和经营。（6）基础设施常常产生外部经济和外部非经济。例如，修建一条交通运输线会使原来闭塞的地区变为靠近市场的地区，同时也会给交通沿线附近的居民带来环境污染和生态环境恶化。基础设施的外部性是政府介入的原因之一。(7)基础设施资本的资本系数在大规模建设的初期急剧上升，在后期缓慢下降。基础设施资本的资本系数之所以在初期急速上升有以下原因：在小规模的制造业里，随着产品需要的增加，增加其生产制造设备并不难，因为其设备有某种程度的可分性。但是，对于铁路等社会基础设施资本来说，由于其设备的不可分性，所以，其设备的增加都是大规模的。开始修铁路时，必需铺设铁轨及桥梁，修筑隧道及车站，购买机车车辆等，缺一不可。因此，基础设施资本的初期增长率相当高，且需要多年时间，在此期间有投入无产出。其结果是资本系数急速上升。当基础设施的基本投资告一段落时，对其服务的需求将逐渐增加，于是产量的增长率上升，致使资本系数下降。这个过程还会持续相当长一段时间，因为基础设施的基本投资结束之后，今后只需进行少量的资本投资即可增加生产力。这样，基础设施资本系数，经历从最初的急剧上升，到建成后的急剧下降，到后来的维修扩建时期的缓慢下降。这样，短期内社会资本总额中，用于基础设施投资的比例高，初期的总投资效益肯定低，但是，当项目建成后，效益将会逐步发挥出来。

然而，许多基础设施并不是纯粹的公共产品，这是因为在许多情况下，分辨设施的使用者是比较容易的，因而具有可收费性。而且随着科学技术的发展，要求基础设施的使用者付费越来越变得经济可行。这就使得越来越多的基础设施由私有企业兴建和维护，并实行市场管理。像公路和学校等就是这类例子。所以统计基础设施的投资情况应该包括私人投资和公共投资两个部分。

在美国，许多基础设施都是公有的，当然也有私有的。不过，对于基础设施投资的实证研究对象大多是公共基础设施投资，这是因为大多数基础设施是公共承担的，也因为难以区分私人拥有的基础设施资本和其他资本，难以区分私人用于健康和教育目的的人力资本投资与其他的一般消费开支等原因。由于这个原因，全社会的基础设施的总量和结构的数据缺乏，因此我们这里的研究对象也主要是指的政府基础设施投资。

从表10我们可以看出，基础设施投资主要是州和地方政府的职责，3/4到4/5的基础设施投资出自州和地方政府，联邦投资的份额有很大的波动，从上世纪50年代初期的不到20%，上升到1977年的顶峰约40%，然后逐步下降到90年代的25%左右。60年代出现一个小高峰，主要由于州际高速公路和水资源与运输事业投资的急速发展，70年代末至80年代初的高峰则是由于污水处理、公共运输和铁路事业投资的高峰引起。

(七)联邦政府总投资自70年代以来年际变化不大

按可比价值计算，联邦政府总投资上世纪50～60年代急剧增加，70年代以后基本上没有太大变化，从投资结构上看，研发投资始终是最大项投资。

表10 政府基础设施投资（百万美元、1997年价）

年份	总额	联邦政府		州和地方政府	
		总额	比例（%）	总额	比例（%）
1956	66,531	11,037	16.6	55,494	83.4
1960	85,371	27,410	32.1	57,961	67.9
1965	107,392	35,894	33.4	71,498	66.6
1970	115,373	33,651	29.2	81,722	70.8
1975	112,325	37,112	33.0	75,213	67.0
1980	135,714	52,536	38.7	83,178	61.3
1985	145,759	44,255	30.4	101,504	69.6
1990	174,852	41,679	23.8	133,173	76.2
1994[B]	190,535	47,532	24.9	143,003	75.1

资料来源：Congressional Budget Office。a. State and local outlays are net of federal grants and loans.
b. Data on net state and local outlays for water resources were not available.

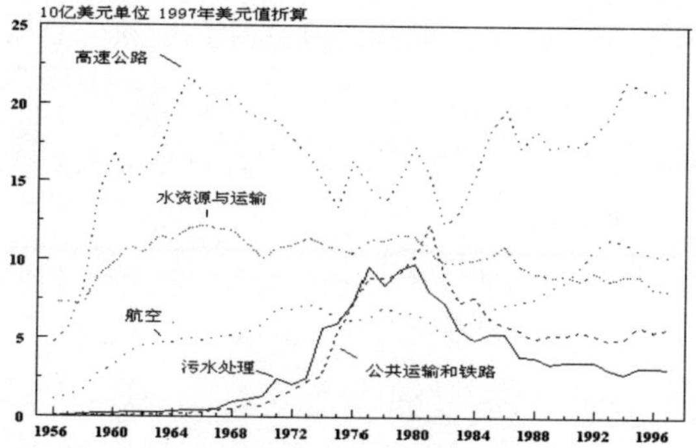

资料来源： Congressional Budget Office.

图1 1956-1997年按类别分联邦基础设施开支

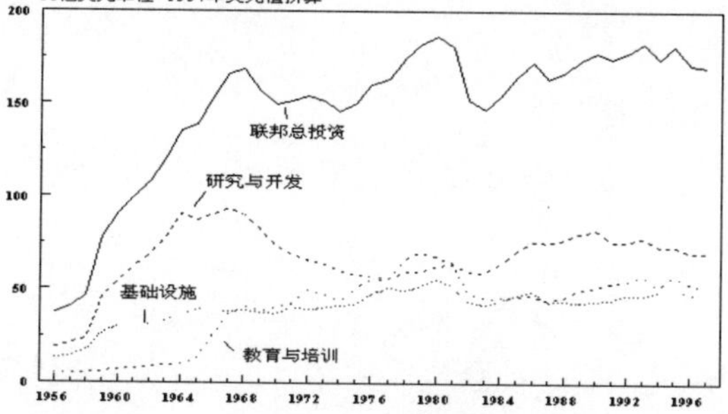

资料来源： Congressional Budget Office.

图2 1956-1997年按类别分的实际联邦投资

四、联邦政府与州和地方政府投资事权的划分

（一）政府财政应该承担的职能

美国财政理论界认为，所有社会产品可以划分为三类：私人产品、公共产品和准公共产品。其中，私人产品应由私人市场提供，公共产品应完全由政府提供，准公共产品政府应适当提供或介入，从而提出了美国政府的财政支出范围是全部公共产品和一部分准公共产品的论点。

1．私人产品由私人市场提供

它们是可以由私营部门通过私人市场提供的产品和劳务。私人产品通常具有三个特征：

私人产品的效用具有可分割性，即其效用是只对为其付款的人提供的，或说是谁付款谁受益。

私人产品具有排他性，即某个人对私人产品的享用就排除了其他人同时享用。

私人产品具有可阻止性，即是说，如某个人不喜欢某件产品，他可以用不去购买它的方法而将它排除在使用品的范围之外。

日常生活中私人产品的例子比比皆是，如食品、衣服等，如果某个人喜欢它，就可以付款得到它，该产品的效用就只归这个人或其家庭享用；如果不喜欢它，不买它不用它即可。

美国人认为能够由市场提供的就应该让市场提供，政府无需干预。

2．公共产品由政府提供

公共产品是那些不能由私营部门通过私人市场提供的产品和劳务。其特征正好与私人产品相反：

它们的效用具有不可分割性，它们是向一个集体的人们提供的，而不是只向一个人或集团提供。

它们不具有排他性，某个人对公共产品的享用并不影响其他人同时享用，也不会影响其他人的享用数量和质量。

它们不具有可阻止性，没有办法把拒绝付款的人排除在公共产品的收益范围之外。

3．准公共产品一般由政府提供

这类产品介于私人产品和公共产品之间，既有私人产品的特征，又有公共产品的一定特征。

教育是准公共产品的一个典型例子。从公共产品的角度来看，整个社会都能够从较高的教育水平中受益，人们可以有良好的社会风气和环境，经济可以比较快地获得发展等。在这个范围内，教育提供的效用可以说是不可分割的。但是从私人产品的角度来看，当一个人受到良好的教育时，他本人及其家庭可以直接从中获益，他可以有满意的工作和舒适的工作环

境和生活条件，较高水平的工资收入等等。就这一点来说，教育提供的效用又是可分割的。

国家、州建设的公园也是准公共产品的例子。那些不到公园游览的美国人是不能享受公园所提供的服务的，只有到公园游览的人才能获得它提供的服务，因此，其效用具有一定的可分割性，另一方面他又是不可分割的，进去的人谁都可以享用。

准公共产品是一种既可以由私人提供，也可以由政府提供的产品。但是很多准公共产品对美国经济发展有重要影响或是由政府提供比较有利，在这方面政府应当介入。或是由政府财政完全出资，或是由政府财政给与补助。

一般来说，政府在财政支出范围上引起争论的正是准公共产品。类似教育和公园的准公共产品的例子很多，如医疗照顾和医疗补助、公路设施、公共事业、社会福利等等，这些是目前美国财政支出中的重要项目。

4．私人供给公共产品

从20世纪60、70年代起，随着经济自由主义和反国家干预思潮在西方的兴起，一批经济学家开始探索通过市场方式即私人供给公共产品的可能性与可行性。许多国家，包括美国在内也在实践中积极探索如何让私人在公共品供给中发挥积极作用。如美国的航空、能源、银行、电信、教育、交通运输等公共产品的供给已全部面向私人开放。

总的说来，公共产品私人供给的形式主要有三种，一是私人的完全供给，二是私人与政府的联合供给，三是私人与社区的联合供给。

私人的完全供给指公共产品的投资、生产以及修缮由私人来单独完成，私人通过收费的方式向消费者收取费用。科斯的灯塔就是很好的例证。再如香港凤凰卫视在大陆的电视节目设置了加密频道，只有付费的观众方可收看等等。

私人与政府的联合供给指在公共产品的生产和提供过程中私人和政府形成了某种联合。如政府对私人提供公共产品给予一定的补贴和优惠政策，如政府补贴私人治理沙漠等；再如政府和私人签定合同，私人负责生产，政府进行采购后再提供给公众。这样公共产品的生产和提供就分开了，如私人生产某些国防产品，政府进行订购等等。

私人与社区的联合供给指私人与社区通过有条件的联合来提供公共产品。社区可给予私人一些优惠政策如提供场地等，这样私人可以以较低的价格来提供社区公共产品；或者社区从私人那里购买一定量的公共产品，再提供给社区成员等等。

5．政府在私人供给公共产品时仍然要发挥积极作用

某些公共产品由私人供给决不意味着政府可以放任不管，相反，政府在公共产品的私人供给中发挥着至关重要的作用。政府的作用主要集中在以下方面：

首先，政府要为公共产品的私人供给者提供制度激励，这包括对公共产品产权的界定以及给予某些激励措施等，从而为私人提供公共产品创造良好的制度环境。

其次，私人提供公共产品可能会出现某些负外部性问题，对此政府要进行必要的规制。私人取得某一公共产品的产权后，可能形成某种垄断优势。私人凭借这种垄断优势，可能会提高此公共产品消费的准入价格，如提高高速公路的收费等；还有可能不对消费者提供完全信息，从而欺骗消费者；再者此公共产品在使用过程中还可能产生环境污染等负外部性，等等。针对上述问题，政府有责任对公共产品的私人供给者进行必要的管理，以保护消费者权益。

再者，在私人提供公共产品的过程中，政府有必要给予公共产品的消费者某种支持。因为公共产品的消费者一般是分散的，而且同样由于理性经济人的原因，消费者容易陷入集体行动的困境，不太可能形成强有力的集体行动同公共产品的私人供给者讨价还价。这种情况下，政府有必要为消费者提供信息以及其它必要的支持。如组织消费者成立关于该种公共产品的协会等，以采取有效的集体行动，加大同公共产品私人供给者博弈的筹码，促使私人提高其所提供的公共产品的品质。

（二）各级政府承担的职责

美国财政体制为联邦、州和地方三个层次。同其它一些发达市场经济国家相比，美国的州和地方政府有较大的自主权。

前已述及，美国现代财政是以公共财政理论为指导建立起来的。在政府事权和财政支出范围的界定上，以公共产品、准公共产品、私人产品为标准来划分各级政府职能范围。因此，各级政府在事权和财权划分上，主要依据收益范围原则和效率原则。所谓受益范围原则是指，以受益对象和范围的大小作为各级政府承担财政支出的依据。如国防、外交等是以国家整体为服务对象，应由联邦政府承担；州或地方的基础设施，受益区域是州或地方，则由州或地方承担。所谓效率原则是指，某项事务由哪级政府办理成本最低，效率最高，则由哪级政府承担。

在美国，由于各地方经济发展水平和资源条件不同，因此，财政富裕程度也不相同。为了解决这种不平衡问题，美国上级政府对下级政府实行多种形式的转移支付制度。这种制度主要包括无条件转移支付和有条件转移支付两大类。无条件转移支付不规定具体用途，如一般收入分成。有条件转移支付规定具体用途，如专项补助、广泛基础补助。联邦政府对下级政府的转移支付绝大部分是有条件的支付形式，主要用于基础设施、教育和社会服务等方面。州政府对地方政府也实行转移支付，大部分用于基础教育和成人教育。美国各州和各地方通过联邦政府的转移支付，可以获得较大程度的财力补助。例如，纽约市 1994 年的财政补助是其财政总收入的 1/3 以上。

按照美国宪法，联邦政府的主要经济职责是保持宏观经济健康发展，同时也要向州和地方政府提供拨款、贷款和税收补贴。州和地方政府的主要职责是提供公共服务，如公共教育、法律实施、公路、供水和污水处理。美国联邦政府的财政支出由国防开支、人力资源经费、物力资源开支、其他用途、未分配冲减性收入等项目组成。其中人力资源分教育、卫生、收入保障、社会保障和退伍军人福利与服务等内容；物质资源项目分能源、自然资源与环境、商务与住宅、交通和地区发展支出等内容；其他用途分国际事务、一般科技、农业、司法管理以及一般政府项目支出。州和地方政府财政支出主要包括教育、医疗补贴、福利与社会服务、高速公路、警察与消防、监狱、供水、排水与卫生以及其他项目支出。但一些支出项目也存在交叉内容。百分之百由联邦政府支出的项目有国防、社会保障与医疗保险、退伍军人福利、邮政服务等。其他的项目则承担支出的一定比例，如教育、高速公路、公共福利、自然资源、警察、监狱、政府职员退休金。如果把联邦向州和地方政府的转移支付计入联邦账户，那么联邦支出所占的比重一直保持在70%左右。

具体就投资来说，联邦政府主要对研究开发尤其是基础研究、全国性基础设施以及部分教育培训项目投资，大部分教育和区域性的基础设施投资都是由州和地方政府进行投资的。就基础设施投资来说，政府投资工程主要集中在改善社会和经济发展环境方面的项目上，如交通、城市设施、农业基础设施、水利设施、军事及国防设施、高科技、政府办公用房等。同时，各级政府在投资活动的分工上也比较明确，联邦政府主要负责涉及国家全局或需要巨大投资的项目，如国家公路和州际交通、国防、宇航和其他需要花费巨大的高科技项目；州政府负责州内的公路、州管的福利和文化等设施的建设；市政府负责城市内的交通、供水、污水处理、消防和社会治安设施等的建设；县政府负责县属的学校和福利设施的建设。

五、政府投资项目中社会资本的参与

公共物品在生产与消费上的特征有别于私人物品，它在传统上一般由政府来组织供给、投资及经营等活动。所以，政府的职责就经常表现为承担直接投资公共物品的职责，政府财政支出的负担也由此而越来越重。随着市场经济的发展，单一的政府投资已远远难以满足多样的公共物品需求，其投资主体多元化的要求也愈加强烈。当然，除了开辟新的资金来源渠道外，政府也往往把引入社会资本作为增强竞争、提高公共服务生产和供应的效率及降低成本的手段。Savas 对美国公共服务民营化的调查发现，政府热衷于民营化的理由是：试图消减机构内部开支占90%，外部财政压力占53%，私营部门的建议占23%，政治气候占23%（上述可复合选择，故总百分比超过100%）。这说明，美国公共服务实行民营化的主要原因是削减机构内部开支与外部财政压力。而对哥本哈根、丹佛、伦敦、洛杉矶等12个城市公交系统服务的调查表明，合同承包带来的费用节约，平均为36%(Savas， 2000)。这说明，民营化确有提高效率降低成本的作用。这里必须注意的是，不是所有基础设施项目都可以吸引到社会资本参与，只有那些有最确定收益的项目才能吸

② Emanuel S. Savas: Privatization and Public—Private Partnerships, Chatham House, 2000。

③ Toll Roads in the United States: History and Current Policy, http://www.fhwa.dot.gov/ohim/tollpage/cover.htm。

引到私人投资者的参与[2]。除了政府财政压力和私人运营的效率因素外，美国运输部高速公路管理局研究美国收费公路的历史与现状的报告还认为，电子收费系统技术的出现降低收费部门的运营成本和车辆等待时间，也是利用社会资本的方式之一——收费公路发展起来的原因之一。

一般来说，在原先由政府提供服务的领域引入私人参与有很多方式，我们可以参考美国华盛顿公私合伙研究所基础设施融资和民营化专家 Jonathan Loew 等人的研究，下表 11 列出了他们总结的政府与私人合作的主要方式[3]。

表 11　政府与私人部门合作的主要形式

契约形式	期 限	承包者通常得到什么	承包者绩效性质	例 子
服务契约	短期(1–3 年)	因提供服务从政府那里收费	可以界定准确的技术性服务	某项设施的维修和清洗
管理契约	中期(3–8 年)	因提供服务收到政府支付费用及业绩为基础的激励报酬	管理应由政府提供的服务的经营	区域性供水的管理
出租 lease	长期(8–15 年)	向顾客提供服务并收费；政府提供设施给承包人，承包商要向政府付租金	按照指定的标准和产量管理经营和维护（可能还要投资）某项市政服务）	现有机场和港口设施
建设－经营－转让	长期(15–25 年)	政府根据某个标准向供应者付费	按照指定的质量标准建设和经营提供某种服务必需的设施	建设和维护区域性的学校、监狱或医院
特许 Concession	长期(15–30 年)	提供消费者服务并收取费用服务提供者向政府支付特许费并承担债务	按照指定的质量管理经营维修和投资公共服务基础设施	新机场、海港设施、收费公路和桥梁

④ 美国国会预算办公室 “Innovative Financing of Highways: An Analysis of Proposals, 1998”。

社会资本参与政府投资项目的方式比较复杂，不同领域可能会有差别，这里再以公路领域私人部门参与的形式为例做简要的介绍[4]。

私人部门参与公路项目可以采取许多形式，最常见的方式是由州负责公路的部门跟私人企业签约来建路。近年来，越来越多地放权给私人企业，以激励他们更有效地投资公路建设。私人参与公路项目融资的比例见表 12。

正如美国国会预算办公室在 1998 年 1 月份的研究报告《公路融资创新》(Innovative Financing of Highways) 第 5 章中所说，私人部门参与的结构依项目的不同而不同，没有哪个模式是主流的模式，私人资本参与收费公路的建设和运营的程度也依项目的不同而不同。目前，没有看到相关的详细的调查统计资料，无论官方的还是学术界的。不过，美国 1998 年颁布的运输基础设施金

表12　私人参与公路融资的比例

国家	澳大利亚	英国	比利时	加拿大	德国	美国	法国	日本
1970	—	37	42	34	38	31	39	19
1975	31	44	51	38	48	33	43	27
1980	32	43	59	39	48	32	46	32
1985	37	44	62	45	47	33	52	32
1990	35	40	55	46	45	33	50	32
1994	38	43	55	48	49	34	55	35

资料来源：Congressional Budget Office.

融与创新法案（Transportation Infrastructure Finance and Innovation Act of 1998, TIFIA），倒是对运输部向全国性大型运输项目提供联邦资助做了些规定。它不但规定了获得联邦信贷资助的项目的资格标准，还规定了帮助的形式，联邦政府投入的比例标准。下面我们做一个简单介绍。

该法案规定，对于有全国性或地区性影响的地面运输项目可以给与三种形式信贷支持：

①直接贷款：

美国运输部作为贷款人，借款人为非联邦政府发起人；

贷款额最高达项目成本的33%；

利息按照同期国库券利息收取；

最大偿还期是项目完工后35年，有多达展期10年的灵活性；

要以项目收入作为还款的保证。

②贷款担保：

美国运输部替项目发起人借款的全部或部分本金和利息支付提供担保；

保证额度最高达到项目成本的33%；

利息由借贷双方协商，经由美国运输部同意；

最大偿还期是项目完工后35年，有多达展期10年的灵活性；

要以项目收入作为还款的保证。

③信贷额度

作为第二资金来源，在项目运营的前10年里，紧急情况下作为直接贷款补充项目收入之不足；

额度高达项目成本的33%（年使用额度最多20%）；

项目完成后10年内可以利用；

利息按30年期国库券利息收取；

在可用期限完结后最长可以有25年展期；

要以项目收入作为还款的保证。

就公路建设的私人参与来说，美国现有公路总里程（包括城市道路）近700万公里，其中高速公路9万多公里，但这些公路（道路）基本上都是免费通行的。美国的收费公路不多，2003年州际收费公路还不足5000公里[5]。美国收费公路不多的原因主要有二：一是美国公路建设多由国家投资，无需收费偿还建费；二是美国公路网在上个世纪60年代就已基本建成了，即使当时有些路是借贷所建并须以收费偿还费用，那么经过几十年的收费经营，当初的信贷也早已还清了，不用继续收费了；三是直到1980年代开始，美国发展收费公路的法律舆论环境和财政方面的客观需要才为实践开辟了道路。

⑤《Toll Roads in the United States: History and Current Policy》，http://www.fhwa.dot.gov/ohim/tollpage/cover.htm。

六、政府投资项目的决策管理[6]

⑥《政府投资项目管理模式研究》，南开大学出版社，2002年8月第1版。

（一）项目决策是多部门共同作用的结果

在联邦政府投资工程的决策及实施过程中，最终用户部门以及管理与预算办公室、国会以及财政部都要以不同的形式参与，最终用户一般要参与审定设计和验收工程，管理与预算办公室要对项目的预算进行审定，预算还需经国会批准后方可继续执行，财政部负责工程建设资金的集中支付。地方各州的政府投资工程的实施程序也与联邦政府基本相同。

联邦以及各州的政府投资工程的决策及实施程序不尽相同，但一般均具有以下特点，即在项目的决策阶段，项目要经过同级财政部门和议会的严格审查：在项目的实施阶段，则由项目的执行机关严格按照规定程序以及有关合同对项目进行严格管理。以美国总务管理局的项目运行过程为例，一个大型项目的设计和建设直至交付使用，大约需要如下四个阶段：

(1)区域规划。总务管理局房地产开发办公室的每个地区办公室都有自己的区域规划，以明确自己的投资战略，总务管理局总部的投资管理办公室在此基础上每年对循环滚动的5年计划进行更新。

(2)计划任务书发展研究。计划实施的工程将从区域规划中挑选出来以便进一步深入运行，即总务管理局做出决定，批准某一项目，并向管理和预算办公室和国会提出所需投资额度。

(3)项目审定。管理和预算办公室对作为总务管理局的预算的每个部分进行检查并上报国会，国会审定项目，并且在联邦预算中安排适当的资金。

(4)项目管理。总务管理局下属的房地产开发办公室组织成立一个项目小组，该小组由建筑师、工程师、建设经理、总务管理局的客户或租户、房地产开发专业人士等组成，负责对工程自始至终地进行集权化的管理，并承担责任。

（二）重视项目决策的公民参与

在规划和计划阶段，无论是联邦一级还是州和地方相关政府项目管理部门，都要将相关的文件通过网络等媒体向社会公布，广泛征求相关利益团体和市民意见，举行听证会，发挥民众在政府规划和项目决策方面的积极作用。我们可以看看任何一个具体承担项目策划的州和地方运输部的网站，上面往往都有当地运输发展中长期计划文件草案征求意见、有拟建项目资料、专门委员会开会的时间、举行听证会的时间，做到信息公开透明，按程序听取百姓意见。

国内就有人提到一个这样的例子，说到，美国休斯顿市政府曾就马路旁开一条小路给自行车用举行听证会。政府的意图在于鼓励骑自行车上班，鼓励环保，但有些人反对。政府就此事决定开听证会，并发了2000多个信函通知，在报纸上公布听证会内容，相关人士都可以参加听证会并发表意见。听证会后，政府研究哪方面的意见最好，对市民有利，最后决策通过。

（三）由有关专业部门进行专业化管理

对于一般的政府投资工程，美国各级政府一般根据其专业的不同，分别由不同部门实行专业化管理。

美国联邦政府对于其负责投资的住宅及城市设施、农业设施、水利设施、军事及国防设施、交通、政府办公用房。分别由住宅与城市建设部、垦务局、美国工兵部队、交通部、总务管理局等实施专业化管理。对于一些特大型的工程，则组建类似密西西比河流域管理局这样的专门机构进行特殊管理。

美国各州以及地方政府的政府投资工程管理体制大体相同，即由少数几个专业部门对本级政府的政府投资工程进行专业化管理。例如美国的密苏里州，其政府投资工程主要由州运输局和设计建设处负责管理。

（四）大型咨询机构和同行评审是重要环节

美国是由51个州组成的联邦制国家，联邦政府虽只有13个部，但行政机关一直就有政府以外人士咨询的惯例，为政府提供咨询意见的各种咨询委员会也非常多。咨询委员会的作用至少有三点：改善政府机关和外界的联系；利用外界的专门知识；扩大政府公务员的经验和视野，作出更合理的决策。

据1991年的国会手册记载，法律授权的各类委员会为61个，如证券交易委员会；而无法律授权，但仍为政府提供咨询意见的委员会有几百个。为这些“准政府机构”工作的各行各业的专家有几万人。

无论是实业项目还是研究项目，咨询部门外的机构和专家的意见，利用政府机构以外专业人才的智慧，是政府项目决策的最基本方法。

美国历届政府都十分重视咨询机构的作用。如尼克松和福特的重大决策很器重美国企业公共政策研究所的意见；卡特依靠布鲁金斯研究所为其出谋划策；里根把斯坦福大学的胡佛研究所作为自己的智囊团。美国政府对咨询机构给予优惠扶持。例如1973年从国库支出25亿美元，设立专门的海关贸易发展计划（TOP）赠款，提供经费给本国咨询公司为发展中国家进行可行性研究，以此推动美国的国际贸易。美国政府是咨询的重要客户之一，咨询公司可以通过投标的方式取得政府咨询项目。政府还规定咨询费可以纳入成本，不征所得税。超过100万人口的城市要建立区域发展综合咨询机构，把咨询作为政府决策过程的法定程序，即政府项目的论证、投资、实施、验收等各环节和阶段都要有咨询报告。

无论是各政府部门，还是研究机构或企业公司需要咨询服务时，一般均采用招标方式，委托咨询服务机构自主进行，咨询人员或机构不受任何社会力量和利害关系左右，而是站在独立立场上，凭借自己的智力和信息处理、加工分析手段及相应的职业准则提供服务，确保执业的独立性和超脱性，保证咨询成果的客观性和科学性。

咨询公司在项目起动前，咨询公司要根据合同的具体要求，做出专家管理计划书，对项目进度和财务分配作出具体规划。咨询报告要严格按程序和规定操作，得到委托部门的认可．如果在执行过程中出现技术、数据、方法、推论等错误，咨询公司要承担法律责任，依法赔偿经济损失。

七、政府投资项目的建设管理⑦

⑦ Stephen V. O'Neal and Paul W. Berning, U.S. Construction, Architecture and Engineering Industry: An Overview for International Investors, February 2, 2004, http://www.constructionweblinks.com/。

无论联邦政府还是州和地方政府都非常重视公共项目的建设管理。

（一）政府投资项目实行公开招投标选择管理、物质供应和建设者

政府投资的项目，物资、设备和承包商的选择，一般以公开招标方式为主，但允许在一定条件下采用竞争性谈判和单一来源采购方式。在采用招标方式时，整个招标、评标和开标过程，全部向社会公开，接受公众监督。凡是有资质的团体和个人都处于同一起跑线上，用同一种标准，公平竞争，从中选出最合适的中标者。在采用招投标方式时，原则上实行最低价格中标原则，但合同官员要确认承包商的“负责任性”。即在授予合同时，要检查承包商按照项目的要求执行合同的能力，其中不仅要考察承包商目前的技术和财务能力，还要考察承包商的以往业绩和信誉。

（二）项目建设受严密的法律法规体系制约

政府工程的管理所依据的主要法律法规是美国联邦采购政策办公室制定的《联邦采购规章》(Federal Acquisition Regulation-FAR)，另外还有美国国会1962年颁布的订立政府合同过程中的诚实法律，美国国会1984年颁布的订立政府合同时促进公平竞争的法律，各个行政机构制定的部门规章制度等。此外，美国政府工程的合同管理还必须受一些公共法律的约束，如合同法、企业法、小企业法等。

（三）重视合同管理

(1)政府工程无论采取什么建设方式都注重用合同界定各方权责利。美国政府工程的建设方式主要采用传统的三角方式，即业主分别与设计机构和承包商签订设计和施工合同，业主直接对设计工作进行管理，在施工阶段则由设计人员代替业主承担一部分重要的监督工作。另外，针对工程的具体特点，有时也采用设计－建造方式以及建造－管理方式等。

(2)合同形式及内容。美国政府工程的合同形式以固定价格合同为主，但同时也有多种其他类型的合同。合同内除常规内容外还有一些规定政府部门特权的特殊条款，如美国规定政府部门有权力在认为“符合政府利益”的任何时候中止合同。这时候，承包商仅有权力追索执行合同中已经发生的费用及已经完成工作量的利润，但没有权力收回任何将来期望得到的利润或者造成的损失。

(3)合同管理。政府投资工程的合同管理一般都由政府部门委派一名“合同官员”实施管理，在发生变更事项时，一般采用友好协商和调解的方式解决分歧，无法达成一致时申请仲裁或提起上诉。如果政府与承包商由于合同修改而增加报酬和时间延期的问题上不能够达成一致时，政府可以发出一个单方面的合同修改意见，承包商只能先执行后申辩。

(4)资金支付。在工程价款的支付方面，一般采用集中支付模式，即承包商提出支付申请，经合同官员确认后，由财政部门直接将资金拨付到承包商账户。

（四）注重风险防范

美国建设项目在招标确定承包商后，承包商首先需要做两件事：工程担保（Bond of Works）和工程保险（Engineering Insurance）。1935年8月24日国会通过的《米勒法案》（The Miller Act）要求所有参与联邦工程建造的总承包商，必须投保以保证该承包商履约并按时付款给材料供应商和工人，即必须向业主提供履约担保和付款担保。《米勒法案》还从法律上规定了必须进行担保的工程规模、范围和金额。目前，美国《米勒法案》的具体规定如下：10万美元以上的联邦政府建筑工程项目（楼房及公共设施建设、改建和修复等），承包商必须提供100%合同价格的履约保证合同和最高达50%的付款保证合同，10万美元以下的建筑工程，业主视情况有权要求同样的担保；付款担保的具体规定为：100万美元以下的工程，担保额为合同价格的50%，100～500万美元的工程，付款担保额为合同价格的40%，500 万美元以上的工程，付款担保额为250 万美元。

工程保证担保主要包括投标保证、履约保证及付款保证。投标保证是指，若承包商中标后，因故不能与业主签约承建工程，保证机构须支付业主投保保证金，同时次低标成为中标者。投标担保有效排除了不合格的承包商参加投标。履约保证是指，由于非业主的原因，承包商无法履行合同义务，保证机构应该接受该工程，并选择其它承包商继续完成工程建设。业主只按原合同支付工程款，保证机构须将保证金付给业主作为赔偿。履约保证充分保障了业主依照合同条件完成工程的合法权益。付款保证是指，若承包商没有根据工程进度按时支付工人工资以及分包商和材料设备供货商的相关费用，经调查确认后由保证机构予以代付。付款保证使得业主避免了不必要的法律纠纷和管理负担。

工程保证担保涉及三方契约关系，承担保证的一方为保证人（Surety），如专业保证机构；接受保证的一方为权利人（Obligee），如业主；对于权利人具有某种义务的一方为被保证人（Principal），即投保人，如承包商。建筑工程中，业主为了避免因承包商原因而造成的损失，往往要求由第三方为承包商提供保证，即通过保证人向权利人进行担保，倘若被保证人不能履行其对权利人的承诺和义务，以致权利人遭受损失，则保证人代为履约或负责赔偿。

工程保险以建设工程项目作为保障对象，是对其建设过程中遭受自然灾害或意外事故所造成的损失提供经经济险的一种保险形式。投保人将工程风险转移给保险人（保险公司），并按期向保险人交纳保险费，如果事故发生，投保人可以通过保险公司取得损失赔偿以保证自身免受损失。无论承包商、分包商，还是咨询设计商，如果没有购买相应的工程保险，或者没有取得相应的保证担保，就无法取得工程合同。建筑工程社会保险不仅成为强制推行的法律制度，同时也是建设主体各方普遍遵循的惯例。

（五）政府工程有相对独立的内、外部监督机制

为防止政府工程实施中的腐败行为，保证投资效果，美国政府建立有相应的监督机制。在内部监督方面，每个负责政府投资工程的行政机关内部都设有独立于工程管理部门的监督部门，对其在招投标等环节的行为进行监督。对联邦政府投资工程管理部门实施外部监督的主要任务则由美国国会的总会计师事务所下属的总审计署办公室承担，它有权对行政机关的投资计划进行评估，可以接触所有政府文件，就政府机关的支出提出建议，而且可以对项目进行审计。

他们管理政府投资工程的共同点，一是由政府对政府工程集中实施直接管理，并设有实施政府投资工程的专门机构；二是将投资、建设、使用分开，实行专业化管理，项目的建设管理一般由专业部门负责，项目建设的专业部门不直接掌握资金；三是政府工程管理的透明度高，要接受多方面监督，以保证政府工程实施的公正廉洁；四是政府投资工程的管理有严格的规则和程序，有专门的法律法规等。

美国联邦政府设有住房与规划部、交通部、工兵部队等部门，专门负责联邦政府工程的建设管理。其管理方式，一是严格按照《联邦采购法》办事，美国各州还制定了许多法规，如必须采购美国制造的材料设备、建设中必须符合联邦的环保标准、必须实行竞争性招标和最低价中标、必须按照米歇尔法实行担保等；二是要接受国会、政府部门和公众的监督，国会的会计总署和政府总检查官办公室有权对联邦政府投资工程的资金使用情况及执行情况进行检查。政府投资工程的建设情况应定期公告社会，听取公众意见，接受舆论监督。

政务公开的重要目的是实行决策的民主化、科学化，前面提到的计划和项目信息公开及听证会就是流行的办法。

八、对我国政府投资管理体制改革的若干启示

美国政府投资管理体制是一个非常复杂的大系统。从已经了解到的情况看，我们认为，美国政府投资体制还是有不少值得我们研究和借鉴的地方。

（一）政府主要负责研究开发、教育和基础设施投资

政府投资主要用于关系国家安全和市场不能有效配置资源的经济和社会领域，包括国防、公共基础设施、生态环境保护、教育、研究开发、促进欠发达地区的经济和社会发展、推进科技进步和高新技术产业化。其中，除国防外，尤其要重视研究开发、教育和基础设施投资。研究开发中，政府主要负责基础研究这一块，其中也主要是提供资金，承担任务和花钱主要还是非政府部门的事情。

（二）政府负责规划和管理，投资的实施借助非政府力量

政府主要负责发展规划和立项建议及建设管理和运营监督，项目的可行性研究、设计、建设和建成后的运营管理，往往都借助于社会力量来完成，这样，有助于政府把更多精力投入到前述宏观管理工作上，还有助于防止腐败，有助于维护政府的威信。

（三）公共投资主要任务由地方政府承担，中央政府用法规、规划和资金补助等手段进行协调和引导

公共投资主要由地方政府承担，这既是因为许多公共产品也具有地域性，也因为地方政府比较了解当地情况，还因为中央行政管理能力的局限性。此外，在一个越来越民主的社会里，当地百姓对于当地政府官员的约束更有力，地方政府的责任心应该更强。中央政府为实现全国一盘棋的思想，主要用法规、规划和资金补助等手段进行协调和引导地方政府投资。我们现在有黄河水利委员会和长江水利委员会这类跨区水利建设协调的机构，还可以学习美国成立一些跨区的基础设施规划机构，这样，跨省的项目也不一定要由中央来承担。

（四）教育、基础设施等公共产品在政府管理下由私人提供既可省钱又可提高效率

随着经济发展和人民生活水平的提高，人们对于教育、基础设施等公共产品的需求增长很快，公共选择等理论的发展使人们对于政府失败的原因也有了深刻的认识，加上技术进步和人们对于这些公用品特性认识的进步，这些产品在政府管理下由私人提供既可省钱又可提高效率的既有实践，也在一定程度上赢得了共识，我们也应该进一步研究和推广公共产品的各种公私合作提供和私人提供的方式，加快这些产品的发展，改善人民的生活，推动经济发展。

（五）政府项目的决策要有一套科学程序，要透明，要反映民意

政府项目的决策要有一套科学程序，要利用专家委员会，利用社会咨询机构，要举行公开听证会，对于规划草案和拟立项的项目应该通过各种传媒公布。可以学习美国联邦立法机构的做法，制定和颁布重大投资研究法规（major investment studies,MIS），对于重大投资项目必须按这个规定作相应的研究，防止重大失误。

（六）政府项目的建设要依法办事

首先立项应该服从中长期规划，建设时要遵守政府采购法、招投标法、合同法等一系列的法律，还有其他一些涉及政府工程管理的法律法规，政府自身必须依法办事。

■ 专题7

英国政府投资的管理体制

内容提要：本专题报告分析了战后英国政府公共投资政策的变化趋势、英政府近年来为重新调整政府投资决策所制定的主要投资策略和英国公共投资的四个优先行业（教育、交通、医疗保健和住房）近年来的投资情况。并对英国政府投资的决策程序、预算原则、资金来源、项目管理机制以及私营投资对公共项目的参与等内容作了详细的评价。

一、投资规模与重点

（一）政府投资的目标

英国是最早开始工业化进程的资本主义国家。二次大战之前，英国经济在全球居垄断地位。二次大战使英国的经济实力遭到严重打击。上个世纪60年代后期推行的高税、福利和国有化政策使英国经济处于极端困难的境地。1973年，英国加入欧洲经济共同体，改变了其依赖英联邦各国和发展中国家的传统，转而加强与欧洲国家的贸易关系。1979年，以撒切尔夫人为首的保守党政府开始治理“英国病”，强调发挥市场经济作用，减少国家干预，紧缩开支，降低税收，整顿福利，调整工业，取消外汇管制，推行私有化和货币主义政策，使英国经济有了明显的恢复。

工党政府1997年上台后对英国家体制、行政机构和公共服务、经济现代化等方面进行了一系列重大改革，并取得一定成效。随后继续对福利、教育及医疗保险等制度进行改革，以低支出、低税收、低通胀、高就业政策实现经济稳定发展。

2000年，英经济规模超过法国跃居世界第四，并首次超过美国成为世界最大的海外投资国。GDP缓步回升，全年增长率达到3%。政府财政状况持续改善，财政盈余达230亿英镑，经济竞争力国际排名由上年的第十位升至第八位。

英国于1997年建立了两个与政府投资有关的制度。一个是“黄金制度”(the Golden Rule)，它要求在一定的经济周期中政府借款只可用于资本支出，不可用于追加经常性支出。“黄金制度”明确规定了经常性支出和资本支出的不同经济特性。以前，由于没有这种明确的区分，导致了公共项目的净投资从1978年占GDP的3%，下降到1997年的0.6%，许多项目都不同程度地受到了投资不足的影响。另外一个制度是“可持续投资制度”(Sustainable Investment Rule)，该制度要求公债占GDP的比例在整个经济周期中要维持一个稳定、审慎的水平，总的说来不能超过40%。这两条规则体现了英国新财政政策的透明性、稳定性、公平性和有效性特征。

同时，自1997年英现政府执政以来，英政府在公共领域的投资策略发生了历史性的变化。

自20世纪70年代中后期以来，政府在公共投资领域的不足和低效，导致公共设施质量恶化，公共设施的修缮成了政府沉重的负担，不仅如此，许多政府工程拖延工期。截至1997年，政府用于维修的花费累计有超过70亿英镑维修学校校舍，30亿英镑用于国民医疗保健建筑物，67.5亿英镑用于维修道路设施和100亿英镑用于议会办公楼维修[①]。

① 《2002年开支回顾——政府投资策略》。

导致这种状况的出现，不是因为缺乏资源，而是跟当时的预算体系和投资观念有关。

由于预算中没有将经常性开支和资本预算分开，资本投资常常服从于经常性开支而被迫放弃；预算以年度为周期，而资本投资项目的实施通常要一年以上，这就相当于减少投资却鼓励年末的开支浪费；预算体系注重的是资源的投入，而不是公共服务的实际产出效果；没有连贯的投资决策来确保为公众提供服务的公共设施的建设。

基于以上背景，英政府重新调整投资决策，制定了以下5个投资策略：

第一，改进全国的基础设施，提高生产率和经济竞争力；

第二，促进公共服务的现代化，加大公共服务的投资力度；

第三，着眼长期的投资计划。把投资计划的周期（指投资花费的周期）从以前的1年延长至3年，而有些需长期投资的项目如交通，医疗保健等，投资周期相应延长；

第四，将资源转化为成果，确保资源的配置与目标产出紧密相关，杜绝资源浪费；

第五，保证所有英国公共资产（存量）效用的最大化，对一些公共行业实行投资优先。

（二）投资规模

据《2004年英国统计年鉴》记载，英国GDP的总量在2002年为1，0440亿英镑，首次超过万亿大关。据世界经合组织披露，英国在上个世纪70年代，经济增长水平低于德国、法国。到90年代，英国的经济增长渐渐复苏，超过了欧盟的平均水平。在2003年的财政预算中，英国财政部预测GDP增长率在2004和2005年为3%和3.25%之间，并希望2005年底达到2.75%的持续增长水平。

表1.2显示了1990年至2002年间，英国社会总投资额占GDP的百分比。表中可见，投资占GDP的百分比从1990年的18.1%下降到1995年的16.3%，到1998年又增加到18.9%，2002年回落到17.6%。

如果以2002年的物价水平计算，英国经济投资（含社会投资中的固定资产投资）占GDP的平均百分比为15.8%，比G7工业国的平均水平低。

表1　社会总投资占GDP的比重（%）

年份	比重	年份	比重
1990	18.1	1997	17.2
1991	16.8	1998	18.9
1992	16.7	1999	18.5
1993	16.3	2000	18.3
1994	16.3	2001	18.1
1995	16.3	2002	17.6
1996	16.7		

备注：以1995年物价计算。来源：英国国家统计局。

英国政府投资主要集中在公共领域。1997年，英国政府在公共领域的净投资[②]才49亿英镑，相当于当年GDP的0.6%。在此之前，这种低水平的投资状况持续了近10年。由此带来了学校，医院及其他公众服务设施质量的下降。这与政府当时追求的短期的而非长期的预算体系和迫于应付经常性开支而忽略了资本开支的行为有关。

从2000年开始，政府在公共领域的净投资规模开始增加，至2003年已达到113亿英镑。而且，英政府计划在2006年以前，将公众服务的净投资增加至241亿英镑（表2）。这些投资连同资产折旧，资产出售后的再投资，以及通过公私合作[③]关系的私人投资和私人初始融资，总投资将会超过460亿英镑。这将是过去20年来公共领域最大的投资行为。

据英财政部2004年预算，公共领域的净投资要从2003/04年占GDP比重的1.8%增加到2005/06年的2%和2007/08年的2.2%（见表3）。

②公共领域的净投资等于公共领域的总投资减去资产出售和资产折旧后的值，按行业计算。

③指参与到公共投资领域的私人合作关系即PUBLIC PRIVATE PARTNERSHIP（PPP）。

表 2　英国公共领域净投资规模

年份	净投资额（10 亿英镑）
1997/1998	4.9
1998/1999	6.0
1999/2000	4.4
2000/2001	5.2
2001/2002	9.7
2002/2003	11.3
2002/2003（预算）	14.3
2003/2004（预算）	19.6
2004/2005（预算）	21.9
2005/2006（预算）	24.1

来源：英国国家统计局金融统计办，英国财政部 2002 年资本开支计划。

表 3　英国政府公共投资占 GDP 的比重（%）

年份	比重	年份	比重
2001－2002	0.9	2005－2006	2.0
2002－2003	1.0	2006－2007	2.1
2003－2004	1.5	2007－2008	2.2
2004－2005	1.9	2008－2009	2.2

来源：英国财政部 2004 年预算。

（三）投资的重点行业

英国是一个社会福利体系非常完善的国家，实际上，政府公共支出的大部分都花在了医疗保健、教育、住房和社会保障等福利服务上。另外，英政府一直承诺将提高生产率作为一项长期的国策，因此对提高生产率有核心支撑作用的交通等基础产业也是优先投资的对象。

在公共投资计划中，英政府重点关注四个优先行业：教育、交通、医疗保健和住房。表 2 显示了这四个行业从 1997 年到 2006 年的投资情况。

教育方面的投资包括幼儿园，中学及高等教育。英国在教育方面的投资将从 1997 年的 10 亿英镑增加到 2006 年的 58 亿英镑，如果算上私人投资，将达到 70 亿英镑，是 1997 年的 7 倍。到 2006 年，英国教育行业的总投资将达到 GDP 的 5.6%。

英国在医疗保健方面的实际投资 2006 年将比 1997 年增加 15%，将占 GDP 的 8.7%。

英国在住房方面的投资将从 1997 年的 21 亿英镑增加至 2006 年的 49 亿英镑。未来三年内，住房实际投资将以每年 11% 的速度递增，即每年净增加 10 亿英镑的投资。

交通投资将从 1997 年的 38 亿英镑增加到 2006 年的 72 亿英镑。

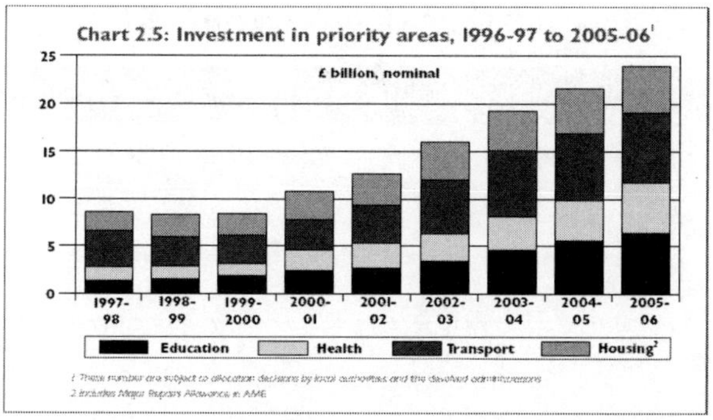

来源：英国财政部《2002 开支回顾：政府投资策略》

图 1　1996—1997 年到 2005—2006 年优先投资的行业

（四）预算原则

1997 年以来，英政府对投资资源尤其对预算框架的管理进行了改革。这些改革包括：确定资源分开和各部门资本开支限制，以避免长期投资在短期投资的压力之下被迫终止；长期投资预算的投资计划在健康行业是 5 年，在交通行业是 10 年，以保证这些行业的长期和稳步发展；在公共领域增加的投资所需的采购按照《公共服务协议》执行；投资行业的主管部门应该在投资项目管理时保持一贯的管理策略；年末弹性制度允许没花费的资金滚动到下一年使用，杜绝年底的浪费；中央基金，比如资本现代化基金，主要用于公共服务设施的更新和改善等原则。

政府还出台了各主管部门的投资指导策略，对每个部门的资源分配情况和应该达到的投资目标做了明确规定。

（五）资金来源

英地方政府 2002—2006 年在公共领域的投资年增长要达到 10.7%。资金来源主要有两个，一个是中央政府的直接拨款，另一个是信贷担保④（见表 4）。信贷担保主要承诺年收益能支付融资和借贷的费用而获准借贷。同时，地方政府还通过合同的形式利用私人信贷⑤。

另外各种基金也是公共投资的来源之一。这些基金既包括各种机构捐赠的款项，也包括社会福利基金，如彩票基金等。例如，中央基金中的现代化基金，该基金的来源主要是捐赠，基金规模最初是 25 亿英镑，基金主要投资于促进公用设施的现代化和高效率领域。截至 2002 年，已有 46 亿英镑的基金投入到 140 个工程中，对公共服务设施的改进起了很大的作用。

④涉及信贷担保的领域很多，但不同的领域比重不一样，如教育培训，住房和交通领域信贷担保的比重在总投资额中相对大些。

⑤《2002 年开支回顾——政府投资策略》。

表4　2003－2004地方资金信贷担保和政府拨款的分配（百万英镑）

	信贷担保	政府拨款	总投资
教育和技能培训	1036	867	1,903
环境食品和农村事务	52	80	132
保健－个人社会服务	59	41	100
副首相办公室－住房	842	99	941
副首相办公室－地方政府上网	－	215	215
副首相办公室－地方公共服务协议	－	100	100
副首相办公室－消防	53	5	58
交通	1405	250	1655
内政部－警察	73	117	190
大法官部	10	39	49
总投资	3530	1813	5343

注：副首相办公室几项是指由该办公室负责投资的项目；来源：英国财政部《2002开支回顾—政府投资策略》。

总的说来，英国公共领域的投资资金仍然以政府投资为主，辅以私人投资，且后者有逐渐增加的趋势。例如从2001到2011年，整个交通总投资将达到1806亿英镑，其中政府投资，包括地方财政的支付为1240亿，私人投资将达到566亿[⑥]。

⑥英国交通部，《交通10年投资计划书》。

二、英国政府投资管理体制

（一）英国地方政府的构成及决策机制

英国地方政府构成较为复杂，大致有四级，即中央联邦政府、省政府、大区政府、市（小区）政府。据1997年弗莱恩对英国的地方政府结构的统计，伦敦和其他大都市有68个一体化地方政府，其他大城区有46个一体化地方政府，城乡结合地区有36个县级政府和237个区级政府，苏格兰有32个一体化地方政府，威尔士有22个一体化地方政府[⑦]。

⑦《浅谈英国政府的决策机制》，《发展》2002年第12期。

就公共服务领域而言，现行的中央地方关系的新型“公共管理模式”改变了地方政府作为直接提供服务者的角色，而使其变成一个“授权”机构。地方政府将通过与各种私人企业和志愿组织订立合同的方式委托它们提供服务，中央政府是监督者。

于是，地方政府主要负责在全国范围内贯彻执行重要的中央政策；地方政府不能以拒绝缩减地方开支和税收的方式削弱中央的经济和财政管理；地方政府应当帮助中央政府在全国范围内维持一种公平合理的、连续性的公共服务水准。这种服务的公平合理性主要通过两种制度来予以保障：一种是中央视察员制度（如教育视察员、治安视察员等）；另一种是审计委员会，该委员会利用财务审计来确保地方政府充分达到服务供给的标准。

就一般的决策而言，在地方政府职权范围内，一件事的动议由利益集团提交到专门委员会，委员会同意后提交到相关议员参加的听证和辩论会，通过后再提交地方议会，投票通过后财政部门才能进入预算。

如果是中央直属或各部直属机构职责范围内，一件事直接由机构负责人向上级申请，获准后由上级预算拨款，毋需通过地方政府。

在投资决策上，地方政府也基本遵循同样的程序。

在财政预算支出方面，中央和省政府集权较多，财政占有较大份额，大区和市政府权力很小，财政收支受省政府严格控制，只能依靠地方税费如房产税和公共设施收费等维持政府的行政性开支。

大部分税收如个人所得税、公司所得税、资本所得税、关税等统归中央所有。中央与省政府的财政关系，由议会通过立法或由联邦政府与省政府的转移支付制度处理。省政府与大区、市政府的财政关系，根据宪法规定，由省政府立法赋予大区、市政府的权力与义务。大区和市政府属二级法人，不具有独立性，完全按省政府规定的权限行使职能。大区、市政府只承担土地规划、城市发展规划、水电供应、行政管理部门费用以及涉及城市管理等项支出，而教育、医疗、社会福利、交通、道路建设等方面的支出由省政府直接管理和专项拨款。

英国中央与地方政府的事权划分比较明确。地方政府主要负责青少年义务教育，对个人的社会服务、住房、社会福利以及地方治安、消防、公路维护等。根据这种事权规定，地方政府的财政收支范围和管理职责也很明确。地方政府建设性预算支出的资金来源有公有住房出售收入、经常费预算结余、预算外资金的利息收入、中央联邦政府专项拨款和补贴以及借债（由中央政府分配借债额度，地方发行债券）。

但由于地方政府债务管理十分严格，省政府主要控制大区和市政府的债务总量、借债类型和偿债能力。因而，大区和市政府的建设性预算支出较少，只能搞些小项目，而大项目则由省政府控制。

值得一提的是现行的地方政府资本开支控制体系。该体系从1990年开始实行，最大限度地考虑到了通过借贷的资本开支的范围和限制。该体系的核心就是信用批准，即地方政府在借贷之前必须得到中央政府发放的信贷批准。

这一体系最大的优势是将地方当局的债务维持在一个比较稳定的水平，并将地方政府的筹资活动严格限于资本投资项目。然而，这一体系也有不足之处，由于限制了地方政府的自由度和责任感，也阻碍了投资的有效性。英政府现在也在酝酿着对这一体系进行改革，力求在既控制地方投资的债务水平的同时又不挫伤地方政府的积极性。

（二）英国公共资产的归属和管理

英国公共资产在2000—2001年间约5850亿英镑，就所有权划分，其中60%属于地方政府，约3240亿英镑；12%属国有企业，约710亿英镑；中央政府控制的只占28%，约1720亿英镑。这些资产主要是由商业、工业建筑物、机械设备及居民建筑、机器、汽车和其他一些小型固定资产组成。

由于大部分资产设施的所有权归地方政府，因此，在公共服务的提供和资产设施的修缮维护方面，地方政府起着主导作用。

对地方公共资产的管理、评估和监督由副首相办公室（ODPM）负责实施。ODPM要求地方政府有一套绩效评估和资产状况的监控系统，适时地向ODPM提供核心的统计数据。这些数据对中央政府宏观调控地方政府投资需求和投资优先性起着重要作用。

例如，2001—2002年间，英国教育培训部实施了一项新的学校投资计划。这次投资是由教育部直接将资金划拨到地区教育局和学校，减少了许多中间环节。而实施这一投资计划的关键工具是由地方教育局提供的资产管理计划，该计划调查了学校的所有建筑设施的状况，适用性和充足率，教育部因此清楚地了解各学校的投资需求并以此为依据进行资金划拨。当然，资产管理计划必须透明客观，以保证投资的有效性⑧。

⑧《2002政府开支白皮书》。

三、社会资本的参与

（一）私人资本的参与方式

90年代以来，英国政府改革公共部门传统的集权方式，在政府垄断的公共领域，公共部门的权力向民间转移，民间业者通过竞争承担公共事务，从而形成以民间资本为主的、低成本高质量的公共产品供给体系，即私人融资活动PFI（Private Finance Initiative）。

PFI实施涉及到几乎所有公共领域。如桥梁、道路、铁路、监狱、国家医院、学校、政府机构的建筑物、上下水道、国防的相关设施（通信、训练设施）、社会保障的支付体系、政府机关的IT体系等。在这些领域，公共资本的退出与民间资本的介入，政府购买民间提供的公共服务极其普遍。

自从1997年英国政府公共投资大幅增加后，PFI工程也随之增多，从1995

年的总价值达6.67亿英镑的9个工程增加至2002年的总价值达76亿英镑的62个工程。2003–2004年度，由PFI投资兴建的工程占政府在公共服务中总投资的11%，2003–2004的总投资额是417亿英镑，PFI的投资按11%的比例算，约为46亿英镑。相关数据见图2。

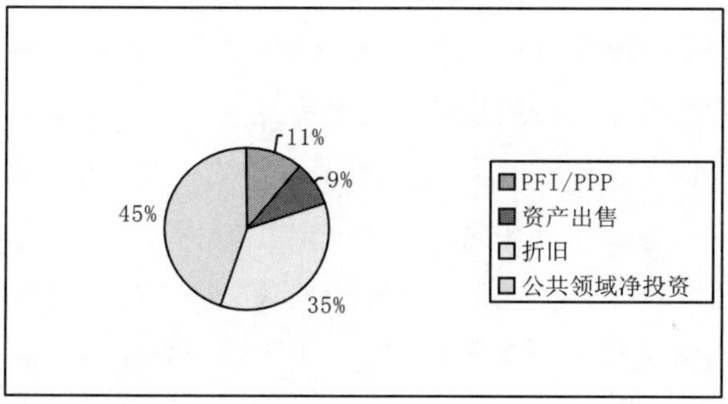

来源：2004年英国财政预算报告

图2　2003–2004PFI在公共领域总投资中的比重

在英国，由私人资本PFI参与的公共工程项目的融资和管理方式主要有三种：

一是BOO方式（BUILD——OWN——OPERATE），即“建设——拥有——经营”方式。指由私人进行融资建设，建成后拥有设施的产权并进行经营和管理。这种方式适用于允许私有的大部分行业领域，如采掘、石油、农业、林业；电力、煤气、自来水；制造业、科学和工程；流通业、旅店业和娱乐业；运输和通讯；银行金融及其他行业。这些行业都是政府推行私有化的行业，因此在这些行业的某些项目中有可能采取BOO的方式。但这种方式的产权永远归私人占有，政府并不希望更多采用这种方式。

二是BOT方式（BUILD–OPERATE–TRANSFER）和BOOT（BUILD–OWN–OPERATE–TRANSFER）方式。BOT方式是指由私有单位融资建设，建成后拥有产权并进行管理和经营，按协议经营一段时间后将产权归还给政府，即“建设–经营–转让”的方式。BOOT方式是指由私有单位融资建设，建成后拥有产权并进行管理和经营，在规定时间期满后将产权移交给政府，即“建设–拥有–经营–转让”方式。

BOO 和BOOT两种私人融资方式在运行上基本相同，区别主要在于BOT私人只拥有所建成设施的经营权；而BOOT私人既有经营权，同时还拥有一段时间的产权。另外，就BOT方式而言，归还政府前的建设和经营时间相对较短，如桥梁等，一般为15年左右；而BOOT方式，其建设和经营的期限一般较长，如英法海底隧道工程就属于BOOT方式，按照政府与公司签订的协议，负责建设的欧洲隧道公司（EUROTUNNEL）在经营55年后将隧道的所有权全部归还给英法政府。

三是私有单位和国有部门合资建设和经营，但政府对私有单位不承担风险。产权的最终归属问题根据项目情况决定。

（二）风险的控制和转移

PFI 的风险向民间转移，私人资本在拓展事业的同时也承担着相应的风险。PFI 向民间转移的风险有以下类型：（1）建设和设计的风险。遵照政府的订单，能够提供这一产出的设施应该建造多少？这里存在风险，包括建设成本的风险，工期滞后的风险。（2）运营风险。在事业运营中，管理运营成本可能上升。（3）需求风险。例如道路建设，存在预计的汽车交通量比实际的交通量下降的风险。在数据处理的IT 体系，来自政府的数据处理比预计的数量少等等。（4）残存价值风险。根据合同的企业设施，其投资成本无法回收，合同结束时，其设施的残存价值存在风险。比较典型的是IT 体系的构筑。（5）技术老化的风险。尽管在合同订立时，企业拥有最先进的技术，但在合同期间使用的技术已经不是最先进的技术。（6）政策法规变更带来的风险。由于政府方面的政策变更导致民间企业成本上升。一般来说，这一公共费用的上涨由政府来承担。但其他由于规章制度和法律问题引起的成本上升，如果是间接税的话，基本上由民间来承担。不过，这种规制法规变更的情况一般在合同中留有修改的余地。

然而向民间风险转移后，并不意味着政府不承担任何风险。政府要承担的责任主要在保证公共设施的需求，即保证公共服务的连续性，可行性和便利性。

如果政府部门低估了设施的需求，也就是说对设施的需求超过预期，那么政府应该承担超出部分设施的费用。例如，如果政府的医疗保健机构在一所医院的投资计划中，低估了对床位的需求，那么设施的追加部分产生的建设费用应该由政府承担。在英国，政府与私人共担风险的管理方式比较多。例如在收费公路的管理上， 由私人投资兴建的公路一旦建成后，无论实际的车流量如何，政府都会向承包商支付与预测的车流量相联系的“影子”通行费，以保证承包商的收益不致因地区落后或地段偏僻受太大的影响。

如果公共设施的需求在合同期内明显下降，政府也要承担相应费用。例如一所由PFI投资兴建的学校，如果学校所在地区生源明显下降，那么政府应按照维持普通学校标准那样维持该学校的费用支出。

如果公共设施需求在未来发生变化，政府有责任选择按常规进行修建或再度引进私人融资。一般在PFI 合同中对需求变化会有预备条款。

由于公共服务实施计划由政府制定，其服务标准是否满足公共的需求也由政府承担。

另外，通货膨胀的风险也由政府来承担。由于公共设施整体费用都受通货膨胀的影响，因此设施的未来维护或其他的费用，政府应该通过惯例（贴息、利率、价格等）进行干预，承担责任。

通常情况下政府投资的项目规模都比较庞大，由一个或多个投资机构组成的财团会参与到政府投资项目中。因此，负责建设和经营的合同承包方又会将所承受的风险适当地向参与方转移（如图1，阴影框内的参与者均为风险承担者）。建筑合同的持有者与相关的财团订立合同，转移设计、建设、完工的风险。服务的提供者与相关的财团订立合同，转移服务提供的时间和费用风险。财团公司又会将残值风险向其投资者和债权人转移。同时，保险公司也会参与进来，为建筑的损坏和工期的延误承保。这样经过层层转移和分散，风险已经得到最大限度的控制。

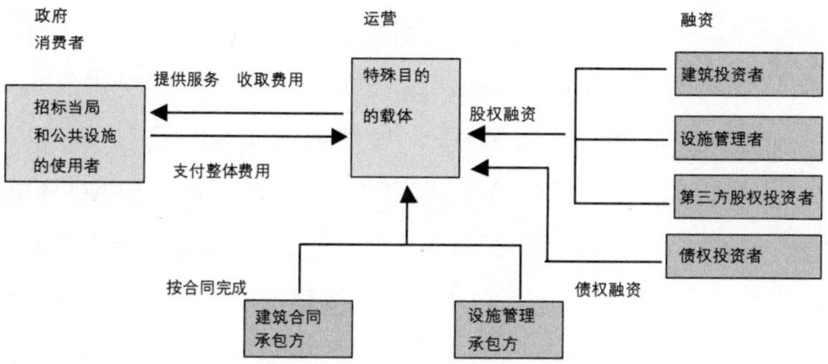

来源：英国财政部：《PFI：挑战投资》

图 3　财团公司合资模型

此外，政府在支付体系方面也提供相应的奖惩机制。在设备、基础设施完成、提供服务之前，政府并不支付。在没有达到合同所要求的市场测试标准的情况下，政府削减支付。例如，信息技术运行体系发生中断的次数超过合同规定标准，就会通过罚金来削减支付。另外，如果达到或超过规定效率，承包方可以获得一定比例的追加收益。例如，如果削减 10% 的成本而带来新的利益的话，公共部门获 2%，民间部门获 8%。削减 20% 成本的情况下，公共部门与民间各获 10%⑨。

⑨《英国公共部门PFI制度创新以及启示》，《世界经济研究》2003年第3期。

案例一：

1984 年英、法两国正式签署协议，决定在英吉利海峡建设一条连接两国的海底隧道。隧道从英国的佛克斯通（FOLKESTONE）到法国的爱斯佛德(ASHFORD)，全长50公里，其中海底部分38公里，建成后从英国到法国的时间可缩短35分钟。工程规模宏大、技术复杂。于是，英法两国政府对项目建设的“特许权”进行了招标。当时，有四个专门为建设隧道而组织起来的公司参加投标，分别向政府报送了隧道的建设和筹资方案。最后，由欧洲隧道公司(EUROTUNEL，由5家建筑商和5家银行组成）中标，取得了建设的特许权，成为隧道工程项目的业主。1987 年工程开工，当时的预算为60亿英镑，该公司作为隧道项目的业主，投入股本金10亿英镑，其余50亿英镑由公司向海内外230家银行借款。具体的建设实施由一个10家建筑商组成的工程联合体承包，并签定承包合同。工程已于1998年完工，运营期间产权归欧洲隧道公司所有，并负责管理和经营。据投资分析，大约在隧道运营10年左右即可收回投资。按照政府与公司签定的协议，公司经营55年后将隧道的所有权归还给英、法两国政府。

案例二：

伦敦东部的巴金（PARKING）电站是英国电力工业私有化后建设的第一个大型私有化电厂，设计能力为100万千瓦联合循环燃气机组，项目总投资7.54亿英镑。该项目的业主为巴金电力有限公司（PARKING POWER LIMITED)。该公司由泰晤士电力公司、英国东部地区、南部地区的三家电力公司合资组成，泰晤士电力公司占有51%的股份，其余三家的股份分别为13.5%，13.5%和22%。在项目总投资中，股本金9400万英镑占总投资的13.5%，由合资各方按比例承担；其余的6.6亿英镑向银行借款，由国内外26家银行组成的银团提供贷款。巴金电力有限公司对项目的筹资、建设和建成后的经营负全部责任。该公司经过两年多的谈判，先后与项目建设有关的单位签订了50项经济合同，包括银行借款合同、施工承包合同、与英国天然气签订的15年的供应合同、与国家大电网公司签订的出售电量合同等。工程于1992年7月开工，现已建成投产。

四、政府投资的决策机制

（一）中央政府在投资决策中起主导作用

英国的投资决策机制基本沿袭中央集权制。成立于2001年的首相办公室直属的公共服务送达专署（DELIVERY UNIT）直接指导各公共产业主管部门有效地提供公共服务。其主要关注的行业是医疗保健、教育、法律秩序和交通，并有向其他行业扩展的趋势。一般来说，每年度的新投资计划由财政部和公共服务送达专署一起联合制定，并以《服务设施送达协议》的形式公开出版。

由于公共设施的建设大多需要数年时间，投入的人力物力也比较多，因此在资金的使用上，从1997年就开始推行一种年末弹性系统，允许各产业部门将该年度未花完的经费滚动到下一年使用，这样既杜绝了浪费，也保证了投资计划的顺利进行，同时也让主管部门有一个弹性的时间框架。

一旦各产业部的预算在开支回顾（SPENDING REVIEW，英财政部每年都会发布与公共开支有关的白皮书，其中政府投资的预算和决策也在其中）中得到批准，各部门就按照投资的优先性分配资金（具体材料可参见本文第一部分表4）。目标的实现和资金的分配要遵循《公共服务协议》的要求，符合总的战略规划。其基本指导原则就是服务的提供者既要最大程度地照顾到地方的灵活性，又要明辨是非，积极创新以满足地方需求。例如，劳动保障部就有一套新的监管体系，对投资工程的每个阶段进行严格审查后才发放新的资金。

（二）严格的投资评估标准

为使公共项目投资的价值达到最大化，各主管部门都建立了一套严格的对工程的评估标准，并广泛应用。例如文化媒体体育部制定了一套针对地方私人融资（PFI）工程的评估标准，教育技能部的工程管理局也有一套旨在改善地方当局的工程管理技能的评估指南。

总的评估标准则由中央财政部发布的“绿皮书”制定。各部门以此为蓝本，结合实际工程的情况，制定自己的“绿皮书”。

“绿皮书”主要是发布中央政府对评估投资工程和投资政策的指导性意见，有很强的技术性和指导性。例如，书中包含了工程投资分析的折现率的幅度。按照2002年颁布的“绿皮书”，工程折现率由以前的6%改为3.5%，这一变化主要是鼓励各部和地方政府在进行投资决策时，追求长期效益。

另外，对工程完成的时间及预算、成本等方面，“绿皮书”也都有科学的指导意见。这些指导意见的目的就是要使工程的评估者和决策者真正认识到提案的价值。为了使“绿皮书”的指导意见得到很好的执行，有关方面还组织了相关培训。

尽管地方政府对公共服务设施的提供和维护方面起着举足轻重的作用，但对公共项目投资的监督却是由各主管部门执行。例如内政部（HOME OFFICE）的投资局的主要职责是监督和评估其部门的投资项目，监督内容包括报告的透明度，对工程进展的密切监督，为风险管理提供支持，平衡工程的资金分配等。

由于一些投资巨大的工程在管理上有一定难度，要求较高的专业水平，很多部门都缺乏能够胜任的高级人才。为此，有关方面还针对这些大工程进行管理培训。

例如一种叫DWP的培训课程在英政府投资中被广泛采用，该培训主要是强调工程主管部门的角色和责任。主管工程的人员要被多次面谈，所有文件也要经过严格审查以明确个人责任和对工程的清晰的管理和控制体系。同时，DWP还开发了工程的局域网，使各部与工程相关的所有人员都能及时得到最新的信息和指导意见。

（三）中介组织的作用

尽管各部门的投资项目是单独的，但为了达到经验、资源共享和与私人资本进行很好的沟通，除了首相办公室直属的公共服务送达专署外，政府还出面组织了其他一些中介机构。

这些中介机构包括公共服务改革办公室（OPSR），由首相设立，主要是为了推进公共服务改革，包括城市民用设施工程的建设管理，公共服务的质量和有形服务的改进等。

创建于2000年的政府商务办公室（OGC），主要职责是推进政府招标和采购的效率和成效。

在创立的第一年，OGC为国内的中央政府采购和招标赢得了4.3亿英镑的经营收益，其在2003年的目标是10亿的效益，到2006年将达到30亿的效益。

合伙英国（PUK）创建于2001年，主要帮助公共服务领域与私人合作伙伴沟通关系，促使公共投资的私人合作者更好、更强和更快。PUK本身也是一个合资机构，其中公共领域占据较小的权益（指合资股权），而私人部分则拥有大部分权益。这一监督机构实际是为平衡私人业主的利益与公共服务目标而设立的[10]。

⑩《2002年英国政府部门投资战略》。

五、政府投资项目的建设管理

（一）招标

政府投资项目一旦确定，项目的主管部门将与创建于2000年的政府商务办公室（OGC）一起，进行项目的招标工作。OGC与主管部门及其下属机构组成有效网络，尽量多的组织投标者，然后根据成本估价寻找合适的中标者。如果是私人融资的项目（PFI），招标方还会在欧共体的官方刊物OJEC上发布招标合同。

（二）承包商的选择

英国建筑业传统的业主对承包商的选择方法是，业主雇佣设计人员准备设计图纸和相关的文档文件，然后承包商根据这些资料提出自己的投标价，最后业主确定承包商。现在英国建筑业业主对承包商的选择方式正在转向要求承包商提供全方位的服务，包括设计施工等，即达到交钥匙工程的要求，甚至要求承包商的工作内容包括征地和长期的工程维护。这种方式的转变使得承包商能早日进入到工程中来，提前确定施工组织规划，提前竣工。并且这种方式使得过去工程责任模糊的问题不复存在。这种方式的转变要求承包商有很高的设计、施工和成本控制甚至物业管理的综合能力。

1．选择承包商的因素

影响选择承包商的因素主要来自以下几个方面：

规模：规模小的项目不适用较复杂的计划。

设计：如审美、功能、维护、承包商协作、预约设计、施工图设计、设计原型等。

成本：如工程价形成方式、竟标或议标、固定成本计划、工程价确定、工程价预测、合同价总额、大宗材料设备购买计划、工程款支付方式与现金流动、全生命周期费用、费用损失、变动成本与最终成本等。

工期：如工程交接时间、开始与竣工时间、阶段工程完成时间、进场时间、合同规定期限、乐观估计竣工时间、工期缩短方法、工期延误与超出等。

质量：如质量控制、质量标准、独立的质量监督、设计水平、工程细部质量要求、工程协作、承包商的声誉、工程长期的可靠度与维护等。

账目：资金计划安排、账目核查、账目简化、资金的时间价值等。

组织：计划的复杂程度、规范的施工程序、职责划分、分包与管理的权限。

风险：风险预测、风险分担机制、风险转移与规避、工作量预测、财务风险抵押品、工程款支付体系、资金短缺补救、资金成本费用等。

通过对以上因素的综合考虑，利用系统优化的方法得到最佳的采购策略。

2．工程价的决定方式

在英国，工程价形成方式主要有两种，即核算成价法和费用成本法。对于核算成价的工程合同主要有总价工程合同和多次测算合同。一般的建筑工程大都是总价合同，即合同价在合同中明文规定一般不得更改。工程变更较大的工程一般应用多次测算合同，即合同价可以由于工程量的变更或施工难度的变化等原因，经过重新测算得到新的合同价。

基于成本补偿方法形成的合同是成本补偿合同。承包商在项目实施时根据工程成本得到补偿并且获得一定利润。由于这种合同对承包商成本的控制，鼓励作用不大，所以只在紧急工程 、工程的特点和范围不容易确定、新工艺使用工程、业主和承包商之间存在某种特殊关系的工程以及按照总价方式定价对于承包商不公平如多有意外风险的工程。

3．价格预测

承包商对工程价的预测主要是通过估算工程成本来计算投标价。目前成本估算主要有以下几种方式：专家会议法、财务分析法、单元法、面积法、面积周长混合法、体积法、楼层围定法、估测工程量法、基本因素估计法、资源分析法、成本模型法。在绝大多数情况下，设计阶段的早期设计图纸和计划说明书不确定和不精确， 随着设计过程的深化，预测逐渐精确。但是从平均看，预测值与最后的合同金额相差有10%左右。最后的合同金额也是成本的估测值，通常是给出可能的预测的范围。

4．使用的合同形式

在英国工程合同的形式主要是ＪＣＴ格式、ＩＦＣ格式和其它特殊类型的工程合同。其中ＪＣＴ形式的合同在数量上占81%，并且合同数和合同金额都在增长，但其中ＪＣＴ60合同的数量和金额却在减少。它现在主要被少数几个公司和组织以修正的方式使用。ＩＦＣ格式的合同的数量和金额也在增长。虽然建议ＩＦＣ格式合同的合同额不超过36万英镑，但调查表明，使用ＩＦＣ格式合同的工程合同额一般都远远超过这个金额。一个比较完整的合同应包括合同文本、质量、支付款额、保留金和竣工验收标准、工期、工程保结、工程变更、分包纠纷仲裁等内容。虽然不同格式的合同基本相似，但在细节和各自条款的适用条件上却有显著不同。

目前在英国建筑业中一共有30多种合同格式正在使用， 而且内容划分越来越细，很容易使应用者产生对内容的理解错误和解释错误，因而诉诸法律来解决问题的情况越来越普遍。合同形式的更改和条款的修改也越来越多， 所以目前英国建筑业需要一种应用广泛的合同。在ＪＣＴ８０格式的合同被作为主要的工程合同使用后，这种情况有所好转。这种合同的格式不仅使用于一般的工程，而且对特殊的工程其格式做一些改动后也可使用，但容易产生如下的问题：忽略适用条件、改动后造成合同的前后不一致、条款自相矛盾、改动后产生对一方有利的情况、不可知的风险更改、条文的误用、包含不可抗力条款、条款删节性错误、工程中关键问题辨析不清[11]。

⑪ 李小冬，《英国的建设项目招标采购行为》，《建筑管理现代化》，2000年第2期（总第59期）。

（三）建设监理

英国是开展工程监理业管理较早的国家，工程监理法规体系最完善，工程项目管理理论成熟，项目咨询和管理的服务水平很高。

英国从事监理的机构很多，主要有专职监理单位（如英国的ＢＯＶＩＳ）、设计单位（如英国的ＡＲＵＰ）、其它咨询机构（比较多的是测量师事务所，如英国的ＧＬＥＥＤＳ）和从事业主项目管理的承包商（如英国的ＭＡＣＥ）等。尽管从事监理的单位有不同类型，但以下几点是基本相同的：无论何种性质的单位，专职的建筑管理人员在监理中起着越来越重要的作用；在一些以技术咨询为主的机构里，往往专门设有监理部（如ＧＬＥＥＤＳ中的监理部）；英国的一些测量师行在实施监理中擅长于投资控制和合同管理；英国的承包商也为业主提供监理服务，但大多在施工阶段（通常采用的ＣＭ方式）。

从事监理的专业人员主要涉及以下人员：项目管理者（如英国皇家建造师学会会员，ＣＩＯＢ）、建筑师（如英国皇家建筑师学会会员，ＲＩＢＡ）、工程师（如英国皇家土木工程师学会会员，ＩＣＥ）、测量师（如英国皇家测量师学会会员，ＲＩＣＳ）。

根据英国出版的《业主项目管理规程》中列出的监理的职责，建设监理主要包括九方面的工作内容：①协作准备项目概要；②编制项目管理概要，包括财务建议，现场、资金、计划的建议；③撰写可行性研究报告，包括项目策划，项目手册；④准备咨询概要，包括策划项目程序，选择项目班子成员，建立管理结构，协调设计过程；⑤指定咨询者，包括安排保险，选择发包方式，准备招标文件，组织承包商预审；⑥评标，包括参与选择和指定承包商，组织项目控制系统，监测实施过程；⑦安排会议，包括审核付款，组织交流报告系统，提供全面协调，制定安全措施，申请环境许可；⑧协调地方当局，监测费用与变更，结算，安排使用，组织交工使用，市场建议；⑨编制维护手册，包括维护期计划，职工培训，物业管理计划、反馈意见的监测安排[12]。

⑫《英国建设监理的发展及其启示》，《建筑经济》2001年第1期（总第219期）。

英国的工程监理已不再是单一的施工阶段的管理，而是涉及工程咨询、设计、工程招标、施工，甚至融资、运营等多方位全过程的综合管理。

（四）工程管理中健康与安全的法律法规

英国政府十分强调工程安会。据有关人士统计，生产安全事故在英国是致人伤亡的主要伤害之一。法规要求不仅承包商、设计、业主都有承担工程安全的义务。

1974 年英国《工作场所健康与安全法案》颁布，1992 年有关工作场所详细的安全与健康规则出台。

英国健康与安全法案不仅包括管理规则还包括劳动保护、防火、高空安全、设备保全、劳动安全等内容。英国法规要求业主对工作场所定期进行风险评估，对健康和安全进行有效的计划、组织、控制、检查和评价， 对工作承担者的安全能力和人员的安全培训高度重视，对现场工作人员工作环境的空气、温度、空间等条件都有明确规定。

六、政府对风险管理的指导

（一）政府的指导

在政府投资中，对风险的估计和规避成为一项必须考虑的策略。在英国，财政部每年都会发布《绿皮书》对政府投资项目的风险管理提供指导意见。大致说来，有效的风险管理涉及到以下几个方面的内容：

①预先认识可能发生的风险，恰当使用防范机制，将负面影响降到最低程度；

②建立风险预警系统，时时更新风险信息，使其可信且易于获取；

③在适当的地方采用平衡控制以减轻风险的负面结果；

④用风险分析和评估模型来支撑决策过程。

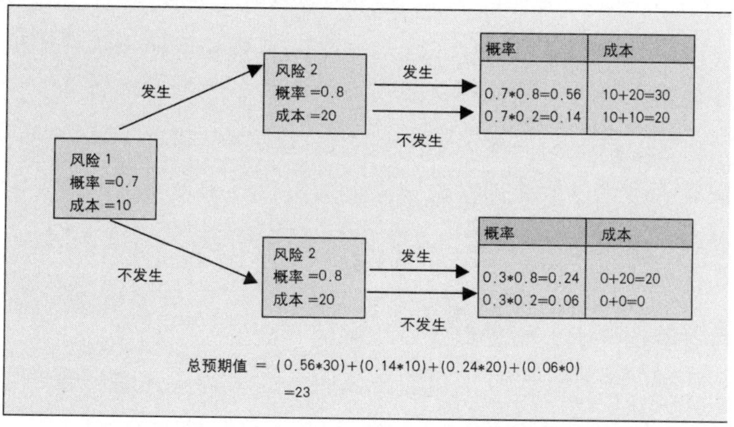

来源：英国财政部《绿皮书：中央政府的评价和估值》(2002)。

图 4　决策树模型（百万英镑）

其中，风险分析和评估是防范风险的前提，因此《绿皮书》提供了一些具体的分析模型作为指导。风险分析中常常存在过于乐观的偏好，这是项目分析的误区之一，即过分强调项目的好处，低估时间和投资成本。为避免这一错误，政府提倡精确的成本分析和风险价值的计算。

在计算风险价值的时，通常的做法是将风险费用附加上来计算其预期值。

新的交通干道，然而该道路未来的使用存在着风险，风险之一就是汽油价格的波动。如果将这一风险进行如上分析，就可以比较准确地得出其预期值。

除了决策树模型的使用外，敏感度分析、情景分析、蒙特卡罗风险分析等方法也都运用在项目投资的风险分析中。

在认识和分析风险之后，如何防范和减轻风险和不确定因素就显得极为重要了。以下措施是《绿皮书》中建议采用的：

①提前咨询；

②避免不能取消的决策；

③完成前期调研；

④从最初着手建立灵活机制；

⑤采取预警行动；

⑥通过契约的形式转移风险（比如购买保险）；

⑦尽量减少风险选择，例如少采用过于前沿的技术；

⑧恢复或开发不同的备选方案；

⑨放弃风险过大的工程。

（二）保险公司的参与

英国保险业十分发达，工程保险是项目投资风险控制的主要手段。无论是政府投资还是私人投资，通过保险公司的参与转移风险的做法非常普遍。建设项目无论大小，均通过投保工程险来降低工程建设中的各种风险。政府项目由于具有投资大、周期长、涉及专业面广等特点，再加上自然和外界因素的影响，其潜在风险更大，因此投保工程险显得尤其重要。更重要的是，贷款人通常都要求业主提供关于项目保险投保的细则来确保他们的利益得到保障，未提供这些保险的项目将不予融资支持。所以贷款人完善的投保是获取资金的先决条件之一。

在英国工程保险市场上，与工程建设相关的常规保险险种有：

雇主责任险：为了保护业主和承包商所属雇员的利益，凡雇员遭受工伤，雇主均承担绝对责任。

货物运输险：包括海洋货物运输保险、陆上货物运输保险、航空货物运输保险以及邮包保险等。

施工机具险：承保参与工程建设的施工工具，赔偿施工机具在工地使用或停放过程中由于自然灾害和意外事故造成的损失。

履约责任险：针对因承包商自身错误而导致合同不能履行时，为保证业主能够及时聘请其他承包商从事工程建设所提供的一种风险保障。

雇员忠诚险：针对为弥补因参加工程的任何一名雇员的欺骗或不忠实行为，给项目公司造成的直接经济损失而设立的险种。

职业责任险：在职业责任险中，与工程建设关系最大的是设计师责任保险，设计师责任险主要承保设计人员在设计过程中的疏忽、过失而引发的工程质量事故，造成建设工程本身的物资损失或产生的诉讼费用。业主在选择设计单位时会考虑设计师投保职业责任险的情况，了解其赔偿能力。在英国，这些行业的专业技术人员都由各行业协会强制要求投保职业责任险的。

工程交付延误及预期利润损失险：这个险种主要是为了工程建设过程中，因自然灾害和意外事故导致工程不能如期完工，并由此造成的预期收益损失的风险提供保险。

工程质量保证险：这一险种要求承包商为保证工程完工后对出现的质量缺陷有可靠的资金保障或补偿而设立，保险期限一般为工程后两年[13]。

英国工程项目投保工程险一般有两种方式，一种由业主投保，另一种由承包商投保。一个工程项目是由业主投保还是由承包商投保，其保险保障是不一样的。

承包商习惯于自主安排保险，自主地控制保险条件、免赔额、赔款进度，选择自己信任的保险公司等。主承包商都会选择分包商，同时也将风险和保险分解。但是，由于承包商安排投保合同中的投保项目一般不会考虑业主的风险和利益，因此由承包商自主投保有一定局限性。例如，如果一个项目有5个承包商参与施工，每个承包商只会投保自己参与工程的那部分的保险，因各个承包商完工的时间可能不一样，整个工程项目的风险就可能难以得到保障。

由业主投保工程险，投保终止期可至全部工程竣工时，不用考虑达到每个承包商完成时的截止时间，并有能力安排交工延期和利润损失保障。由于许多大工程都是银行融资，投资方都希望投保交工延期和利润损失保险。业主控制工程保险，可以控制风险的保障范围和合适的免赔额；投保保险人选择有信誉的保险公司，使贷款人对项目更为放心，使购买预期利润损失险更为方便；控制赔款以确保对损失恢复的控制，对生效的保险进行审查，确保无不足额保险，减少需被核查的保单数量，以减少项目管理费用。此外，业主投保是为了控制整个工程项目的风险，因此会考虑通过保险保障承包商及相关方的利益。

当然，在业主投保情况下，一般免赔额较大，如果承包商难以承受，可以通过额外的保险将免赔额降下来。承包商如果认为业主的保障安排不全面，也

⑬《工程保险建设项目的风险保障》，《中国投资》2002年第7期。

⑭《英国的工程保险制度》,《中国建设信息》2003年第3期。

可以自己出资购买额外的保险，对自己承包的这一部分工程的风险进行保障[14]。

此外，英国对保险公司的监管体系十分健全，英国金融服务局（FSA）负责统一监管英国金融，包括保险公司。保险公司的成立必须经过FSA的授权，同时FSA也对已成立的保险公司的经营管理进行控制和监督。另外，为保障被保险人的权利，英国建立了中央赔款基金，要求所有保险公司必须参加，以保费收入的1%为上限出资。如果一家保险公司倒闭，其保险业务可以移交给其他公司，若不能移交则由中央赔款基金负责赔偿。

■ 专题8

德国联邦政府投资的管理体制

内容提要：本专题报告介绍了德国联邦政府投资的规模、领域、行业重点及投资方式，介绍了联邦政府与地方政府投资事权的划分情况，对德国政府投资的决策程序与监督机制、政府投资项目的建设管理、风险管理及相关法律制度也作了详细的评述。本报告认为，德国联邦政府明确划分各级政府投资事权、建立健全各项投资政策法规、重视发挥地方政府投资能力、加强政府投资决策责任监督、严格项目建设管理、实行审计独立制度等作法都值得我国借鉴。

德国联邦政府财政投资可分为直接投资和间接投资。直接投资主要用于基础设施及公共设施建设；间接投资则以津贴、补助等形式提供项目支持。为促进德国经济的发展，尤其是两德统一后东部地区的发展，联邦政府在基础设施方面多采用直接投资方式，在企业发展方面多采用间接投资方式，从而形成大量的政府投资项目。

一、联邦政府固定资产投资基本情况

（一）联邦政府固定资产投资规模及比重

德国政府投资由联邦、州及县（市镇乡）三级构成。德国联邦制特点决定了政府投资呈宝塔型，中央位于顶部，占小头，地方位于底部和中部，占大头。2003年联邦政府固定资产投资为64亿欧元（以当年价格计算，下同），占同期政府固定资产总投资（302.1亿欧元）的21.2%，占全社会固定资产总投资（3795.4亿欧元）的1.7%；州政府为67亿元，分别占22.2%和1.8%，县政府171.1亿欧元，分别占56.6%和4.5%①。

（二）联邦政府固定资产投资领域与行业重点

联邦政府投资（以下简称政府投资）主要集中在基础设施领域，投资重点从下面可见一斑。

按整个国民经济门类划分，2003年各领域投资比重分别为：经济建设占78%，

① 联邦统计局《国民经济总核算》专刊18，2003年第1、2期第72－74页及第140－141页。

国防占13%，公共秩序与安全占4%，公共管理占2.8%，环保占2%，社会保障占0.2%。按物质形态划分，2003年各领域投资比重分别为：设备投资13%，建筑投资82%（住宅建筑2%，非住宅建筑80%），其它投资5%。其中主要项目包括高速公路（含桥梁）的建设和维修；核电站停运的维护拆迁投资；节能补贴和交通安全补贴。还有新联邦州的文化设施建设、联邦就业咨询中心建设、联邦职业康复中心设施建设、学生住房扩建以及政府部委信息化建设等。

（三）联邦政府投资在不同行业的参与方式

政府投资方式包括全额投资、部分出资、投资补助、贷款贴息等。德国联邦政府投资不同行业采取有区别的参与方式。希特勒法西斯政府统治时期，建立了范围广泛且影响巨大的国有企业。二战后几十年来，随着市场经济体制的建立和完善，联邦德国通过逐步出让国有股份的方式实现了公有制撤退和私有制的扩大。德国统一后，联邦政府虽大量投资东部建设，但遵循的是却是战后形成的一贯原则，即不进入竞争性行业。 政府仍然留有股份的主要领域有交通通讯、水电供应、教育科研和社会福利等，这些领域占全国GDP的12%，占就业的9%，占投资的15%。

1．国家持股

全国的高速公路和东部基础设施建设一直以来都由国家全额投资，因其关系国计民生，尤其是东部建设明显需要政府导向型扶持，私人企业在这些领域难以盈利。

电讯行业经过多年改革，竞争格局已经形成。德国电信（Deutsche Telecom）的国有股已经大部分出让，但目前仍保留25%股份。这样做主要是防止该行业被国外公司全部买断，危及国家安全。

在汽车、化工、航空等竞争性产业领域不再持有股份。例如大众汽车、汉莎航空等国有股已全部出让。改革原则是，凡可以开展自由竞争的经济领域，政府就不再持股，更不新建由国家投资控股并企图赢利的企业。这方面一个例外是德国铁路改革。虽然它也属于竞争性行业，但鉴于铁路的重要地位和它的历史遗留问题，国家目前仍拥有德铁（Deutsche Bahn）100%的股份。多年来铁路已不再作为政府投资项目来运作和管理，而是由德国铁路股份有限公司用其收益来建设和经营。此后政府每年仍有数额不小的投入，但只是作为清偿老债务和补贴资助特定项目，例如网路建设及鼓励公路铁路联合运输的设施建设等。有关德国铁路改革的进程仍在继续。

在公用事业（天然气、煤炭、电力、供水、垃圾及污水处理）领域，地方政府参股也趋于减少。这一领域一般没有联邦一级的投资，属于州及以下地方政府事权范围。近年来，联邦政府也将政府投资项目的经营管理私有化模式向公用事业领域推广。具体做法是，各地在供水、垃圾和污水处理厂等公共项目建成后，将部分股份私有化并委托私营企业来经营管理。例如，柏林市政府目前只持有柏林水务公司50.1%的股份，其余49.9%的股份已出售给由3家私营企业组成的联合企业，联合企业与柏林市政府公用事业局签订合同，保证净水供应和污水处理，同时按比例分享收益和承担风险。在这一过程中，政府只承担保障产品供应的责任，而采取的手段是在竞争的市场中选到合适的产品供应商，然后签订具有法律效力的委托供应合同，最后监督合同的执行。在项目实施的每一个环节（规划－设计－建设－运行维护），政府都要进行充分论证，决定是政府直接从事，还是由私营企业承担，目的就是为了节省项目建设和运营成本。政府通过价格比较等竞争手段来选择资金实力雄厚、可靠性高、技术力量强的私营企业。这种政府公共任务社会化的做法，也在收益不能充分保证的行业（如公共交通、图书馆等）开始进行。

2．投资补贴

在1967年颁布的《促进经济稳定增长法》中对财政补贴的种类、对象、实现形式等做出了具体规定，以后根据形势的发展和两德统一的实践进行了补充和修改。根据这一法律，投资补贴分为直接和间接两种方式。直接补贴是指联邦政府有义务提供维持性、适应性和生产性三类补贴；间接补贴是指联邦政府实施的各项促进计划中的税收优惠、特别折扣等。

维持性补贴，主要提供给农业和矿山业，因为这些行业是微利行业但关系国计民生。适应性补贴的对象主要是造船业和德国东部的中小企业，目的是使它们适应发生变化的经济环境。生产性补贴，主要提供给高新技术企业，或者具有良好发展前景、代表某一领域未来发展方向的企业和项目，如航天技术、基因工程技术和生物工程技术。然而，随着欧盟东扩，上述各类补贴将会受到欧盟有关条约的制约而逐步减少直至取消。

除提供投资补贴外，联邦政府往往还通过对某些领域的企业和机构以及地方政府的投资项目给予资助，促进国家整体经济和区域经济的发展。政府资助分为以下几种类型：一是机构资助，指政府通过资助某一机构，通过该机构持续参与项目实施；二是项目资助，指政府在一定时间内针对一个项目予以资助；三是部分资助，指政府按照项目总投资的一定比例给予资助；四是空缺费用资助，指政府对于项目单位难以解决的某一部分资金缺口进行资助；五是定额资助，指政府对于举行某些公益性活动给予固定数额的资助；六是前期资助，指政府资助项目的前期规划费用。不同形式的政府资助，反映了政府参与项目的必要性以及项目本身的重要程度。一条重要的原则是，政府只对尚未正式开工建设的项目才考虑是否给予资助。即使政府已经承诺给予资助，但是未经政府正式批准，项目就已经开工建设，则认为项目建设单位有能力自行解决该项目所需全部建设资金。因此，政府将收回资助承诺以及已经投入的政府资金。同时，如果项目实际完成总投资少于申报政府资助时的总投资额，政府将相应减少资助资金。独立于政府的审计机构在监督检查政府投资资金的使用方面（包括政府决策和企业运用），发挥着十分重要的作用。

作为间接补贴中的税收优惠和特别折扣，也随着近年联邦税收改革的深入，在种类和数量上大大缩减。政府补贴虽然数目不大，但充分体现了政府的投资政策导向。

对于主要用于扶持中小企业发展和促进技术进步的优惠贷款和贷款担保，是州及以下政府的主要职责。

二、中央政府和地方政府投资事权的划分

德国政府结构由联邦政府、州政府、地方政府（包括县、市、镇、乡）组成。联邦政府为中央政府，州以下政府统称地方政府。德国的联邦制特征决定了地方政府具有高度自治权。

德国的国家宪法《基本法》对各级政府事权划分作了明确规定，即“为了普遍利益必须进行统一处理的事务”由联邦政府负责，其他事务由各州和地方政府负责。具体划分如下：

联邦政府的事权范围是：国防、外交、军事、社会保障、联邦交通邮电、重大科研计划及联邦一级行政事务等。

州政府的事权范围是：教育、文化、卫生、社会救济、住房、治安及州一级的行政事务等。

地方政府的事权范围是：当地教育、文化、卫生、交通、治安、社区服务等。

根据上述事权划分原则，相应的投资领域划分也就显而易见（见附表）。除此之外，也实行统分结合原则，联邦与州共同完成的任务有：高等学校包括医学院附属医院的建设；地区经济结构和农业结构改善；海岸保护。完成共同任务的投资，原则上按项目性质由联邦和州按比例负担。

政府投资的资金来源主要是税收。在明确各级政府事权和投资责任的基础上，德实行共享税与独享税相结合而以共享税为主的三级分税体制。《基本法》第106和107条对各级政府税收分配作了明确规定，税收分配比例相对固定，多年来变动不大。共享税为联邦、州、地方三级或两级政府共有，主要有增值税、所得税和营业税，按规定比例在各级政府间分成，占全部税收比重3/4以上。独享税则分别由联邦、州或地方政府独有。联邦独享税包括关税、消费税（啤酒除外）、欧盟税（上交欧盟）等，州独享税包括遗产与赠与税、啤酒税等，地方独享税包括地皮税、娱乐税等。

三、政府投资项目中社会资本的参与方式与参与程度

迄今为止，在德国尚无私人投资（或社会资本）参与联邦政府投资项目的先例。目前正在探讨高速公路建设中引入社会资本问题，但尚无定论。目前德国电信、德国邮政等企业之所以存在社会资本的参与，是国家改革国有企业出让国有股份的结果。

四、政府投资项目的决策管理

关于联邦政府投资项目的决策，联邦《预算法》和《审计法》都有规定。投资既要考虑经济效益，也要考虑社会效益，政治家还会考虑对选举的影响。

（一）决策参与者

（1）交通、建筑和房屋部（此处简称建设部）。1998年由原交通部与建设部合并而成，现有员工约1500名，是联邦政府中大部之一。该部为国家建设行政主管部门，主要负责国土规划、城市建设、住宅建设、建筑业管理及道路交通等方面的行政管理工作，大多数政府投资项目的建设与管理，以及耗资巨大和旷日持久的东部建设也主要由该部负责。主要职能一方面是对全国的有关铁路、公路、水路进行建造、保养、维护和管理，也包括诸如迁都柏林那样跨地区重大建设项目的计划组织等内容。另外一个重要职能是对若干行业中政府投资项目的建设提供技术服务，从技术细节上论证某一个政府投资项目的可行性。

(2) 财政部。该部门的职能与我国财政部的职能基本类似。在政府投资项目的建设过程中，主要负责从资金的调度和支付上对项目进行审查和管理，对政府投资项目的投资兴建具有审批权。

(3) 联邦建设有限公司。联邦建设有限公司是国有私营性质的公司，是为了首都搬迁工程而专门成立的。该公司于1993年成立，1994年初正式运营，现有员工90名。公司的董事会共有16名成员，其中3名为政府官员，分别来自财政部、建设部和联邦议院。这三名来自政府机构的董事有一票否决权，但并不意味着他们有一票赞成权，他们的提议也必须经过董事会的批准才能实施。董事会主席由一位审计师出任。联邦建设有限公司总经理不是董事会成员，但必须列席董事会。之所以设立联邦建设有限公司，是为了有效地避免政府当局的干预和不受政界更替的影响。搬迁的建设任务艰巨且持续时间长，若不成立相对独立于政界之外的私营公司，那么首都搬迁过程中的大量建设工程将会受政局变换影响而难以完工。有关部委可能对该公司施加一定的影响，但只是间接的，而且作用有限。

联邦建设有限公司这种国有私营性质公司的管理运行模式，实际上代表了德国政府对非经营性政府投资项目的管理特点，即由相应的政府部门拨款，组建专门的机构对项目的整个建设过程实施和管理。这也反映了欧洲公营机构私营化的趋势。

（二）决策程序

（1）立项审查。政府投资项目的立项一般由项目使用者（如卫生部）向财政部提出申请，由财政部和建设部共同审查。财政部主要从财政、资金的角度对项目进行审批，建设部则从技术细节上审查可研报告。不得超出财政部审批确定的投资额。在该投资额范围内，由建设部代表国家组织管理工程项目建设，即建设部是国家投资项目的业主，具体运作由该部建筑局负责。

（2）预算审核。德国政府投资项目的预算管理极具权威性、强制性和科学性。对上报的项目预算审核严格细致，预算执行结果考核也分阶段把关。一旦立项获得批准，项目单位除上报项目总预算外，还要提供各项投资资金之间比例和应达到的社会经济效益指标的专门预算，该预算作为辅助材料上报财政部并纳入年度总预算之中。德国在建设部设有“建设投资管理局”，负责对政府投资项目全过程的监督管理。他们与项目的未来使用部门协调，共同做出项目预算并参与从项目立项、预算确定、投资拨款、投资预算调整直到投资后评估的全过程。项目完成后，该机构要对项目投资额、完成时间、质量和效果进行考核，对未达到要求的要追究行政责任。

（三）决策责任监督机制

为防止决策失误，确保决策的公正性和正确性，德国实行三级监督机制。一是有专门的内部监督机构。联邦建设部专门设立了由国务秘书(即副部长)直接领导的内部监察处，主要以《联邦政府官员法》为依据，负责对该行业政府官员、公职人员和应聘参加政府投资工程的自由职业人员进行监督。监察处如发现或有人举报有关人员有经济问题，可以进行核实，经核实确有经济犯罪事实的，即移交检察院或警察局办理。监察处的主要职责是内部检查和预防腐败。监督机构只能监督，不能参与工程发包或其他经济活动。

二是审计监督。联邦德国审计署是依据《基本法》规定而设立的独立的机构。审计署在德国具有十分重要的地位，它不受政府和任何部门的制约。审计署根据《基本法》赋予的使命，接受议会委托，定期审查建设项目的法律性和经济性，对决策者的舞弊行为形成制约。审计署一年一度的《审计年鉴》，一来作为联邦预算的依据，二来是反映政府投资透明度的一个重要窗口。审计署不仅进行投资是否到位的“问题审计”，而且进行投资是否有效率的“效率审计”，发挥了国家财产“看门狗”的作用。

三是通过联邦议会进行监督。每一个议员都有自己的选区，该选区的选民可向议员提出问题与质疑，由议员将有关问题与质疑提到议会上。与此同时，议会也要受到新闻舆论的监督。舆论监督对议会和议员形成强大的压力，有时会迫使议员辞职。议会监督和舆论监督形成了有效的监督机制。

五、政府投资项目的建设管理

1．通过公开招标选择承包商

政府投资也可称公共采购，是指公共采购人（此处仅指政府）与企业之间以货物供应、建筑工程或提供服务为内容的有偿合同。1998年5月29日，德国议会两院通过了《招标投标法修订法》，作为新修订的《反限制竞争法》的第四编（第97条至第129条）于1999年1月1日实施。该法不仅重新确立了招标投标法在整个法律体系中的位置，而且确定了一些重要的制度和原则。根据《反限制竞争法》第101条规定，货物采购、建筑工程采购和服务采购的招标投标，可以以公开程序、不公开程序或议标程序进行。除《反限制竞争法》有特殊规定外，公共采购人必须采用公开程序选择承包商，即邀请无数量限制的企业公开进行投标。

就公共采购的数额标准，在《反限制竞争法》第127条中加以规定，即遵照欧盟的

《竞争保护法》的下列七项规定执行：（1）500 万欧元以上的公共事业项目或政府出资项目，必须在欧盟范围内公开招标；货物采购或自由职业服务（如咨询、设计等）金额达到20 万欧元以上，也必须在欧盟范围内公开招标。招投标过程要在专门机构的监督下进行，如果业主将项目分割肢解逃避在欧盟范围招标，属于违法行为，将受到制裁。(2) 采用公开招标、邀请招标、议标三种方式选择承包商。公共项目招标由政府职能部门组织，原则上都应采用公开招标方式，若公开招标存在困难（如缺乏具备资质的投标人、采用专有技术、涉及国家秘密等），可依次采用邀请招标、议标来选择承包商。(3) 自由职业服务承包商（咨询、设计等）的选择，一般通过自由报名和资格预审后，采取邀请招标的方式。(4) 施工承包商的选择不能采用议标的方式，公开招标存在困难时可采取邀请招标；特殊项目（专利技术拥有者、投资额不能事先确定、投资额较小、项目实施时间紧迫、涉及国家秘密等）可直接选择施工承包商。(5) 项目业主对投标人不得歧视，投标企业如果受到不公正待遇可以申诉，若胜诉将依法获得赔偿。(6) 为了防止恶性竞争导致施工企业破产而影响项目实施，法律规定不保证最低价中标。(7) 政府公共项目的定标由政府多个部门参与，根据评标委员会的意见做出决定。

在欧盟法律的框架下，德国特别规定200 万欧元以上500 万欧元以下项目必须在全德范围招标。同时，《联邦建设项目合同规范》（VOB）对建设项目与预算的关系、项目执行步骤、合同格式、项目成本估算方法、项目决策程序以及合同授予的竞争机制等作出了明确规定。包括三个部分：A 部为指导合同授予之前的环节和合同授予环节的规范文件，对国内招标的程序、在欧盟范围内招标的程序，以及评标原则、开标日期及开标方式做出了明确规定。B 部为指导建设期和交付环节的规范文件，主要规范建设单位与业主的关系，规定了如工程量因某种原因增加，或工程出现延期，建设单位与业主产生纠纷时应遵循的解决程序，并对合同终止的条件和程序、项目验收程序、项目竣工、移交程序等做出了明确规定。C 部为建设项目合同在技术方面的规范文件。据统计，2001 年德国总计约12 万个地面公共项目中，建设单位 87% 为国内招标产生，13% 为欧盟范围招标产生。

2．工程运行受到检查审计

在德国，工程监理不采用监理工程师的管理方式，而是通过银行、保险公司、投资方以及设计工程师与建设项目的利益关系，对工程的质量、进度和投资进行监控。上述各方看似多头监理，实为各自从不同角度维护自身利益并确保工程按计划实施。在施工过程中，施工公司要将施工费用列出表格连同施工进展情况每三个月向联邦建设部做一次书面报告，建设部还随时对项目执行情况进行检查。审计署也对项目资金使用情况定期进行审计。联邦建筑局作为政府投资项目的业主，必须遵守各项法律规定，例如，工程项目必须符合规划和土地使用的要求，不得改变或增加建设部、财政部已批准的项目计划和项目经费。建筑局的行为还要受到建设部、财政部、审计署等方面的监督。业主不得拖欠施工公司的工程款，如违反合同规定拖欠工程款的，由法院依法追究民事责任。

3．多种措施遏制腐败

政府投资项目建设过程的管理，除严格把关、公平合理地选出建设单位并严格工程监理外，对这一过程腐败现象的遏制，也是摆在各国政府面前的共同课题。 据统计，政府投资建设工程容易发生职务犯罪或经济犯罪的部位和环节主要有两个方面：一是项目委托过程，即工程项目招投标过程中，竞标者与项目业主及评标人员接触频繁，可能私下泄露标底或透露内部信息。二是项目质量监督检查过程，检查人员缺位、不到位、检查不认真，走过场、预先告知检查事项等。

联邦德国对行贿受贿的处罚是严厉的。对公务员犯有渎职罪或行贿受贿罪的，开除公务员职务。对在国家机构中工作的公职人员犯有行贿受贿罪的，无限期解除公职。对政府聘用的自由职业者犯有行贿受贿罪的，除解除《聘任合同》，对其行为进行通报外，还要由建设部主管法律的部门将其列入“黑名单”，不得再做其他项目。对上述三种人需追究刑事责任的，须报告检察院或警察局处理。对企业行贿政府官员的，法律规定的处罚更为严厉。对经济欺骗、骗取国家补贴、挪用资金、不忠诚政府构成犯罪的行为，要判五至十年的有期徒刑。尽管联邦德国制定了较为全面的依法行政、预防腐败和职务犯罪的法律制度，有一整套的对建筑市场监督管理的措施及办法，但自20世纪90年代以来，建筑领域的腐败问题和经济犯罪仍严重存在，每年涉及金额约占政府投资工程项目资金总额的3%。因此，反腐败是世界各国所面临的共同问题。

4．相关法律制度

德国在涉及投资领域，特别是建筑市场监管、反不正当竞争、反行贿受贿方面，形成了较为完备的监督管理法律制度，除上述《反限制竞争法》(又称《卡特尔法》)外，还有如《联邦预算法》、《联邦建筑法》、《联邦承发包法》、《联邦反对黑工法》、《联邦雇工法》、《联邦外国人法》、《联邦处罚法》、《联邦民法》、《联邦合同法》、《联邦招标投标法》、《联邦社会保险法》以及《建筑工程发包条例》和《非建筑工程发包条例》等。

六、政府投资项目的风险管理

政府投资项目的风险主要包括财政风险、资金风险、利率风险、信贷风险、资本市场战略风险、企业领导才智风险以及自然灾害风险等。

在德国，风险管理的主要手段是通过保险公司进行。保险公司提供保险的作用不仅仅是赔偿，而是要参与建设项目的全过程。风险管理流程一般表现为：确定目标→评估风险→通报风险→决策→处理风险→报告→监控优化。即在项目前期工作阶段，保险公司就参与目标的确定和风险的评估，尤其是技术风险防范方案的制定。同时也对项目的其它情况，如地质、工期、施工图等有充分的了解并由专家指导保险合同的拟定，以期将风险降至最低。

政府投资项目的保险险种主要分为建设期的技术险和运营期的财产险。建设期的风险主要在于工程技术方面，如安装、调试等环节。运营期的风险主要属于业主，表现为实物保险和财产保险，如涉及火灾、风暴、地震等自然灾害造成的损失。统计表明，前者造成的损失大于后者，技术险约占2/3，财产险约占1/3。也就是说，技术原因造成的损失和对保险量的要求比财产险大得多。这两个险种的保费可占项目总投资的2‰～8‰。

除此之外，预期效益风险也经常出现在政府投资项目中。过去，政府公共项目对此类保险不够重视，认为效益非政府项目所首先考虑。随着越来越多的公共项目社会化、私有化，私人企业的保险意识非常强，带动了大多数公益性项目投保此类险种。他们认为，对有些项目，保险公司仅仅提供技术和财产保险是不够的，还要进行预期效益保险，以确保项目建设的进度和经济性。

HSE（Health Safety Environment）风险管理已经成为项目建设必须考虑的重要因素。有些项目如果前期没有周密地考虑对环保和公众健康方面的影响，极有可能对项目建设带来诸如增加投资，延长工期等财政风险。在德国这个极讲求环保意识的国家，在项目建设期，环保投入平均占项目总投资的比重已经达到10%甚至更高。对于这方面的保险也已经达成共识。保险公司和项目单位一起进行下列工作：（1）前期评估，概括总结项目建设应普遍注意的环保问题，分析可能出现的不利因素；（2）评估目前的环境状况；（3）评估项目实施对环境影响的后果；（4）方案调整，即对前一阶段发现的指标超标问题，进行技术调整，必须采用当前最先进的技术；（5）将各项环保措施具体化，形成计划；（6）项目建成后，实施监控。

七、对我国的主要启示

联邦德国实行“社会市场经济体制”，创造了举世闻名的“经济奇迹”，“莱茵模式”颇为引人注目，近年正大力推行各项改革，以求经济实力的更大提升。其实践证明行之有效的政府投资管理体制对我有启发意义，特别是其明确划分各级政府投资事权、建立健全各项政策法规、重视发挥地方政府投资能力、加强决策责任监督、严格项目建设管理、实行审计独立和“问题审计”与“效率审计”相结合等做法值得我国借鉴。

附表：德国三级政府投资事权划分

中央政府（联邦一级）

单位：亿欧元

领域	1997	1998	1999	2000	2001	2002	2003
公共管理	−5.7	4.4	6.3	3.9	3.5	1.9	1.8
国防	14.5	11.3	14.3	11.7	9.2	9.6	8.4
公共秩序与安全	1.5	1.8	2.5	2.6	2.7	3.1	2.4
经济建设	34.5	37.3	50.9	42.2	48.4	49.1	50.0
环保	1.7	1.3	1.6	1.2	1.2	1.2	1.3
住房及地方公用事业	—	—	—	—	—	—	—
卫生	—	—	—	—	—	—	—
文化体育休闲	—	—	—	—	—	—	—
教育	—	—	—	—	—	—	—
社会保障	0.1	0.1	0.1	0.1	0.1	0.1	0.1
合计	46.6	56.2	75.7	61.7	65.1	65.0	64.0

州政府

领域	1997	1998	1999	2000	2001	2002	2003
公共管理	10.2	8.1	5.4	7.5	10.0	8.4	8.4
国防	—	—	—	—	—	—	—
公共秩序与安全	9.6	11.1	11.5	11.9	11.1	9.7	9.9
经济建设	24.0	23.7	23.8	25.7	21.5	18.8	18.8
环保	0.9	1.0	1.0	0.9	0.9	0.8	0.8
住房及地方公用事业	0.6	0.5	0.8	0.6	0.6	0.5	0.5
卫生	0.3	0.1	—	0.3	0.1	0.1	0.1
文化体育休闲	2.8	3.2	3.2	3.2	2.8	2.3	2.4
教育	25.0	28.0	28.7	28.4	28.9	25.3	25.6
社会保障	1.2	0.8	0.5	0.5	0.8	0.5	0.5
合计	74.6	76.5	74.9	79.1	76.7	66.4	67.0

地方政府（县市镇乡）

领域	1997	1998	1999	2000	2001	2002	2003
公共管理	−5.8	−8.6	−5.2	−1.0	2.5	8.1	6.2
国防	—	—	—	—	—	—	—
公共秩序与安全	10.5	10.8	10.5	10.2	10.1	9.6	8.1
经济建设	79.7	78.6	79.8	81.3	76.7	72.9	62.3
环保	44.4	38.4	36.1	31.0	29.1	27.6	23.5
住房及地方公用事业	21.0	22.6	22.8	23.6	22.8	22.5	18.9
卫生	0.8	0.8	1.3	0.4	0.4	0.4	0.4
文化体育休闲	18.7	19.6	19.9	19.9	18.8	17.7	15.0
教育	51.9	50.5	48.9	45.2	43.0	40.5	34.4
社会保障	3.4	3.3	3.1	3.1	2.9	2.8	2.3
合计	224.6	216.0	217.2	213.7	206.3	202.1	171.1

资料来源：联邦统计局《国民经济总核算》专刊18，2003年第1、2期第140—141页。

■ 专题9

日本政府投资制度的现状及特点

内容提要：日本政府投资资金来源于财政融资、产业投资（特别会计）和政府担保。近年来日本政府对其投资制度进行了遵循市场化原则筹措资金、定期公布政府投资项目的投资效果及财务状况等方面的改革。报告对2002年日本政府投资计划制定与执行的情况，包括政府投资计划制定的基本思想、投资计划的重点、资金来源、使用特点以及政府投资制度的评估等，作了详尽、全面的分析。

一、前言

日本的政府投资活动，从制度上可以分为两类：一类是在财政政策中按照有效利用有偿资金的原则进行的效率高、见效快的直接投资活动，它是政府利用金融政策实施财政政策的手段。另一类是利用税款，采用投资补助或贴息的方式，为民间有困难的大规模、超长期项目的实施提供资金，以及为民间商业金融有困难的长期项目提供资金的活动。它是依据国家制度及信用征集的有偿资金实施财政政策的手段。日本政府投资，具体地说，是指财政融资、产业投资，以及政府保证为原始资金对国立医院、住宅金融公库、日本道路公团等事业团体以及地方公共团体等进行的融资或投资活动（参见附表1）。

过去政府投资资金的主要来源是邮政储蓄和养老金，这些资金长期以来发挥了重要作用。但从2001年度开始，随着邮局储蓄及养老金积累改为自主经营，政府投资资金来源将逐步改为通过财政债务的方式从市场筹措。

二、日本政府投资制度概要

日本现行的政府投资制度的框架，如附图1所示，分为投资对象和资本来源两个部分，以下分别介绍这两个部分的内容。

1．投资对象

所谓政府投资是指，为推进财政政策中的有偿资金的有效利用，将公有资金向国家特别会计项目、公库、公团、地方公共团体等对象机构进行的投资活动。投资对象主要包括：住宅（住宅金融公库，城市基础设施整备公团等）、生活环境改善（地方公共团体等）、福利保健（社会·福利事业团等）、道路（日本道路公团、首都高速公路公团等）、运输通讯企业（机场整备特别会计、新东京国际机场公团等）、产业·技术开发企业（日本政策投资银行等）、贸易·经济合作机构（国际协力银行）等广泛的领域。同时，政府还对民间资本投资有困难的大规模、超长期的项目，以及民间融资困难的长期项目提供资金。另外，在实施方式上也有通过将财政投资的有偿资金与税收的无偿资金相结合，针对不同项目进行的组合投资，其目的是为了使财政政策得到效率高、见效快的运用。

2002年日本政府投资对象及分配金额见附表2。判断能否可以高效地利用政府投资（有偿资金）的标准和原则，有以下几个方面：

（1）应该要求收益者负担的投资领域（从财富的最优分配的角度来看，准于用税收筹措经费的领域），比如收费道路项目（日本道路公团等）。

（2）原则上应靠自己努力的投资领域（即使给予政策性的补助，与补助金相比采取政策性的金融手段更加有效的领域），比如中小企业对策（国民生活金融公库、中小企业金融公库等）。

（3）不适宜市场机制的投资领域（外部经济效果大，完全靠民间来做的话，得不到充分的资金，项目无法执行的领域），比如与环境对策相关的贷款（日本政策投资银行，中小企业金融公库等）。

（4）政策性对民间的经济活动进行奖励、支持的投资领域（利用政策金融手段可以得到稳定的资金供给、减少政策成本（利息补助等）的领域），比如住宅金融（住宅金融公库等）。

值得注意的是，近年投资的方向和用途发生了明显变化，如附图2所示。近年来，与提高、安定国民生活直接相关的住宅、生活设施、社会福利、文教、中小企业、农林渔业等六大领域的资金分配比率在稳定提高。这方面的政府投资，1955年其比率只有45%，到了2001年上升到政府投资计划的约72%。这意味着政府投资计划的制定及政策重点已开始由过去的充实产业基础逐步转移到充实生活基础设施上来了。

2．日本政府投资的原始资本

日本政府投资的原始资本由财政融资、产业投资、政府保证三方面组成。

（1）财政融资。①财政融资的资金。日本政府投资的原始资金主要是财政融资资金。从2001年度开始，邮政储蓄及养老金积蓄的委托保管金已不再用于政府投资的资源，这样一来，资金的主要来源是财政融资资金特别会计中的财政融资资金特别会计国债（即财投债）的发行而转入的资金和各种特别会计的积存、富余资金等。以各种公共资金的积存金为财源进行政府投资的管理、运营是日本政府投资的一个特点。

②邮局储蓄及简单保险的积存金。从2001年开始，原则上邮政储蓄及简单保险的积

存金不再向政府投资的对象机关进行融资，而是通过金融市场进行自主运营。但是，为确保财力较弱的地方公共团体的资金，根据例外预算，在经过国会批准的贷款范围内，以市场为准则，根据政府规定的统一的贷款条件，可以通过简单的手续进行直接融资。

（2）产业投资。产业投资的原始资金是以国际协力银行的国库缴纳款、电源开发株式会社、日本烟草产业株式会社（JT）及日本电信电话株式会社（NTT）的股息为财源，通过产业投资特别会计的方式进行的融资。该资金主要用于负责财政投资计划中的政府投资部分。

(3) 政府保证。所谓政府保证，是指以日本道路公团为首的公共机关在债券发行市场上公开召募债券时，为提高其信用程度，顺利地筹措资金，政府进行的债务担保。从遵守财政规律的观点出发，对经过严格审查的个别投资项目进行限定发行。另外，从2001年度起，除了政府担保国内债外，政府担保的外债也列入了政府投资计划。

3．日本政府投资的利息标准

与政府投资相关的利息，根据当时市场利息标准而定。但为了满足不同投资对象的需求和政策需要，投资利息也具有相应的机动性和弹性变动，具体执行和操作标准如下：

特别会计的积存金及富余资金的委托运用利息，是根据投资期限长短，按照国债的利率制定的。另外，政府投资资金的贷款利率基本上以国债的市场利率（流通利率）为基准而定。考虑到偿还形态的不同，也有按贷款期限而定的。另外，也可以选择利率每10年变动一次的制度。

在日本政府投资对象中，一些公益性政策性强的项目，像日本道路公团的项目，是将财政融资资金的贷款原封不动地作为事业财政来源来利用。还有，像日本政策投资银行那样的政策金融机构，基本上是根据贷款期限长短，在财政融资资金的贷款利率上，加上与政策性优惠措施的必要性相应的贴息进行贷款。

另外，为了保证项目实施机构能够稳定地进行项目实施，降低资金调配的成本，根据政策上的需要，当以低于政府投资资金的贷款利息的低息进行融资的情况下，政府会采取从一般会计中获得相应预算补偿（利息补贴）等优惠的措施。

三、日本政府投资计划的制定

作为财政政策的重要组成部分，从国家角度出发，为使政府投资充分发挥其有效进行资源分配以及调整景气的功能，财政金融政策同国家的其他政策的执行必须相符相承。因此，日本政府投资计划与预算编制同时制定。

日本政府投资计划的依据是财政融资资金长期运用的特别措施法（昭和48年（1973年）法律第7号，即长期运用法），在政策制定时，一方面准确把握国民的需求和社会经济形势的变化，同时还利用政策成本分析等手段，明确每个项目的重要性，项目是不是有偿资金合适的融资对象，偿还确定性如何，民间资本是否充足，甚至和一般会计政策有没有统一性等都是审查的重点。

这样制定出来的政府投资计划，其资金来源作为预算的一部分分别受到国会的审议和表决。政府投资资金的运营列入特别预算总则，产业投资的出资计入产业投资特别会计预算的支出，政府担保列入一般会计预算总则，分别受到国会的审议和表决。根据政府投资改革的精神，投资计划必须提交国会，并在法律上明文规定下来。从2001年开始，依据长期运营法提交国会。另外，投资计划实行的实际成果根据资金来源的不同经由国家审计署提交国会。

另外，与经济形势的变动相适应，为使计划具有机动性和弹性，除了根据补正预算追加的投资计划以外，还以国会决议通过特别会计预算总则和一般会计预算总则，即在年度中间，对公库、公团的投资资金等长期运营预定额，及有关公库、公团等债务的政府担保限额可以在一定的范围内增加。但是，政府投资资金的长期运营预定额的追加总额设有25%的上限。

四、日本政府投资制度的改革

政府投资是使国家财政得到更加高效、有效地实施的一种手段。它在调节经济发展上的作用非常重要。但随着整个经济的成熟和市场机制的完善，特别是特殊法人的臃肿化、非效率化问题不断暴露，在要求转变政府职能的呼声中，以往邮政贮蓄和养老金积存金全额委托政府运营部管理的方式正在被打破，构建特殊法人等从市场中筹措执行政策所需资金的机制开始形成。

日本政府于2000年5月24日颁布了《资金运营部法的部分修正法》。此法律于2001年4月1日开始实施。从2001年度开始，改革了政府投资计划。日本政府投资改革的主要内容如下：

1．废止邮政储蓄和养老积存金的委托保管运用业务

废止邮政储蓄及养老积存金向资金运营部的全额委托管理义务。从2001年4月以后，原则上通过金融市场进行自主运营。同时也废止了简单保险积存金对政府投资对象机构的融资。从2001年4月以后，原则上通过金融市场进行自主运营。另外，鉴于资金的公共性质及其规模，要求邮政储蓄和养老积存金必须以万全及有效的机制，遵守一定的规则进行严格的自主经营。

但是，为确保财力较弱的地方公共团体的资金，进行自主经营后的邮政储蓄及简保积存金，在地方债计划、财政投融资计划的框架内，保留了对地方公共团体可以例外地进行直接投资的方向。

2．遵循市场原理进行资金筹措

特殊法人等通过发行财投机构债接受市场评价，提高有效开展业务的积极性。为此，首先特殊法人等原则上应自己筹措所需资金，各对象机构应作财投机构债发行的最大限度的努力。

但是，对于靠财投机构债筹措资金有困难的机构，由于其所做业务是补足民间业务实际上必须的，考虑到其在将来国民负担基础上的政策成本，在精密审查其偿还确保性的基础上，对该法人的业务要从零开始进行彻底的重新评估。在此基础之上，如果判断其确有政策上的必要，可以用通过财投债等筹措资金对该机构进行贷款。

为确保财政政策的统一性，在与一般会计区分开管理的新的特别会计基础上发行的财投债，其发行的额度需受到国会的表决。另外其发行、流通计划作为与现行国债为一整体进行考虑。

从确保财政政策完整性出发，经过严格的特别审查后，才允许财投债的有限量的发行。

3．与市场原理的协调

政府投资制度改革以后，资金筹措利息也依据市场确定，废止了以往出于对委托管理者运营的考虑而提高利息的作法。另外，贷款利息原则上根据贷款期间长短，以国债的市场利息为基准，反映其偿还形态而设定。项目实施机构也可以选择每10年重审利息的制度。

另外，作为充实资产、负债管理（ALM）的一环，为顺利调整发行的财投债和融资时机上的偏差，允许发行融通证券，但其发行限度必须接受国会的议决。

在废止邮政储蓄和养老金积存金的委托管理的同时，根据中央省厅（部委）等改革基本法，在确保以往贷款持续的同时，考虑到对市场带来的影响，还必须采取缓和剧烈变化的适当的中间措施。

4．充实政策成本分析，进一步推进决算公开

为了对政府投资的对象领域、事业进行重新评价，定量地把握政府投资对象的政策成本，定期公布投资效果，改善特殊法人等的业务及财务状况，提高财政执行的完整性，今后还要努力扩大投资评价，改善项目分析手法。

另外，在努力推进各特殊法人的决算公开的同时，保证政府投资完整的决算公开也是一项重要的工作。

五、2002年日本政府投资执行情况

为了进一步了解日本政府投资执行的情况，现将2002年的投资实施结果整理如下：

1．日本政府投资计划制定的基本思想

政府投资改革后的第二年即2002年度的政府投资计划，是根据政府投资改革及财政改革的宗旨，不断地缩减整个规模，力图使投资事业重点化的同时，考虑当前的社会经济形势的需要，为政策上真正需要资金的机构及时提供资金而制定的。

2002年度政府投资计划的规模为26兆7920亿日元（比2001年度计划减少了17.7%，见附表2）。这也是自1989年度（平成元年）以来，政府投资计划规模首次低于27兆日元的年度。

2002年政府投资计划，是经历了2001年12月23日财政制度等审议会、财政投融资分会的审议，于24日由内阁决定的。2002年1月25日与预算同时提交国会，通过众议院、参议院的审议，于3月27日成立。

2．2002年度日本政府投资计划的重点

2002年度政府投资计划的特色是，根据《特殊法人等整理合理化计划》，在住宅金融公库确保必要贷款户数的同时，缩小财政规模；日本政策投资银行、国际协力银行，则通过对各个融资项目进行重估来达到工作对象的重点化。

另外，在人才培养、教育领域，进一步充实有息奖学金；在中小企业对策上，其贷款规模充分考虑中小企业的严峻的社会经济环境；同时，为对应社会低出生率及老龄化，及时设定考虑到与特别保健老人院等福利、医疗相关设施建设有关的资金准备的项目等，满足了对结构改革有帮助的资金需求。

2002年度的日本政府投资计划中的各机构具体重点和调整方向如下：

(1）住宅金融公库。根据政府与民间的工作分工及近来的执行状况，在确保必要的贷款户数（50万户）的基础上，为能实现向中低收入层融资的重点化以及和民间金融的住宅贷款的协调，进行现行贷款制度的修正，压缩政府投资规模。

另外，为对应病态住宅问题，在为清除室内化学物质进行重新装修的情况下，提高其贷款额上限。同时，改善为高龄者居住房屋的无障碍化进行施工所需的翻修融资，促进重建老朽公寓的城市居住再造融资。

(2）城市基础设施整备公团。关于住宅建设，不再扶持自行获得土地进行公团租赁住宅的新规建设。

(3）国民生活金融公库、中小企业金融公库。充分考虑中小企业所处的严峻的社会经济形势，制定合理的贷款规模。同时，通过贷款制度的扩大，力图充实安全网络。

(4）国际协力银行。废止国外金融资源以外的贷款业务，缩小出口金融的相关贷款业务（国际金融等业务）和海外投融资业务（新规业务、海外经济合作业务)。

(5）日本政策银行。通过将项目财务、地区项目等高风险业务特定化，对投资对象的项目进行重新审定。同时，从对民间金融进行补充的角度出发调低融资比例。

(6）日本道路公团。与国费的全面削减相适应，在压缩项目规模的同时有效率地推进高速道路网的整备（项目规模2001年度1兆8161亿日元，2002年度1兆4856亿日元)。

(7）社会福利、医疗事业团。妥当协调特别福利养老院等福利、医疗的相关设施整备所需资金（福利贷款的贷款合同额2001年度1007亿日元，2002年度1300亿日元)。

（8）日本育英会。为推进扩大学生受教育的机会及支持个人的自我努力政策，进一步充实有息奖学金（贷款人员：2001年度33.1万人，2002年度39.2万人）。

（9）电源开发株式会社。根据平成1997年6月内阁做出的完全民营化决议，为更加明确地向民营化过渡，从2002年起，电源开发株式会社全额利用自己资金运营。

（10）地方。在充分考虑到确保地方财政顺利运营的同时，妥当调度与生活密切相关的社会资本，确保所需资金的供给。

3．资金来源

2002年度日本财政投资的资金，比2001年度的计划额减少了5兆7552亿日元，为26兆7920亿日元。

占资金来源大半的是财政融资资金，资金规模比2001年度的计划额减少5兆1127亿元日元（19.6%），为21兆21亿日元。以外，作为向地方公共团体的贷款资金，邮局储蓄资金为9800亿日元及简易生命保险积存金为1兆5900亿日元。

作为重要的资金来源，日本政府保证国内债为2兆4902亿日元，保证国外债为6930亿日元。关于产业投资特别会计，国际协力银行的缴纳款，电源开发株式会社、日本烟草产业株式会社及日本电信电话株式会社的股息，共367亿日元。

4．财投债的使用及特点

财投债为财政投资资金产生的新的贷款，以及以往既有贷款的继续所必要的财源，2002年度，共发行财政融资资金特别会计国债（即财投债）34兆3527亿日元。财投债的市内发行额为10兆9527亿日元。另外，为不给市场造成太大影响，根据1998年12月邮政省和厚生省之间达成的缓冲措施，财投债由邮局储蓄资金（13兆6000亿日元）、养老金资金（6兆7000亿日元）及简易生命保险积存金（3兆1000亿日元）来承购。

5．财投机构债的使用及特点

财投机构债是特殊法人等在民间金融市场个别发行的不具有政府保证的公开募集的债券。2002年准备发行财投机关债的发行机构数及预定发行总金额为24个机构、2兆7072亿日元。与2001年相比，机构数增加了4个（机构新增加5个、减少了1个）、发行额约为2.4倍。另外，在财投机构债发行机构数的增减中，减少的一个是电源开发株式会社，其原因是从2002年度起不再作为财政投融资的对象。

6．政府投资制度的评估

为了完善政府投资制度，从不断推进有关国民负担水平公开化的观点出发，从1998年度开始对5个机构的资金运用情况首批公布以来，到2001年对政府投资对象的全部特殊法人等33个机构的资金运用情况进行了成本费用的全面公开，今后仍将继续加强充实这一公开制度。

附表1　日本政府投资的对象及分类

分类 对象 财源	一般行政支出	社会基础设施		国际援助		中小企业	
		对象	机构名称	对象	机构名称	对象	机构名称
税收	国防、外交司法、警察	一般公路	---	国际无偿援助	---	---	---
税收＋资本收益	---	收费公路	日本道路公司	日元贷款	国际协力银行（协作账户）	特别贷款	国民生活金融公库
		住宅	住宅金融公库				中小企业金融公库
资本收益	---	住宅	住宅金融公库	进出口投资	国际协力银行（投资账户）	一般贷款	国民生活金融公库 中小企业金融公库

资料来源：《政府投资报告2002年》。

附表2　近年政府投资计划概要（单位：亿日元）

区分	2001年	2002年	增长率（%）
1、住宅方面	93,018	58,617	−37.0
住宅金融公库	83,632	49,669	−40.6
城市基础设施	9,386	8,948	−4.7
2、中小企业方面	54,451	49,112	−9.8
国民生活金融公库	37,500	35,300	−5.9
中小企业金融公库	16,601	13,712	−17.4
3、其它公库银行	35,066	25,922	−26.1
国际协力银行	15,593	12,872	−17.5
日本政策投资银行	14,450	9,100	−37.0
农业渔业公库	2,750	2,080	−24.4
4、特殊法人	47,967	42,949	−10.5
日本道路公团	21,540	21,180	−1.7
首都公库公司	4,100	4,621	+12.7
社会福利、医疗事业团	5,428	3,590	−33.9
阪神高速道路公司	3,562	3,578	+0.4
日本育英会	2,192	2,219	+1.2
5、地方	94,970	91,320	−3.8
地方团体	78,200	76,000	−2.8
公营企业	16,770	15,320	−8.6
合计	325,472	267,920	−17.7

资料来源：《政府投资报告2002年》。

按原始资本来源区分

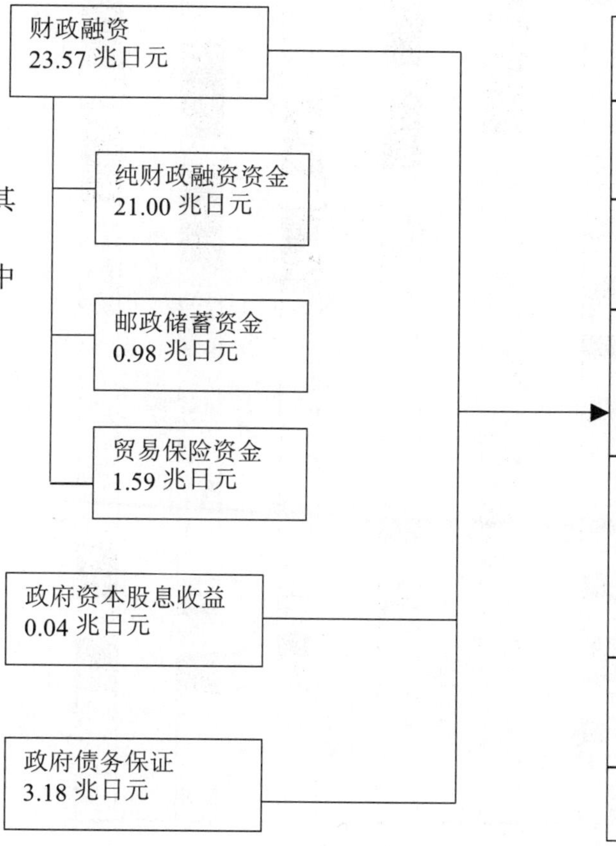

投资对象机构及其金额

投资对象机构	金 额（兆日元）
居民住宅关连投资	5.86
1 住宅金融公库	4.97
2 城市基础设施公团	0.89
中小企业关连投资	4.91
1 国民生活金融公库	3.53
2 中小企业金融公库	1.38
金融机构、政策银行	2.59
1 国际协力银行	1.29
2 日本政策投资银行	0.91
3 农林渔业金融公库等	0.21
其它特殊法人、企业	4.29
1 日本道路公司	2.12
2 道数字建道路公司	0.46
3 社会福利、医疗事业团	0.36
4 阪神字连道路公司	0.36
5 日本育英奖学基金等	0.22
地方机构	9.13
1 地方公共团体	7.60
2 公营企业政策银行	1.53
合计	26.79

注：图中数字为2002 年度日本政府投资计划数据。
资料来源：《政府投资报告2002 年》

附图1　日本政府投资的运作模式

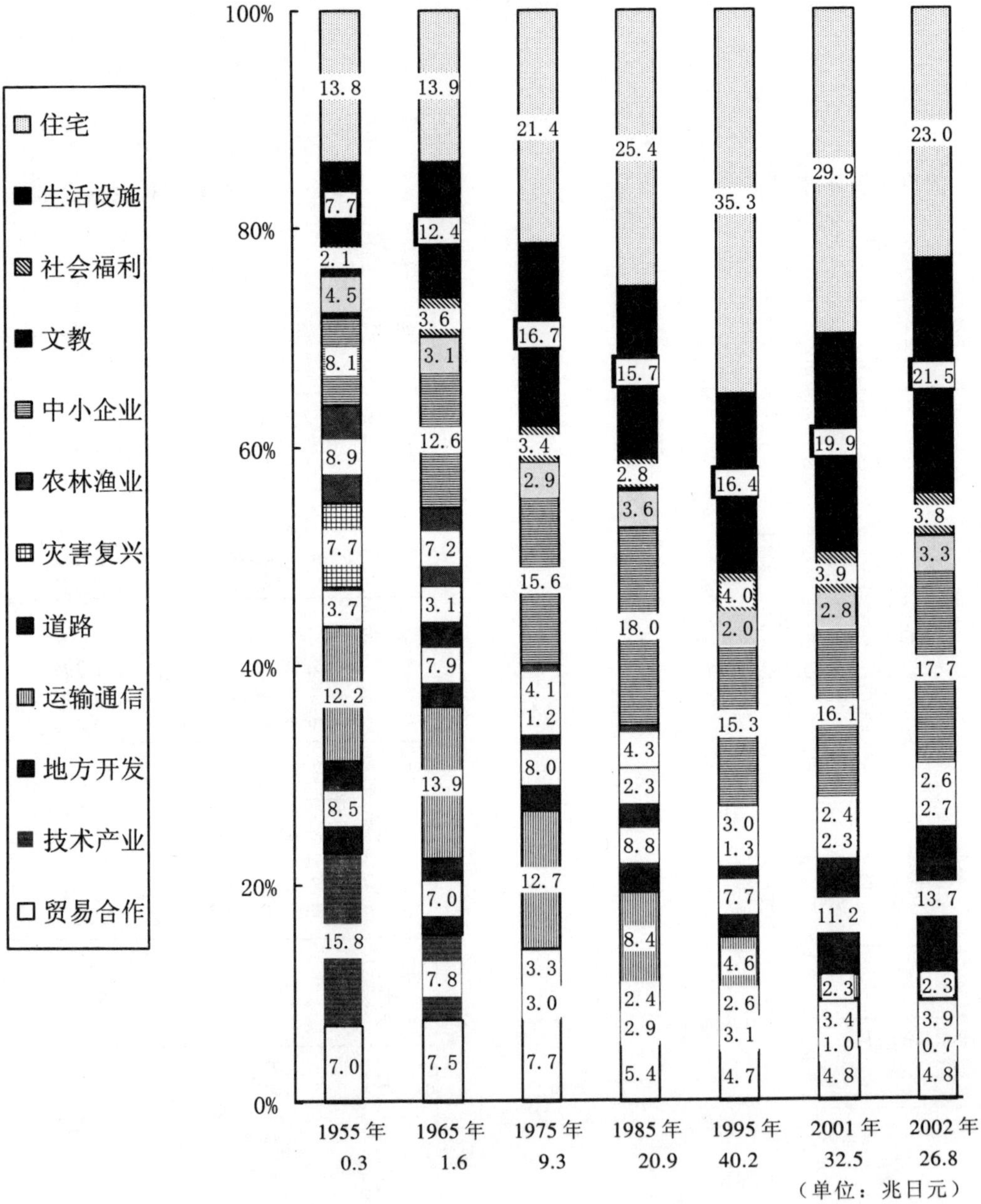

资源来源：按用途分类政府投资分类表

附图 2　政府投资按用途分类的变化情况

■ 附件

我国投融资体制中的开发性金融

一、政府的开发性金融机构：国家开发银行

国家开发银行1994年3月根据国发[1994]22号文成立。国务院赋予的职能是：作为直属国务院领导的政策性金融机构，对由其安排投资的国家重点建设项目，在资金总量和资金结构配置上负有宏观调控职责。开发银行的主要任务是：建立长期稳定的资金来源，筹集和引导社会资金用于重点建设，办理政策性重点建设贷款和贴息业务，投资项目不留资金缺口，从资金来源上对固定资产投资总量及结构进行控制和调节，按照社会主义市场经济的原则，逐步建立投资约束和风险责任机制，提高投资效益，促进国民经济的持续、快速、健康发展。

自成立以来，开发银行立足基础设施、基础产业、支柱产业（简称“两基一支”）及其配套领域，发挥了以开发性金融建设市场的重要作用。基于现阶段我国存在着大量的市场缺失和制度落后的国情特点，开发银行将融资优势和政府组织协调优势相结合，积极促进公众参与，在没有市场的地方建设市场，在有市场的地方完善和发展市场。通过建设市场的方法实现政府意图，从根本上完善制度、促进市场建设，既治本又治标，放大国家信用，促进政府发展目标的实现。同时把取得的市场业绩用在国家的战略方向上，使市场力量转化为政府的力量，发挥桥梁和纽带作用，成为建设市场的先锋，最终实现政府发展目标。

二、全面落实科学发展观，积极贯彻国家宏观调控政策措施

开发银行从四个方面发挥了开发性金融的调控作用。一是进行信贷结构调整。通过逐个项目的融资推进市场建设，缓解煤电油运等经济社会领域的瓶颈制约，促进了国家整体投资的发展；在当前经济局部过热的形势下，坚持区别对待、有保有压，贷款重点

向煤电油运等行业倾斜，防止国家和地方重点建设项目资金链断裂。二是实施总量控制。1998至2003年主要是配合和扩大投资拉动，扩大对“两基一支”项目的贷款规模；2003年下半年以来，严格控制贷款规模，主动开展固定资产贷款项目清理工作，核减贷款2217.6亿元，确保所有贷款项目更加符合和体现宏观调控要求。三是发挥债券筹资优势，引导社会资金投向。把国家信用用于证券化融资，将商业银行储蓄资金和社会分散资金转化为长期集中大额资金，为国家重点发展的产业和区域，提供集中、大额和长期的融资支持。到2004年底累计发行金融债券20172亿元。开发银行10年来的筹资量超过我国股市13年筹资总量。四是通过管理资产等方式，进一步发挥导向作用。一方面把煤电油运优质资产出售给商业银行，引导资金支持瓶颈建设；另一方面把腾出的规模集中用于急需建设的重点项目。目前已向商业银行出售贷款1035.6亿元。开发银行在宏观调控中通过建设市场、建设制度，从深层次把调节作用与市场建设结合起来，有效控制和防范了地方财政风险和基本建设规模盲目扩张。

三、缓解国民经济发展的瓶颈制约，支持国家重点项目建设

开发银行贷款的特点是长期、大额、集中。与商业银行以发放短期贷款为主不同，开发银行的贷款期限一般少则三年五年，多则十年八年。同时开发银行对单个项目单个客户的贷款余额也较大，贷款主要集中在国家经济社会发展急需的行业领域的项目。到2004年底，开发银行累计发放贷款超过2万亿元，在基础设施等长期融资领域的贷款份额一直占全部国有银行贷款的40%左右。重点支持的项目包括长江三峡水利枢纽工程、黄河小浪底水利枢纽工程、南水北调、岭澳核电站、秦山核电二期、二滩电站、云南大朝山水电站、小湾电站、首都国际机场、上海浦东机场、溯黄铁路及黄骅港、京九铁路、南昆铁路、内昆铁路、水柏铁路、北京地铁复八线、上海磁悬浮示范运输线、粤海铁路通道、苏州工业园等。国家重点建设项目近80%的信贷资金、国债项目1/3的配套贷款由开发银行提供。2004年全国96个重点项目中，开发银行承贷61个，发挥了国家重点建设项目主力银行的作用。由于开发银行资金的介入，稳定了长期融资市场的信心，引导了大量资金投向国家急需发展的瓶颈领域。2004年开发银行表内发放贷款4532亿元，全行管理资产总额已达到17222亿元，其中表内资产总额为15165亿元。

四、支持和配合经济结构的战略性调整，贷款向经济发展瓶颈行业倾斜

开发银行成立十年来，严格执行22号文的规定，根据国家发展战略和经济结构调整要求，同时根据形势和市场变化，主动适时调整信贷投向，有力支持和配合了我国经济结构的优化调整。1998年开始开发银行逐步从成立之初的二十多个贷款行业中有选择地退出，将信贷投向进一步集中到电力、公路、铁路、石油石化、煤炭、邮电通信、农林

水利和公共设施等八个“两基一支”中的重点行业。截至2004年末，八大重点行业的贷款余额占比达到90%以上，其中约2/3集中在煤电油运行业（见表）。近年来，积极贯彻中央“走出去”战略和国家资源发展战略，支持国内企业开发海外资源，2004年向“走出去”项目承诺贷款7.79亿美元，发放贷款5.30亿美元。同时，开发银行严格控制贷款投向钢铁、汽车、电解铝、水泥等重复建设高发的行业。如在钢铁、建材行业的贷款余额仅28亿元，只占全部贷款余额的0.2%，且主要是用于首钢等具有比较优势和核心竞争力的大型骨干企业。

开发银行贷款余额（亿元）及比重（%）

		2001年		2002年		2003年		2004年	
		贷款余额	比重	贷款余额	比重	贷款余额	比重	贷款余额	比重
序号	合计	7549.36	100.00	8951.82	100.00	11386.49	100.00	13786.00	100.00
八大重点行业		7178.69	95.09	8706.06	97.26	10900.27	95.73	12656.00	91.80
1	电力	2802.30	37.12	3154.76	35.24	3398.03	29.84	3649.00	28.83
2	公路	1228.69	16.28	1778.85	19.87	2302.91	20.22	3012.00	23.80
3	铁路	1090.00	14.44	1176.30	13.14	1183.02	10.39	919.00	7.26
4	石油石化	582.43	7.71	647.00	7.23	691.82	6.08	499.00	3.94
5	煤炭	328.17	4.35	266.17	2.97	244.49	2.15	272.00	2.15
6	邮电通讯	254.26	3.37	380.83	4.25	447.33	3.93	451.00	3.56
7	农林水利	175.77	2.33	158.91	1.78	163.19	1.43	231.00	1.83
8	公共设施	717.07	9.50	1143.24	12.77	2469.48	21.69	3623.00	28.63

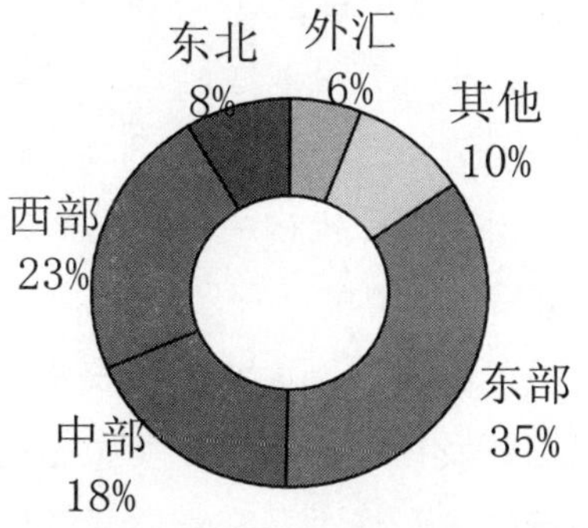

图1　2004年开行贷款地区结构

五、加大对中西部地区的贷款支持力度，促进区域经济协调发展

到2004年底，开发银行已累计向中西部地区发放贷款11357亿元，贷款余额占全部贷款余额的54%。2004年向西部地区发放中长期贷款1224亿元。开发银行对东北等老工业基地建设的支持力度也不断加大，到2004年底已累计向东北三省发放贷款2113亿元，有力地支持了东北老工业基地经济社会发展。

六、积极探索打通“两基一支”中新的瓶颈，支持全面建设小康社会

开发银行按照科学发展观和“五个统筹”要求，积极支持“两基一支”中的县域经济、中小企业、就业、教育、卫生、环保等社会瓶颈领域，2004年安排社会瓶颈贷款70亿元。积极开展中小企业贷款和担保业务，全年发放中小企业贷款42.07亿元，支持了799个中小企业，新增就业岗位10万多个。开展了突发事件应急贷款业务，2004年发放应急贷款1.6亿元。2004年开发银行还推进了助学贷款、受托管理农信社专项借款、微小企业贷款、扶贫贷款等业务。通过为四川社区金融试点、辽宁社保基金贷款、新疆抗震安居工程、河南大平煤矿矿难应急贷款、天津市土地收购中心项目等提供贷款，开发银行帮助地方政府解决了很多燃眉之急。

七、实现和保持了先进的市场业绩

开发银行的主要经营指标已连续三年稳定在国际先进水平。1998年到2002年，开发银行不良贷款率和不良贷款额连续四年逐季“双降”；从2002年开始，不良贷款率逐步进入稳定期，连续三年处于2%以下的低位运行状态和小幅度波动，阶段性地完成“双降”任务，实现了与国际一流银行的接轨。2004年底，开发银行当期和累计本息回收率分别为99.77%和99.28%，已连续20个季度保持高位。表内不良资产率1.31%，不良贷款率1.21%，分别比上年下降0.57和0.13个百分点。风险准备金对表内外不良资产和不良贷款的覆盖率分别为253%和285%。资本充足率达到10.51%。全年实现利润118亿元，同比增长29.96%，上交国家税收97亿元，同比增长18.67%。

开发银行的经营业绩得到了国际审计机构和评级机构的认可。普华永道在对开发银行贷款分类逐笔跟踪和复核认定后，出具的无保留意见的审计报告认为：“开发银行在多项财务指标上明显高出国内及国际同行，例如资产及股本收益率、人均净收入、不良资产率及资本充足率等，它体现了开发银行在近几年所做出的大量努力，特别是在信贷风险管理方面，它直接有助于银行的盈利能力及资产质量的结果。此外，开发银行的优势也体现在效率指标较高。”同时，穆迪、标准普尔、惠誉等国际评级机构对开发银行的评级结果都是主权级信用。

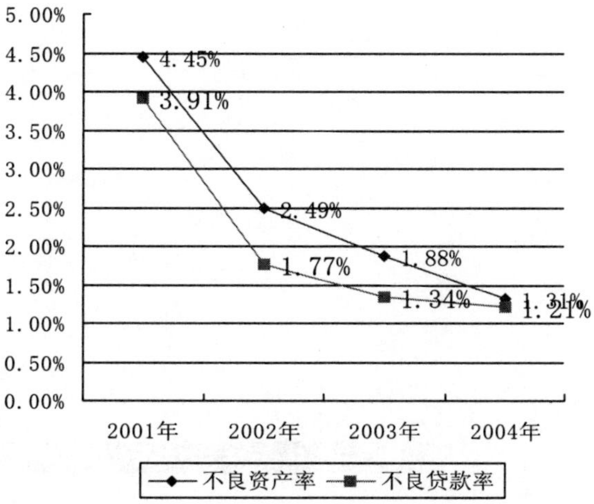

图2　近年来开发银行的资产质量不断改善

八、下一步的发展方向、目标和任务

作为直属国务院领导的具有法定国家信用的开发性金融机构，开发银行的下一步工作，将坚持以国家信用为基础，以市场业绩为支柱，贯彻国家政策，实现政府发展目标。开发银行的经营目标是实现国家信用和市场业绩的统一，防范金融风险，以此不断提高支持经济社会发展的能力。主要的任务是根据国家的经济发展战略和重点，筹集和引导社会资金，通过建设市场，支持国家基础设施、基础产业和支柱产业的大中型基本建设和技术改造等政策性项目及其配套工程的建设，支持重大高新技术在经济领域的应用，支持经济社会发展的瓶颈领域建设，为政府特定的经济政策和意图提供金融支持，促进国民经济社会全面协调可持续发展。

2005年的工作重点，是继续发挥开发性金融打通“瓶颈”的积极作用：一是打通能运材、农林水传统物质瓶颈，支持高科技等重点领域和“三农”、中小企业、就业、教育、科技、卫生等社会发展新瓶颈。二是打通制度和市场建设的瓶颈制约，发挥市场配置资源的基础作用。三是积极配合国家“走出去”发展战略，重点支持国内经济发展急需的基础设施、基础能源材料等结构调整的境外项目。

附录篇 APPENDIX

■ 中国投资领域大事记（2004 年 1 月—2004 年 12 月）

■ 中国投资政策信息（2004 年 1 月—2004 年 12 月）

■ 中国投资领域相关法规目录（2004 年 1 月—2004 年 12 月）

中国投资领域大事记

（2004年1月——2004年12月）

2004年1月

■ 能　源

壳牌投资20亿美元建炼油厂　荷兰皇家壳牌集团投资20亿美元在大亚湾建炼油厂。

英国石油增加在华投资　13日，英国石油（BP）中国公司总裁说，英国石油在今后5年对华投资将再增加30亿美元。

中石油发现5个亿吨级油气田　16日，中国石油天然气股份有限公司透露，中国石油已经在渤海湾盆地冀东地区，鄂尔多斯盆地西峰、姬塬、榆林地区，准噶尔盆地霍尔果斯地区新发现了5个亿吨级油气田，为今后油气生产的稳定增长提供了资源保证。

中石化中标开发沙特阿拉伯南部一天然气项目　27日，中国石油化工集团公司（中石化）在沙特阿拉伯石油和矿产资源部举行的沙特南部一个天然气田测量、勘探与生产项目的公开招标会上中标。该天然气田位于沙特南部鲁巴·哈利地区的北侧，面积约为4万平方公里。

华东电网将投资188.5亿　华东电网今年加大投资力度，计划投资金额高达188.5亿元，创华东电网历年来投资额的新高。

■ 交　通

上海磁浮列车正式投入运行　1日起，上海磁浮列车正式投入运行。上海磁浮列车示范运营线，是世界上第一条磁浮列车商业化示范运营线。长约30公里，双线折返运行，最高时速为430公里／小时，总投资100亿元人民币，由中国和德国合作建造。

上海港国际客运中心开工建设　上海港国际客运中心在具有近160年历史的上海高阳港区码头开工建设，预计2007年建成。客运码头可同时停靠3艘8万吨级国际邮轮或4艘3万吨级的国际客运班轮。

粤海铁路西环线贯通　粤海铁路西环线与既有的海南西环线连结在一起，标志着西环线如期铺通，中国的铁路网已向南延伸至叉河，并延伸至中国最南端的城市三亚。

我国首座特大公轨两用钢箱提篮拱桥开工　国内第一座双层特大公路、轻轨两用钢箱提篮拱桥——重庆菜园坝长江大桥正式破土动工。工程全长4000米，总投资9亿元。

香港地铁公司投资深圳轨道交通四号线建设运营　15日，香港地铁有限公司投资深圳市轨道交通四号线建设运营原则性协议签署仪式，　深圳市轨道交通四号线南起皇岗口岸北至龙华新城中心，总长21公里，总投资约人民币60亿元。

北京地铁 5 号线全面开工　31 日，北京地铁 5 号线近 50 个施工点全部开工，这标志着地铁 5 号线建设全面展开。

■ 制 造 业

广钢集团与日本 JFE 钢铁集团项目动工　广钢集团与日本 JFE 钢铁集团签署的年产 40 万吨热镀锌板合作项目动工。

河南新安县 160 万吨铝氧粉项目动工　5 日，河南洛阳东阳光铝业新安有限公司年产 160 万吨铝氧粉项目在新安县动工建设。总投资 50 亿元人民币。

标致汽车重返中国市场　7 日，法国 PSA 标致雪铁龙集团与东风汽车公司宣布，双方计划投资 6 亿欧元，将其合资公司神龙汽车现有的生产能力扩大 1 倍，并迅速在中国市场推出 2 款标致汽车。

世界第二大手表机芯生产研发企业落户天津　瑞士 ISA 集团与天津开发区微电子工业区签定合作协议，世界第二大手表机芯生产研发企业正式落户天津。今后，浪琴、摩凡陀、罗马等世界名表的核心部件将实现天津造。投资 2800 万美元。

宝钢集团投资东南汽车　宝钢集团加入东南汽车城第三期扩建，在福建福州青口镇设立宝井钢铁厂，主要供应东南汽车制造厂的汽车钢板，投资超过 1 亿美元。

TCL 与汤姆逊签约成立合资公司　29 日，TCL 集团与法国汤姆逊公司签订共同成立 TCL－汤姆逊电子有限公司的合同，双方携手缔造全球彩电大王。

■ IT 与电信

台湾凯胜在天津建高新电子工厂　台湾凯胜工业集团投资 4000 万美元，在天津保税区建设工厂，生产高新电子产品。

中国电信与联想签署协议　6 日，中国电信和联想集团签署战略合作协议，双方将通过资源共享、优势互补的方式，在业务捆绑、市场营销、服务代理、产业推动等多个领域开展强强合作，并基于联想"关联应用"技术进行联合开发，为双方广大用户带来更加丰富多彩的网络应用产品和服务体验。

网通北方挂牌　8 日，中国网通北方公司正式挂牌。

上海等 5 城市建国家软件出口基地　国家发展和改革委员会与信息产业部、商务部共同决定，在上海、大连、深圳、天津和西安 5 城市建设国家软件出口基地。

中国网通境外融资 20 亿美元　中国第四大电信商——中国网通集团将在香港募集 20 亿美元的资金，三个中标投资银行是：中国国际金融有限公司、高盛和花旗集团。

新浪、雅虎合资　新浪和雅虎共同宣布签署一项建立合资公司的最终协议，为中国的中小型企业、买家和卖家提供全新的基于网上拍卖的电子商务服务。

铁通正式移交国资委管理　20 日起，铁道通信信息有限责任公司(简称铁通公司)由铁道部移交国资委管理。铁通公司原有股权全部划转国资委。铁通公司将更名为"中国铁通集团有限公司"(简称中国铁通)，作为国有独资基础电信运营企业独立运作。

中科借力甲股文拓展 Linux 市场　北京中科红旗软件技术有限公司与日本 MiracleLinux 株式会社共同宣布建立战略伙伴关系，共同为亚洲市场开发企业 Linux 解决方案。红旗软件与 MiracleLinux 将主要在服务器操作环境、联合技术支持和桌面操作系统这三个领域展开合作，所有这些工作都将在甲骨文公司北京研发中心进行。

韩国三星登陆海南　由韩国三星电子株式会社投资的三星海南光纤光缆项目在海口保税区开工建设。项目占地90亩，一期总投资5680万美元。

■ 金　融

工行亚洲收购华比富通银行　1日，中国工商银行宣布，工银亚洲与富通集团关于收购华比富通银行100%股权的协议已正式签署。

瑞泰人寿开业　7日，首家将总部设在北京的合资寿险公司——瑞泰人寿开业。该公司由瑞典斯堪的亚公共保险公司与北京国有资产经营有限责任公司合资成立，主打产品是国际规范化的投资连结险。

9家香港银行迈入人民币业务门槛　10日，中国银监会表示，受惠于CEPA的推行，又有9家香港银行的内地分行迈过了人民币业务的“门槛”。

首个合资基金公司成立　13日，第一个合资基金公司——湘财荷银在北京正式宣告成立。这是我国第一家由内资基金公司改造而来的合资基金公司，前身是湘财合丰基金管理公司。

西部首家外资保险开业　15日，美国第二大国际性财产险和意外险保险公司——美国利宝互助保险集团注资2亿元的利宝重庆分公司开业。

三菱证券设立中国创业投资基金　日本第5大券商三菱证券投资30亿日元(合2800万美元)来设立一个基金，投资于未上市的中国初创公司。

中国绿色食品有限公司在港创IPO认购新纪录　中国绿色食品(控股)有限公司(CHINA GREEN (HOLDINGS))是最新一家在香港公开募集资金的大陆企业，公司首次发行价值1.92亿港元(2460万美元)股票全部被认购。

港永隆银行CEPA实施后首家获批内地筹建分行　CEPA实施后已有3家香港银行向银监会提交了在内地设立分行的申请，其中香港永隆银行的申请已被受理，使之成为CEPA实施后首家获准在内地筹建分行的香港银行。

■ 其　他

法国水务进入三亚　1日，法国苏伊士水务集团在中国三亚市开始为期30年的供水特许经营权。

古巴海外最大投资项目在上海开工　古巴在海外最大投资项目——中古合资上海新天哈瓦那大酒店在上海陆家嘴开工建设。该酒店为五星级，总投资 1.2亿美元。

美国卡博特（中国）投资公司在上海成立　卡博特（中国）投资有限公司在上海闵行成立，投资金额为3000万美元。

上海市垃圾处理项目首次引进外资　国内首个环卫领域向境外开放并进行国际招商的项目——上海老港生活垃圾卫生填埋场四期工程，由法国ONYX和香港中信泰富、上海城投总公司3方合资组建的项目公司中标。总投资9亿元人民币。

北京正负电子对撞机作全面重大改造　8日，中国科学院高能物理研究所宣布，作为中国目前最大的科学实验装置建设项目，预计总投资6.4亿元的北京正负电子对撞机重大改造工程进入全面实施阶段。

万客隆首获外资批发经营权　来自荷兰的万客隆被商务部批准，获得首个外资企业在中国的批发经营权，标志着外资首次进入批发领域。

“投资北京”平台组建　“投资北京”平台在京组建。该平台是北京市发展和改革委员会在实施新北京新奥运战略和建设国际化大都市的新形势下，为更广泛地吸引社会各方面资金特别是境外资本和国内民间资本进入投资领域而组建的为北京的社会经济发展提供的全方位投资服务的专门机构。

浙港签订巨额合作协议　浙江与香港签订了19个项目合作协议，内容涉及工业、物流业、高科技和城市基础设施等方面，总投资金额达23.6亿美元。

2004年2月

■ 能　源

英国公司赢得价值1.5亿美元的中国西气东输合同　6日，英国罗尔斯罗伊斯公司宣布，该公司已赢得为中国西气东输管道项目提供管道压缩机的合同，该合同总价值超过1.5亿美元。

上海石油交易市场即将启动　由中国石油集团公司、中国石化集团公司、中国海洋石油总公司、中国中化集团公司和上海久联集团公司联合组建的上海石油交易市场有限公司即将成立。

■ 交　通

神华投资天津港　神华集团与天津港合资建设深水煤码头的协议签定。双方将在天津港南疆码头共同投资31亿元建设13号、14号两个煤炭专业化泊位和堆场等配套设施，设计年吞吐能力3000万吨。

陇海铁路西宝段提速工程完工　15日，我国铁路时速最高的陇海铁路西宝段提速工程完工。

无锡机场正式通航　18日，由原无锡硕放军用机场改扩建而成的无锡机场正式通航，首航北京。

宜万铁路正式施工　湖北宜昌至重庆万州这一被誉为中国目前施工难度最大的山区铁路正式进入施工阶段。铁路全长378公里，共有隧道114座、桥梁183座，总长占71%以上，且70%以上的线路为岩溶地区，总投资约170亿元。

深圳今年建设10个港口　深圳今年将投入47亿元人民币用于10个港口建设项目，进一步促进深圳由大港向强港升级。

■ 制造业

宝钢启动在巴西投资建设大型钢铁联合企业项目　2日，上海宝钢集团公司宣布，正式启动其与巴西CVRD公司合资在巴西建设大型钢铁联合企业的项目。该项目是迄今中国最大的海外直接投资项目。

蓝星集团牵手美国特种化工巨头　2日，中国蓝星(集团)总公司和美国卡博特公司签字，双方将投资约3000万美元建设中国最大世界一流的气相二氧化硅生产厂———卡博特蓝星(江西)化工有限公司。

东风雷诺成立合资公司　东风汽车有限公司和法国雷诺卡车公司达成协议，共同组建一家商用卡车合资公司。

四通电子接手脑白金　4日，四通电子正式公布了收购Central New全部股权的报告书。这意味着四通电子正式接手了脑白金。收购价11.72亿港元。

印尼纸业10亿美元投资落户广东新会　印度尼西亚纸厂有限公司在广东新会项目总投资10亿美元，将在10年内分3期进行投资，首期投资2.28亿美元。

河南中美铝业30万吨氧化铝工程奠基　6日，河南中美铝业有限公司年产120万吨氧化铝工程的一期工程即30万吨氧化铝工程项目，在登封举行奠基仪式。该项目投入资金10亿元，2005年7月投产。

美的集团在武汉开发区建工业园　美的集团在武汉经济技术开发区投资兴建的工业园奠基。美的工业园计划总投资8亿元，其中一期投资2亿元，预计今年11月投产。届时将形成100万台家用空调生产能力。

世界级造纸基地落户广东东莞　投资36亿港元的理文造纸有限公司落户东莞，该项目计划建造一座年产200万吨的造纸基地。

乐凯柯达合资获商务部批准　10日，乐凯和柯达的合作合同获得国家商务部批准，同意乐凯胶片股份有限公司国有法人股转让并变更为外商投资股份有限公司。

美国联塑集团与江苏省民营企业合作　世界注塑业巨头美国联塑集团与江苏省民营企业江苏力联集团共同投资的江苏力联通用工业制造业有限公司11日和12日分别在南京、扬州3个基地开工。项目总投资为2亿美元。

瑞士懋琬集团珠海购地建厂　13日，瑞士懋琬(Mouawad)集团与珠海保税区签订投资合同，投资超1亿美元在珠海保税区购地10万平方米建设厂房，生产珠宝首饰及名贵手表。

香港阳光集团亿元项目落户齐齐哈尔　15日，香港阳光集团和齐齐哈尔市卜源新型墙体材料有限责任公司签订合作协议。香港阳光集团将投资1.5亿元人民币，建设“纳士塔”新型建材生产厂。

民企买下宝钢冷轧线　18日，民企上海桦厦实业公司收购宝钢集团浦钢公司的三钢薄板冷轧生产线，并总投资4.5亿元，建设占地300亩的桦厦钛业钛合金板生产企业。

中德合资猛狮客车有限公司正式启用　18日，由郑州宇通客车股份有限公司与世界500强企业之一的德国MAN公司联合组建的猛狮客车有限公司举行正式启用仪式。总投资约3亿元人民币。

澳公司2.8亿澳元建设扁钢金属加镀设施　18日，澳大利亚Bluescope钢铁公司宣布，该公司将投资2.8亿澳元（约2.24亿美元）于中国江苏，建设一套新的扁钢金属加镀设施。

宝钢阿赛洛激光拼焊工程正式开工　22日，上海宝钢阿赛洛激光拼焊项目正式开工兴建。该项目由宝钢股份、宝钢国际、上海大众联合发展公司和世界最大的钢铁企业阿赛洛集团联合投资，总投资1亿美元。

奥克斯进军高档轿车市场　24日，国内空调业大鳄奥克斯宣布造车计划，收购沈阳双马制造的2款车——SUV原动力与皮卡瑞途即将在国内上市。奥克斯计划5年内融资80亿元，打造年产45万辆规模的汽车产业，并且重点是大排量的轿车。

德国汉高收购熊猫　24日，世界500强德国汉高公司宣布，与上海轻工控股集团达成协议，全资收购“熊猫”品牌，成为熊猫品牌的新所有人。

广汽丰田发动机有限公司奠基　25日，由丰田汽车公司和广州汽车公司合资设立的“广汽丰田发动机有限公司”奠基，公司投资总额达22亿元人民币。

■ IT与电信

美国康宁入主上海光纤　10日，朗讯科技公司将上海朗讯科技光纤有限公司的全部股份转让给康宁公司，全球最大的光纤光缆制造商美国康宁公司入主上海光纤公司。上海朗讯科技光纤有限公司也因此更名为上海光纤有限公司。

西门子软件与系统工程（南京）有限公司成立　11 日，西门子软件与系统工程（南京）有限公司在南京市江宁经济技术开发区成立，该公司主要面向中国市场和地区性市场开发高级应用软件。

中国网通全资控股亚洲网通　12 日，中国网络通信(香港)有限公司宣布，已经完全控股其主要国际业务部门－亚洲网通(Asia Netcom)，亚洲网通将是今年中国网通集团IPO计划中的重要组成部分。

大连软件产业设立投资基金　23 日，大连市信息产业局、汉世纪开发金融公司北京首创创业投资有限公司、美国奥德西斯风险投资公司和科技部火炬中心驻新加坡代表处共同投资3000万美元的大连软件产业投资基金正式启动。

■ 金　融

中意人寿保险北京分公司获准开业　9 日，中意人寿保险有限公司北京分公司获得中国保监会颁发的营业许可。中意人寿保险有限公司是由2大“世界500强”企业——意大利忠利保险有限公司(ASSICURAZIONIGENERALI)和中国石油天然气集团公司(CNPC)合资组建的人寿保险公司。

韩亚银行控股青岛国际　中国唯一一家中韩合资银行———青岛国际银行的股份转让敲定。经中国银行业监督管理委员会批准，韩国韩亚银行收购了韩国第一银行持有的青岛国际银行的全部股权，并通过单方面增资控股青岛国际银行。

首家中外合资住房储蓄银行在天津开张　15 日，由中国建设银行和德国施豪银行合资组建的中德住房储蓄银行在天津开张，这是我国首家获得央行批准的中外合资住房储蓄银行，注册资本1.5亿元。这家专业银行的成立将为中国人获得低息住房贷款提供一条新途径。

“大连中小企业投资基金”注册　23 日，投资规模1亿元人民币的“大连中小企业投资基金”在大连注册。

中国银监会批准香港三家银行在深圳设立分行　香港的永隆银行、上海商业银行和大新银行申请在深圳设立分行，银监会已正式受理其申请，批准其筹建分行。

香港银行开办四项人民币业务　经国务院批准，25 日开始，香港40家银行可在港办理人民币存款、兑换、银行卡和汇款四项个人人民币业务。

世行IFC投资中国住房按揭服务公司　25 日，世界银行集团负责向私营部门投资的机构——国际金融公司(IFC)批准向安家集团控股公司提供200万美元的股本投资。总部位于上海的安家集团是中国住房按揭服务业的领头企业。

■ 其　他

四川33亿元打造五大旅游区　今明两年，四川省将斥巨资33亿元打造五大精品旅游区，2005年全面完成五大旅游区建设任务。五大旅游区包括中国第一山—乐山—峨眉山国际旅游区、大九寨国际旅游区、卧龙中华大熊猫生态旅游区、三星堆古遗址文化旅游区和都江堰－青城山旅游区。

北京产权交易所挂牌　15 日，北京产权交易所挂牌。北京加速将产权交易所建成以北京为中心、辐射北方各省市的地域性中心市场，进而将其发展成为国际性的产权交易市场。

浙江建造第一高楼　浙江第一高楼———温州世贸中心大厦即将动工兴建。这幢主楼高达323

米，68层，总建筑面积达25万平方米，工程总投资25亿元，计划5年建成。

投资2亿北京西北建汽车园区　北京百旺绿谷汽车园正在兴建，这个投资2亿多元、占地200多亩、拥有13家4S店及汽车展厅、一站式服务、维修等一应俱全的汽车园区将填补京西北无汽车市场的空白。

三企业获进出口行26亿美元出口信贷　12－13日，中国进出口银行与我国三大高新技术和机电产品出口企业——华为技术有限公司、中集集团和中兴通讯股份有限公司分别签署了6亿美元、15亿美元和5亿美元的出口买方信贷协议。

上海世博集团揭牌　18日，上海世博(集团)有限公司揭牌，这标志着2010年上海世博会的市场融资计划正式启动。该集团的注册资本为11.1亿元，分别由上海东浩服务贸易(集团)有限公司、上海文广集团、上海国资经营公司和中国贸促会上海分会出资组成。主要负责世博会场馆建设、招展、招商以及会展期间的经营和营运，包括票务、行政后勤保障等。

通用电气打入中国水务市场　19日，通用电气(GE)在中国的第40个投资项目宣布于无锡落成，通用电气无锡水处理工厂揭幕，投资1050万美元。

首个保税物流园区崛起外高桥　经国务院批准，我国首个保税物流园区——1.03平方公里的上海外高桥保税物流园区动工兴建，并同时进行港区联动试点。

12个省级国有资产监管机构正式挂牌　到24日为止，中编办已批复了30个省、区、市的机构改革方案，北京、河北、内蒙古、上海、江西、河南、湖北、广东、海南、重庆、陕西、宁夏等12个省级国有资产监管机构已正式挂牌，其他省、区、市国有资产监管机构近期也将陆续挂牌。

2004年3月

■ 能　源

我国建高温气冷堆电站　中国华能集团公司、中国核工业建设集团公司、清华大学签署建设高温气冷堆示范电站合作意向书。这标志着我国将成为继美、英、德、日后第5个掌握并建设这种国际公认的新一代先进反应堆的国家。

中海油新油田投产　3日，中国海洋石油有限公司宣布，新项目涠洲12－1北油田投产，目前日产7500多桶油当量。新油田将于2005年达到高峰产量，日产油当量达14400桶左右。

我国首座煤转油工厂落户陕西神木　我国首座煤转油工厂将落户陕西神木县，该项目仅一期工程投资就达到300亿元。

云南迪庆建中国藏区最大水电基地　云南省迪庆藏族自治州作出决定，将加大水资源开发力度，通过营造良好的外部环境及通力合作，建设中国藏区最大的水电基地。

粤启动国内最大风电项目　21日，目前国内装机容量最大的风电场项目——广东惠来石碑山风电场建设项目机组设备合同举行了签字仪式。该风电场计划建设167台国产风机，每台风机容量60万千瓦，总投资7亿元。

美国国际电力地热投资开发公司投资河南永城　22日，美国国际电力地热投资开发公司与河南省永城市人民政府、永煤集团和神火集团签订合资项目意向书，拟在永城市建设煤焦油化工厂、煤气化厂、甲醇厂和燃气蒸汽联合循环式发电厂等项目，投资总额120亿元人民币。

四川瀑布沟水电站开工　30日，作为国家“十五”重点建设项目的四川瀑布沟水电站正式开工建设，电站设计装机6台，总容量330万千瓦，工程动态总投资199亿元。这是今年中国开工建设的最大一个电源项目。

■ 交　通

青岛建“万国码头”　丹麦马士基、英国铁行、美国环球货柜、中远等世界级航运公司，纷纷在青岛港建立码头，开辟航线，港口作业机械、港口运输、港口物流等相关产业快速兴起。青岛港在我国率先成为“万国码头”和国际中转港。

上海港外高桥五期工程项目正式立项　项目总投资约为28亿元人民币，码头全长1110米、宽58米，陆域总面积163万平方米。

中外运增资连云港泊位　12日，中国外运股份有限公司与连云港港口集团、江苏交通产业集团共同签署合作协议，对连云港科茵格散货码头有限公司增资2.2亿元，成立新陆桥(连云港)码头有限公司，通过购买和租赁资产的方式，最终取得连云港港34号、35号、36号3个散货泊位的经营权，年设计吞吐能力1080万吨。

广东茂名建华南深水工业大港　广东茂名港博贺新港区将建设成为中国华南深水工业大港，预计总投资约50亿元人民币。

最长轻轨试运营　28日，全国最长的轻轨在天津投入使用，开始了在天津市内与开发区之间试运营。工程总投资65亿元。

首都机场扩建工程开工　28日，北京首都机场扩建工程举行开工奠基仪式。为满足2008年奥运需要，2007年底必须竣工。总投资195亿元。

中国内河最大集装箱港区试投产　28日，中国内河上规模最大、设备最先进的集装箱港区——南京港龙潭港区正式投入试运营。工程总投资10.89亿元。

世行支持中国内河航运项目　29日，世界银行批准为中国第四内河航运项目提供9100万美元贷款，还款期为20年，宽限期5年。该项目的目的是改善中国广东省和广西壮族自治区主要的东西走向河道和其他水道航运。

■ 制 造 业

1.5亿美元钢铁项目落户大连开发区　韩国爱恩耐钢铁株式会社与大连市政府及大连开发区管委会共同签署投资协议，建设H型钢轧钢厂，一期投资1.5亿美元，达产后的年生产能力为80万吨H型钢和造船用型钢。

台资江苏东海建浮法玻璃生产线　江苏东海县引进台资7000万美元建设浮法玻璃新生产线的大项目进入实施阶段。

我国第一条选矿拜耳法氧化铝生产线成功　我国第一条选矿拜耳法氧化铝生产线——国家“30万吨选矿拜耳法高新技术产业化示范工程”在河南中铝公司中州分公司取得全线成功。投资13亿元。

京东方建造中国最大液晶显示器工厂　京东方科技集团(BOE Technology)计划在2007年前，在北京建造一座中国最大的液晶显示器(LCD)工厂，它将从中国的银行贷款7亿美元，为价值12亿美元的第5代液晶显示器生产线融资。

TCL无锡建工业园 TCL集团上市后的首笔投资——5亿元确定投向数字电视，在无锡高科工业园建设TCL工业园，这将成为TCL集团在广东之外兴建的第一个工业园。

格兰仕建全球最大光波空调基地 格兰仕投入20亿元，在中山组建的光波空调制造中心正式动工。基地占地3000亩，建成之后产能将达1200万台，成为全球最大的光波空调生产基地。

“路美芯片”项目在大连开工 18日，由大连路明集团投资建设的大连路美芯片项目开工，投资1.5亿美元，2005年正式投产，生产能力为年产6亿只芯片。

国家半导体照明工程产业化基地落户上海张江 国家半导体照明工程产业化基地正式落户上海张江，张江由此成为我国4大半导体照明工程产业化基地之一。

全球最大一次性相机生产基地落户厦门 25日，柯达（厦门）有限公司举行一次性相机新厂落成投产典礼。该厂投产后，将在厦门形成全球最大的一次性相机生产基地。

三菱重工在中国最大项目落户广州 三菱重工东方（广州）燃气轮机项目落户广州南沙开发区，投资4000万美元，是三菱重工在中国最大的投资项目。

异氰酸酯项目开工 29日，总投资11.2亿美元的上海联合异氰酸酯项目在上海化学工业区动工，拉开了打造全球最大异氰酸酯生产基地的序幕。

中国流行面料工程研发产业基地落户上海 中国流行面料工程研发产业基地由国家纺织产品开发中心与东华大学以及海天轻纺集团等纺织行业龙头企业共同建设，总投资26亿元。

■ IT与电信

广州建世界级IC研发中心 广州市与世界500强企业－意法微电子公司签署协议，意法微电子公司进驻广州科学城，成立IC研发中心。

甲骨文与戴尔联手在华建战略联盟 甲骨文公司与戴尔公司在上海联合宣布，双方在中国建立战略伙伴关系，为Linux和网络计算的用户提供一站式解决方案和单点式服务。

神州数码打造全国首例地级市电子政务 作为全国首例地级市电子政务工程的“湖北荆州电子政务工程”总投资6000万元，神州数码国信信息技术有限公司将全面主持该项目的整体咨询、规划和监督控制，并采取总分包的形式进行全面部署。

■ 金　融

首家专业性股份制农业保险公司获批 1日，中国保监会正式批准设立“上海安信农业保险股份有限公司”。这是我国第一家专业性的股份制农业保险公司。

日兴获准开立QFII人民币账户 国家外汇管理局批准日兴资产管理公司在交通银行以“日兴中国人民币国债母基金”的名义开立一个QFII人民币特殊账户。

海南发展银行将重组 16日，海南省省长卫留成称，海南将重组1998年被国家关闭的海南发展银行，这项工作争取今年上半年启动。

恒安标准人寿保险公司在天津开业 恒安标准人寿保险有限公司在天津正式开业，其中方股东天津泰达控股公司是天津经济技术开发区授权经营管理国有资产公司。

招行与东京三菱银行合作 招商银行与东京三菱银行签署全面合作协议，将进一步拓宽两行在境内业务方面以及国际银行业务方面的合作领域。

平安银行挂牌 平安银行在福建悄悄挂牌营业。该银行前身是汇丰与平安保险集团旗下平安信托联合收购的原福建亚洲银行。

■ 其 他

印尼金光集团在河南信阳开展林纸一体化项目 印尼金光集团在河南信阳开展林纸一体化项目，项目计划投资200亿元人民币，项目分两期建成：一期投资80亿元，建设30万吨机械磨木浆、60万吨高级文化纸或纸板和160万亩杨树丰产林基地；二期投资120亿元，增设30万吨机械磨木浆和60万吨高级文化纸或纸板以及杨树丰产林基地300万亩。

罗斯福（中国）投资基金进军大连 9日，罗斯福（中国）投资基金与大连城市建设集团签约，合作开发罗斯福－天兴国际中心，总投资额约2.2亿美元。

河南商水建美商农博园 由美国加洲A&H农博集团公司联合温州民营企业出资兴建的美商农博园，在河南省商水县动工。该项目总投资10亿元，分3期完成。一期工程投资3亿元，建设占地1000亩的国际农业物流中心，与美国市场对接。

“健力宝”投资哈尔滨利民开发区 12日，广东健力宝公司在哈尔滨利民开发区投资建设的“健力宝(哈尔滨)健康产业有限公司”正式签约。该企业属中外合资企业，项目总投资约4亿元。

香港在四城市设立CEPA商机中心 为了让CEPA最大限度地发挥作用，香港贸易发展局正积极筹划在北京、上海、广州和香港4地成立CEPA商机中心。

15亿美元打造跨国物流园 18日，吉斯达控股有限公司斥15亿美元巨资投资兴建的现代跨国采购中心——跨国电子电器物流园，在昆山市举行奠基仪式。

央企国资转让选定产权交易机构 国资委确定上海联合产权交易所、天津产权交易中心和北京产权交易所为首批试点单位，3家交易所被授权发布中央企业国有产权转让信息并组织相关产权交易活动。

沪等15省市共建产权交易平台 30日，上海与安徽、福建、湖北、湖南、江苏、浙江、江西、重庆、广东、云南、陕西、贵州、四川、山东等省市的40个产权交易机构共同发起，构建一个有15个省市参与的跨省市产权交易平台。

洛阳市今年城建投资150亿元 河南省洛阳市城市建设今年将完成投资150亿元，新建和改扩建城市道路52条109公里，改造社区道路100条，建设148个住宅项目，新增绿地110万平方米。

2004年4月

■ 能 源

三峡第七台机组并网发电 7日，三峡工程今年首台投产机组——10号机组正式并网发电。至此，三峡工程已有7台机组投产，累计发电量达157亿度。

重庆又现大煤田 重庆市重点建设项目合川沥鼻峡煤矿，现已探明储量，是一个有2亿吨储量的大煤田。该矿是目前重庆仅剩的一块“尚未开发的大型煤田”。

■ 交 通

世界最长的内河旅游航线——长江航线启航 3 日，由长江轮船海外旅游总公司开辟的长江旅游航线在重庆首航。这条航线全长2399 公里，是世界最长的内河旅游航线。

我国第一个国际标准现代化汽车专用码头在大连开工 由大连港务有限公司、日本邮船株式会社和中远码头（大连汽车）有限公司3 方共同投资建设的国内第一个国际标准的现代化汽车专用滚装码头，在大连开工，2005 年年底前竣工投产。项目总投资初期为3000 万美元，远期可达6 亿美元。

广西防城港800 亿建国际贸易综合性大港 广西防城港市今年投入820 余亿元建设33 项重大基础设施项目及重点工业建设项目，将防城港建成广西最大的临海工业基地及国际贸易综合性大港。

我国整治长江“黄金水道” 从今年起，中国将在17 年内投入160 亿元治理长江干线航道，以重振长江航运生机。此次综合治理的长江航道，上起云南省的水富港，下至上海市的长江口，全长2838 公里。

■ 制 造 业

奥林巴斯广州建最大数码相机生产基地 1 日，奥林巴斯广州工业有限公司正式挂牌，广州奥林巴斯将成为奥林巴斯全球最大的数码相机生产基地。

华盛集团收购德国公司 上海华盛集团以400 万欧元的价格，收购破产的德国威尔兹公司，使其在全球的市场排名升到第7 位。 华盛集团是一家以压力容器为主业的民营企业。

国家电动汽车产业化基地落户武汉 经国家科技部评审认定，国内唯一的国家863 计划电动汽车成果产业化基地落户武汉经济技术开发区。

湘、鄂、皖、滇四省利用韩国政府贷款推广水稻机械化 5 日，中国进出口银行和韩国输出入银行在京签署贷款协议，协议项下的2500 万美元韩国政府贷款将全部用于湖南、湖北、安徽和云南四省的水稻机械化项目。

台湾巨大集团成都设厂 两岸最大自行车厂——台湾巨大集团投资的捷安特中国公司，在成都设厂，投资1500 万美元。

格林柯尔收购襄轴 8 日，格林柯尔与深圳一家ST 上市公司襄阳轴承的第一大股东襄轴集团签署协议，受让其所持的绝大部分股份而成为该上市公司的第一大股东。

亚洲最大氟涂料基地投产 8 日，被国家列为振兴东北老工业基地首批项目的大连振邦万吨氟涂料产业化基地正式投入生产。该产业化基地投资2 亿元，规模为亚洲第一。

佳能全球最大工厂中国投产 8 日，佳能在全球最大最先进的工厂——佳能苏州工厂正式投产。该厂投资1 亿美元，占地87000 平方米，支持生产数码多功能一体机。

全国最大新型制冷剂生产基地在西安建成 全国最大的氟利昂替代物生产项目——年产5000 吨HFC-134a 生产装置在西安建成投产，项目总投资3.66 亿元。

中国振兴东北老工业基地大庆首批五大项目启动 中国振兴东北老工业基地大庆首批五大项目之一——大庆年80 万吨乙烯改造工程全面启动，总投资24 亿元。

蓝星集团重组沈阳化工 11 日，中国蓝星集团重组沈阳化工集团签字仪式举行。两大集团重组后，从2004 年到2008 年，蓝星将在沈阳市至少投资75 亿元，用于建设一批化工项目，把沈阳打造成东北地区大型化工基地。

东芝在沈阳新设电梯厂　东芝电梯株式会社在沈阳建设新工厂——“东芝电梯(沈阳)有限公司”，总投资25亿日元(约2亿元人民币)。

上海明精收购德国沃伦贝格　上海机床行业的龙头企业——明精公司宣布，公司成功收购德国老牌企业——沃伦贝格机床制造公司53.6%的股份，收购后新成立的公司注册资本为60万欧元。这是国内机床企业首次实现跨国并购。

建设集团收购南方雅马哈　15日，株洲建设雅马哈摩托车有限公司举行成立签字仪式。建设集团以2.8亿元收购南方雅马哈50%股份，南方雅马哈正式并入建设雅马哈麾下。

北京现代发动机厂正式投产　28日，北京现代年产能达15万台的发动机厂正式投产，这为其实现生产15万辆整车的目标奠定了基础。

■ IT与电信

成都高新区打造数字娱乐软件园　成都高新区建立数字娱乐和软件外包的专业园区，总投资1亿元，依托成都高新孵化产业园区，3--5年内将入驻100家游戏开发商、100家信息内容提供商，形成100亿元的产业规模效益。这将是全国首个数字娱乐企业集中研发及运营基地。

台IT巨子华硕大陆建新厂　台湾IT巨子、主板生产的龙头——华硕宣布，今年将投资2500万美元(约新台币8.37亿元)，赴祖国大陆华东地区成立博硕子公司，规模将比目前的苏州厂更大。

韩国NHN收购联众　韩国互动娱乐公司NHN集团宣布了其和海虹控股 (000503)达成价值1亿美元协议，双方将联手重组海虹控股旗下的网络游戏门户网站——联众世界网(www.ourgame.com)。

中电信收购10省业务　中电信表示，将一次性支付83.4亿元人民币的现金(10亿美元)收购10省业务，并在10年内再支付24亿美元，同时还将承担遗留下来的48亿美元的债务。

雅虎20亿美元启动搜索引擎　14日，雅虎公司宣布，雅虎中国、雅虎台湾和3721地址栏搜索同时启动雅虎搜索新技术，专注发展网络搜索，此项投资20亿美元。

3亿资金投向福州软件园　福建软件园三期工程完成招商任务，总投资3亿元，建成后产值8亿元以上。

■ 金　融

中外资银行首次向国内出口企业提供买方信贷　中国工商银行、法国兴业银行和中国出口信用保险公司就中兴通讯公司阿尔及利亚CDMA-WLL20001X系统设备及安装项目出口买方信贷签订保险协议。这是中资银行和外资银行首次联合利用中国出口信用保险公司的保险服务为国内出口企业提供买方信贷服务，开创了中外银行买方信贷业务合作新模式。

兴业银行外资入股已获批准　兴业银行引进3家外资股东的计划，已经获得中国银监会的批准，从而使它成了中国第6家引进外资股东的商业银行。

我国A股市场出现第一只“洋股票”　20日，我国A股市场上第一支由外资控股的股票——“宁波东睦”，在上海证券交易所发行上市。

长城资产管理公司不良资产入囊花旗集团　27日，继收购中国银行不良资产后，全球最大的金融集团花旗集团从中国长城资产管理公司成功购入23.26亿元的不良资产。

博时获评内地最佳基金公司　博时基金管理有限公司获《亚洲投资者》杂志的推选，成为2003

年度最佳基金公司(中国)，这是中国内地首家也是目前惟一一家获得这一殊荣的基金管理公司。

■ 其　他

浙江首家境外投资性公司落户杭州　浙江省引入的首家境外投资公司——浙江茂盛投资公司落户杭州，公司注册1.2亿美元，将对交通、能源、城市建设和房地产、证券业、旅游业、文化产业等项目进行投资。

广州亚运村选址确定　规划中的广州亚运村初定在天河东圃车陂，即现在的广东奥林匹克体育中心边，使用奥体中心预留用地120公顷，计划投资16亿元人民币，在2010年全部完工正式启用。

成都千亿资金投向城建项目　今年成都的固定资产投资增长目标将由18%调高到26%，总量达1087.3亿元以上。2004年成都固定资产投资计划项目共243个，其中，中央、省在蓉重点建设项目17个，成都市及市以下投资项目226个。其中总投资64.93亿元的成都地铁一期工程拟入新建项目。

齐齐哈尔12个列入国家老工业基地改造的国债项目全部启动　齐齐哈尔市12个被列入国家老工业基地改造的国债项目已全部启动，总投资额近14亿元。 这12个项目集中在中国第一重型机械集团、齐齐哈尔铁路车辆集团、黑龙江化工集团、齐齐哈尔第一机床集团和第二机床集团5家大型龙头企业。

国家级干细胞产业化基地启用　10日，我国唯一国家级干细胞工程产品产业化基地在天津正式投入使用。

天津建全国最大商业中心　体现新型业态的全国最大商业中心天一摩尔将在天津兴建。建筑面积80万平方米，预计总投资30亿元，是集购物、餐饮、休闲、娱乐、旅游、文化艺术等为一体的一站式消费中心。

中国首家商标交易平台建成　中国首家商标交易运作平台在沪建成并投入运作。由上海市工商局、上海市商标协会联手搭建的“商标交易运作平台”，旨在帮助国有企业盘活闲置商标，防止无形资产流失。

奥运1350亿项目招商　19日，北京奥运经济市场推介会举行，投资总额为1350亿元的387个项目首次公开亮相，面向各国投资者招标。

中国进出口银行与中化集团签署信贷协议　29日，中国进出口银行与中国中化集团公司签署了总额为6亿美元的《境外投资与出口信贷项下一揽子框架协议》和《1亿美元境外投资贷款的借款合同》，主要用于支持中国中化集团在未来几年内的机电产品、成套设备、高新技术产品出口以及境外投资等项目。

2004年5月

■ 能　源

广东液化天然气项目启动　广东液化天然气项目商务合同签字，该项目一期工程总投资约295亿元，预计2006年投产运行。

首座国产化大型商用核电站建成　3日，秦山核电二期工程2号机组正式投入商业运行。至此，我国自主设计、自主建造、自主管理、自主运营的第一座大型商用核电站1、2号机组全面建成投产。工程设计装机容量为2台60万千瓦压水堆核电机组，总投资148亿元，电站设计寿命为40年。

中国最大风电项目在福建平潭启动　总装机容量为10万千瓦的全国最大风电项目——平潭长江澳二期风电项目日前在福建省平潭县启动。总投资7.8亿元。

西气东输首期支干线全部投产　18日，中国石油天然气集团公司宣布，西气东输工程首期3条支干线全部投产。3条支干线包括南京至芜湖段，常州至长兴及定远至合肥管线，全长418公里，穿越安徽、江苏、浙江3省8市9县(区)。

■ 交　通

37亿全面改造川藏公路　我国将投资37亿元对川藏公路进行全面改造。此次扩建和改建的重点是：提高路面和桥涵的承载能力，改善行车条件，提高通车能力。

山东省改造国省干线公路　山东省从今年开始实施"公路安全保障工程"，计划用3年时间投资6.6亿元改造国省干线公路行车危险路段。

宁夏打造西部大通道　由亚洲开发银行提供2.5亿美元贷款的宁夏道路发展项目，银川至武汉的同沿高速公路——同心至固原段土建工程施工合同签约，同沿高速公路正式开工建设，这是宁夏利用国际金融组织贷款最大的一个项目。

郑州建国内最大下穿铁路立交　18日，随着2座16米宽、双向6车道的大型水泥箱桥顶推进铁路轨道下方，国内最大的下穿铁路立交——郑州农业路立交已初步展现出雄伟的轮廓。总投资2.1亿元。

深圳投资百亿建地铁3号线　总投资达100亿元的深圳地铁3号线今年内将打桩动工，明年展开全线建设，该地铁长约33公里。

北京将放开地铁运营市场　24日，北京市交通委副主任周正宇表示，将放开在建和计划建设的北京地铁4号、5号、9号和10号线的运营市场，吸引社会资金参与地铁运营。

■ 制造业

安海斯－布希收购哈啤股份　世界最大的啤酒制造商美国安海斯－布希公司宣布，将收购在香港上市的哈尔滨啤酒集团29%的股份，此次交易金额将达10.8亿港元。

上海大众15亿扩建汽车5厂　上海大众汽车公司将投资改扩建汽车5厂。上汽集团和德国大众增资15亿元人民币。

奔驰C级E级轿车北京造　戴姆勒－克莱斯勒股份公司与北京汽车工业控股有限公司在中国合作生产梅赛德斯－奔驰C级和E级轿车的计划获得国家发改委的立项批准。上述车型的生产将在北京经济开发区的新厂区生产，年产25000辆。

"台积电"投资上海8寸晶圆厂终获"放行"　10日，台湾积体电路公司赴上海投资8寸晶圆厂案，获得台湾"经济部投审会"批准。台积电将分3年，投资3亿7100万美元。

美国GE公司大项目落户沈阳　11日，由美国通用电气能源集团与沈阳黎明航空发动机（集团）有限责任公司共同投资建设的合资企业——沈阳通用电气黎明燃气轮机零部件有限责任公司，在沈阳市浑南新区奠基。该项目总投资1890万美元。

台湾正新橡胶昆山扩厂　全球轮胎排名第12大的台湾正新橡胶，增资1.6亿美元扩大其轿车胎生产基地——昆山厂，使正新跃居大陆第一大轿车胎厂。

西门子在华增资10亿欧元　17日，西门子全球总裁冯必乐宣布，未来三五年内，西门子将在中国追加投资10亿欧元，在华销售额将从目前的40亿欧元翻一番。

陕西重汽引进MAN公司世界同步产品　18日，陕西重汽全面引进德国MAN公司高端产品和重卡整车技术的协议签署。协议规定，陕西重汽引进MAN公司全球畅销的MANF2000重型车驾驶室技术、底盘技术、重卡驱动桥技术和模具生产制造技术。

华晨宝马年产3万辆生产线沈阳完工　20日，华晨宝马总投资达4.5亿欧元、年产3万辆规模的生产线正式在沈阳完工。在项目中期，工厂计划年产3万辆宝马3系和5系汽车。

■ IT与电信

TCL集团并购阿尔卡特移动电话业务　TCL集团通过控股子公司TCL通讯控股与法国阿尔卡特签约，双方在境外设立一家合资公司持有阿尔卡特公司的全球移动电话业务。TCL控股出资5500万欧元（约合人民币5.39亿元），持股55%；阿尔卡特公司出资4500万欧元，持股45%。

山西首条自有品牌电脑生产线投产　山西省首条自有品牌亚日电脑生产线在太原建成投产，这填补了山西省IT行业自有电脑品牌的空白。

爱立信成都建新研发中心　世界最大的移动通信网络供应商瑞典爱立信公司在四川成都高新技术产业开发区内建立其最新的研发中心，为中国及全球市场开发基于GSM、CDMA及WCDMA等移动标准的无线基站产品。

天津市成为全国第三大光纤生产基地　由天津天大天财股份有限公司承担的、一期工程投资4.5亿元的天津光纤及光纤预制棒生产基地工程项目投产，标志着天津成为全国第三大光纤及光纤预制棒生产基地。

摩托罗拉建中国最大软件中心　18日，摩托罗拉南京软件中心搬迁位于江宁开发区的2.2万平方米新大楼，从而成为摩托罗拉全球软件集团在中国最大的软件中心。

中国电信完成H股配售　24日，中国电信（香港）宣布，其H股的全球配售成功完成，在国际资本市场融资17.25亿美元，所筹资金将全部用于收购母公司剩余10省份电信资产。

■ 金　融

卡特彼勒成立融资租赁公司　卡特彼勒公司在北京成立融资租赁机构，将于今年4季度正式为客户提供融资租赁服务。其成为继通用电气(中国)融资租赁公司后第二家经中国商务部批准成立的外商独资融资租赁企业。

恒生银行成为兴业银行第二大股东　恒生银行以总额17.26亿元人民币取得兴业银行扩股后15.98%的股权，成为其第二大股东。

工行(亚洲)收购华比富通成港第6大银行　中国工商银行(亚洲)宣布完成收购华比富通银行的零售及商业银行业务，中国工商银行(亚洲)成为香港上市银行中以资产总值计的第6大行。此次合并总收购价约为21.5亿港元。

首家外资保险公估公司落户上海　罗便士保险公估在上海设立机构，这意味着继寿险、财产险、再保险和保险经纪先后获准外资保险进入后，保险公估领域也有了外资公司的参与。

韩亚银行分行落户沈阳　19日，韩国韩亚银行沈阳分行举行揭匾仪式，这是落户沈阳的首家外资银行。

生命人寿登陆北京　生命人寿保险股份有限公司北京分公司对外营业。生命人寿保险股份有限公司是中国加入世贸组织后第一批成立的全国性人寿保险公司之一，投资总额超过20亿元人民币。

瑞泰人寿和工行共推“财富工程”　24日，首家将总部设在北京的合资寿险公司——瑞泰人寿保险有限公司与中国工商银行北京市分行签署《全面业务合作协议》。工商银行北京市分行的理财中心将销售瑞泰人寿在中国率先推出的个人长期投资储蓄的旗舰产品——“财富工程”。

深圳9家外资银行获批开人民币业务　深圳9家外资银行申请办理中资企业人民币业务，均获得了中国银监会的批准。这9家银行是：渣打银行深圳分行、花旗银行深圳分行、汇丰银行深圳分行、永亨银行深圳分行、东亚银行深圳分行、恒生银行深圳分行、中国银行(香港)深圳分行、星展银行(香港)深圳分行、亚洲商业银行深圳分行。

中小企业板启动　27日，深圳证券交易所中小企业板块启动仪式在深圳举行，标志着我国多层次资本市场建设的开始。

■ 其　他

我国首个优化投资环境地方法规实施　1日起，《南昌市优化投资环境条例》正式实施。任何公民和组织都有权向南昌市政府机关索取政务信息资料，外地企业和商品进入南昌将不受任何限制。

亚洲最大的农产品深加工基地动工　10日，中粮(沈阳)食品工业园在沈阳农业高新开发区破土动工，它将建成亚洲最大的农产品深加工基地。该工业园工程分3期，1期工程中粮集团投资1.95亿元。

华润啤酒收购两啤酒厂　华润啤酒将和安徽龙津集团组建合资企业，将龙津集团在舒城和六安的两个啤酒厂收入帐下。收购额2.8亿元。

世界最大维生素B1生产基地在天津奠基　18日，世界最大的维生素B1生产厂在天津市开发区举行扩产奠基仪式。该扩产项目是天津市中津药业与世界最大的精细化工企业德国巴斯夫（BASF）有限公司的合作项目，总投资1.6亿元。

2004年6月

■ 能　源

黄河拉西瓦水电站立项　国务院批准拉西瓦水电站正式立项建设。该电站位于青海省贵德县与贵南县交界处的黄河干流上，是黄河上在建规模最大也是青海省最大的水电站。电站装机容量420千瓦，项目总投资147.81亿元。

海上“油城”落户渤海　一艘相当于15层楼高的“海上石油城”将被永久系泊在渤海浅海水域，为6座油井服务，每天效益可达150万美元。项目投资达1.6亿美元。

中国将建六大炼油基地　中国石油将在3年之间启动六大千万吨级炼油基地，其中首期完成的重点项目大连西太平洋石化公司已完成年1000万吨炼油厂的改造工作。

国内首座联合钢构架330千伏变电站投运　13日，国内首座采用联合钢构架的330千伏变电站在甘肃省定西市建成投运。330千伏电压等级的变电站是我国西北地区特有的。总投资1.5亿元。

“南水北调”获488亿元银团贷款　15日，《南水北调主体工程银团贷款银行间框架合作协议》

举行签字仪式。根据这份协议，以国家开发银行为牵头行的国内9家金融机构将为南水北调主体工程提供总额达488亿元(不含东线治污贷款70亿元)的银团贷款，其中开行将提供200亿元信贷支持。

■ 交　通

北京37亿升级老地铁　北京市将投入37亿元用于地铁一、二号线的技术改造升级，消除安全隐患。

旅行社首次获准筹建航空公司　总部设在上海的春秋国际旅行社有限公司获得国家民航总局批准，开始筹建春秋航空公司，从而成为中国首家获准筹建航空公司的旅行社。

广东建现代化珠三角航道　从今年至2010年，广东省将投资逾46亿元进行航道建设，重点是保障珠江三角洲和西江主干道率先实现航道现代化。

南航建中国内地最大航空运营基地　作为广州新白云国际机场唯一的基地航空公司，中国南方航空公司投资37.6亿元，在新机场内建起了中国民航最现代化、最宏伟的航空运营基地。

青藏铁路长江源特大桥铺通　20日，青藏铁路长江源特大桥铺通，这标志着青藏铁路已跨越长江源头。长江源头的第一座大桥——长江源特大桥，全长1389.6米，共有42孔。

新罗湖铁路桥建成通车　20日，历时10个月、投资达2300万元人民币的新罗湖铁路桥建成通车。

青藏铁路西藏段铺轨架梁　22日，青藏铁路西藏段正式铺轨架梁，海拔4700多米的青藏铁路安多铺架基地，位于西藏藏北地区，是世界上海拔最高的铺架基地。

西藏铺架第一座铁路特大桥　西藏境内第一座铁路特大桥——北桑曲特大桥开始铺架。该桥横跨帕那河支流，其结构为26孔32米梁，全长866.74米。

■ 制 造 业

最大钢铁合资项目投产　我国钢铁行业最大的中外合资项目鞍钢新轧——蒂森克虏伯镀锌板有限公司在大连正式投产，该公司是鞍钢与蒂森克虏伯钢铁公司共同投资1.8亿美元建成的，年生产汽车用热镀锌板40万吨。

通用汽车未来3年向中国增投30亿美元　6日，美国通用汽车公司宣布，在2007年前，该公司将对中国增加30亿美元的投资，以将其在中国的生产能力提高一倍。

福特、马自达将在南京合资生产轿车及发动机　美国福特汽车公司和日本马自达汽车公司将在南京市成立合资工厂，共同生产小型轿车。投资额约400亿日元。工厂将于2006年投入生产。

中国首次加盟制造波音飞机　波音与中国航空工业第一集团公司和中国航空工业第二集团公司签署了《谅解备忘录》。这两家中国公司将为波音提供零件和组件，包括波音7E7梦想飞机的方向舵。

现代汽车在华增资　现代汽车公司计划于2007年前追加投资7.4亿美元，主要用于扩大该公司在华合资汽车企业的产能。

我国首家电动汽车工程研究中心落户武汉　21日，由东风电动车辆股份有限公司投资建设的我国首家电动汽车工程研究中心——东风电动汽车工程研究中心，在武汉经济技术开发区正式揭牌。项目规划总投资2亿元，一期工程计划投资6000万元。

四川蓝剑收购贵州瀑布啤酒　贵州省生产能力最大的啤酒生产企业——贵州瀑布啤酒集团公司，以1.6亿余元的转让费被四川蓝剑集团公司整体收购。

一汽收购天汽股权　中国第一汽车（集团）公司在天津产权交易市场，签约收购了天津汽车工业（集团）公司持有的天津丰田汽车发动机有限公司50%的股权，这宗转让项目涉及总资产额13.7亿元，50%股权成交额为6.45亿元。

■ IT与电信

我国首台1.8英寸微硬盘在贵阳诞生　我国第一台1.8英寸微硬盘在贵阳南方汇通世华微硬盘有限公司生产车间成功下线。该公司自主拥有1.0、1.8和0.85英寸微硬盘的全部核心技术，也是中国首次拥有完全自主知识产权的微硬盘研发成果。

大唐电信7.4亿建产业园　8日，大唐电信科技股份有限公司表示，公司的控股子公司大唐微电子公司获得一家国际公司7000万美元的投资，大唐电信还将投资约7.4亿元在北京建立产业园。

日本乐天收购携程网股权　21日，携程网发表公告称，日本网络零售商乐天已完成对其20.4%股权的收购，所用资金1.09亿美元。

■ 金　融

亚行首次在港发行债券　1日，亚洲开发银行在香港和新加坡资本市场上同时发行了面值规模分别为10亿港币和2亿新加坡元的债券。本次发行是自1999年以来最大的一次港币／新元双货币债券发行，也是亚行首次在香港发行债券。

国内首家专业基金网站开通　1日，国内第一家专业基金网站——中国基金网（www.cnfund.com.cn）正式开通。

棉花期货1号合约挂牌　1日，交易代码为CF的棉花期货合约在郑州商品交易所正式挂牌，这是中国期货市场自1996年以来上市的第一个新品种。

首批专业养老保险公司获准筹建　7日，太平人寿保险公司宣布，由太平人寿发起的专业年金公司——太平养老保险股份公司已获中国保监会批准筹建。

中意人寿保险有限公司北京分公司开业　7日，中意人寿保险有限公司北京分公司正式开业。中意人寿于2002年1月在广州正式成立，是中国加入世贸组织后的首家中外合资保险公司。

中行获评“中国最佳银行”　中国银行在香港《亚洲货币》杂志举办的“2004年亚洲地区最佳现金管理银行”评选中，被评为“中国最佳银行”。

交通银行增资扩股案获批　汇丰银行以总价约人民币82亿元收购国内最大股份制银行——交通银行20%的股权。

建行打造湖南首家“综合理财银行”　建行湖南省分行在长沙市芙蓉支行召开“培育综合理财重点行”现场会，这标志着湖南首家全新综合理财银行浮出水面。

星展银行获准提供人民币服务　新加坡星展银行在中国的两家分行已获得中国银监会批准，为中资企业提供人民币服务。这是中国去年底允许外资银行为中资企业提供人民币服务以来，首家获得更全面人民币执照的本地银行。

中小企业板开盘　25日，深市中小企业板块开盘，有8只新股同时在深交所上市。

海外发债解禁　国家开发银行在境外发行10亿美元债券的计划获得批准，这是1999年以来，国务院首次对境内机构(财政部除外)海外发行债券解禁。

国内最大保险资产管理公司挂牌 28 日，掌控中国保险业近一半资产的中国人寿资产管理公司在北京正式挂牌，该公司将管理其母公司中国人寿保险公司及上市公司中国人寿保险股份有限公司的多数资产，管理资产规模为人民币4000 亿元。

■ 其 他

浙江产权交易所挂牌 浙江产权交易所正式挂牌，同时与北京产权交易所和天津产权交易所签署了合作协议。

香港投资江苏旅游业超百亿元人民币 自2001 年以来，江苏省旅游业吸引的香港资金已经超过100 亿元人民币。香港投资商在江苏投资的仅宾馆、酒店就达到223 家，总投资额11.2 亿美元。

大连开发区获准建设首批国家生态工业示范园区 大连开发区正式获准建设首批国家生态工业示范园区。生态工业园区的建设将大大提升大连开发区的国际知名度，促进招商引资。

世行支持云贵鄂渝生态建设 世界银行将提供1 亿美元贷款支持长江中上游及珠江上游地区的云贵鄂渝4 省市水土保持生态环境建设。

中国建青藏铁路“数字路基”及“仿真平台” 中国科学院寒区旱区环境与工程研究所为给青藏铁路工程设计、施工和养护提供科学依据，将建立青藏铁路“数字路基”和“仿真平台”。

中俄边境创建自由贸易区 中国和俄罗斯已同意在边境地带创建一个面积10 平方公里的自由贸易区。该自由贸易区位于黑龙江省绥芬河市和俄罗斯远东地区交界处，最初投资额为10 亿美元。

中国与新签署船舶出口买方信贷协议 16 日，中国进出口银行与A.P.穆勒新加坡有限公司签署了4 亿美元的出口买方信贷合作协议，主要用于支持该公司在未来几年内定购国内船厂的多艘成品油轮。

山东最大农业利用外资项目将于年底完工 黄河三角洲腹地的东营市垦利县下镇，利用日本政府贷款农业综合开发项目将于年底完工，总投资9.6 亿元人民币，是山东省最大的农业利用外资项目。

2004 年 7 月

■ 能 源

塔里木建成年产150 万吨原油沙漠油田 新疆塔里木盆地哈得逊油田的日产量超过4440 吨，达到年产150 万吨原油生产能力，成为全国最大的沙漠油田。

中石化扩建茂名乙烯 中石化投资43 亿元，将茂名乙烯由每年38 万吨扩建至每年80 万吨。

无锡建成首家垃圾发电厂 无锡市第一家垃圾发电厂——益多环保热电有限公司建成，开始试运行。该电厂占地120 亩，安装4 台焚烧炉。

西电东送标志性工程贵州洪家渡电站首台机组发电 经过3 年多的紧张建设，“西电东送”标志性工程、乌江水电梯级开发“龙头”电站贵州洪家渡水电站首台机组18 日正式投产发电。

粤电力出资1 亿成立热电公司 粤电力公司拟与广东天能投资等5 家公司，共同组建茂名臻能热电公司，公司出资1.02 亿元，持有臻能公司51% 的股权。

福州195 亿建15 座电站 福州市目前在建和计划建设装机1 万千瓦以上电站共15 座，总装机402.7 万千瓦，总投资194.9 亿元。在这15 个电站中大型火电站3 座，分别为华电福州可门火电厂、国电福州江阴火电厂、华能火电厂三期扩建，总装机 360 万千瓦，总投资 163.78 亿元。

国务院批建两大核电站　国务院批准建设广东岭澳核电站二期工程、浙江三门核电站一期工程，标志着我国核电自主化建设迈出了实质性步伐。

青岛获准建设大炼油项目　青岛大炼油工程涉及的所有报批事项均获国家相关部门通过，这个总投资近 100 亿元的项目已获准建设，一期年炼油能力 1000 万吨。

■ 交　通

世界最大的集装箱船上海起航　世界上最大的集装箱远洋巨轮从上海起航，开始了其远东至美洲的处女航。它一次能装载 8500 个标准集装箱，这艘被命名为中海亚洲的集装箱远洋巨轮，是由中国海运投资 8200 万美金打造而成的。

福建建唯一的化工码头　福州市江阴港计划在年内再建两个 5 万吨级码头，总投资约为 1.2 亿美元。其中，10-14 号泊位已被交通部批准为全省唯一的化工码头，即将于今年内动建。

上港集箱投资洋山深水港　上港集箱公司与控股股东上海港务集团共同投资设立洋山公司，其中港务集团以现金 24.5 亿元出资，占 49%的股权，上港集箱以现金 25.5 亿元出资，占 51%的股权；合资公司设立后，投资洋山深水港区一期工程的码头工程并负责经营。

我国兴建世界一流修船基地　中远船务公司正按照“中国第一、世界一流”的目标，在浙江舟山修建大型修船基地，总投资规模超过 20 亿元。

青藏铁路西藏段电气化工程开工　随着藏北羌唐草原上挂有大红花的电杆竖起，青藏铁路西藏自治区境内那曲至羊八井电力工程正式开工，这标志着预留电气化铁路条件的青藏铁路站后工程在西藏境内进入实施阶段。

■ 制 造 业

国内技术装备最先进的全钢载重子午线轮胎生产线投产　6 日，国内技术装备最先进的全钢载重子午线轮胎生产线，在山东济宁银河工业园正式投产，首批陆通轮胎顺利下线。 陆通轮胎项目年生产能力 160 万套，总投资 20 亿元。

广州钢铁集团携手美国 MBA 公司　广钢集团与美国 MBA 聚合物有限公司共同投资 1200 万美元，成立了广州广钢 MBA 塑料新技术有限公司。

浙江投建 25 亿元 PTA 项目　由深圳华联和绍兴两家民企组建的的浙江华联三鑫公司在绍兴投建 25 亿元、年产 60 万吨 PTA（精对苯二甲酸）项目，项目投产后将在很大程度上填补国内 PTA 市场的供应缺口。

上海汽车集团欲赴香港上市　中国最大的汽车制造企业上海汽车工业(集团)总公司(SAIC)准备在香港上市，融资达到 10 亿美元，资金将用于公司的扩张。

燕京入股惠泉　燕京啤酒出资现金 3.624 亿元，受让福建惠泉啤酒集团股份有限公司 38.148%的股权。燕京正式成为惠泉啤酒的第一大股东。

兰州黄河与嘉士伯合资建 4 家工厂　兰州黄河发布公告称，公司拟以经营性资产出资，丹麦嘉士伯方面则以货币资金出资，双方各出资 1.5 亿元人民币新设立 4 家啤酒生产企业。兰州黄河在新设立的兰州、天水、酒泉、青海 4 家合资企业各持股 50%，并拥有实际控制权。

德尔福在浦东设立研发中心　全球规模最大的汽车零部件供应商德尔福公司继在上海浦东成立了中国总部和5家制造企业后，又在浦东兴建其在中国的首家全球研发中心。

海南建世界最大三聚氰胺生产基地　荷兰DSM三聚氰胺公司与中海油化学有限公司举行了三聚氰胺项目合作意向签字仪式。总投资12亿元人民币，该项目建成后，海南将成为世界规模最大、技术含量最高的三聚氰胺生产基地。

中芯国际成都建厂　中芯国际投资1.75亿美元建设芯片封装测试厂。该项目选址在成都高新西区的出口加工区，是成都第二大芯片封装测试工厂。

广汽丰田项目获国务院批准　广汽丰田整车项目获得国务院批准。广汽丰田将生产中级车佳美。

中兴汽车10亿元投入产品研发　从今年开始到明年，中兴汽车将陆续投放10个亿进行产品研发，其中70%资金将用于产品外型和内饰的开发。

上汽收购韩国双龙　27日，中国上海汽车工业(集团)总公司与韩国债权团签订收购双龙汽车公司的谅解备忘录。根据谅解备忘录，上汽集团获得收购韩国债权团持有的双龙汽车公司48.9%股份的优先收购权。上汽集团收购这些股份后，将成为双龙汽车公司最大的股东。

TCL汤姆逊合资的全球最大彩电企业上线　29日，TCL与法国汤姆逊合资组建的合资企业TTE CORPORATION(简称TTE)在深圳正式挂牌运营，新公司TTE彩电年销量达到1850万台，成为全球最大彩电企业。新公司净资产规模约4.3亿欧元。

■ IT与电信

新浪收购UC即时通讯技术平台　6日，服务于中国及全球华人社群的领先在线媒体及增值资讯服务提供商新浪公司(Nasdaq:SINA)宣布，收购Davidhill Capital Inc.及其UC即时通讯技术平台，双方已就此签订最终协议。

大唐电信转让大唐微电子部分股权　大唐电信同意以8200万元的价格转让所持有的大唐微电子技术有限公司31.71%股权给大唐电信(控股)有限公司，以1300万元转让所持有的5%大唐微电子技术有限公司股权给华平中国投资第一有限公司。

■ 金　融

国家批准保险资金投资海外　国家外汇管理局表示，国家已原则上同意批准保险资金投资海外市场，外汇局目前正与中国保险监督管理委员会制订具体的实施方案。80亿美元整装待发。

渣打银行在港注册　7日，英国老牌银行渣打银行在香港进行了注册，注册新公司后，它将能享受到《更紧密经贸关系安排》给予香港银行进入内地的一系列优惠政策。

长城资产管理公司不良资产处置过半　中国长城资产管理公司上半年回收现金25.24亿元。到目前为止，长城公司已累计处置资产原值1750亿元，完成了52%的资产处置任务，这标志着长城公司不良资产处置任务已经过半。

CEPA吸引北京五企业在港上市　北京市商务局公布，CEPA签署后，北京地区有五家企业在香港上市，分别是中国财险、中国人寿、物美、中航科工和慧聪资讯。

中国进出口银行发行全球债券　23日，中国进出口银行成功发行7.5亿美元全球债，期限10年，票面利率为5.25%。本期债券发行，得到了来自美国、欧洲和亚洲众多机构投资者的热烈响应，申购总量是发行额的2倍，发行取得了圆满成功。

■ 其　他

中华品牌园建设正式启动　中华品牌园工程在北京举行奠基仪式，标志着集中展示我国品牌的园地开始形成。它是经政府审批的大型公益性项目，占地面积100亩，总投资2.5亿元人民币。

拜耳投资重点长三角　世界医药化工巨头德国拜耳集团表示，未来两年，该集团旗下的拜耳材料创新集团将在中国再投18亿美元，其中重点将放在以上海为中心的长三角地区。

中国进出口银行与内蒙古签署水环境治理转贷协议　5日，中国进出口银行与内蒙古自治区财政厅签署了日本政府贷款转贷协议。该贷款协议金额为97.47亿日元（折合人民币7亿元），主要用于建设呼和浩特市水环境治理项目。

中国－东盟经济园区正式挂牌　7日，中国－东盟经济园区举行正式挂牌仪式。该经济园区成为中外客商的投资热土。

全国首家医疗产业中外合资创业投资公司落户天津保税区　由天津天士力制药股份有限公司和韩国我立得医院、麦迪珂集团合资成立的天津天士力我立得创业投资有限公司在天津保税区设立。该公司注册资本2300万美元，是经科技部和商务部批准的全国第一家可以在全国范围内专业从事医疗产业投资的中外合资创业投资公司。

我国最大柠檬生产基地在云南建成　云南省在德宏傣族景颇族自治州建成中国最大的柠檬种植、加工基地。

新加坡工业园落户于南宁中国—东盟经济园区　规划建设用地400公顷、投资50亿元人民币的“新加坡工业园”落户广西南宁“中国—东盟经济园区”。

西安市投资项目行政审批绿色通道正式启动　16日，西安市投资项目行政审批绿色通道启动仪式举行。西安市政府在原“一厅式”办公大厅的基础上，结合西安市第二轮行政审批制度改革的工作成果，开辟了投资项目行政审批绿色通道。

2004年8月

■ 能　源

海南岛计划5年建成中国重要油气化工产业基地　依托南中国海丰富的石油天然气资源和不断涌入的企业投资，海南从2004年开始，经过5年左右时间的大规模开发建设，将成为中国重要的石油天然气化工生产基地。

西气东输工程全线贯通　3日，　西气东输工程的最后一道焊口焊接完毕，至此国家西部大开发的标志性工程、全长4000多公里的西气东输工程全线贯通。预计今年“十一”全线试通气。

中海油建国内最大炼油项目　3日，由中国海洋石油总公司独资建设的南海石化炼油项目获国家批准。该项目总投资约167亿元，年加工1200万吨海洋高含酸重质原油，系我国单套炼制能力最大的炼油项目。

我国首个海下煤田年底出煤　我国首个海下采煤项目今年第四季度将形成首采工作面，年底正式出煤。进行海下煤田勘探及开采技术复杂，目前只有美国、英国、加拿大等少数国家能够进行，我国尚属首次探索。

首座奥里油发电厂项目启动 总投资约41亿元人民币的中国首座奥里油发电厂工程项目在湛江全面启动，公司化运作。计划2006年投产。

中海油与加拿大合作开发深水油气田 16日，中国海洋石油总公司和加拿大哈斯基石油公司签订风险勘探合同，合作开发珠江口盆地深水油气田。据估算，这一区域潜在资源量大约是1万亿立方米天然气。

中国第一个风力发电特许权项目在江苏如东开工 18日，江苏如东一期10万千瓦风力发电项目破土动工。这标志中国以市场化推动风力发电场建设迈出了实质性一步，总投资8亿元。

长江上游金沙江将开工建设4个巨型电站 中国长江三峡总公司明年起将在长江上游的金沙江陆续开工建设4个巨型电站，总投资2000多亿元人民币，总装机容量3850万千瓦。这批电站在2020年竣工后将成为中国最大的西电东送能源基地。

我国开建世界上第一套“煤制油”工业化装置 25日，神华集团“煤制油”直接液化工业化装置在内蒙古自治区鄂尔多斯市开工。这种把煤直接液化的“煤制油”工业化装置在世界范围内是首次建造。

■ 交 通

福州新火车站投入使用 1日，福州火车站新站扩建工程正式投入使用。福州新火车站建于旧站原址，总投资16.7亿元，由铁道部、福建省政府各投资50%。

兰渝铁路明年开工 新兰渝铁路线建设已进入前期准备阶段。该线路的建成将使兰州到重庆的路程缩短近1000公里，拟建的兰渝铁路纳入国家计划明年开工建设，工程总投资约300多亿元，全长1030多公里。

广州新机场落成 5日，广州新白云国际机场正式投入使用。4年前动工建设的广州白云机场迁建工程，一期总投资198亿元，是国内惟一拥有两条高标准跑道的机场，可满足世界上任何一种大型飞机的起降要求。

国航西藏公司挂牌 8日，国航西藏公司在拉萨挂牌成立。挂牌后的国航西藏公司，将加大整个西藏地区旅游航线的开发，国航近期引进的5架A319也将成为国航西藏公司的主力机型。

广州铁路新客站获准立项建设 选址番禺钟村的广州铁路枢纽新广州客运站及相关工程，获国务院正式批准立项建设，总投资147.6亿元。

福厦铁路项目建议书获国家发改委批准 项目计划年底开工，投资额为135．5亿元。国家发改委批复的设计范围为福州站（含）至厦门站（含），正线长度276公里。

西藏公路第一隧贯通 25日，拉萨至贡嘎机场公路新改建工程中的西藏公路第一隧—嘎拉山隧道正式贯通，这标志着我国离城最远的机场里程缩短近半已变为现实。该隧道全长2437米。

■ 制造业

我国第一个燃气轮机余热锅炉生产基地在南京成立 由美国环球动力设备集团亚洲有限公司与南京锅炉厂合资建立的德尔塔动力设备（中国）有限公司在南京成立。该公司是我国第一个具有国际先进水平的燃气轮机余热锅炉生产基地。

福特获准在国内设立汽车金融服务公司　3日，福特汽车信贷公司宣布，中国银行业监督管理委员会(银监会)已经批准该公司在中国筹建汽车金融服务公司的申请，这是第四家获准进入国内汽车金融市场的外资汽车巨头。

中国将承制巴基斯坦核电站民用核反应堆压力容器　4日，中国第一重型机械集团有限责任公司承制的巴基斯坦恰希玛核电站二期工程30万千瓦民用核反应堆压力容器制造合同在北京签字。

丰田整车项目年内在广州动工　广州丰田整车项目获国务院批准，项目总投资368557万元，由广州汽车集团和日本丰田合资组建广州丰田汽车有限公司，双方各出资50%。

中国诞生首家汽车金融公司　中国银监会正式批复，同意通用汽车金融服务公司和上海汽车集团财务有限责任公司共同组建的上汽通用汽车金融有限责任公司开业，该公司由此成为中国第一家获准开业的汽车金融公司。

全球最大中碱玻纤基地在蓉投产　世界最大的中碱玻纤池窑拉丝生产线在成都正式投产。在今后5年内，浙江巨石集团成都有限公司投资9亿元，建设3条此类生产线，建成总生产能力超过9万吨的中碱玻纤生产和出口基地，成为全球最大中碱玻璃纤维生产基地。

我国建世界规模最大半导体产业城　韩国Hynix与中国无锡超大规模集成电路项目签署投资合作协议，我国将在江苏建世界规模最大的半导体产业城。该项目将建成2条国际先进的晶圆生产线，并从事记忆体芯片制造封装和测试。

北京建大型服装研发中心　北京将建设世界第一个服装生产研发中心。这个名为“北京世界服装生产研发中心”的项目，投资方为香江国际，计划总投资30亿元，总建筑面积70万平方米，建成亚洲最大的从设计研发到生产销售的一站式时装基地，并集时装企业总部中心、展示中心、时尚购物中心、时尚文化中心、服务配套中心于一体。

■ 金　融

保险公司获准投资可转债　中国保监会发出通知，允许保险公司投资可转债，但暂不得转换成股票。这标志着保险资金以多种方式直接进入资本市场迈出重要一步。

澳门银行获准经营人民币业务　4日，澳门银行获中国人民银行批准推出人民币业务。澳门银行获准经营人民币业务料包括存款、兑换、汇款及人民币信用卡签账等4大类。

恒生银行在内地投资达到30亿港元　恒生银行行政总裁表示，该行目前在内地的投资已经达到30亿港元，且会继续加大。

汇丰入股交通银行　6日，交通银行与汇丰银行签署协议，汇丰银行将出资140多亿元人民币，购买交通银行19.9%的股份，汇丰成为单独拥有一家中资银行股权比例最大的外资银行。

浙商银行股份有限公司正式开业　18日，浙商银行股份有限公司正式开业，这是国内第一家民营银行，13家民企集体控股超过85%，民营资本处于绝对控股地位。这家银行也将成为国内第12家股份制商业银行。

中国进出口银行增发2.5亿美元外债　25日，中国进出口银行在国际资本市场发行2.5亿美元外债，这是继上月该行发行7.5亿美元全球债后的增发行动。

中国银行整体改制　26日，中国4大国有独资商业银行之一的中国银行整体改制，成为国家控股的股份制商业银行。新名称为中国银行股份有限公司，简称依然是中国银行。根据规定，中国银行股份有限公司将完全承继原中国银行的资产、负债、债权、债务和员工，业务范围也不变。中国银行股份有限公司注册资本人民币1863.90亿元，折合1863.90亿股。经国务院批准，中央汇金投资有限责任公司代表国家持有中国银行股份有限公司100%股权。

■ IT与电信

中国铁通北京挂牌　20日，中国铁通正式在北京挂牌。新铁通的目标是独立做大，力争3年冲入一流电信运营商行列。铁通上市融资的策略是，在国内A股和境外两地上市。

韩国现代与意法半导体投资20亿美元无锡建厂　18日，世界第二大移动存储制造商韩国现代半导体(Hynix)公司与全球5大半导体制造商之一意法半导体与无锡市政府签约，投资建半导体芯片生产厂。项目投资20亿美元，计划2006年开始批量生产。

■ 其　他

沈阳在港签约43.3亿美元项目　3日，2004年沈阳重大项目推介会暨项目签字仪式在香港举行，此次招商共签订32个项目，总投资额43.3亿美元，其中外资额达26.1亿美元。

深圳10亿元建国际物流园　10日，深圳盐田港集团与全球最大的物流地产开发商—美国普洛斯信托股份有限公司签署合作协议，双方将在未来5年内，共同投资逾10亿元合力打造位于盐田港区后方陆域的国际物流园。

中国最大的农业开发围垦项目泉州开工　15日，总面积5.54万亩的泉州市外走马埭围垦工程在福建省泉州市正式动工。这是中国目前最大的农业开发围垦项目，工程总投资约8.56亿元。

江苏泰州建设“中国台湾城”　中国台湾城落户江苏省泰州市高港区。 建成后的"中国台湾城"将以台湾商品为特色，凸现台湾情调，商城设计模式为庭院式室内商业步行街，沿街建筑全长523米，总建筑面积12500平方米，总投资3.2亿元。

2004年9月

■ 能　源

西气东输工程实现全线贯通　6日，塔里木油田的天然气开始进入西气东输管道，整个西气东输工程实现全线试通气。此次向西气东输管道送气的气田是我国最大的凝析气田—牙哈气田。

深圳将建成亚洲最大太阳能发电系统　一套占地面积近8000平方米，发电功率达1000千瓦时的太阳能发电系统即将在深圳园博园建成，这是目前亚洲最大的太阳能发电系统。

“西部油管道”工程正式启动　由中国石油天然气集团公司设计建设、项目总投资估算146亿元的中国西部原油成品油管道工程已正式启动，该工程管道途经新疆、甘肃的25个县市，总长度3986公里。这将为包括新疆在内的西部地区开辟一条新的原油、成品油运输大通道。

首个国内企业自主建设液化天然气项目合同签订　12日，福建液化天然气总体项目的商务合同签订，这是我国第一个完全由国内企业自主引进、建设、管理的液化天然气项目，2007年上半年建成投产后每年将有250万吨液化天然气向福建东南沿海供应。

全国最大原油储罐在茂名投产　总投资逾亿、直径90米的2座12.5万立方米原油储罐在茂名石化港口公司建成投产，这是我国目前最大的原油储罐。

外高桥电厂二期建成投产　22日，上海外高桥电厂二期的国内第二台90万千瓦机组，顺利通过连续168小时满负荷运行试验，投入商业运行。作为国家十五重点建设项目和上海市重大工程，外高桥电厂二期始建于2001年7月，总投资逾百亿元。

我国将建13个大型煤炭基地　我国确立13个大型煤炭基地，国土资源部将采取措施确保其建设成功。

中原燃气电厂开工建设　26日，国家重点工程—蓝天集团中原燃气电厂项目正式开工建设。中原燃气电厂是国家西气东输配套建设项目，动态总投资为24.68亿元。建设规模为2×35万千瓦等级燃气—蒸汽联合循环发电机组，明年年底2台机组将并网发电。

■ 交　通

大连汽车专用码头工程开建　大连汽车码头工程开工建设，这是我国新建的第一个国际标准的现代化汽车滚装专用码头。该码头位于保税区规划发展区内，工程总投资约6亿元人民币，将建设2个1万吨级和1个5万吨级汽车滚装专用泊位，可同时停靠2艘5万吨级汽车滚装船。

成都要建亚洲最大的“内陆港”　铁道部将在成都投资7亿元打造亚洲最大的“内陆港”。铁道部将在成都东站现有的基础上进行扩容，将其建设为亚洲最大的铁路集装箱结点站。

■ 制造业

沈阳百万吨聚酯切片项目奠基　沈阳久大(集团)公司100万吨聚酯切片项目在沈阳经济技术开发区奠基。该项目总投资15亿元，建设期为3年，是沈阳市化学工业规模最大的项目。

广州丰田挂牌动工　6日，由广州汽车集团和日本丰田合资建设的广州丰田汽车有限公司正式挂牌，并同时动工建设。广州丰田汽车将在2006年上半年投产，主打产品是丰田佳美以及相关联的多用途车和运动型车。

现代合资江淮　8日，韩国现代汽车公司表示，将与我国安徽省的江淮汽车股份有限公司组建合资企业，共同生产商用汽车。两家汽车制造商将分别持有合资企业50%的股权，并于2010年前共向合资企业投资7.8亿美元。

斯柯达最大综合基地在深圳开业　8日，斯柯达（SKODA）汽车在华基地的开业庆典仪式在深圳举行。 斯柯达汽车在华基地 -- 深圳兆方汽车大厦，是斯柯达在海外最大的综合性汽车基地占地10000平方米，是集整车配送、纯正零配件供应、技术支援、培训、售后服务、信息反馈为一体的大型综合汽车基地。

山西将建成全国最大的镁及镁合金产业基地　国家级镁及镁合金产业基地在山西省镁合金加工能力最大的企业广灵精华化工集团有限公司挂牌。根据国家科技部规划，山西将构建以太原为中心、大同和运城为两级、大运线为轴线的全国最大的镁及镁合金产业基地。预计2010年山西省镁业产值将达到200亿元。

我国最大新闻纸制造基地落户上海宝山　我国第一家外资新闻纸业公司上海泛亚潜力纸业(SPP)，

将在上海宝山区建设中国最大的新闻纸制造基地。

华润雪花收购“狮王” 15日，华润雪花啤酒中国方面宣布，以7100万美元成功收购澳洲狮王啤酒集团在中国啤酒业务的所有权益，并将承担一笔8100万美元的债务。华润雪花为收购狮王所付出的代价是12亿港元。

东风本田轿车项目获核准 东风本田汽车(武汉)公司包括轿车在内的12万辆乘用车项目可行性研究报告，继今年3月通过国家发改委审批后，又获国务院正式核准。

■ IT与电信

TCL与阿尔卡特手机合营公司正式运营 1日，TCL国际表示，旗下TCL通讯科技与阿尔卡特共同成立手机合营公司正式投入营运，新合营公司名为TCL阿尔卡特移动电话（TAMP)。总部设在香港，初期净资产约1亿欧元，TCL通讯持55%股份，阿尔卡特持有45%股权。

夏新推出首款一键通G网手机 夏新已经推出了国内首款支持一键通功能的GSM手机，这也使夏新成为首家开发成功一键通手机的国产手机厂商。

京津沪等9市成为首批国家电子信息产业基地 29日，信息产业部举行首批“国家电子信息产业基地授牌仪式暨基地建设座谈会”，宣布北京、天津、青岛、上海、苏州、杭州、深圳、福建沿海地区和广东珠三角9个城市和地区为首批国家电子信息产业基地。

■ 金 融

中国进出口银行支持海尔集团实施国际化战略 7日，中国进出口银行与海尔集团电器产业有限公司签署了总额为15亿美元的出口买方信贷合作协议。该笔贷款主要用于支持海尔集团在未来5年内的机电产品、成套设备、高新技术产品出口以及境外投资、对外工程承包等“走出去”项目。

加拿大丰业银行获批入股西安商业银行 加拿大丰业银行已获银监会批准入股西安市商业银行，这将是第一家接受外资参股的西部地区银行。

中国进出口银行为宝钢集团提供政策性出口信贷支持 9日，中国进出口银行在上海与上海宝钢集团公司签署了《出口信贷支持国际经营合作协议》，协议信贷金额为100亿元人民币，主要用于实施“走出去”战略、开展国际化经营。

建设银行改制为国家控股 中国建设银行由国有独资商业银行改制为国家控股的股份制商业银行。中央汇金投资有限责任公司、中国建银投资有限责任公司、国家电网公司、上海宝钢集团公司和中国长江电力股份有限公司决议共同发起设立中国建设银行股份有限公司。5家发起人出资合计人民币1942亿多元，全部资本由等额股份构成，每股面值为人民币1元。

中国首家专业农业保险公司获准开业 17日，经中国保监会批准，中国第一家专业性股份制农业保险公司上海安信农业保险股份有限公司正式成立。

玉米期货正式挂牌上市 22日，玉米期货合约正式挂牌上市。大连商品交易所下发《关于玉米期货合约上市交易有关事项的通知》，对上市交易有关事项做出具体安排。涨跌停幅度为4%。

新桥入主深发展获批 22日，深圳发展银行发布公告称，其股权转让事宜已获银监会批准，深圳市投资管理公司等4家股东将以转让非流通股方式吸收新桥投资入股深圳发展银行，入股比例为17.89%。根据协议，新桥投资将支付股权转让价款12.35亿元，转让股份性质将变更为外资法人股。根据新桥入股比例测算，新桥已成深发展目前的第一大股东，而深发展也将成为国内首家外资控股的上市银行。

花旗集团大厦亮相上海金融中心　27 日，花旗集团大厦亮相上海陆家嘴金融中心。花旗集团大厦将成为该金融巨头在中国的全球企业与投资银行业务和全球消费业务的总部。该集团计划于 2005 年中期正式搬入大厦办公。

■ 其　他

东北 4 城市组建“东北投资网”　2 日，由沈阳、长春、哈尔滨、大连 4 市的发展和改革委员会共同主办、共同筹划的“东北投资网”在沈阳正式开通，从而为东北区域经济发展与合作搭建了一个全新的投资服务和招商平台。

中国医药集团重组云药　5 日，中国医药集团控股子公司—中国医药工业有限公司和云南省政府正式签订重组云药集团协议：即由中国医药工业有限公司以 7.5 亿元的现金出资，占云南医药集团 50% 的股份；另外的 50% 股份则由云南省国资委持有。

中水集团兼并重组中牧集团　根据国务院国资委文件批复，公司控股股东中国牧工商（集团）总公司将和中国水产（集团）总公司重组，中牧集团将因此成为中水集团的全资子公司。

江苏设技术产权交易所　21 日，江苏省技术产权交易所正式成立，这是江苏省内首家专业从事技术产权交易的常设机构。

中央电视台新台址奠基　22 日，中央电视台新台址建设工程奠基仪式举行。中央电视台新台址位于北京市朝阳区东三环中路 32 号，在北京市中央商务区(CBD)规划范围内，用地面积总计 187000 平方米，总建筑面积约 55 万平方米，最高建筑约 230 米，工程总投资约 50 亿元人民币。

2004 年 10 月

■ 能　源

西气东输工程全线投产　1 日，来自新疆塔里木的天然气与陕北长庆天然气混合在一起，离开陕西靖边向上海“进发”，这标志着中国西气东输工程全线投产。总投资超过 1400 亿元的西气东输工程是中国西部大开发标志性工程。

中海壳牌南海石化首个中下游产品项目动工建设　1 日，中海壳牌南海石化 80 万吨乙烯项目的首个中下游产品 MMA（甲基丙烯酸甲酯）项目，在广东惠州大亚湾经济技术开发区动工建设。该项目总投资 9476.29 万美元，将独立设立 MMA 生产企业—惠州惠菱化工有限公司。

我国首台 60 万千瓦国产超临界燃煤机组并网成功　我国首台 60 万千瓦超临界燃煤机组—华能沁北发电有限责任公司一期工程 1 号机组并网成功，这标志着我国超临界机组国产化工作取得成功，为我国机械设备制造和电力行业迈上新台阶奠定基础。

齐鲁石化 72 万吨乙烯工程建成投产　10 日，投资 46 亿元的国家重点技改项目—齐鲁石化 72 万吨乙烯改扩建工程打通所有装置流程，建成投产。

汕头南澳建国内最大太阳能发电工程　全国规模最大的太阳能发电工程落户汕头南澳，该工程利用南澳现有风电场内变配电网络并入电网，南澳由此成为国内规模最大的风力－光伏互补并网发电研发基地。该项目计划总装机容量100KW，总投资450万元人民币。

山鹰纸业垃圾焚烧发电项目完工 山鹰纸业投资1.91亿元的垃圾焚烧发电综合利用工程完工，开始调试。该项目属于国家鼓励扶持发展的热电联产项目，设计装机容量为2.4万千瓦，正式投产后，年可处理各类造纸废弃垃圾2万余吨，年发电量2.2亿度，年产蒸汽34万吨。

中石化集团200亿元收购中国石化股权 中国信达资产管理公司将向中石化集团协议转让公司50亿股国家股；国家开发银行将向中石化集团协议转让公司61.43亿股国家股。

首期投资45亿大型液化天然气接收站项目落户汕头 18日，汕头市人民政府与中海石油天然气及发电有限责任公司举行了“汕头LNG接收站和管网项目”签约仪式，首期投资45亿元人民币的大型液化天然气(LNG)接收站项目落户汕头市。

全国首个海上风电场将在汕头南澳兴建 国内能源巨头华能集团投资4亿元建设南澳东半岛4.95万千瓦风电项目和100千瓦太阳能发电项目，国外能源巨头荷兰丹南公司斥资2.1亿元建设2.6万千瓦风电项目，在南澳岛同步开工。

南水北调东线工程开工 24日，世界上规模最大的水资源配置工程—南水北调工程的东线骆马湖至南四湖段工程在江苏省徐州贾汪区开工，该段工程是南水北调江苏境内的最高梯级，它的开工建设标志着南水北调东线江苏境内工程进入全面施工阶段。

■ 交 通

京珠高速路全线贯通 河南省新乡至郑州高速公路正式通车，这标志着国家规划的“五纵七横”国道主干线中的重要一纵—京珠国道主干线，以高速公路标准实现了全线贯通，这也是全国第一条全部以高速公路标准贯通的国道主干线。京珠国道主干线全长2291公里，于1986年开工建设，始于北京，经过河北、河南、湖北、湖南，止于广东的珠海市，贯穿五省一市。

阿深线开封黄河大桥工程正式开工 国家重点高速公路阿荣旗到深圳开封黄河特大桥正式开工，黄河上将又建一座特大桥。该大桥路线全长13.806公里，其中黄河大桥长7805米，双向6车道高速公路桥，全桥总宽度35米。

翡翠航空成首家中外合资航空企业 21日，国内首家中外合资航空货运企业翡翠国际货运公司，签订合资合同。合资3方分别为深圳航空公司、德国汉莎货运公司、德国投资与开发有限公司。

甬台温铁路获批 新建甬台温铁路的项目建议书已获得国家发改委批准，此举不仅意味着浙江省内将形成把宁波、台州、温州3个经济活跃城市连成一体的铁路环形格局，也意味着长三角和珠三角之间将多了一条快速通道。该项目总投资约171亿元，线路总长约282公里。

天津港等级最高码头投产 天津港与香港远航集团共同合资经营的南疆11号通用散货泊位正式投产，这是天津港迄今为止码头等级最高、配套设施最为完善的现代化码头，它的建成投产巩固了天津港中国北方矿石运输主干港的地位。

■ 制 造 业

TCL安徽建白色家电基地 TCL集团拟投资4亿元在安徽滁州市建立白色家电基地。

国内最大乙烯工程全面进入生产准备阶段 6日，2004年度国家重点工程上海赛科90万吨乙烯工程的装置“心脏”—裂解气压缩机，试车成功。这标志着上海赛科石油化工有限公司已全面进入生产准备阶段。

镇海炼化80万吨／年乙烯工程获国家立项批复　国家发改委正式批复了位于宁波的中石化镇海炼化股份有限公司80万吨／年乙烯工程项目的建议书。该工程填补了浙江省石化工业的空白。

中国一次性建设规模最大铝业项目开工奠基　16日，一座年产100万吨氧化铝工程开工奠基仪式在山西省原平市鲁能晋北铝项目建设工地隆重举行。

世界首条“转炉—炉卷轧机"生产线在南钢投产　18日，荟萃国际先进技术的南京钢铁集团炉卷轧机项目建成投产。该项目是世界上第一条从转炉—炉卷轧机实现联结的生产线，年产优质宽中厚板100万吨以上，总投资33.81亿元，能满足特殊行业和国防工业发展的需要。

我国最大的有机硅生产基地落户天津　中国蓝星(集团)总公司与法国罗地亚公司正式签署合作意向书，联手组建有机硅全球战略联盟。这次签约意味着中国最大的有机硅生产基地将落户天津。该基地将于2007年初步建成，建成后的甲基氯硅烷年产量将达到20万吨。

昌河铃木增资　26日，昌河集团发布公告，将对旗下控股的江西昌河铃木汽车有限责任公司增资，增资总额达到8亿元人民币，其中中方出资3.28亿元人民币，日方出资3.92亿元人民币，其他出资方出资达0.8亿元人民币。

创维20亿元做大液晶产业链　创维集团日前组建了液晶电视事业部，计划在液晶产业链上投资20亿元。

上汽集团收购韩国双龙汽车48.9%的股权　28日，上海汽车工业（集团）总公司与韩国双龙汽车公司债权委员会代表朝兴银行在汉城签署收购双龙汽车公司48.9%股权（约5亿美元）的最终合同。这是上汽集团实施国际经营战略的重要举措之一。

■ IT与电信

深圳国家软件出口基地揭牌　14日，“国家软件出口(深圳)基地”揭牌，首批中外软件企业入驻基地。

和讯入选中国商业网站百强　由《互联网周刊》举办的2004“最具商业价值的中国网站100强”评选活动揭晓，中国最大的全面服务中产阶级的网络门户和中国最大的在线及移动财经服务商—和讯网从700家候选网站中脱颖而出最终入选。

■ 金　融

招商银行获评“中国本土最佳贸易融资银行”　覆盖亚太地区的首届最佳贸易融资银行调查结果揭晓，招商银行荣获“中国本土最佳贸易融资银行”称号。此次调查活动由《亚洲货币》杂志主办。

北京证券与北京产权牵手　北京证券有限责任公司与北京产权交易所签订了战略合作协议书。两家金融服务体系巨头牵手，共享信息技术资源和客户资源，将对北京国企改制产生重大影响，有利于北京证券市场和产权资本市场的有效整合。

国内首家针对大学生就业服务的人力银行诞生　15日，国内首家针对大学生就业服务市场的专业机构“英泰人力银行”在北京成立。该人力银行由美国纳斯达克上市公司INTAC（英泰克）、教育部高校毕业生就业服务信息网服务中心以及21世纪人才报社共同设立。

首家外资农业保险公司开业　27日，欧洲最大的农业保险公司—法国安盟保险中国分公司在成都开业，这是在我国开业的第一家外资农业保险公司。

央行调整人民币存贷款利率 28日，中国人民银行发布公告，从2004年10月29日起，上调金融机构存贷款基准利率，并放宽人民币贷款利率浮动区间和允许人民币存款利率下浮。这次利率调整，金融机构一年期存、贷款基准利率上调0.27个百分点，其他各档次存、贷款利率也相应调整，中长期上调幅度大于短期。

首家外资产业基金管理公司落户上海 海富产业基金管理有限公司获商务部批准，成为首家获得批准的产业基金管理公司。海富产业基金管理有限公司由海通证券股份有限公司和比利时富通基金管理公司合资设立，注册资金2000万元人民币。

■ 其 他

北京同仁堂在香港投资建厂 北京同仁堂与香港科技园在香港签约，购买科技园内地皮建厂。北京同仁堂购入科技园在大埔工业村1.1万多平方米用地，连同建筑费总投资额1.5亿港元。

南宁36项城市建设重点工程全部建成启用 26日，广西南宁市正式启用了服务中国－东盟博览会的36项重点工程。这36项重点工程项目总投资71.06亿元，其中有集防洪、旅游、交通为一体的堤路园等道路项目19项，民族大道竹溪立交桥等城市立交桥4座，南宁国际会展中心等场馆项目5项，公共公用配套设施3项，小街小巷改造工程及市容市貌整治工程2项，信息化工程2项，整个工程涉及城市建设和市民生活的方方面面。

2004年11月

■ 能 源

四川武引二期工程正式开工建设 1日，被邓小平同志誉为“第二个都江堰”的四川江油市武都引水第二期工程正式开工建设。投资20亿元。

中欧能源环境项目正式启动 3日，国家发改委、欧盟驻华代表团在北京宣布“中国—欧盟能源／环境项目”正式启动实施。该项目投资总额为4290万欧元，其中欧盟赠款2000万欧元，中方以实物或现金形式配套2290万欧元。项目包括节能、可再生能源、天然气3个部分。

辽宁首座核电厂兴建 5日，辽宁第一座核电厂—辽宁红沿河核电厂前期工程完成“第一战役”。位于瓦房店市东岗镇的国家重点能源建设工程—估算总投资600亿元的辽宁红沿河核电厂，由中国电力投资集团公司、辽宁省政府和大连市政府共同投资建设。其中，一期工程计划投资260亿元，规划建设2台百万千瓦级核电机组。

乌江梯级电站构皮滩水电站实现大江截流 16日，贵州乌江水电梯级开发中总装机容量最大的水电站构皮滩水电站顺利实现大江截流。构皮滩水电站是乌江水电梯级开发中的第6级，位于贵州省余庆县境内，总投资138亿元，总装机容量300万千瓦。

中石化启动百亿青岛炼油项目 8日，中石化为青岛大炼油工程举行开工仪式揭幕。青岛大炼油工程位于青岛开发区(黄岛)石化工业区，该工程于2002年7月由原国家发改委正式批准立项，项目总投资约为100亿元。

国家开发投资公司200亿开发新疆资源　新疆维吾尔自治区人民政府与国家开发投资公司签署合作协议，该公司将在罗布泊钾盐开发、煤炭勘探开发、煤化工和电力建设及富铁矿有色金属和贵金属勘探开发方面与新疆展开全面合作。根据协议，2004年至2010年间，国投公司在新疆参与建设的项目总投资规模将达到200亿元以上。

500千伏江阴长江大跨越工程成功投运　该工程线路全长3703米，由2基双回路直线跨越塔和4基单回路耐张塔组成。2303米的跨江档距，位居世界第三，约240米的导线弧垂为世界同类之冠。工程总投资约3.6亿元。

华能投资百亿项目落户吉林　吉林省政府与中国华能集团公司签署协议，华能集团投资100亿在九台建设坑口电厂，这是吉林省有史以来投资额最大的建设项目。

■ 交　通

山西大同建9条运煤新干线　山西省大同市决定，将用10个月的时间，再新建9条353公里的从煤矿到干线公路的连接线，整个工程投资10.75亿元。

中国2005年计划投资逾50亿元改善西藏公路　2005年，国家计划为西藏公路建设投入51.2亿元巨资，以改善这里道路交通条件，这是近年来西藏自治区公路建设投资最大的一年。

福州投资200亿元建45个码头　福州市已有在建和已报批的万吨级以上码头项目19个，正在筹建及进行前期工作的还有26个码头，总投资超过200亿元。

天津港获500亿投资打造世界一流港口　在2010年前，天津市将在天津港港区基础设施建设方面投入近500亿元，建设世界一流港口。根据今后一个时期天津港的发展目标，预计到2007年，港口货物吞吐量完成2.5亿吨，集装箱运量力争完成650万标准箱。到2010年，天津港货物吞吐量力争完成3亿吨，集装箱运量力争完成1000万标准箱，港口等级达到20万吨级，港口货物吞吐量跻身世界前10名。

南航169亿收购北方航空和新疆航空　南方航空决定收购南航集团属下新疆航空公司、北方航空公司与航空业务有关的169亿余元资产，并承接相关负债约151亿元。

中国首条高速干线铁路电气化改造工程全面展开　中国第一条按时速200公里标准进行电气化改造的干线铁路—浙赣铁路电气化改造工程全面展开。这项改造工程是中国铁路第六次大提速的标志性工程。

皖通高速5亿建设新项目　皖通高速公司投资5.59亿元建设马坝至六合公路安徽段项目，项目建成后由公司负责营运管理和相关经营工作。

新疆第一条电气化铁路开工　22日，新疆第一条电气化铁路—精伊霍铁路在伊宁市开工。精伊霍铁路东起精河县，穿越天山，经伊犁河谷的伊宁县，最终到达霍尔果斯边境口岸。该线全长286公里，总投资60亿元，沿线共设17个车站。全部工程计划于2008年完工。

广深铁路拟巨资收购广坪铁路　广深铁路股份有限公司计划斥资112亿元，购入广州至坪石段的铁路运输业务。

湛江港30万吨级航道工程开工仪式举行　27日，广东湛江港30万吨级航道工程开工仪式举行。湛江拥有得天独厚的天然良港，港域面积1460平方公里，港内岸线241公里，是世界第一大港荷兰鹿特丹港的3倍，其中深水岸线近100公里，目前码头总长9432米。

国家投资整治长江中游油运通道　28日，长江中游枯水期重点浅险水道—陆溪口航道整治工程经交通部批准，正式开工建设，总投资9960万元。

■ 制造业

珠啤40万吨扩建项目落户湛江 广州珠江啤酒股份有限公司40万吨啤酒扩建项目落户湛江，该项目总投资8亿元人民币，其中首期投资3.5亿元，年产啤酒20万吨， 2006年投产，2008年达到年产40万吨产能规模。

美的2.3亿收购华凌 美的将以2.3亿港元现金收购华凌42.4%的股权，日后美的持股比例还会进一步超过50%。

燕京啤酒新建3大基地 燕京啤酒集团总公司会同3家外埠子公司，投资3.8亿元，分别在湖北仙桃、江西抚州、广西玉林各建一个年产10万吨的啤酒生产企业。

吉林石化公司建成全国最大丁二烯生产基地 吉林石化公司年产14万吨丁二烯装置正式建成投产，标志着工艺技术国内一流、产量国内最大的乙腈法丁二烯生产基地在吉林省诞生。

广州本田投资22亿元建第二工厂 广州本田将投资22亿元人民币在增城建设第二工厂，首期生产规模12万台/年，计划于2006年下半年正式投产。

东风本田28亿扩能 10日，东风汽车公司和日本本田汽车公司同时宣布，东风本田汽车（武汉）有限公司年内将启动产能扩大计划，包括新款CIVIC（思域）在内的多款轿车将陆续在汉生产。根据该计划，东风本田将投资28亿元人民币，在2006年年初之前，将产能由现在的年产3万辆扩大到年产12万辆。

健力宝集团被收购 16日，来自北京的汇中天恒投资有限公司收购健力宝集团签约仪式举行。此次健力宝的收购方为2家投资公司，北京汇中天恒投资有限公司和北方亨泰科技投资管理有限公司。

新疆罗布泊将建成中国最大硫酸钾生产基地 20日，新疆与国家开发投资公司签署合作框架协议，协议中新疆罗布泊钾肥项目近期建设规模为120万吨，远期规模300万吨，总投资80亿元。项目建成后，罗布泊将成为中国最大的硫酸钾生产基地。

广东湛江将兴建大型林浆纸一体化项目 计划总投资94亿元人民币、年产优质高级造纸木浆70万吨的林浆纸一体化项目将在广东湛江兴建。

中德合资30万台轿车发动机项目落户大连 由中国一汽集团和德国大众汽车公司合资的30万台轿车发动机项目落户大连，其产品包括目前世界上技术最先进的1.8升、2.0升轿车发动机，主要为上海大众汽车公司和一汽大众汽车公司的整车生产配套，部分产品出口海外，项目总投资2亿欧元。

■ IT与电信

网通IPO筹资11.4亿美元 10日，在2004年最大的亚洲电信公司IPO中，中国网通集团(香港)有限公司在香港筹集了11.4亿美元的资金。高盛、花旗和中国国际金融有限公司是此次IPO的联合保荐人兼联合牵头行。

中国网通纽约、香港挂牌 北京时间16日晚，中国网通(NYSE：CN)正式在美国纽约证券交易所挂牌交易，开盘价23.85美元，高出21.82美元的ADS发行价2.03美元。17日，网通在香港联交所上市交易。

■ 金　融

中国进出口银行组织境内银团贷款　15 日，中国进出口银行在北京正式签署 5 亿美元境内银团贷款协议。此次在境内组织 5 亿美元银团贷款，是中国进出口银行继成功发行 10 亿美元全球债券之后的又一项重要的筹资举措，是迄今境内中资银行借用的单笔最大金额银团贷款。

中国银行获得中国内地最佳金融风险管理奖　17 日，刚刚出版的《亚洲风险》发布了2004 年度亚洲金融风险管理奖评选结果，中国银行获得中国内地最佳金融风险管理奖，是中国内地唯一获得该奖项的银行。

■ 其　他

全球最大维生素 D3 项目杭州投产　总投资 2 亿元、年产 500 吨维生素 D3 油剂和 2000 吨维生素 D3 饲料添加剂的全球最大维生素 D3 项目在杭州正式投产。

国开投收购罗布泊钾盐　19 日，国内最大的国有控股公司国家开发投资公司与新疆德隆旗下的新疆冠农果茸股份公司签署了对罗钾公司的增资扩股协议，国开投一次性出资 3.58 亿元，获得罗钾公司63% 股权。

东方收购信达 1300 亿资产　29 日，中国东方资产管理公司与中国信达资产管理公司签署了《债权转让协议》，从信达手中收购了原建设银行剥离的可疑类不良贷款，总额约 1300 亿元人民币。这是金融资产管理公司首次最大规模地以商业化手段，打包处置国有商业银行不良资产。

2004 年 12 月

■ 能　源

贵广第二回直流输电工程获国家发改委核准　为满足“十一五”期间“黔电送粤”再增加 400 万千瓦输电通道的需要，国家发改委正式核准批复了贵州至广东的第二回 ± 500 千伏直流输电工程。工程总投资 20 多亿元。

胜利油田发现第一口深层高产气井　我国第二大油田—胜利油田重点探井—孤北古 1 井经过二氧化碳压裂施工后，获得日产 11.67 万立方米的高产工业气流。这是胜利油田勘探开发 40 多年来发现的第一口深层高产气井。

海南省大隆水利枢纽工程开建　海南省在建的最大水利工程—大隆水库水利枢纽工程开工，设计库容 4.68 亿立方米。总投资 8.17 亿元。

新疆成为我国最大天然气产区　随着西气东输工程主气源地塔里木克拉 2 气田于 1 日建成投产，新疆天然气产量将于 2005 年达到 100 亿立方米，成为我国最大的天然气生产区。

海南琼海至三亚 220 千伏环岛电网工程竣工　26 日，海南省琼海市官塘至三亚市鸭仔塘 220 千伏送电线路工程顺利投产送电，这标志着该省电网历时 16 年、投资达 14 亿元建设的 220 千伏环岛主网架目标实现。

交 通

我国第一条跨海铁路正式开通 5日，中国首列跨海旅客列车K 408次快速旅客列车从海口火车站驶出，标志着中国第一条跨海铁路粤海铁路客运正式开通。该铁路由铁道部、海南省、广东省合资建设，总投资48亿元。

世界最大规模桥隧越江工程上海崇明开工 连接崇明岛与上海陆域的一个大规模越江工程正式开工建设。这个越江工程分大桥和隧道两部分，是目前世界上最大规模的桥隧越江工程。据设计方案，崇明越江工程全长25.5公里，起自浦东五号沟，经长兴岛，止于崇明岛陈家镇，项目总投资估计在123亿元左右。

温福铁路动工 作为中国“八纵八横”铁路骨干网中第八纵通道的“温州－福州铁路”开工。温福铁路全长300公里左右。

重庆获第五航权 民航总局批准了重庆到美国、泰国、新加坡的客货第五航权，此外，民航总局还批准韩国、日本以及其他东南亚国家和欧美主要国家的航空公司享有至重庆的较充足的第三、第四航权。

京津将建第二条城际铁路 京津城际轨道交通项目可研报告获国务院批准。线路规划由北京南站东端引出，沿京津塘高速公路，经永乐、杨村至天津站，线路全长115公里。开行时速200公里，工程总投资123.4亿元。

大秦线9亿巨资再升级 12日，铁道部在大秦线(大同至秦皇岛)首次进行2万吨重载组合列车试验取得成功。大秦线是我国铁路第一条开行重载单元列车的煤炭运输专线，全长653公里。改造总投资9亿元。

甘肃新开通6条高等级公路 随着丹东至拉萨国道主干线兰州至西宁段高速公路全线贯通，甘肃山丹至临泽、兰州至临洮、永昌至山丹、罗汉洞至长庆桥、合作至朗木寺等另外5条高等级公路相继通车。这6条高速公路总长528.23公里，总投资112.57亿元。

广东4条高速路建成通车 20日，广东有4条高速公路同时建成通车，标志着广东全省地级市全部通高速的目标实现。这4条路分别是广梧（马安至河口）高速、阳茂高速以及茂湛（观珠至坡心）和广清北高速。

制造业

东风日产乘用车研发中心广州奠基 东风汽车有限公司乘用车研发中心在广州花都区举行奠基仪式。该研发中心是日产汽车海外第3个研发中心，也是华南地区真正意义的汽车研发中心。规划占地20万平方米，第一期计划总投资3.3亿元，预计在2005年底建成启用。

北京奔驰新厂奠基 6日，北京奔驰－戴姆勒·克莱斯勒汽车有限公司新工厂奠基仪式在北京经济技术开发区举行。新厂区占地总面积198万平方米。奔驰新的厂房占地面积为62777平方米，包括车身车间、车辆总装区、部件装配区、技术区和行政管理区，新增年生产能力为25000辆奔驰E级和C级轿车。

一汽－大众汽车有限公司轿车二厂建成投产 7日，一汽－大众汽车有限公司宣布，其新的生产基地一汽－大众汽车有限公司轿车二厂已正式建成投产。新建成的一汽－大众公司轿车二厂占地66万平方米，总建筑面积35万平方米，主要厂房为冲压、焊装、油漆、总装4大车间。

华润合资西泠啤酒　9 日，华润雪花宣布与浙江西泠啤酒共同投资组建华润西泠(杭州)啤酒有限公司，华润雪花啤酒占股 70%，西泠啤酒占股 30%，总投资 2.2 亿元。

金威啤酒集团天津建厂　广控集团旗下香港上市公司金威啤酒集团有限公司与天津空港物流加工区签订了年产 20 万吨金威啤酒项目的投资意向书。投资总额约 1 亿美元，分两期完成。

华南最大的中外合资沥青生产项目动工　华南地区目前最大的沥青生产厂湛江中星石油化工有限公司年产 50 万吨沥青项目在湛江动工。该公司是新加坡冠盛石油化工有限公司与湛江中油大鹏石油有限公司合资组建的生产型中外合资企业。项目总投资约 2 亿元。

英博集团收购湖南华狮啤酒　英博集团宣布：它已经以 1820 万美元现金收购了湖南华狮啤酒有限公司剩余的 45% 的股权。

莱钢股份 20 亿建大 H 钢线　莱钢股份公司投资 20 亿元人民币建设大型 H 型钢生产线。预计于 2005 年底建成投产。

鞍钢本钢将合并　辽宁省将着力推进鞍山钢铁集团、本溪钢铁集团的联合组建工作，组成年产钢 3000 万吨级的中国钢铁航母　。

长安汽车入主江铃汽车　江铃汽车将所持江铃汽车的 35417.60 万股(占总股本 41.03%，为第一大股东)作为出资，投入江铃控股公司，而长安汽车以现金 4.5 亿元增资江铃控股公司并控制该公司。

厦门投产世界最大钨丝企业　厦门虹鹭钨钼公司总投资 1 亿元的“特种合金钨丝生产线”正式投产，可新增粗钨丝产能 600 吨，达产后，预计新增产值 3 亿元，至此，虹鹭公司粗钨丝总产能达到 1500 吨，成为世界最大的钨丝企业。

美的武汉工业园投产运营　美的集团武汉工业园正式投产运营。武汉工业园是美的集团 2004 年一系列重大投资规划项目之一，投资总额达到 11 亿元。武汉工业园的建成投产，使美的空调在顺德、芜湖、武汉三地的总产能将在短期内达到 1100 万台，成为全球最大的空调制造基地。

■ IT 与电信

广州海纳入主中科健　广州海纳投资有限公司受让科健集团持有的中科健 29.01% 股份，成为中科健第一大股东。

联想收购 IBM 全球 PC 业务　8 日，联想集团宣布以 12.5 亿美元收购 IBM 全球 PC 业务，包括笔记本和台式机业务、6.5 亿美元现金及 6 亿股票，IBM 公司将拥有 18.5%左右的股份。

中兴通讯香港挂牌　9 日，　中兴通讯在香港联交所挂牌交易，股票代码 0763，发行价 22 港元。中兴通讯本次上市发行了 1.41 亿股股票，占其扩大后股本的 15%，此次融资额将达到 31 亿港元。

深圳成国内最大对讲机制造基地　深圳已成为国内最大的对讲机制造集聚基地和国际上重要的对讲机生产基地。深圳共有对讲机品牌企业 10 余家，规模较大的对讲机企业数量约占全国的 1 / 5 左右。其中好易通科技有限公司是国内最大的、位列世界前五名的对讲机品牌公司。

数字电视进入海南百万家庭　8 日，海南省人民政府、中广影视传输网络有限责任公司和中国电子信息产业集团公司签约，合作建设海南省有线数字电视工程项目。该项目总投资 15 亿元，是国家网络建设省域有线数字电视工程的首个范例，将使海南省站到全国数字电视建设的前列。

中国移动斥资 1100 亿搞 3G 网　中国移动新任董事长王建宙表示，未来两三年中国移动将在内地为 3 G 推广投入 1100 亿元人民币以上。

福州软件园四期工程开工 福州软件园四期工程正式动工。四期规划总面积1033亩，首批征用土地361．31亩，总投资2．2亿元，预计2005年5月建成。

■ 金 融

兴业银行实现首例市场化手段内资银行并购案 6日，兴业银行并购佛山市商业银行后，成立的兴业银行佛山分行正式挂牌营业，这是我国金融史上首例采用市场化手段的内资银行并购案，也是首例股份制商业银行整体收购城市商业银行。

瑞银收购华融1.85亿不良资产 9日，华融资产管理公司宣布，向全球最大的财富管理公司瑞银集团出售总值1.85亿美元的不良贷款资产。

首家港资银行成都开分行 首家港资银行东亚银行成都分行开业，这是我国加入世贸组织后，在成都开业的第一家港资银行分行。

高盛高华证券设立 10日，证监会公布，同意高华证券与高盛（亚洲）设立高盛高华证券有限责任公司。注册资本8亿元。

首个全球大豆期货在大连商品交易所上市 黄大豆2号期货合约正式被中国证监会批准在大连商品交易所上市交易。大商所公布了黄大豆2号期货合约及相关业务规则，并确定22日正式上市交易黄大豆2号期货合约。黄大豆2号期货合约将是世界上第一个全球性大豆期货合约，黄大豆2号期货合约将与黄大豆1号合约一起，构建起完整的国内大豆市场价格和避险体系。

■ 其 他

深高速收购广云公路股份 深高速公司斥资1.79亿余元，收购广云公路公司30%的股权。

和记黄埔30亿投资西安高新区 全球华人首富李嘉诚麾下的和记黄埔地产集团夺得西安高新区6宗共727亩国有土地的使用权，标志着和记黄埔正式投资西北地区。总投资30亿元人民币。

全国首批设备监理单位获得资格认证 28日，国家质检总局、国家发改委、人事部召开全国首批设备监理单位、注册设备监理师颁证大会，上海中监电气监检有限公司、中国冶金设备总公司等13家设备监理单位获得设备监理资格证书；全国共有3973名人员取得注册设备监理师执业资格。从2005年开始，每年将定期举办全国注册设备监理师执业资格考试。

中国投资政策信息

（2004年1月－2004年12月）

2004年1月

发改委：确定外商投资中国黄金工业政策

国家发改委正在着手编制《中国黄金工业“十一五”发展规划》，外商投资中国黄金工业确立总政策已基本确定。今后总的政策是：鼓励外资参与低品位、难选冶金矿重大科研项目开发，限制外商参与低品位、难选冶金矿开采和选矿，禁止外商参与金矿的勘查、开采。

国资委：列出振兴东北中央企业时间表

东北地区中央企业调整改革任务的近期目标重在减轻历史包袱，转机建制，夯实基础，争取通过2年时间，到“十五”末，使东北地区中央企业基本解决历史遗留问题，主业更加突出，建立起规范的法人治理结构。中石油大庆油田继续保持国内领先地位，鞍钢、一汽、环渤海造船等企业市场竞争力明显提高；哈电、一重等企业竞争优势进一步突出，基本确立行业排头兵位置。中远期目标以“十一五”5年为期限，重在深化企业改革，强化技术创新，提高企业核心竞争力。中石油大庆油田通过加大油气勘探力度，发展多元开发技术，不断提高油气田勘探开发水平，原油产量继续保持国内领先。鞍钢主导产品汽车板、家电板等市场占有率达到35%以上，成为具有国际竞争力的世界一流钢铁企业。一汽汽车产量达到200万辆，成为国际知名汽车企业集团。环渤海造船、哈电、一重等企业主导产品更加突出，主要技术经济指标达到国内领先水平，具备较强国际竞争能力。

外汇管理局：放松资本项目限制

国家外汇管理局局长郭树清表示，根据我国经济发展和改革开放的客观需要，可有选择、分步骤放宽对跨境资本交易活动的限制，放松条件已成熟的资本项目限制。主要内容包括：加快实施“走出去”战略，支持国内企业海外直接投资；有条件地批准部分外资跨国公司将暂时闲置的资金调往境外运作，支持中资跨国公司补充其海外公司资本金或运营资金；允许合法移居国外的公民和非居民个人按规定汇出其在境内合法拥有的资产；有选择地引进国际金融机构在国内发行人民币债券；探索引入境内合格机构投资者制度；允许符合条件的非银行金融机构对外进行证券投资等等。

银监会：国有商业银行分三步进行改革试点

中国银行业监督管理委员会主席刘明康表示，我国将选择一到两家国有独资商业银行分三个阶段率先进行改革试点。根据我国国情和市场机制运作的原则，我国将大体分三个阶段率先选择一到两家国有独资商业银行进行改革试点：首先要以各种方式处置国有商业银行的不良资产；其次要以多种渠道向国有商业银行提供资本金；再次要进行彻底的内部改造和重组。在整个改革试点过程中，我国将注意借助国际中介机构、注意吸引合格外资金融机构进行投资。改革试点完成后，再对四大国有独资商业银行进行全面改革。

证监会：发审委制度实施重大改革

中国证监会发布《股票发行审核委员会暂行办法》，对股票发行审核委员会(发审委)制度进行改革。新颁布的暂行办法与原有规定相比有3处最为明显的变化：一是取消了原来的发审委委员身份必须保密的规定，明确规定了向社会公布发审委会议的时间、参会委员名单、审核企业名单以及发审委会议审核结果，从而全面提高发审委工作的透明度；二是将发审委投票表决方式由无记名投票改为记名投票，强化委员的审核责任；三是将9名委员开会，6票赞成为通过改为7名委员开会5票赞成为通过，从而提高了通过比例。

保监会：5种模式办农险

保监会提出5种模式发展农业保险，力争在一到两年实践中，逐步形成符合我国国情的农业保险制度。这5种主要模式，一是与地方政府签订协议，由商业保险公司代办农业险；二是在经营农业险基础较好的地区如上海、黑龙江等，设立专业性农业保险公司；三是设立农业相互保险公司；四是在地方财力允许的情况下，尝试设立由地方财政兜底的政策性农业保险公司；五是继续引进像法国安盟保险等具有农业险经营的先进技术及管理经验的外资或合资保险公司。

中国签订106个投资保护协定

中国目前已与106个国家签订了投资保护协定，其中半数以上已经生效；与81个国家签订了避免双重征税协定。我国签订的双边投资保护协定主要包括以下内容：受保护的投资财产种类；对外国投资者的投资及与投资有关的业务活动给予公平合理的待遇；对外国投资财产的征收、国有化措施及其补偿；投资及其收益的回收；投资争议的解决等。避免双重征税协定的内容主要包括：对外国公司和个人在华从事生产经营的税务处理；国内企业和个人到境外从事跨国生产经营的税务处理；国际海运和空运、国家间科学技术及文化教育交流、文体表演以及退休金、养老金等问题税务处理的规定等。

六领域向私营经济开放

国家工商行政管理总局局长王众孚表示，将在消除体制性障碍的基础上，放宽六个领域的市场准入，积极促进个体私营经济加快发展。这六个领域包括，引导和鼓励个体私营经济发展第三产业，在国有资本有进有退合理流动的过程中发挥积极作用；与国有企业相互参股、融资，成为新型的混合所有制经济；积极参与西部大开发和东北老工业基地振兴；为促进农村经济产业化、市场化进程服务及发展 。

2004年我国投资将呈四大趋势

2004年我国投资将继续保持快速增长，但比2003年有所回落，预计全年全社会增幅在17%左右，并呈现出4大趋势。第一，从经济成分来看，民间投资方式逐步从扩大生产规模、粗放型为主，转向提高技术含量、集约型为主，预计今年约增长19% 。第二，国家将继续实施积极财政政策，但实施的力度和操作的方向都会发生变化。从地区来看，东中部地区投资快于西部地区，地区不平衡矛盾有所加剧。第三，从管理渠道看，更新改造投资增幅占全社会固定资产投资的比重继续上升，国家技改贴息政策范围将继续扩大，增幅约为19%左右。第四，从投资的产业结构分析，居民服务消费需求不断增加，第三产业将成为外商直接投资的新热点，投资结构继续优化。

珠三角千亿元打造城际快速轨道交通网

广东省与铁道部就合作建设珠三角城际轨道达成共识，将投资上千亿元，2020年在广东建成全国第一条省内城际快速轨道交通网络。珠江三角洲城际快速轨道交通网络计划以广州为中心，建设连接广东省内各主要城市、并与港澳地区衔接、放射与环状相结合的城际快速轨道交通架构，线路总长600公里左右，估算总投资约1080亿元。其中，2010年将首先建成使用约150公里的广州到深圳线。

上海：全面开放国资垄断领域

上海市市长韩正表示，在未来的国企改革重组中，上海将积极欢迎外资和民资的参与。 首先，上海将对国有企业、民营企业和外资企业实行国民待遇，使其能在同一平台、同一市场上展开公平竞争；其次，鼓励国资从完全竞争领域积极退出；第三，对过去国资垄断，尤其是国有独资垄断的领域实行全面开放，引入外资和民资的竞争。这些领域中也包括了公用事业、交通等领域。

云南：鼓励民资进入中小水电开发

云南省将加快中小水电发展，把中小水电的开发作为招商引资的重点，鼓励民间资本进入，并实行外资参与开发与国内企业享受同等待遇的政策。云南水能资源蕴藏量达1.06亿千瓦，可开发装机容量约9600万千瓦，占全国水电可开发量的25%。其中，中小水电资源可开发量1700万千瓦，占全国中小水电可开发量的20%。云南中小水电开发条件较好、装机容量较小的水电资源遍布全省，有118个县市可开发万千瓦以上的中小电站，但目前开发程度只占可开发量的16%。

海南：建6个农业标准化示范项目

海南省6个全国农业标准化示范项目，获国家标准化管理委员会审查通过。这6个全国农业标准化示范项目分别是：优质高效热带水果生态种植示范区、荔枝标准化示范区、文昌鸡标准化示范区、琼中红橙标准化示范区、天涯南山鲍标准化示范区和乐东香蕉标准化示范区。按照有关规定，示范区建设必须坚持以一种或一类农产品为主，实施产前、产中、产后综合标准化管理。国家农业标准化示范区以实施农业标准化为主要任务，项目实施后将有利于海南省农业生产相关产品积极采用国际标准和国外先进标准，促进农产品出口创汇。

长沙：公用事业领域向非公有资本开放

湖南省长沙市出台措施，将六大行业的建设和经营项目向非公有资本开放。长沙市政府有关部门首次推出专题招商，将湘江大道沿线开发建设专题、公用事业水务专题等三大类项目推向市场.其中仅长沙市的9个自来水和污水处理等项目就与全国20多家企业签定了合作开发意向，这意味着包括非公有经济在内的不同成分的资本近30亿元将进入长沙的公用事业.

广州：环保投资百亿

投资85亿建设污水处理系统、两年各建20座LPG燃料气站，数亿兴建废弃物安全处置中心，广州市环保工程投资大、数量多，成为一大亮点。目前广州市老八区污水处理能力为58万吨／日，在建污水处理厂新增污水处理能力84万吨／日，总投资近45亿元，四大污水处理系统已陆续开工，目前进展顺利，珠江水质正在发生可喜变化，按计划2003年底可完成截污工程，2004年开始运转。另外，还有四大污水处理工程正进行前期工作，包括大沙地污水处理系统工程、猎德污水处理系统三期工程、四大污水分区管网改造工程、白云区北部污水处理系统工程等，新增污水处理能力60万吨，总投资超过40亿元人民币， 2005年底或2006年初建成。

2004年2月

国务院：原则通过《投资体制改革方案》

国务院召开常务会议，讨论并原则通过了《投资体制改革方案》。会议要求，在组织实施中，一要进一步明确政府、企业和金融机构的责任，落实企业的投资自主权；二要培育有信用的中介机构，建立健全有关法规，促进公平竞争；三要加强和改进宏观调控，综合运用经济的、法律的和必要的行政手段进行有效调控，防止某些行业投资的盲目扩张和低水平重复建设；四要加强和改进投资的监督管理，维护投资和建设的市场秩序，为经济和社会的全面、协调、持续发展创造良好的体制环境。

国务院：进一步完善相关政策促进资本市场发展

国务院发布《关于推进资本市场改革开放和稳定发展的若干意见》强调，资本市场的稳定发展需要相应的政策引导和支持。《意见》指出，完善证券发行上市核准制度。健全有利于各类优质企业平等利用资本市场的机制，提高资源配置效率。重视资本市场的投资回报。要采取切实措施，改变部分上市公司重上市、轻转制、重筹资、轻回报的状况，提高上市公司的整体质量，为投资者提供分享经济增长成果、增加财富的机会。鼓励合规资金入市。继续大力发展证券投资基金。支持保险资金以多种方式直接投资资本市场，逐步提高社会保障基金、企业补充养老基金、商业保险资金等投入资本市场的资金比例。要培养一批诚信、守法、专业的机构投资者，使基金管理公司和保险公司为主的机构投资者成为资本市场的主导力量。拓宽证券公司融资渠道。继续支持符合条件的证券公司公开发行股票或发行债券筹集长期资金。完善证券公司质押贷款及进入银行间同业市场管理办法，制定证券公司收购兼并和证券承销业务贷款的审核标准，在健全风险控制机制的前提下，为证券公司使用贷款融通资金创造有利条件。稳步开展基金管理公司融资试点。积极稳妥解决股权分置问题。规范上市公司非流通股份的转让行为，防止国有资产流失。稳步解决目前上市公司股份中尚不能上市流通股份的问题。在解决这一问题时要尊重市场规律，有利于市场的稳定和发展，切实保护投资者特别是公众投资者的合法权益。完善资本市场税收政策。

国资委：出台企业国有产权转让管理办法

国有资产监督管理委员会公布了《企业国有产权转让管理暂行办法》，对企业国有产权转让行为的决策、批准及交易的操作程序等进行了规范，并明确了相关各方的法律责任。办法自2004年2月1日起施行。办法规定，企业国有产权转让应当在依法设立的产权交易机构中公开进行，不受地区、行业、出资或者隶属关系限制。办法中明确了国有资产监督管理机构、所出资企业的监督管理职责，规定了企业进行国有产权交易活动时所选择的产权交易机构应当具备的基本条件，要求企业国有产权转让要坚持公开、公平、公正的原则，保护国家和其他各方合法权益，保护企业职工的合法权益。

交通部：调整“十五”计划 确定今年发展目标

交通部对原“十五”计划的主要目标作出重大调整，并确定今年交通发展目标。到“十五”末，中国公路总里程将达到195万公里，新增里程由原订的15万公里提高到28万公里，年均增长5.6万公里。其中，高速公路由2.5万公里提高到了3.5万公里，2级以上公路里程由27万公里提高到30万公里。沿海港口建成的深水泊位数由135个增加到164个，新增吞吐能力由2.31亿吨提高到3.4亿吨，其中新增集装箱泊位由54个提高到69个，新增吞吐能力由1200万标准箱提高到1940万标准箱。届时，沿海港口总吞吐量预计将超过20亿吨。今年交通发展的预期目标是：新增公路通车里程达7万公里，其中新增高速公路3500公里，到年底全国公路通车总里程达到188万公里，高速公路里程达到3.3万公里。港口新增中级以上泊位170多个，新增港口吞吐能力为1.2亿吨。全年全社会完成公路、水路旅客运输量将达152亿人次。

保监会：颁布新《外国保险机构驻华代表机构管理办法》

中国保监会公布了修订后的《外国保险机构驻华代表机构管理办法》，于2004年3月1日开始实施。新管理办法修改的主要内容包括：一是为与《外资保险公司管理条例》等法规保持一致，将原“外资保险机构驻华代表机构”改为“外国保险机构驻华代表机构”；二是由于保监会派出机构体系已建立，新办法明确了保监会派出机构对当地代表机构日常管理的职责等；三是按照中国入世承诺，新办法加入了保监会审批期限的规定；四是对审批程序进行了细化，明确规定，正式申请表由保监会提供，保监会审批的期限为20日，20日内不能作出决定的，经保监会主席批准，可以延长10日；五是对代表机构的展期，不再审批，对代表机构变更地址、更换或增减代表、副代表、外籍工作人员，则由审批改为事后报告；六是新办法对处罚规定进行了细化。

银监会：部署今年农信社改革重点

中国银监会副主席李伟表示，2004年农信社的改革步伐将加快，所有试点地区的省联社挂牌工作要在今年2月之前全部完成。为确保扶持资金及时到位，各试点地区要在今年1月底前完成增资扩股计划的制定上报工作，确保符合条件的信用社在今年3月4日前拿到中央银行发行的专项票据。为有效防范风险，银监会对农信社增资扩股的资金来源进行了特别规定，要求入股人必须以货币资金入股，不得以实物资产、债权、有价证券等形式入股；不得接受政府机关和财政性资金直接入股；不得以贷入股；不得以换股形式入股。银监会及其派出机构将严格监管，不合规的新增股金将坚决清退。

三大银行法正式实施

新制定的《银行业监督管理法》及《中国人民银行法修正案》、《商业银行法修正案》，自2004年2月1日起开始施行。银监法明确了国务院银行业监督管理机构负责对全国银行业金融机构及其业务活动进行监督管理，规定了监督管理机构、职责、措施和法律责任。修改后的中国人民银行法规定中国人民银行保留了部分与执行货币政策相关的职责，增设了反洗钱和管理信贷征信业职能，规定了国务院建立金融监管协调机制。商业银行法修改中最大的亮点是为混业经营预留了法律空间，预示着混业经营的法律闸门正徐徐打开。

内地工商部门简化港澳投资者登记手续

为具体落实CEPA协议，国家工商行政管理总局日前做出规定：进一步简化手续，提高效能，更好地服务于香港、澳门投资者。根据规定：工商行政管理系统的各被授权局要在内地有关法律、法规的框架内，进一步改进工作方式、方法，简化登记手续，为港澳投资者营造良好的投资环境；由香港的中国委托公证人出具证明文件，经中国法律(香港)服务公司签章转递，并附以附件确认本的，可免予核对原件；在严格依法审核企业名称的同时，对于申请人能够证明其所使用的名称具有较高的市场知名度、不致引人误解，又不会产生社会不良影响的，可以适当放宽标准；根据企业的需要和被授权局的条件，可将一些依法应当由国家工商行政管理总局登记注册的投资数额较大或特定行业的港澳投资者投资举办的外商投资企业，个案授权所在地被授权局登记监管。

北京：将对六大行业和领域给予重点支持

北京市国有资产监督管理委员会主任透露，今年北京市政府将积极支持汽车、微电子、光机电一体化、新医药、旅游、现代物流等行业和领域加快发展，尽快形成支柱产业，为国有企业做大做强提供新的良机。今年奥运经济将全面加速。在奥运场馆建设和配套设施建设的带动下，首都投资规模将进一步加大，基础设施建设将进一步加快，消费需求将进一步扩张，这都将给国有企业带来巨大的发展商机；北京市场对各种资本的吸引力进一步增加，有利于国有资本与其他资本嫁接融合，吸引非公资本积极参与国有企业的改组改造。

上海：提出推进软件产业十大措施

未来几年，上海将从10个方面推动软件产业的国际合作。一是吸引世界500强企业集团和世界100强软件企业投资上海。力争在上海形成一个软件生产、研发和营销的地区级中心。二是以扩大外包业务为抓手，推动软件对外贸易的大发展。三是办好上海软件国际外包峰会。四是进一步扩大上海软件产业与国际IT 产业的双向交流。五是全力打造“国内领先、世界知名”的上海软件品牌。六是帮助上海软件企业建立完善的海外分支机构和营销体系。七是力争在上海设立国家级软件出口基地。八是构建信息平台，为国内外企业提供最新的信息和便利的公共服务。九是鼓励开展软件技术研发和成果转化。十是充分发挥软件园区、软件行业协会、软件对外贸易联盟等中介机构，承担着行业自律、资源配置、咨询评估和专业服务等多项功能。

湖北：今年集中投资八大领域

2004年，湖北省将集中1030亿元人民币资金，重点打造100个在建和新开工项目，以此带动全省经济发展。上述重点项目主要集中在高新技术、汽车、冶金、建材、石化、纺织、农产品加工、能源等8大领域，其中，东风本田、东风日产10万辆轿车、武汉光讯科技光电子器件、冶钢、鄂钢焦化改造、华祥水泥、大峪口矿肥、迈亚公司精棉纺、汇源集团饮料等47个项目将在年内建成投产。 湖北省还将选择100家发展潜力大、企业机制活、经济效益好的中小企业给予重点引导和扶持，支持其做大做强。

2004年3月

发改委：中央农业基本建设投资4大重点

国家发展和改革委员会农村经济司司长杜鹰指出，根据中央要求，包括国债在内的中央农业基本建设投资的重点一是保证农林水利重大项目建设，二是大力支持粮食生产能力建设和农业结构调整，三是加强以“六小工程”为主的农村小型基础设施，四是向中西部地区倾斜。

国资委：确定东北中央企业调整改造总体思路

国资委提出《关于加快东北地区中央企业调整改造的指导意见》，确定了东北地区中央企业加快调整改造总体思路的5项原则。一是坚持市场导向，充分发挥市场配置资源的基础性作用。二是坚持有限目标，重点突破，发展一批具有国际竞争力的大公司大企业大集团。着力推进石油石化、重大装备、钢铁、汽车、造船、航空产品和军工等重点行业中的优势企业的战略性调整和技术改造。三是坚持统筹兼顾、综合治理，建立健全适应新形势发展需要的新体制、新机制。四是坚持人才兴企，科技先行。五是坚持量力而行，分步实施。近期“十五”后两年，主要为减轻历史包袱；中远期主要结合企业“十一五”发展规划的编制和实施，有步骤、有重点地解决长期困扰企业发展的深层次问题。东北地区中央企业要在3年之内基本建立现代企业制度。

商务部：出台《关于外商投资举办投资性公司的规定》

商务部出台了《关于外商投资举办投资性公司的规定》，其中对外商在“申请设立投资性公司”方面明确以下条件：一是“外国投资者资信良好，拥有举办投资性公司所必需的经济实力，申请前一年该投资者的资产总额不低于4亿美元，且该投资者在中国境内已设立了外商投资企业，其实际缴付的注册资本的出资额超过1000万美元，并有3个以上拟投资项目；或者外国投资者资信良好，拥有举办投资性公司所必需的经济实力，该投资者在中国境内已设立了10个以上外商投资企业，其实际缴付的注册资本的出资额超过3000万美元”；二是“以合资方式设立投资性公司的，中国投资者应为资信良好，拥有举办投资性公司所必需的经济实力，申请前一年该投资者的资产总额不低于1亿元人民币”；三是“投资性公司的注册资本不低于3000万美元”。

国土资源部：中国油气资源战略调查获重大突破

国土资源部副部长、中国地质调查局局长寿嘉华宣布，5年地质大调查结果表明，中国油气资源战略调查获重大突破，圈定了38个油气沉积盆地，新发现一批重要的含油气局部构造，提交了第一批预选井位，初步计算中国海域油气资源量可达400亿吨以上的油当量，特别是在南海深水海域首次发现巨厚中生代地层，沉积地层厚度超过万米，为进一步开展深水领域油气资源调查指明了勘探方向。首次发现天然气水合物的地球物理显示，被称为摽扇急鹜的天然气水合物是21世纪新型高效替代能源，中国地质工作者首次在南海、东海等中国管辖海域发现多处食用甲烷气的生物瓣鳃类活体等天然气水合物存在的标志，圈定了分布范围，资源前景令人鼓舞。固体矿产资源勘查长期徘徊的局面一举打破，发现新疆东天山、云南中甸、西藏雅鲁藏布江沿岸等地一批大型、超大型铜矿床，新探明铜资源量1200多万吨。新发现矿产地421处。累积探明一批可观的铅、锌、锡、金、银、铝土矿、优质锰矿石、铁锰矿石、钾盐、磷矿石等资源量。对缓解固体矿产资源的紧缺局面将起到基础作用。

国土资源部：我国国土资源管理将全面实行听证制度

国土资源部审议通过了《国土资源听证规定》，我国国土资源管理将从今年5月1日起全面实施听证制度。《国土资源听证规定》特别规定：拟定或者修改基准地价、编制或者修改土地利用总体规划和矿产资源规划、拟定或者修改区域性征地补偿标准的，国土资源主管部门应当组织听证；拟定拟征地项目的补偿标准和安置方案、拟定非农建设占用基本农田方案的，应当告知当事人有要求举行听证的权利，当事人要求的，国土资源主管部门应当组织听证。

银监会：颁布金融机构衍生产品交易业务管理暂行办法

银监会发布了《金融机构衍生产品交易业务管理暂行办法》，于3月1日正式施行。这是我国首个对金融机构衍生产品交易进行规范管理、有效控制金融机构从事衍生产品交易风险的法规。金融机构衍生产品是一种金融合约，其价值取决于一种或多种基础资产或指数。衍生产品还包括具有远期、期货、掉期(互换)和期权中一种或多种特征的结构化金融工具。《办法》明确了衍生产品的定义和金融机构衍生产品交易业务的分类、市场准入条件和标准、风险管理和监管规定。《办法》还明确了有关金融机构开办衍生产品交易业务的主体资格，将有效规范交易行为，降低交易风险，确保金融安全。

《商业银行资本充足率管理办法》施行

3月1日，《商业银行资本充足率管理办法》正式施行。《办法》从风险管理目标和政策、资本充足率计算的并表范围、资本、资本充足率、信用风险、市场风险5个方面细化了披露要求，进一步提高商业银行经营信息的透明度，有利于公众和投资人了解商业银行资本充足率的真实情况，强化对银行经营行为的市场约束。《办法》有关资本充足率监督检查的核心内容是按资本充足率的高低，把商业银行分为3类，即资本充足、资本不足和资本严重不足的银行，并分别采取相应的监管措施。为防止资本充足银行的资本充足率降到最低监管标准之下，监管当局可采取干预措施；对资本不足的银行，监管当局可采取纠正措施；对资本严重不足的银行，监管当局还可要求商业银行调整高级管理人员，并依法对商业银行实行接管或促成机构重组，直至予以撤销。

中国严格限制钢铁业过度投资

由于担心当前钢铁行业出现的盲目投资和低水平重复建设会引发环境、金融和社会问题，中国政府正在采取提高市场准入门槛、停止批准新建钢铁厂和严格信贷、土地、税制管理等措施，以促进钢铁工业的产业结构调整。国家发展和改革委员会说，政府正在组织有关行业协会和科研院所加快修订和补充钢铁行业进入的技术、能耗条件，完善环保、安全、质量等条件，以适当提高市场准入门槛。对达不到市场准入条件的项目，一律不准开工建设。对不符合产业政策和发展规划的项目，政府将一律不予审批或核准。原则上不再批准新建钢铁联合企业和独立炼铁厂、炼钢厂，确有必要的，必须按照规定的准入条件经过充分论证和综合平衡后报国务院审批。

中国银行将整体改造为中银集团公司

中国银行新闻发言人王兆文表示，财政部已向该行新注资225亿美元。中行股份制改造的重点和关键是转变观念，转换机制。中行将把主要精力放在加快内部机制改革和加强内部管理方面，加大内部改革力度，打牢基础；健全法人治理结构，引进战略投资者，将中行整体改造为中银集团股份有限公司，实现产权多元化，建立规范的股东大会、董事会、监事会以及高级管理层制度；以改革为契机、财务重组为起点、法人治理为基础，以内部管理为重点，综合处理好改革、发展、风险管理及人员调整的关系；加快推进财务体制改革和重组，对分行盈利目标的考核逐步从利润额绝对指标向资产利润率和营运资金利润率等相对指标过渡；继续推进银行卡公司和资金业务改革工作，建立电子银行管理新体制，全面整合网上银行和客户服务中心等电子渠道；积极稳妥推进低产低效网点的撤并和调整。

北京：放开基础设施经营

北京市发展和改革委员会主任丁向阳宣布：北京市将改革并规范政府投资管理，今年将全面放开城市基础设施建设和经营市场。2004 年，北京市准备推出一批基础设施市场化运作项目：将计划新建京承高速公路二期、机场高速、京津高速以及燃气管网、热电厂等项目，通过BOT 等市场化运作方式面向社会招标建设；准备推出一批存量资产盘活项目，涉及燃气、热力、自来水、污水处理、高速公路等多个行业，通过TOT、整体出售、股权转让等方式引进战略投资者。到2008 年，北京市固定资产投资规模将超过15000 亿元，其中城市基础设施投资2300 多亿元。

上海：在投融资、税收等方面消除所有制差别

上海市市长韩正说，上海将继续深化国资国企改革，同时大力发展和积极引导非公有制经济，今后将在投融资、税收、土地使用和外贸等方面消除所有制差别。除此以外，今后上海支持非公有制经济的措施还包括：完善扩大民间投资的配套措施，制订鼓励民间投资的政策意见和投资指南，放宽市场准入，支持非公有资本进入法律法规未禁入的基础设施、公有事业及其他行业和领域，鼓励个人、私营企业和社会资本参与国有企业改造和重组。

新疆：首次成批出让矿产权及采矿权

新疆维吾尔自治区国土资源厅发布公告，一次性地将31 个具备进一步勘查和开发条件的矿产地的探矿权和采矿权，全部拿出来以竞争方式面向全球公开出让，进行矿产资源勘查开发方面的招商引资。如此大规模的出让行动，在新疆是首次。这次推出的31 个矿产，包括煤矿、金矿、铜矿、铁矿、菱镁矿、钾盐等多种矿产的探矿权和采矿权。对于参加竞买的企业或个人，要求其具有与勘查、开发相应矿产地相适应的资质或资金、技术和设备条件。

陕西：国企产权转让必须进所交易

西部产权交易所暨上海联合产权交易所陕西分所在西安挂牌成立。成立西部产权交易所是陕西省规范产权交易行为、促进产权有序流动、以产权制度改革为突破口、加快国有企业股份制改造的重大举措。新成立的西部产权交易所作为上海联合产权交易所的分所，利用上海联合产权交易所先进的管理模式和丰富的管理经验以及信息网络体系，促进陕西省企业产权交易上台阶，上档次。今后，陕西省国有企业产权转让，必须进入产权交易所，进行公开、公平、公正的交易。

安徽：建设项目审批将放宽

安徽省发改委主任朱先发说，今后企业不使用政府性资金的建设项目，一律不再实行审批制，而区别不同情况实行核准制和备案制。政府仅对少数重大项目及限制类项目进行核准，其他项目无论规模大小，均改为备案制。在落实企业投资自主权的同时，简化政府投资项目的审批环节，进一步完善政府投资项目。

深圳：确定今年市引资方向

今年深圳市招商引资要抓住CEPA 的实施和国际间产业的转移这两大机遇，以产业结构的调整确定引进外资的重点方向：一是大力引进创新型高科技制造业；二是努力实现汽车、石化等重工业引进外资的突破。在引进创新型高科技制造业方面，深圳今年将在大规模集成电路设计制造、软件特别是系统集成软件、整机制造等3 个关键环节下大功夫。同时加强医药、医疗器械、生物技术、新材料与新能源、节能与环保产业等新兴高科技产业，以及传统优势支柱产业利用高新技术、先进适用技术进行改造提升方面的外资引进。在汽车、石化等重工业领域，深圳将抓住国际汽车业向中国转移的热潮，与国内的汽

车制造商或经销商联手引进外资的汽车整车制造、配件生产或零部件采购商来深圳落户扎根。同时，充分利用紧邻惠州石化工业区的有利条件，大力引进与该工程配套的石化项目。

2004年4月

温家宝提出西部大开发六项任务

温家宝在国务院西部开发工作会议阐述了继续实施西部大开发战略的重点任务。一是要加大解决“三农”问题力度。以增加农民收入为中心，稳定和提高粮食综合生产能力，大力发展特色农业，继续推进扶贫攻坚。二是认真搞好生态环境保护和建设。要扎扎实实搞好退耕还林、退牧还草、天然林保护、风沙源等重点工程。退耕还林要巩固成果，确保质量，完善政策，稳步推进。三是继续加强基础设施建设。一方面继续抓好事关西部开发全局的重大工程项目建设，另一方面抓好与群众利益密切相关的中小项目，特别是要加强农村基础设施建设。四是积极发展特色经济和优势产业。依托各类资源优势，大力发展优势产业。防止盲目投资和低水平重复建设，严格控制被淘汰的生产工艺、设备转移到西部。五是大力发展教育、卫生等各项社会事业。确保如期完成西部地区教育“两基”攻坚任务，加强公共卫生设施建设。切实落实干部交流和人才开发任务。六是加快改革开放步伐。积极推动国有企业改革，加快调整国有经济布局和结构。大力发展混合所有制经济。特别要积极鼓励、支持和引导个体私营等非公有制经济发展。

发改委：坚决控制固定资产投资过快增长的势头

国家发改委控制投资过度扩张将采取五项政策措施，首先要把思想统一到中央的决策和部署上来。引导各方面全面贯彻党的十六届三中全会和中央经济工作会议精神，树立和落实科学的发展观，切实把工作的着力点转到提高经济增长的质量和效益上来，坚决克服单纯追求和相互攀比增长速度的做法。二要强化信贷审核和监管。适当控制货币信贷规模，优化信贷结构，对不符合市场准入条件的新建项目和改扩建项目，金融机构不予贷款。三要加强用地管理。继续清理开发区，整顿规范土地市场。对不符合国家产业政策和行业准入标准的建设项目，一律不得批准用地。四要坚决把部分行业盲目投资、低水平重复建设的势头控制住。关键是要认真贯彻落实中央已经出台及正在采取的包括政策规划指导、行业信息发布引导、严格市场准入、强化税制管理等一系列调控措施，做到令行禁止。五要切实加强对政府投资的管理。从严控制党政机关和国有企事业单位办公楼、培训中心等建设项目。

发改委：启动振兴东北老工业基地首批高技术项目

发改委批准启动了第一批共60个振兴东北老工业基地高技术产业发展专项，总投资56亿元。

这批专项重点有3个方面：一是根据东北地区的技术优势，支持一批已较成熟的具有自主知识产权的重大高科技成果产业化，延伸产业链，为东北地区培育新的经济增长点。这批专项共安排国家高技术产业化示范工程30项。二是支持东北地区优势产业和重点企业自主创新能力的建设。在信息、船舶、冶金、机械、汽车、新能源等产业领域建设一批国家工程研究中心和企业技术中心，推动企业整体素质和竞争力的提高，为东北地区的长期发展奠定技术基础。这批专项共安排2个国家工程研究中心和8个企业技术中心的建设。三是支持东北地区的高技术产业实施结构调整改造，实施一批具有一定优势的、有市场竞争力的企业技术进步和产业升级重点项目，形成具有特色的新兴产业。这批专项共安排高技术产业结构调整改造项目20项。

建设部：市政公用事业特许经营最长30年

建设部发布的《市政公用事业特许经营管理办法》指出，特许经营期限不得超过30年。企业如擅自转让、出租特许经营权，将被取消特许经营权。市政公用行业包括城市供水、供气、供热、公共交通、污水处理、垃圾处理等。市政公用事业特许经营，是指政府通过市场竞争机制选择投资者或者经营者，明确其在一定期限和范围内经营某项市政公用事业产品或者提供某项服务的制度。该《办法》鼓励跨行政区域的市政公用基础设施共享。获得特许经营权的企业承担政府公益性指令任务造成经济损失的，政府应当给予相应的补偿。《办法》于今年5月1日起施行。

国土资源部：北京等26城市建设用地审批被暂停

国土资源部公布，北京等26个城市未在规定时间内，按要求向国土资源部上报有关掺ㄅ栌玫財备案材料，其建设用地审查报批被暂停。这26个城市分布在19个省份，其中包括3个直辖市和6个省会城市，分别是：北京市，天津市，河北省张家口市，内蒙古自治区包头市，辽宁省本溪市、辽阳市，黑龙江省齐齐哈尔市、鸡西市、大庆市，江苏省常州市，浙江省宁波市，福建省福州市，江西省南昌市，山东省淄博市、临沂市，河南省开封市、焦作市，湖北省襄樊市，广东省深圳市、汕头市、湛江市，四川省成都市，重庆市，贵州省贵阳市，西藏自治区拉萨市和青海省西宁市。

银监会：发布《指引》 引导中行建行治理改革

中国银监会发布了《关于中国银行、中国建设银行公司治理改革与监管指引》。《指引》要求，通过3年左右的改造，在公司治理结构和国际通行的财务指标方面，中建两行应达到并保持国际排名前100家大银行中等以上的水平。2005年度，中建两行总资产净回报率应达到0.6%。股本净回报率2005年度应达到11%，2007年度应进一步提高到13%以上。从2005年起成本收入比应控制在35%–45%之内。从2004年起，中行和建行应对非信贷类资产实行5级分类，并按5级分类口径对全部资产的质量进行考核，将不良资产比率持续控制在3%–5%。从2004年起，中建两行资本充足率应在任何时点上保持8%以上。2005年底，不良贷款拨备覆盖率指标，中国银行应达到60%，建设银行应达到80%。中建两行还应采取有效措施，严格控制对同一借款人授信的集中风险，从2005年起对同一借款人的贷款余额与资本余额的比例不得超过10%的风险指标。

银监会：鼓励和支持中、外资银行多元化合作

中国银行业监督管理委员会副主席唐双宁说，银监会鼓励和支持中、外资银行在股权、业务及技术方面展开多元化合作。银监会一直欢迎外资银行依法合规在华开展业务，欢迎中外资银行之间展开交流合作，因为这种合作不仅有利于中、外资银行在竞争中共同发展，而且中国众多银行客户都将从中受惠。以前中、外资银行间的合作主要体现在银行贷款、国际结算、拆借市场等业务方面，而事实上，随着我国根据世界贸易组织协议逐步开放银行业，双方在股权、技术等方面尚存在很大的合作空间。

中国铁路将推进股份制改革

中国铁道部部长刘志军在全国铁路工作会议上部署2004年铁路工作时说，中国铁路部门将结合主要干线客运专线和城际客运铁路等项目建设，积极寻求境内外投资者，组建规范的股份公司，以股份制形式聚集社会资本，探索铁路建设和运营管理的新路。

北京：奥运经济全面启动

由北京奥组委、北京市发改委、国资委等单位共同主办的北京奥运经济推介会，将从奥运场馆建设商机、城市基础设施建设运营商机、现代制造业发展商机、服务业发展商机、环保与资源综合利用产业发展商机、旅游业发展商机等角度，对奥运经济及其市场和商机进行总体介绍。据初步测算，从现在起到2008年，北京市总投资将达到1.5万亿元人民币，其中与奥运相关的投资需求超过2800亿元人民币，它将有效拉动全市投资规模持续扩大。

上海：建国际金融中心确定今年三大战略重点

2004年是加快建设上海国际金融中心的关键一年，上海将进一步推进三大战略重点。一是加快金融资源集聚，着力引进功能强、影响力大、带动效应强的金融机构，继续培育和筹建各类新型金融机构，促进地方金融资源整合。二是完善和发展各类要素市场，扩大直接融资，积极推进交易所债券市场和银行间债券市场统一互联，争取推出期货交易新品种，增设新的黄金交易和保险品种。三是优化金融发展环境，加强陆家嘴—外滩金融贸易区规划和建设。健全和完善有效的风险预警、处理和化解机制，进一步强化诚信体系建设。

江苏：百亿打造社会事业项目

今年江苏预投资101.6亿元打造10个重点社会事业项目。一是突发公共卫生事件应急防治体系，该体系包括信息网络系统、疾病预防控制体系、医疗救治体系及应急专业队伍建设，总投资为39.73亿元。二是江苏省防灾减灾信息系统一期工程，此项目的可研报告通过了专家论证，项目总投资达9.6亿元。三是南京奥体中心及十运会场馆，总投资26.35亿元。四是南京图书馆新馆，总投资4亿元。五是江苏省老年公寓，建设规模为3.8万平方米，设计床位840张。六是江苏科技历史文化中心，总投资1.22亿元。七是江苏省人民医院扩建工程，总投资约13亿元。八是江苏美术馆新馆，总投资3亿元。九是江苏剧院，总投资约4.5亿元。十是南京博物馆二期改造工程，预计总投资为6000万元。

南京：严禁自卖自买国有产权

南京市出台《关于进一步规范企业改制中国有资产管理工作的意见》，明确杜绝自卖自买国有产权的现象。《意见》规定，国有企业改制必须制定改制议案和国有产权转让方案。凡涉及向本企业经营管理者转让国有产权的，企业经营管理者将不得参与转让国有产权的决策、财务审计、资产评估、底价确定等重大事项，严禁自卖自买国有产权。企业经营管理者不得向本企业在内的国有及国有控股企业借款，不得以这些企业的国有产权或实物资产作标的物为融资提供保证、抵押、质押、贴现。

长沙：确定今年五大产业链为招商引资重点

一是围绕汽车产业链招商，重点瞄准欧美著名汽车公司，同步引进汽车零配件项目；二是数字媒体产业链，重点发展数字电视机、智能仪表等项目；三是家电产业链，瞄准冰箱、洗衣机等家电零配件的招商；四是睹〝品牌产业链的延伸，重点发展睹〝系列儿童用药、饮料、童装等相关产业；五是机床制造业产业链，以数控机床、机床、锯床等产品作为招商重点。对这些项目的引进，长沙将采取一切优惠政策吸引客商客户。

2004年5月

国家提高部分行业固定资产投资项目资本金比例

国务院发出通知，决定适当提高钢铁、电解铝、水泥、房地产开发固定资产投资项目资本金比例。钢铁由25%及以上提高到40%及以上；水泥、电解铝、房地产开发均由20%及以上提高到35%及以上。通知表示，提高钢铁、电解铝、水泥、房地产开发固定资产投资项目的资本金比例，是国家加强固定资产投资宏观调控的重要经济手段，是针对当前宏观经济形势采取的有效措施。

发改委：当前经济运行需着力破解四大问题

针对当前经济生活中的突出矛盾和问题，国家发展和改革委员会主任马凯在全国经济运行工作会议上说，我国经济发展正处在一个重要关口，搞好经济运行调节，是保持经济平稳较快发展的迫切需要，是弥补市场机制缺陷的必然要求，是加强和改善宏观调控的重要内容，更是实现当前与长远发展相统一的有效途径。做好经济运行调节工作，要把重点放在控制固定资产投资过快增长、缓解煤电油运供求紧张、加强粮食生产确保粮食供应和保持物价总水平基本稳定等4个方面，努力保持经济平稳较快发展。

发改委：分步推进创业板建设

国家发展和改革委员会经商有关部门研究制定的《关于贯彻落实党的十六届三中全会〈决定〉精神推进2004年经济体制改革的意见》提出，要继续发展资本和产权交易市场，完善股票发行管理体制，健全市场退出机制。做好各项准备工作，分步推进创业板市场建设。改革企业债券发行审批方式，修订出台《企业债券管理条例》，制定和完善债券发行、交易、信息披露、信用评级等规章制度，建立健全资产抵押、信用担保等偿债保障机制。稳步发展期货市场，审慎扩大交易品种。规范发展产权交易，清理现有产权交易机构，抓紧制定相关法规，加强对产权交易行为的监管。积极探索和完善统一监管下的股份转让制度。

商务部：外商投资商业企业年底放开

商务部副部长张志刚说，按照加入世贸组织的承诺，我国将进一步扩大商业领域的对外开放。今年12月11日前将取消对外商投资商业企业在地域、股权和数量等方面的限制。我国商业领域利用外资从1992年开始，截至2003年9月，全国累计实际利用外资约30亿美元，批准设立外资商业企业264家、分店220多个，其中绝大部分为新型流通业态。有关权威人士指出，我国商业利用外资还处于较低水平，商业领域实际利用外资金额仅占全国实际利用外资总额的0.6%左右，外商投资商业企业销售收入占全社会消费品零售总额的比重不足3.5%。外资商业主要集中在东部发达地区中心城市和大型综合超市等新型业态。随着我国商业领域不断扩大对外开放，外资将会更多地进入我国中西部地区和其他商业业态。

建设部：颁发《物业管理企业资质管理办法》

建设部颁发了《物业管理企业资质管理办法》，对物业管理企业实施资质管理。这一办法于今年5月1日起正式施行。办法规定，物业管理企业资质等级分为3级，一级资质物业管理企业注册资本人民币500万元以上，物业管理专业人员以及工程、管理、经济等相关专业类的专职管理和技术人员不少于30人；二级资质物业管理企业注册资本人民币300万元以上，相关管理人员和技术人员不少于20人；三级资质物业管理企业注册资本人民币50万元以上，相关管理人员和技术人员不少于5人。新设立的物业管理企业，其资质等级按照最低等级核定，并设一年的暂定期。

保监会：发布《保险资产管理公司管理暂行规定》

中国保险监督管理委员会发布《保险资产管理公司管理暂行规定》。《规定》自2004年6月1日起正式实施。《规定》要求，设立保险资产管理公司，应当至少有一家股东或者发起人为保险公司或者保险控股(集团)公司。该保险公司或保险控股(集团)公司净资产不低于10亿元人民币；总资产不低于50亿元人民币，其中保险控股(集团)公司和经营有人寿保险业务的保险公司总资产不低于100亿元人民币、资金运用部门集中运用管理的资产占公司总资产的比例不低于50%，其中经营有人寿保险业务的保险公司不低于80%等。《规定》要求，境内保险公司合计持有保险资产管理公司的股份不得低于75%；保险资产管理公司的注册资本最低限额为3000万元人民币或者等值的自由兑换货币，其注册资本应当为实缴货币资本。

中行建行股改任务确定

根据国务院关于加快金融改革的总体部署，中国银行、中国建设银行股份制改造试点任务已经明确，重点是抓好完善公司治理结构、深化内部改革、转换经营机制、加强外部监管和考核等项工作。改革的目标是使其真正成为符合现代企业制度要求的、具有国际先进水平的股份制商业银行。实施上述改革的重点工作主要有以下10项：一是完善公司治理结构。二是引进境内外战略投资者。三是明确发展战略，制定总体规划。四是建立科学的决策体系、内部控制机制和风险管理体制。五是建立科学高效的管理和组织架构。六是深化劳动用工人事制度改革。七是逐步与国际会计准则接轨。八是加强信息科技建设。九是落实金融人才战略。十是建立规范的审计监督制度。

北京：培育六大支柱产业群

北京今年将积极构建六大支柱产业，它们具体分别是：以高技术为支撑的先进制造业体系，做强电子信息产业，重点发展集成电路、液晶显示器、移动通信、计算机、软件产业。做大汽车及相关零部件产业，重点发展中高档轿车、中重型卡车、越野车三大龙头产品，带动汽车零部件及汽车服务贸易业等加快发展。扩充石化新材料产业，逐步形成乙烯、精细化工等相关下游产业的产业链群。 提升先进装备制造业，重点扶持数控机床、医疗设备、电子专用设备、发电及输变电设备、工程机械、印刷机械、环保设备制造业等。发展都市型工业，主要是发展有市场需求和比较优势、具有良好基础和发展空间的服装纺织、食品饮料、包装印刷、工艺美术等都市型工业。培育生物医药产业，主要以化学制药、中药与天然药物、生物技术为重点，逐步形成集生物医药创新、制造、流通和服务于一条龙的产业群。

上海：七大举措发展资本市场

上海出台大力发展资本市场的七大举措，以顺利实施上海国际金融中心建设这一国家战略。这七大举措是：第一，完善资本市场体系，增强资本市场功能。巩固和增强上海股票市场的主板地位，全力支持上海证券交易所做大市场规模；积极推动债券市场发展，大力推动交易所债券市场与银行间债券市场、柜台市场的统一互联和登记结算体系的整合，巩固全国债券交易中心地位；稳步推进期货市场发展，逐步确立上海期货交易所作为主要大宗商品国际定价中心的地位，推动金融衍生品交易试点；规范发展产权交易市场，力争建设成为全国性的综合性产权交易大市场之一。第二，扩大直接融资规模，推动上市公司购并重组和规范运作，全面提高上海上市公司的质量。第三，鼓励各类合规资金有序进入资本市场，集聚和发展机构投资者。第四，提升证券期货机构综合竞争力，完善资本市场中介服务体系。积极推进地方金融资源整合，组建金融控股公司。第五，健全协调监管机制，防范和化解市场风险。要建立金融稳定工作框架，形成对资本市场突发事件的快速反应机制和防范化解风险的长效机制。第六，积极推进资本市场对外开放；支持证券公司和基金管理公司引进境外战略投资者，推动符合条件的证券机构到境外资本市场拓展业务，同时也要吸引各类境外证券类机构到上海开展业务合作。第七，营造良好的政策和服务环境，努力降低在沪证券期货类机构的经营成本，鼓励资本市场各类主体积极创新，力争使上海成为我国最大最强的资本市场。

河南：召开26个重点县市城镇化工作座谈会

自河南省城镇化战略实施以来，特别是河南省委、省政府关于加快重点县市（区）城镇化进程意见实施2年来，26个重点县市（区）积极采取措施，狠抓落实。做了大量卓有成效的工作，城镇化进程明显加快，也积累了一些好的经验，开展经验交流会可以相互借鉴，取长补短，各展所长，共同提高。

西藏：今年36亿元改善公路状况

2004年，国家将为西藏公路建设投入36亿元巨资，以改善这里道路交通条件。今年西藏重点实施川藏南线色季拉山、松宗至中坝、中坝至牛踏沟等分段整治改建，中尼公路日喀则至拉孜、国道317线类乌齐至多普玛、国道219线昆沙至门士等国道、省道建设和改建项目。与此同时，积极实施青藏公路沿线环境恢复工程。据统计，截至2003年，西藏全区公路通车总里程为41302公里，其中农村公路通车里程达到28914公里，全区公路密度达到3.29公里／百平方公里。2003年，西藏农牧民群众通过参加农村公路建设增收3859万元。

宁夏：一批开发区被“叫停”

为确保粮食生产和耕地安全，宁夏按照中央有关通知要求，对全区各种开发园区进行清理整顿。目前，全区开发园区规划面积由486329亩压缩到241621.5亩，压缩规模244707.6亩，缩减50.3%。此次宁夏撤消了惠农县农副产品加工工业园区、中卫东园工业园区、中卫常乐工业区、青铜峡市吴青工业园区、彭阳县南门工业园区、灵武市郝家桥工业小区、永宁县杨和工业小区、贺兰县马家寨工业小区等8个工业园区。取消了吴忠市工业园区、中卫宣和工业园区等6个工业园区名称。

湖北：百个项目招商筹资千亿

湖北最近筛选出今年100个具有投资价值的重点投资项目，准备向海内外推介，吸引有实力的投资商来鄂兴业。这100个重点项目涉及基础设施、机械(包括汽车零部件)、轻工纺织、电子、生物制药、冶金化工、环保、旅游、农业等9大领域，仅重大项目就有68个，其中武汉市超过1000万美元的项目有22个，各市、州超过500万美元的项目有46个。100个重点工业项目中，有47个项目将要在今年建成投产。今年是湖北省实施新型工业化规划的起步之年，选出的这批项目科技含量较高，市场前景较好，对当地结构调整有较大带动作用。

2004年6月

发改委：正式颁布实施汽车产业发展政策

经国务院批准，国家发展和改革委员会于6月1日正式颁布实施《汽车产业发展政策》。与1994年《汽车工业产业政策》相比，新颁布的《汽车产业发展政策》具有7个方面的特点：一是取消了与世贸组织规则和我国加入世贸组织所做承诺不一致的内容，如取消了外汇平衡、国产化比例和出口实绩等要求。二是大幅度减少行政审批，该放的放开，该管的管住，依靠法规和技术标准，引导产业健康发展。三是提出了品牌战略，鼓励开发具有自主知识产权的产品，为汽车工业自主发展明确政策导向。四是引导现有汽车生产企业兼并、重组，促进国内汽车企业集团做大做强。五是要求汽车生产企业重视建立品牌销售和服务体系，消除消费者的后顾之忧。六是引导和鼓励发展节能环保型汽车和新型燃料汽车。七是对创造更好的消费环境提出了指导性意见。

发改委：部署清理固定资产投资项目工作

为解决投资膨胀问题，贯彻国务院办公厅有关通知，国家发展和改革委员会部署了清理固定资产投资项目工作。发展改革委有关负责人强调，此次清理工作要严格按照清理范围进行。在对所有在建、拟建项目进行全面清理、审核的同时，重点清理钢铁、电解铝、水泥、党政机关办公楼和培训中心、城市快速轨道交通、高尔夫球场、会展中心、物流园区、大型购物中心等项目，以及2004年以来所有新开工项目。

商务部：发布2003年度《国别贸易投资环境报告》

商务部发布了2003年度《国别贸易投资环境报告》。该《报告》涉及美国、加拿大、澳大利亚、墨西哥、巴西、欧盟、俄罗斯、波兰、日本、韩国、印度、印尼、泰国、越南、马来西亚、菲律宾、沙特阿拉伯、阿联酋、南非等19个贸易伙伴。2003年我国对这19个贸易伙伴的出口占我国出口总额的70%。《报告》主要包括3方面内容。一是我国与这些贸易伙伴的双边贸易投资概况；二是这些贸易伙伴的贸易投资管理体制；三是这些贸易伙伴在对外贸易中采取的具体贸易措施情况。《报告》还介绍了2003年这些贸易伙伴贸易投资管理体制方面的变化，我国企业在上述市场所遇到的贸易壁垒和投资壁垒的发展变化，以及我国政府为消除这些壁垒所做的努力。

建设部：全国范围内开始清理固定资产投资项目

建设部从现在开始，对全国所有在建和拟建项目规划、建设情况进行全面清理、审核，2004年6月27日清查完毕报建设部。此次清查重点是清理钢铁、电解铝、水泥以及党政机关办公楼和培训中心、城市快速轨道交通、高尔夫球场、会展中心、物流园区、大型购物中心等项目以及2004年以来新开工的所有项目。

交通部：建设8.2万公里的高速公路网

国家交通部部长张春贤说，中国要建设总规模8.2万公里的高速公路网。根据交通部制定的《国家高速公路网规划》，国家高速公路网建成后，可以覆盖10多亿人口，东部地区平均30分钟上高速，中部地区平均1小时上高速，西部地区平均2小时上高速。全国所有省会城市、83%的50万以上人口大城市和74%的20万以上城镇人口中等城市以及机场、铁路枢纽，都将被高速公路网连接起来，届时，中国将形成快速综合运输网。

保监会：颁布《外资保险公司管理条例实施细则》

中国保监会颁布了《外资保险公司管理条例实施细则》。这个规定最大的亮点，就是降低了外资保险公司在中国开设分支机构的门槛。根据原先的要求，外资保险公司在华设立分公司最低需要5亿元人民币资本金，而现在只需要2亿元人民币，每申请新增一家分公司，资本金只需要增加人民币2000万元。如果资本金达到5亿元人民币，外资保险公司开设分公司将不受数量上的限制。

保监会：公布新修订的《保险公司管理规定》

中国保监会公布了新修订的《保险公司管理规定》。新《规定》在指导思想上遵循3个原则：一是依法监管，落实新保险法的各项新制度和规则。如关于产寿险分业经营原则的进一步合理界定，条款费率监管体制的改革，对偿付能力监管的强化，法定再保险制度的调整等等。二是实现制度创新，完善监管，促进保险业发展。在保险监管各项制度的设计上，做到与时俱进，实事求是，充分反映保险业发展的要求。三是深化改革，体现国务院行政审批制度改革工作的要求。新《规定》分别对保险机构、保险经营、保险条款和费率、保险资金和保险公司偿付能力、监督检查等5个保险监管的主要领域进行了规定。

保监会：出台《保险资金运用风险控制指引》

中国保险监督管理委员会出台了《保险资金运用风险控制指引》。《指引》遵循了以下原则：一是突出保险资金的特性，注重保险资金管理的规范化；二是强调资金运用的专业化管理；三是兼顾先进性、适用性和创新性。《指引》作为指导保险公司和保险资产管理公司建立风险控制体系的纲领性文件，保险公司和保险资产管理公司应根据《指引》的要求，结合自身情况，建立运营规范、管理高效的保险资金运用风险控制体系，制定完善的保险资金运用风险控制制度，并充分考虑控制环境、风险识别与评估、控制活动与措施、信息沟通与反馈、监督与评价等要素。

中国建设银行分立为股份公司和集团公司

中国建设银行新闻发言人表示，根据国务院的决定和中国银监会的批复，中国建设银行将以分立的形式设立中国建设银行股份有限公司和中国建设银行集团有限公司（暂定名）。分立后，建行股份公司将承继现建设银行的全部商业银行主营业务和相关资产；建行集团为国家全资拥有的机构，承继除全部商业银行主营业务和相关资产之外的其他资产和负债。分立后的集团公司，仍为国家全资拥有的金融企业法人。作为股份公司的股东，不直接经营商业银行业务，而是通过制定清晰的发展战略，建立符合市场经济原则的经营机制和管理体制，逐步发展成为一个精干、高效和有相应资产回报的国有金融企业法人。

北京：投资确定5重点领域实现两个转移

北京市发展和改革委员会主任丁向阳提出，今年北京市将引导全社会投资逐步实现两个转移，突出政府投资重点，增强引导和带动作用。引导全社会投资逐步实现两个转移，一是在空间结构上，要从过于集中在市中心区向卫星城和中心镇转移，促进城乡协调和区域均衡发展。二是在产业方向上，要从主要集中在房地产领域向高新技术产业、现代制造业和现代服务业等有潜力、有后劲的产业领域转移，增强经济持续发展能力。突出政府投资重点，增强引导和带动作用，一、加大郊区基础设施的投入，推进卫星城和小城镇建设，提升郊区发展水平。今年政府投资的增量全部投向远郊区县，实现了成倍增长。二、加强道路交通、环境治理等领域的项目建设，缓解突出矛盾。三、增加社会事业发展的投入，特别是农村公共卫生、基础教育等方面的投入。四、促进高新技术、现代制造业、现代服务业发展和结构升级，重点加强高端行业和优势领域的投资。五、支持资源节约和综合利用，特别是城乡节水，促进可持续发展。

上海：出台国有资产管理办法

《上海市国有资产营运机构投资监督管理暂行办法》出台，7月1日正式实行。 目前，国资委下属的归口企业已超过60家，包括几乎所有的沪上大型国有集团。按照《暂行办法》，国资委将对企业投资活动进行监管。监管内容包括：组织研究国有资本投资导向；审核年度投资计划，核准其计划外的投资项目；对重大投资项目实施备案管理；同时，对重大投资项目组织实施稽察、审计、后评估等动态监督管理。按照《暂行办法》，归口企业每年第四季度由产权代表向市国资委提交企业下年度投资计划草案，并提供重大投资项目计划等相关文件。国资委对于企业年度投资计划的审核重点为4个方面：投资方向是否与国有资产调整和发展方向一致；投资规模与融资能力是否匹配、投资是否主要集中于企业核心业务；从国有资产布局和结构考虑，是否存在过度重复投资。

广州：实施招商引资5大策略

一是产业支柱大项目推进策略，重点抓好具有较强带动作用和辐射作用的产业链项目的招商引资，尤其是汽车及零部件、造船、钢铁、石化、电子信息、会展、物流等重点产业的招商，形成带动力强的经济增长点。二是重点区域推进策略，建设以广州经济技术开发区、黄埔区为依托，以汽车零部件、石化、电子、精细化工、食品、机械设备生产制造和物流配送为重点的东部工业板块；建设以南沙开发区为依托以港口物流、石化、钢铁、造船、装备工业为主体的现代化临港工业基地。三是园区推进策略，推动外资项目向园区集中，明确各园区产业分工，实行定向专业招商。四是投资多元化策略，在瞄准港台、日韩、欧美等重点引资市场的同时，加大北欧、南非等引资新兴市场的开拓力度。五是消化吸收和创新策略，通过引进先进技术、管理经验和高素质人才，加强消化吸收和创新，鼓励各类企业形成技术创新能力和拥有自主知识产权的核心技术。

2004年7月

温家宝强调做好深化农村税费改革试点工作

温家宝在全国农村税费改革试点工作会议上指出，按照中央的部署，农村税费改革分两步进行。第一步主要是正税清费、治理“三乱”，取消“三提五统”，把过重的农民负担减下来。4年来，税费改革大幅度减轻了农民负担，规范了农村税费制度，改善了农村干群关系，促进了农村上层建筑的调整和完善，取得了重要的阶段性成果，为继续深化改革奠定了良好的基础。下一步农村税费改革的任务是，在规范农村税费制度的基础上，按照完善社会主义市场经济体制的要求，取消专门面向农民征收的各种税费，建立覆盖城乡的公共财政制度，建立精干高效的基层行政管理体制和运行机制，建立农民增收减负的长效机制，实现城乡经济社会协调发展。

发改委：我国天然气工业将全领域对外开放

国家发展改革委能源局表示，根据目前中国天然气发展战略与政策，我国政府鼓励外商参与从天然气勘探开发、基础设施、天然气发电站、大中城市燃气等项目的建设与经营，对外开放的领域几乎涵盖了整个天然气产业链。在天然气勘探开发领域，目前我国天然气已经形成的气区主要集中在海上和西部地区。资源探明储量低、发现潜力大，同时勘探开发难度大、技术水平要求高。加快天然气勘探开发不仅需要加大资金投入，也需要加快引进国外先进的勘探开发技术和管理经验。在天然气管线、液化天然气等基础设施建设方面，有关方面预测，在2002年至2020年间，中国天然气基础设施建设共需投资2200多亿元人民币。主要用于建设5万公里的天然气管线，千万吨规模的液化天然气接收站和百万吨规模的液化天然气运输能力。在天然气终端销售领域，天然气长输管道的建设高潮即将带来终端销售市场的投资高潮。在天然气发电领域，将给国外设备制造商创造更多机会。目前发电在天然气消费中的比重大体占14%，今后这一比例将上升到30%以上。对老电厂进行改造扩建及对现有燃气机组进行燃气改造，都会创造商业机会。在煤层气的开发利用上，国外投资和先进技术也大有用武之地。

发改委：我国宏观调控已取得七大明显成效

国家发展和改革委员会新闻发言人、副秘书长曹玉书表示，国家宏观调控措施的有效实施，已经在七个方面取得明显成效。这七个方面是：投资增长过快的势头得到遏制；货币信贷增幅明显回落；基础产品价格上涨得到抑制；农业生产形势出现重要转机；部分过热行业生产增速明显回落；消费市场稳中趋旺；对外贸易持续快速增长。

西部开发新开工10项重点工程投资约800亿元

国务院西部开发办公室、国家发展和改革委员会宣布，2004年西部开发新开工10项重点工程，总投资约800亿元。这10项重点工程分别为：西部干线公路；洛湛铁路南段和大理至丽江铁路；西部支线机场建设工程；陕京二线输气管道工程；贵州盘南电厂等西电东送工程；西部重点煤矿工程；西部地区农村基础设施建设；西部地区特色产业发展项目；西部地区基本普及9年义务教育、基本扫除青壮年文盲攻坚；西部地区农村卫生设施建设。

2020年：我国农村公路建设总体目标250万公里

交通部正在制定《全国农村公路建设规划(草案)》，提出本世纪前20年农村公路建设总体目标是：全面完成“通达”、“通畅”工程，使农民群众出行更便捷、更安全、更舒适，基本适应全面建设小康社会的总体要求。初步确定的目标如下：到2010年，全国农村公路总里程达到185万公里。全面完成农村公路“通达”工程，全国具备条件的乡镇、行政村通公路，通公路行政村班车通达率达到95%，农民出行难的问题得到有效解决；加快推进“通畅”工程，东部地区和中部较发达地区力争基本实现乡镇、行政村通沥青或水泥路，广大中西部地区乡镇、行政村通沥青或水泥路比率明显提高。具备条件的乡镇、行政村通公路率达到100%。到2020年，全面完成农村公路“通畅”工程，基本实现行政村通班车，形成农村便利客运网络。全国农村公路总里程将达到250万公里。具体到近期目标是：到2005年，全国乡镇通公路率将达到99.9%，行政村通公路率达到96%；乡镇通沥青或水泥路比例达到80%；行政村通沥青或水泥路比例达到50%，全国农村公路里程达到155万公里。

全国已核减6成开发区用地

由国土资源部、国家发改委等5部委组成的9个联合检查验收组近日结束了对全国土地市场治理整顿的阶段性检查验收。据不完全统计，全国已撤销各类开发区4735个，占开发区总数的70.2%；核减开发区规划用地面积2.41万平方公里，占原有规划面积的64.4%。

环渤海经济圈建设“提速”

国家发改委地区经济司司长郭培章说，在已经启动的“十一五”规划中，国家发改委已把区域发展规划放在突出的重要位置，环渤海地区要紧紧抓住东北振兴、西部开发和北京奥运的历史机遇，尽快明确区域合作的重点领域、重点工作和重点步骤。当前要在能源、交通、环保等基础设施建设方面加大规划的衔接力度，整合现有港口、机场、公路等资源，逐步实现基础设施一体化。由北京、天津、河北、山西、内蒙古、辽宁、山东五省二市组成的环渤海经济圈的建设已进入实际操作阶段。

北京：交通投资4年超1800亿

北京市交通委员会副主任周正宇表示，“根据初步预测，到2008年北京市交通基础设施建设运营市场投资规模将超过1800亿元。” 2004至2008年前的4年内，北京市将重点规划建设以轨道交通和高速公路为重点的交通基础设施项目，以大容量地面快速公共电汽车交通(BRT)线路为重点的城市公共客运交通项目。首先，将重点建设6条市区轨道交通线116.6公里和3条市郊轨道交通线82.1公里，预计总投资将超过630亿元。 此外，还将建设6条市区轨道交通线，分别为：地铁4号线、5号线、9号线一期、10号线一期和奥运支线。3条市郊轨道交通线——亦庄线、房山线和昌平线也将建设。重点建设六环路西段、机场北线、京津高速北通道等项目。到2008年，将实现市域公路通车里程15400公里的规划目标，其中高速公路达到890公里。还将建设东直门、西直门、动物园等大型客运枢纽和马驹桥等大型货运枢纽。

上海：整顿4个重点领域

上海将按照党中央、国务院关于加强和改善宏观调控，坚持“突出重点、分类指导、区别对待、有序推进”的原则，清理整顿4个重点领域，做到“三个坚决清理，一个暂停审批”。坚决清理并分批淘汰小钢铁、小水泥项目。坚决清理整顿各类开发区，加强建设用地管理。坚决清理在建和拟建的高尔夫球场项目。暂停审批党政机关办公楼和培训中心项目。

河北：率先启动环渤海经济圈体系

河北省省长季允石在河北省环渤海市县长会议上表示：河北省内环渤海各市县面临着良好的发展机遇，有条件、有责任担当全省经济发展的排头兵。季允石在此间举行的环渤海经济圈合作与发展高层论坛上提出4条建议：一是审时度势，加大力度，增强市场意识，推进体制创新，加强沟通联系，让“统筹、合作、互利、共赢”成为共识，形成以市场经济为基础，以利益为纽带的良性发展格局。二是建立合作联动的载体和机制，组建既面向国内又面向国际的环渤海合作委员会。三是着眼形成大都市圈和大市场，加快建设覆盖整个区域、连接国际国内的交通信息网络。四是加快产业和地区分工，各展所长，错位发展，优化产业布局，培育产业优势，壮大产业集群，提升区域整体竞争力。

湖南：攻坚国企产权改革

湖南省省属国有企业新一轮改革，将深入到国企改革的核心部分——产权，目标锁定500余家省属企业1200亿元国资优化重组和营运。用3年左右的时间完成新一轮省属国企改革的5大任务：一是加快省属国有经济布局和结构调整。通过完善国有资本有进有退、合理流动的机制，按照“发展壮大一批，转制搞活一批，关闭破产一批”的思路，实施省属国有经济布局和结构战略性调整，在重要领域重点培育发展一批主业集中、技术进步、具有较大规模和竞争实力的国有控股大企业、企业集团，坚决转制搞活和关闭破产一批国有中小型企业和劣势企业。二是全面推进国有企业产权多元化改革。省属国企除国家明确规定的个别领域(如军工、盐业、烟草)需保持国有企业独资外，分布在所有领域的所有国有企业都要进行产权制度改革，引进外资、民企参与国企改革，发展混合所有制经济，实现产权主体多元化，使股份制成为公有制的主要实现形式。要区别不同领域和不同企业的不同情况，把省属国企分别改革为国有控股、参股企业，有的企业国有资本可完全退出，转为民营。三要加快建立完善现代企业制度和法人治理结构。四要建立健全国有资产管理和监督体制。五要加快推进省属国企主辅分离和辅业改制以及分离企业办社会的职能。

世行今年对华贷款重点在4大领域

世界银行执行董事表示，今年世行对华贷款总额在15亿美元左右，重点支持基础设施建设等四个领域，也会特别关注中国的西部地区和贫困地区的发展。据称，今年度内，世行对华贷款总额在15亿美元左右，最关键的支持项目包括基础设施、高速公路、铁路和一些最基本的基础产业的发展，同时环境保护，清除大气污染、水资源的改善，同时世行通过下属的国际金融公司支持金融部门改革，支持私营部门发展。

2004年8月

发改委：中国投资体制改革有四新举措

国家发改委负责人说，国务院下发的《关于投资体制改革的决定》，在深化中国投资体制改革方面有4个新的重要举措，一是，改企业投资项目的审批制为核准制和备案制。《决定》要求，今后对企业不使用政府投资的建设项目，一律不再实行审批制，政府只对其中的重大项目和限制类项目进行核准，对其它项目实行备案制。二是合理界定了政府投资的职能。政府投资主要用于关系国家安全和市场不能有效配置资源的经济社会领域，用于加强公益性和公共基础设施建设、保护和改善生态环境、促进欠发达地区的经济社会发展、推进科技进步和高技术产业化。采取直接投资、资本金注入、投资补助、转贷和贷款贴息等方式，合理使用各类政府投资。对非经营性政府投资项目，加快推行“代建制”。三是完善投资宏观调控体系，改进调控方式。综合运用经济的、法律的和必要的行政手段，对全社会投资进行以间接调控方式为主的有效调控。四是完善对政府投资的监督管理，建立政府投资责任追究制度，健全政府投资制衡机制，建立政府投资项目后评估制度和社会监督机制；加强和改进对社会投资的监督管理，建立健全协同配合的企业投资监管体系，依法加强对企业投资活动的监督，建立企业投资诚信制度；加强对投资中介服务机构的监管，对咨询评估、招标代理等中介机构实行资质管理。该负责人称，核准制与审批制主要体现在适用范围、审核内容和审核程序3方面，实行核准制是中国固定资产投资管理的一项重大制度创新。

中国确定当前优先发展的高技术产业化领域

国家发展和改革委员会、科技部、商务部近日联合发布2004年度《当前优先发展的高技术产业化重点领域指南》，以引导社会投资，促进高技术产业加快发展。2004年度《指南》涉及信息、生物及新医药、新材料、先进制造、先进能源、环保和资源综合利用、航空航天、农业、现代交通等10大门类的134项高技术产业化重点领域。信息产业将优先发展新一代高速宽带等信息网络设备、计算机及其操作系统和嵌入式软件、线宽0.18微米以下集成电路及新型电子元器件、电子政务与电子商务等领域；生物及新医药将重点发展新型高效人用和兽用疫苗、基因工程多肽及基因治疗药物、生物医学工程、治疗肿瘤和免疫功能性疾病的重要制品、发酵工程等领域；先进能源的产业化重点包括燃料电池等氢能技术、风能等再生能源技术、煤炭清洁燃烧、压水堆等核电技术、天然气利用等领域。

我国首次发布《对外投资国别产业导向目录》

商务部和外交部联合发布了首批《对外投资国别产业导向目录》。商务部有关负责人介绍，该目录涉及的国别共包括亚洲、非洲、欧洲、美洲、大洋洲的67个国家和地区。涉及的产业领域包括农林牧渔业、采矿业、制造业、服务业及其他产业等。对首批国别的确定主要是根据以下原则：一是周边友好国家，二是与我国经济互补性强的国家，三是我国主要的贸易伙伴国，四是与我国建立战略伙伴关系的国家，五是世界主要区域性经济组织成员。而投资领域的选择主要是结合我国产业结构和优势及所在国吸引外资重点领域和市场特点，根据国家鼓励境外投资的相关领域确定的。这是我国首次在对外投资方面对国别、产业进行方向性的指导。

东北将试点增值税转型政策

在沈阳举办的第二届华商企业科技创新合作交流会上，国务院振兴东北办公室主任张国宝就东北老工业基地的调整改造、产业创新和利用外资等发表专题演讲时说，东北地区将试点增值税转型政策。在谈到振兴东北的相关政策时，除彻底免收农业税、完善城镇社保体系、处置银行不良贷款等，张国宝重点就华商关心的税改问题，特别是增值税转型问题做了较为翔实的阐述。他介绍说，作为中国增值税转型的试点地区，东北将率先把生产型增值税转型为消费型增值税。届时，东北老工业基地的优势产业和支柱产业的新购进机器设备所含增值税将予以抵扣。这将有利于刺激华商投资东北。

我国将进一步开放资本项目管制

国家外汇管理局副局长魏本华表示，我国近期正在研究和将要出台的资本项目管理政策主要集中在资本流出方面；随着新措施的出台，我国资本项目将进一步开放，从而为跨境资本流动及我国资本市场的发展创造条件。我国资本项目的政策目标是：健全金融调控，在有效防范风险的前提下，有选择、分步骤地放宽对跨境资本交易活动的限制，逐步实现人民币资本项目可兑换。实现人民币资本项目可兑换的总体思路是：从我国的实际出发，借鉴国际经验，以放松资本项目交易限制、引入和培育资本市场工具为主线，在风险可控的前提下，依照循序渐进、统筹规划、先易后难、留有余地的原则，分阶段、有选择地逐步推出资本项目开放措施。资本项目开放的顺序是：先放松流入、后放松流出；先放开长期资本流动，后放开短期资本流动；先放开对金融机构的管制，后放开对非金融机构和居民个人的管制；先放开有真实背景的交易，后放开无真实背景的交易。

中国重点支持泛珠三角区基础设施项目建设

国家发展和改革委员会新闻发言人曹玉书博士就“泛珠三角区域经济合作”透露了国家发改委的导向。他表示，国家将重点支持泛珠三角区域加强口岸基础设施的建设与管理，确保口岸安全畅通加快跨省区大型基础设施项目建设，优化港口、公路和铁路物流交通网络，加强电力、能源、矿产原材料等方面的统筹协调。他说，泛珠三角区域具有中国东、中、西部3个不同的区域经济特征。有香港这个国际著名的物流中心和金融、信息中心，有澳门与欧盟、葡语国家的密切经贸关系，有广东这个全国重要的制造业基地，有八省区辽阔的腹地和丰富的资源及科技人才优势，这样的区域合作无论对港澳、还是对中西部地区加快发展都具有重要的意义。

中国核减4735个开发区

据统计，今年上半年，有关部门核减了4735个各类开发区，压缩了2.41万平方公里规划面积，偿还农民欠款87.4亿元，占欠款总数的59%。据统计，治理整顿前全国各类开发区有6741个，规划面积3.75万平方公里。目前，各类开发区的数量、规模已大幅度减少和压缩，遏制了盲目圈占土地对农民利益的侵害。半年来，全国共发现土地违法行为4.69万件，立案查处违法案件3.39万件。通过查办案件，遏制了土地违法行为，一些明目张胆、肆无忌惮的违法占用、处置土地，公然违反规划、大规模违法征占土地的现象大大减少，起到了刹风整纪的作用。

北京：今年上半年共叫停违规建设资金1600多亿元

今年1到6月，北京市通过开展开发区清理整顿、固定资产投资项目清查，土地市场整治等多项工作，共叫停违规建设资金1667亿多元人民币。今年1—6月北京开发区数量从470个减少到28个，规划面积减少53.4%。停建或取消不符合产业政策项目54个，限期整改项目556个，涉及投资金额1667.1亿元人民币。

上海：计划20年基本建成国际金融中心

上海市副市长冯国勤在“2004中国金融国际年会”上说，上海将用20年的时间基本建成国际金融中心。冯国勤说，随着上海证券交易所、全国银行间资金拆借中心和上海黄金交易所相继建立，上海的金融市场体系基本建成，这为上海实现迈向国际金融中心的目标打下了坚实的基础。下一步，上海将按照“5年打基础、10年建框架、20年基本建成”的战略部署，分阶段、逐步推进上海国际金融中心建设。到2020年，上海将基本建成与中国经济地位和人民币影响力相匹配的亚太地区国际金融中心，成为国际资本集散地和全球资本交易市场，并向世界金融中心迈进。

海南：千亿元项目参与“珠洽会”

海南省推出151个总投资超过1000亿元人民币的项目“泛珠三角区域经济贸易洽谈会”。这些招商项目涉及工业、农业、旅游业、基础设施、房地产业、现代物流、社会事业、文化产业及资产重组项目。其中工业招商项目最多，共57个总投资400多亿元。投资额超过百亿元的项目有：投资155亿元的海南160万吨造纸项目、投资107亿元的海南30万吨乙二腈项目与投资108亿元的海南200万吨纸制品加工项目。海南还推出了12个石化工业招商项目，超过10亿元的有10个。其次是总投资超过200亿元的旅游项目与总投资逾100亿元的房地产项目。旅游项目中，包括3个投资逾20亿的大型旅游项目，海南西沙群岛旅游开发等7个项目也列入规划招商中。此外，还有投资50亿的海南龙湾港国际货运加工区等。

中国将成为对外投资大国之一

联合国贸发会议(Unctad)公布的调查结果显示，中国目前是吸引外资最多的发展中国家，不久还将成为对外投资重要国家之一。贸发会议就今后两年主要国家对外投资进行了调查，中国列第5位，居美、德、英、法之后，日本居第6位。中国对许多发展中国家，尤其是非洲国家的投资仅次于美国，列第2位。以中国和印度为龙头的亚洲国家将使全球经济结构发生深刻变化。目前阶段，它们正在为美国、日本及西欧经济注入活力；下一步，这些国家购买力不断增强，形成中产阶级，成为有吸引力的市场；第三阶段，它们将成为全球市场的有力竞争者，拥有大型跨国公司，输出品牌产品，如日本当年一样，席卷西方市场，只是规模更大。据Goldman Sachs预测，到2050年，中国将成为全球最大经济体，其次是美国和印度。

2004年9月

温家宝强调节约和合理使用油气资源

温家宝指出，我们必须牢固树立和认真落实科学发展观，正确处理经济与能源、国内与国外、开发与节约、消费与储备、当前与长远等方面的关系。一是坚持立足国内，积极加强国际合作，利用两个市场、两种资源，建立经济、稳定的油气供应渠道和石油安全保障体系。二是坚持开发与节约并重，把节约放在优先位置。既要加强石油勘探开发，搞好储量和产量接替，更要注重节约使用油气资源，发展替代能源。三是坚持依靠科技进步，加快体制创新，大力提高油气资源开发、加工和利用效率。温家宝强调，要正确制定和实施国家可持续发展油气资源战略。努力增加国内石油天然气的供给能力；大力开展石油天然气节约和合理使用；继续发展国际石油贸易和合作开发；加快发展石化工业，有效利用油气资源；逐步建立石油储备制度和风险规避体系；完善石油天然气开发、节约和有效利用的保障措施。

发改委：布置对钢铁电解铝水泥项目“清热退烧”

国家发展和改革委员会会同有关部门对全国钢铁、电解铝、水泥投资项目进行清理，并对清理善后工作加以布置。具体措施包括：钢铁行业，已经国务院和发展改革委、原国家计委、原国家经贸委批准的项目，继续支持建设；未经批准正在进行土地平整、征地拆迁、设备订货和正在开展前期工作的项目，要坚决停下来；对符合国办发【2003】103号文准入技术条件和行业规划的在建项目，由省级投资主管部门提出处理意见，报国家投资主管部门核准；不符合的在建项目，要停止建设，严格整顿。电解铝行业，不符合铝产业发展政策、市场准入条件和未经国家审批的电解铝和氧化铝项目，要坚决停止建设；对有淘汰本地区自焙槽或小预焙槽落后能力的违规在建项目，在落实氧化铝原料和电力供应的前提下，结合本地区淘汰落后产能，由省级投资管理部门从严把关，按国家有关规定重新报批；对已开展前期工作的拟建电解铝项目，严格执行国家有关规定，按程序办理。任何未按国家规定审批和没有落实合法铝土矿来源的氧化铝建设项目，一律不得开工建设。水泥行业，要加快结构调整，支持大企业的发展，重点支持在资源有保证的地区建设日产4000吨及以上新型干法熟料项目，鼓励地方和企业以淘汰落后生产能力的方式发展新型干法水泥。不鼓励日产2000吨以下新型干法水泥项目，坚决遏制落后工艺的水泥项目建设。清理的主要原则是继续保持宏观调控力度，巩固取得的成果，防止反复；坚持区别对待，继续支持符合条件和政策的企业加快产业升级和结构调整；加紧制定产业政策和规划，发挥其引导、规范行业发展的作用；金融机构根据不同情况，对3个行业的在建项目区别对待发放贷款。

发改委：首次核准企业投资项目

投资体制改革引入的“核准制”近日开始实施，国家发展和改革委员会首次核准了5个企业投资项目。大唐集团洛阳热电厂技改项目、浙江瓯江滩坑水电站、沈阳石蜡化工有限公司聚氯乙烯项目、昆明钢铁集团大红山铁矿采选项目、青海碱业集团纯碱工程项目。

保监会：保险外汇资金境外运用的投资品种为债券

中国保险监督管理委员会和中国人民银行共同制定的《保险外汇资金境外运用管理暂行办法》公布实施。中国保监会有关负责人表示，《办法》对保险外汇资金境外运用可投资的主要品种明确规定为债券。目前保险公司外汇资金境外运用还处于起步阶段，对于品种繁多的国际金融市场交易工具，我们了解的还很有限，保险公司的投资经验须逐渐积累，监管方法也在摸索中，因此明确规定投资品种是非常必要的。就债券而言，其本金有保证、期限较长，收益相对稳定，既能满足保险资金对安全性和收益性的要求，也能满足保险公司资产负债匹配的需要，是国际市场上保险公司选择的主要投资品种。对于《办法》规定以外的具体投资工具或品种，保监会将本着既要积极又要稳妥的原则，根据实际情况逐步增加。

上市开放式基金正式面世

经国务院同意，中国证监会批准深圳证券交易所发行并交易上市开放式基金，并批准了《深圳证券交易所上市开放式基金业务规则》。上市开放式基金是指在深交所发行、上市及交易的开放式证券投资基金。根据《深圳证券交易所上市开放式基金业务规则》，开放式基金通过深交所交易系统发售并上市交易，基金管理人须向深交所提交申请并获确认。上市开放式基金募集期内，投资者可以在具有基金代销资格的各证券公司营业部通过深交所交易系统认购。上市开放式基金上市后，投资者可以在所有深交所会员证券营业部通过深交所交易系统买入和卖出。深交所有关负责人表示，推出上市开放式基金是基金市场的一项重要业务创新，是深交所改进服务工作的一项重要举措。上市开放式基金的推出，充分利用了现有交易、登记结算网络优势，拓宽了开放式基金发行销售渠道，同时为投资者提供了更为方便的开放式基金认购、交易渠道，为基金管理公司开展开放式基金业务以及基金产品的创新提供了快捷、低成本的服务平台，为证券公司增加了新的经纪业务，创造新的利润增长点。上市开放式基金需遵守基金上市交易的有关信息披露规定，有利于进一步提高开放式基金信息披露的透明度，促进开放式基金的规范运作。

上海：改革试点地区用地规模不得搞“特殊化”

上海市政府日前出台了一项在建设项目审批过程中加强用地规模控制管理的《试行办法》，其中明确规定，实行固定资产投资项目审批制度改革试点的区县和单位，也应当将项目用地规模控制纳入立项审批程序，不得搞“特殊化”。《试行办法》最核心的内容，就是在现有项目审批、规划选址以及土地手续办理流程中，通过进一步强化土地预审过程中有关土地规模的控制与核定工作，将用地规模控制作为项目审批的主要考量因素。根据新的《试行办法》，今后上海新建、迁建单位需要使用土地，原址扩建需要使用本单位以外土地或者需要改变本单位土地使用性质等 3 类固定资产投资建设项目，必须严格项目审批以加强对用地规模的控制和核定。此类建设项目在审批阶段必须经过投资主管部门、规划主管部门和土地主管部门的“三堂会审”，确保用地规模符合国家有关项目用地定额标准及上海城市长远规划。

山东：成为台商投资新热点

今年以来，山东省对台招商引资又取得新进展。上半年全省新批台资项目 274 个，总投资额 14.5 亿美元，合同台资额 11.1 亿美元，实际利用台资额 7.4 亿美元，总投资额 1000 万美元以上的大项目 36 个。截至 6 月底，全省累计引进台资项目 5835 个，总投资额 139.2 亿美元，合同台资额 91.1 亿美元，实际利用台资额 51.2 亿美元，投产开业台资企业 3421 家。

浙江：投资百亿进行电网建设

为扭转目前电力紧缺局面，浙江省电力公司今年计划投资 106.75 亿元人民币进行完善电网结构的建设，以进一步消除电网瓶颈。目前，省内 500 千伏甬西输变电工程、天一变二号主变、萧山输变电工程、杭兰线已经先后于 6 月底和 7 月初投产，500 千伏瓯海变三号主变扩建也于近日启动投产。这些项目在迎战今年用电高峰中将发挥重要作用。至 7 月底，今年浙江 500 千伏项目的投产变电容量 850 万千伏安的任务将全部完成。根据有关规划，至 2010 年，浙江电网 500 千伏线路将达 6200 多公里，500 千伏变电所 30 座，主变容量 4625 万千伏安，电网结构将得到进一步加强，供电可靠性将得到进一步提高。

云南：加快建设“泛亚铁路”国际大通道

云南省提出未来 10－15 年内的铁路建设目标，根据这一规划目标，“泛亚铁路”国际大通道的建设将大大提速。云南省发改委提出云南省未来 10—15 年内铁路建设的总体规划目标：加快和提前建设“泛亚铁路”国际大通道，出省通道实现扩能提速，实现昆明辐射滇中城市群和主要旅游城市的城际快速铁路客运通道。预计从今年起至 2015 年，“泛亚铁路”东线玉溪—蒙自段、“泛亚铁路”西线大理—瑞丽段、“泛亚铁路”中线玉溪南—磨憨段、“泛亚铁路”东线蒙自北—河口北段，滇藏铁路丽江—香格里拉段等铁路将陆续开工。据云南省发展和改革委员会预测，铁路规划项目共需建设资金 900 亿元，将使云南省新增铁路里程1900公里，全省铁路总里程超过4000公里。

福建：投资111亿元建设生态农业

根据已确定的《福建生态建设总体规划纲要》，福建省将投资111亿元建设生态农业。主要内容包括：加快发展安全食品生产，构筑闽西北绿色产业、闽东南高优农业和沿海蓝色产业3大特色产业带，重点培育“畜牧、水产、林产、园艺”4大主导产业，发展畜牧、笋竹、水产、蔬菜、水果、食用菌、茶叶、花卉、烤烟9个重点特色农产品及优势产品；到2005年，基本建成覆盖全省的农产品质量安全检测体系和产地监测网，完善动植物疫病诊断系统、农业有害生物预警和监控体系等。

广西：向民营企业放宽市场准入

广西将进一步向民营企业开放投资领域，凡国家法律、法规没有禁止的投资领域和所有对外开放的领域，民间资本都可以进入。今后民间资本投资国家和广西产业政策非限制类项目，将不需要政府审批。在放宽市场准入方面，广西特别开放了基础设施的投资领域，像供电、供水、供气、公共交通等城市设施。此外，广西还鼓励和支持民间资本发展现代服务业，民间资本可出资参股组建投资公司及风险投资机构，并支持民间资本投资铁路、电信、教育等社会事业。除了放宽投资领域，广西还将在注册登记、财税政策、上市融资等方面加大对民营企业的扶持。

2004年10月

发改委：中国将在2010年建立完善循环经济体系

中国政府确定，到2010年，要建立比较完善的循环经济法律法规体系、政策支持体系、技术创新体系和有效的激励约束机制；建立循环经济评价指标体系，制定循环经济发展中长期战略目标和分阶段推进计划。国家发改委主任马凯在全国循环经济工作会议上披露了中国大力推进循环经济发展的方略。他指出，循环经济是一种以资源的高效利用和循环利用为核心，以“减量化、再利用、资源化”为原则，以低消耗、低排放、高效率为基本特征，符合可持续发展理念的经济增长模式，是对“大量生产、大量消费、大量废弃”的传统增长模式的根本变革。为加快建设资源节约型社会，中国将在5个环节加快推进循环经济发展：在资源开采环节，要大力提高资源综合开发和回收利用率；在资源消耗环节，要大力提高资源利用效率；在废弃物产生环节，要大力开展资源综合利用；在再生资源产生环节，要大力回收和循环利用各种废旧资源；在社会消费环节，要大力提倡绿色消费。为此，中国将力争重点行业资源利用效率有较大幅度提高，形成一批具有较高资源生产率、较低污染排放率的清洁生产企业；重点领域建立和完善资源循环利用体系和机制；形成若干符合循环经济发展模式的生态工业(农业)园区和资源节约型城市。全国资源生产率大幅度提高，污染物产生和排放量显著削减，为初步建立资源消耗低、环境污染少、经济效益好的国民经济体系和资源节约型社会奠定基础。

发改委：规范投资核准制度

国家发改委公布了《企业投资项目核准暂行办法》，对核准过程中的程序、手序、内容、受理时间、法律责任及效力等方面做出规定。但外商投资项目和境外投资项目的核准办法另行制定。《办法》规定，企业投资建设实行核准制的项目，应编制项目申请报告，报送相应的国务院和各地方政府投资主管部门。申请报告应主要包括拟建建设用地与相关规划、资源利用和能源耗用分析、生态环境影响分析等内容。项目核准机关进行审查的依据则为应符合国民经济和社会发展规划、行业规划、产业政策、行业准入标准和土地利用总体规划；符合国家宏观调控政策；主要产品未对国内市场形成垄断等几项。《办法》规定，对应报核准机关核准而未申报的项目，或者虽然申报但未经核准的项目，国土资源、环境保护、城市规划、证券监管、外汇管理、海关等部门不得办理相关手续，金融机构不得发放贷款。

发改委：清理固定资产投资已取得阶段性成果

国家发展和改革委员会9月14日宣布，作为加强和改善宏观调控的重要措施之一，从4月底开始的清理固定资产投资项目工作已取得阶段性成果。全国共清理固定资产投资项目70600个，总投资规模172744亿元，其中停止建设、暂停建设限期整改、取消立项项目共4150个，总投资规模8441亿元。这对控制投资的过快增长、促进结构调整发挥了积极作用。

银监会：城市商业银行符合条件可跨区域经营

中国银监会表示，鼓励和支持城市商业银行积极开展引进境外战略投资者、上市和城市商业银行之间的联合与重组等项工作，对满足各项监管要求并达到《股份制商业银行风险评级体系（暂行)》规定的中等以上水平的城商行，将逐步允许其跨区域经营。银监会今后将从4方面加强对城商行的监管工作：加强资本约束和提足拨备，建立审慎经营机制；控制关联交易，防范贷款集中度风险；加强和改进信息披露，提高透明度；实施改造重组，加强联合，提高整体发展水平和市场竞争能力。银监会表示，当前以及今后几年城商行主要发展方向为重组改造和联合。要通过资产置换、增资扩股，引进境外战略投资者等手段实施改造和重组，综合化解历史风险，增强抗风险能力，提高公司治理水平，完善内控机制。通过联合、并购的方式，城商行要实现优势互补、资源整合、共同发展，从而突破单个城市的限制，实现跨区域发展。

内地出台新政策支持企业赴港澳投资

商务部、国务院港澳办联合公布了一项新规定，采取简化审批程序、扩大地方审批权限、缩短审批时间等多项有利措施，便利和支持内地有能力的各种所有制企业赴港澳投资经商。这一名为《关于内地企业赴香港、澳门特别行政区投资开办企业核准事项规定》的文件指出，国家鼓励和支持内地各种所有制企业在港澳地区投资开办企业；投资领域包括贸易、工程承包、劳务合作、生产制造、交通运输、旅游、服务、研发、投资、科技；投资方式包括新设(包括独资、合资、合作等)、收购、兼并、参股、注资、股权置换等。新规定简化了申请赴港澳投资程序、缩短了审批时间。规定指出，商务部是核准内地企业赴港澳地区投资开办企业(金融类除外)的实施机关。省级人民政府商务行政主管部门根据商务部委托，对本地区企业赴港澳地区投资开办企业进行初步审查或核准。新规定对地方企业和中央企业在港澳地区投资开办企业的核准程序作出了具体规定：对于地方企业，为从事境外间接上市、开展投资性业务在港澳地区投资开办的企业由商务部核准，其余由商务部委托省级商务主管部门核准；中央企业在港澳地区投资开办企业，由商务部核准。新规定要求，对于申请材料齐全、符合法定形式，或者申请人按照要求补正申请材料的，应当予以受理。受理后，有关单位须在15个工作日内作出是否核准的决定。

国家电网：今后3年将投产1.5亿千瓦发电容量

针对当前电力出现的严重不足的局面，国家有关部门加大了电源项目的审批力度，预计未来3年，将有1.5亿千瓦发电容量投产。为此，国家电网公司在电网建设方面将采取措施包括：加大加快前期工作力度，确保电源送出工程能如期开工；加快“西电东送、南北互供、全国联网”工程的建设步伐，完善网架结构，提高电网输送能力；抓紧抓好三峡送出的三期工程建设，争取早日投产并发挥完善网架结构的作用；加快溪洛渡、向家坝水电站送出工程的前期工作，确保送出工程建设与电站工程建设同步并略留有余地等。

2015年我国水电装机容量将达1.5亿千瓦

中国电力企业联合会公布，根据国家经济社会发展规划，到2010年和2015年，我国水电装机将分别达到1.25亿千瓦和1.5亿千瓦。为了实现上述目标，我国水电开发的基本思路定为：主要开发调节性能好、水能指标优越的大型水电站并因地制宜开发中小型水电站；重点水电站开发与流域梯级开发相结合；重点开发黄河上游、长江中上游、红水河、澜沧江中下游和乌江等流域；推进国家“西电东送”战略和支持中西部及少数民族地区的水电开发；在煤炭短缺、水能资源丰富的地区，选择一批小河流进行连续梯级开发；根据各个电网的调峰能力情况，有选择地开发抽水蓄能发电。据介绍，我国水能资源丰富，河流水能资源理论蕴藏量6.76亿千瓦，技术可开发容量4.93亿千瓦，经济可开发容量3.78亿千瓦。

退耕还林工程：总投入751亿元 5年造林2.88亿亩

我国实施退耕还林工程5年来，国家已投入751亿元，累计完成退耕还林、荒山荒地造林任务2.88亿亩，生态建设成效显著。目前我国水土流失面积356万平方公里，约占国土面积的38%；土地荒漠化面积262万平方公里，约占国土面积的27%。退耕还林已经使先期开展的地区林草植被增加，水土流失减轻，但是生态环境局部改善、整体恶化的趋势仍未得到根本遏制。国务院西部地区开发领导小组办公室副主任王志宝介绍，退耕还林速度放缓，主要是巩固成果的任务非常艰巨，而且需要在前5年工作的基础上，认真总结经验和教训。其中一个重要原因是，目前发现一些地方退耕还林工作与基本口粮田建设、发展后续产业、农村能源建设、生态移民、封山禁牧等5项工作的结合不落实，对粮钱补助停止后如何解决农牧民吃饭、烧柴、增收等长远生计问题考虑不够，办法不多，措施不力。

中国积极开放电信市场

信息产业部部长王旭东在“太平洋电信组织(PTC)2004年会”上说，中国是发展中国家，也是信息通信极具发展潜力的国家。在经济全球化的今天，中国信息通信业的发展，离不开国际合作，同时，中国信息通信业的发展也有利于世界信息通信业的发展。目前，中国正按照加入世界贸易组织时做出的承诺，积极、有步骤地开放信息业务市场，并依法保护境外投资者的合法权益。另一方面，我们也鼓励中国企业走出去，开拓国际市场。王旭东认为，中国作为太平洋电信组织的一员，与太平洋电信组织各成员在信息通信领域的互补性强，合作潜力大，今后中国将继续本着平等互利的原则，进一步加强与本地区各国在技术、业务、监管等多个领域的双边、多边合作，相互学习借鉴，不断提高自身水平，实现互利、多赢。

国家开发行调整贷款政策　拟向中小企业开禁

中国最大的政策性银行——国家开发银行计划将向发展蓬勃却缺乏资金的国内中小型企业打开资金

供应的闸门。国家开发银行的大部分贷款原仅提供给国家大型基础设施和工业开发项目，而今后该银行将对民营或集体所有制的中小型企业给予更多的贷款支持。国家开发银行将重新调整贷款政策，创建一个平台，以便向中小企业提供贷款融资和信用担保，从而促进中小企业发展。其副行长刘克崮说："目前正在考虑的计划包括向中小企业和新创企业提供批发贷款和创业投资。"

49个国家级经济开发区发展速度"超常规"

目前现有的49个国家级经济开发区都取得了骄人的成绩，已成为超常规发展的新经济增长点。据悉，49个经国务院批准的国家级经济技术开发区东部沿海27家，中部9家，西部13家，规划用地总面积约580平方公里，已完成规划内土地开发约460平方公里，占全部规划用地面积的80%，已开发土地中工业用地面积占约3/4，约340平方公里。已进区内外资工业企业1.62万家，其中外商投资企业1.18万家，占工业企业总数的70%，平均每平方公里建成投产工业企业数约45个，平均每平方公里工业用地的工业产值达到40至70亿元。国家级经济技术开发区在580平方公里的土地上创造出了占全国工业增加值7.5%的工业增加值，在集约利用土地资源方面起到了表率使用，在提高土地的利用率上取得了明显的成效。

第二批东北老工业基地改造国债项目确定

在国家发改委下达的第二批东北老工业基地改造国债项目中，大连市有27个项目获得批准，与去年获得批准的第一批17个项目合计，项目总数达到44个。在第二批的27个项目中，中直企业1个，地方企业26个，总投资57.97亿元，全部投产后可以实现年新增销售收入121.06亿元，新增利税24.44亿元。在地方企业的26个项目中，有石化专项8个，车船专项2个，医药专项3个，装备专项5个，稀土建材1个，轻纺专项4个，制造业信息化专项3个。

天津：今后3年将投资300亿元用于环境建设

天津市政府确定，从现在起到2007年，天津预计投资300亿元，实施54个重点环境建设项目，确保经济与社会的协调发展。 这些项目涉及垃圾处理、污水处理、集中供热、排水管网、河道改造、园林绿化和生态建设。投资将采取财政投资、社会筹资和金融机构货款相结合的方案。 根据规划，到2007年底，天津将建成空气清新、河水清澈、环境整洁、市容优美的宜居城市。污水处理率将达到89%，环境质量二级以上天数达到80%以上，绿化覆盖率达到40%，城市生活垃圾和粪便无害化处理率分别达到85%和80%。

上海：多地房地产商将限制参与土地招投标

上海市出台的新政策规定，今后存量土地多的房地产商在参与土地招投标过程中将受到限制。上海对掌握大量土地的开发商的限制，是配合国家有关部委清理整顿土地市场所作的地方性规定。上海市政府发言人焦扬介绍说，根据最新调查，截至去年底，上海已经出让给开发商但尚未开工的经营性项目用地共有3670公顷，未开工的主要原因是拆迁、报建、或者是规划调整等。其中由于开发商因资金不到位两年没有开工的土地大约1000公顷。对于这些未开发土地，上海将根据"优化结构，控制总量，盘活存量"的原则进行清理，通过控制用地增量来逼出土地存量。上海今年已开始实行新增经营性用地计划与存量土地消化挂钩的办法，在年度计划用地总量范围内，根据消化存量土地的进度来安排新增用地计划，对存量土地较多的区县，适当减少年度计划总量。

新疆：全面开放矿业开发领域吸引投资

新疆开始全面放开矿产开发领域，打破现行的各种政策保护壁垒，积极吸引国际和国内投资，开发新疆储量丰富的矿产资源。 矿业是新疆国民经济发展的支柱产业，包括有色金属、贵金属以及黑色金属在内的多种矿产资源将是勘探开发的重点。新疆已经开始打破矿业开发领域的行业垄断、部门保护、地区封锁，扩大对外经济技术合作及利用国内外资金的规模。

浙江：6 年投入千亿建设铁路

铁道部和浙江省政府签署了关于铁路建设的会谈纪要，到2010 年，中国铁路最先进的路网规划将有望在浙江率先变为现实，总共涉及的铁路建设项目总投资将超过1000 亿元。按照新规划的蓝图，快速列车将直通珠三角，甬台温铁路、温福铁路、福厦铁路和规划中的厦深铁路将连成一线，建成后无疑将是长三角通往珠三角的沿海便捷大通道。目前，浙江省境内的铁路线路只有沪杭、浙赣、宣杭干线、金千、长牛、北仑支线和杭州枢纽铁道线等。而此次的规划将使浙江省所有陆上地级市都通铁路。浙江省将争取在2010 年前完成沪杭线电气化改造、浙赣线电气化改造、萧甬线电气化改造、金温铁路改造和杭州铁路枢纽部分改造工程，建成宣杭铁路复线、温福铁路、甬台温铁路、湖嘉乍铁路、衢常铁路和宁沪杭城际客运系统等11 个项目。

2004 年 11 月

发改委：确定明年宏观经济政策 5 大重点

国家发改委副主任朱之鑫在 “2005 年中国行业发展报告会”上说，明年中国宏观经济政策的5 大重点是：更加注重结构调整，推动产业结构和产品的更新换代；更加注重加强经济和社会发展中的薄弱环节，重点是要加强农业和社会事业；更加注重扩大消费需求，继续引导和培育新的消费增长点，注重挖掘农村的消费潜力；更加注重改善人民生活，特别注意困难群众的生活，加大农村扶贫工作力度，妥善解决困难群众的生活；更加注重通过改革来解决深层次的体制和机制。朱之鑫承认，明年中国经济也存在5 个不确定因素：宏观调控的成果还是初步的、阶段性的，基础不够稳固，经济中盲目扩张的冲动性还存在；粮食产量损失有了一定的增长，但是扩大粮食生产，特别是增加农民收入的目标实现起来，难度还比较大；产业结构不合理，特别是装备制造业水平低，制约了经济增长和竞争力提高；经济发展中资源环境的约束也比较大；在整个经济增长过程中，就业矛盾还比较突出。

发改委：我国成为世界第二大能源消费国

国家发展和改革委员会能源局副局长吴贵辉说，我国能源消费总量已经位居世界第二，约占世界能源消费总量的11%。吴贵辉指出，2003 年，我国能源消费总量为16.8 亿吨标准煤。其中煤炭占67.1%，原油占22.7%，天然气占2.8%，可再生能源占7.3%。目前我国面临着常规能源资源约束、过分依赖煤炭污染严重、能源利用效率低等问题。我国人均煤炭、石油、天然气资源量仅为世界平均水平的60%、10%和5%。全国90%的二氧化硫排放、大气中70%的烟尘是燃煤造成的。我国每吨标准煤的产出效率仅相当于日本的10.3%、欧盟的16.8%。吴贵辉说，我国未来能源结构政策的基本方略是“煤为基础、多元发展”。维持以煤炭为主体、电力为中心，油气、新能源全面发展的一次能源结构；优化二次能源结构，特别是提高煤炭利用效率和清洁性。“立足国内、开拓国外”是我国能源开发战略的重要内容。吴贵辉指出，我国石油、天然气资源短缺，需要充分利用国内外两种资源、两个市场，在做好石油节约与替代的同时，走出国门，积极参与世界油气市场的开发与资源分享，扩大能源对外贸易和投资。

国资委：确定明年6项重点工作

国资委和中央企业在2005年将共同推动改革发展的6项工作。这6项工作，一是继续调整国有经济布局结构，推进产业结构优化升级；二是深化国有资产监督管理体制改革，把握好出资人定位，规范国有企业改制和产权转让，深化企业内部改革；三是转变经济增长方式，积极推进技术改造和技术进步；四是坚持树立和落实科学发展观，努力培育大公司大集团；五是加强改进思想政治工作，保持企业稳定建设；六是加强企业党建工作。

保险资金获准直接入市

经国务院批准，中国保险监督管理委员会联合中国证券监督管理委员会近日正式发布了《保险机构投资者股票投资管理暂行办法》。这是中国保监会和中国证监会积极贯彻落实《国务院关于推进资本市场改革开放和稳定发展的若干意见》的重要举措，将对进一步加强资本市场建设，促进保险市场与资本市场协调发展，拓宽中国保险业资金运用渠道，分散资金运用风险，逐步培养和形成保险资金运用新的投资能力，产生深远影响。《办法》规定，保险机构可直接投资股票市场，参与一级市场和二级市场交易，买卖人民币普通股票、可转换公司债券及保监会规定的其他投资品种；保险机构投资者投资股票的比例，按成本价格计算，最高不超过本公司上年末总资产规模的5%；选择以绩优、蓝筹、流动性强、财务状况稳健的上市公司为样本的指数作为股票投资基准。

未来5年我国将大力发展水电

未来5年，中国在电力发展结构上将大力开发水电，着重加快核电和天然气建设速度。根据需要，发电方面的投资需要1万亿元，电网投资规模将达到7500亿元，因此中国将进一步拓宽输电网建设的投融资渠道，促进电力企业投融资机制的改革创新。面对中国小水电开发热潮，新的规划将制定鼓励和保护小水电的基本政策，明确区域小水电上网电价水平，调整电价和天然气价的比价。

南水北调工程建设管理基本制度出台

国务院南水北调工程建设委员会出台了《南水北调工程建设管理的若干意见》，这标志着南水北调工程建设管理有了基本制度，也为对工程建设依法管理奠定基础。新出台的《意见》，明确了南水北调工程建设管理体制，界定了工程沿线有关省(区、市)的南水北调工程建设领导机构及其办事机构、项目法人的职责；明确了工程建设采用项目法人直接管理、代建制、委托制相结合的建设管理模式；对从事南水北调工程项目管理、勘测设计、招标代理、监理、施工、设备材料供应等活动的单位实行建设市场准入管理。

中国投资覆盖160国，境外中资企业达6960家

统计数字显示，到2000年为止，中国企业在160个国家投资了大约6000个项目，投资总额为70亿美元。到2002年底，中国设立的境外中资企业达6960家，中方投资金额近100亿美元。截至目前，经外贸部门批准在海外投资的中国公司已超过7000家，投资合同金额高达130多亿美元。有关部门估计，中国境外所有投资项目的资产总和已达1500亿美元。

黑龙江：取消停建一批固定资产投资项目

黑龙江省对2003年以来的2101个新上固定资产投资项目的用地情况进行了核查，结果显示符合国家有关固定资产投资项目用地要求的有2003个，占总项目的95.3%，需要占用土地21405.598公顷，占用耕地11447.252公顷。符合土地利用总体规划要求并纳入土地利用年度计划项目有2076个，占总项目的98.8%。同时，对确认不符合要求的项目，取消立项35个，停止建设项目7个，暂停建设、限期整改56个，立案查处36个。对违反规定的，将依法追究相关责任人的责任。

湖北：制造业成外商投资热点

今年1至9月，湖北省新批外商投资企业409家，同比增长16.52%；实际使用外资金额11.4亿美元，同比增长60.46%。 制造业成为外商投资的热点。该省有史以来最大的外商投资项目——东风汽车有限公司项目合同外资全部到位，共计10亿美元，极大地拉动了汽车产业的发展。前3季度，外商在制造业领域共投资设立企业265家，合同外资金额6.97亿美元，实际使用外资金额8.84亿美元，分别占全省总量的64.79%、62.16%和77.55%。

广东：投资1300多亿打造生态珠三角

全国第一个区域性环保规划《珠江三角洲环境保护规划纲要》日前在广东省政府常务会议上通过，在上报省人大审议后将成为广东省的地方性法规。规划指出，2005年，珠三角区域内的9个城市将全部建成“中国优秀旅游城市”；2010年，全部创建国家环境保护模范城市，珠三角建成国家环境保护模范城市群；2020年，9个城市进一步创建生态市，珠三角将彻底扭转目前环境不堪重负的局面，最终形成一个既适合创业、又适宜居住的生态城市群。为了确保以上目标的顺利实现，2010年之前，有关部门将总共投资1321亿元。

海南：重点发展四大支柱工业产业

海南将重点发展天然气与天然气化工、石油加工与石油化工、汽车制造及配件、林浆纸一体化等支柱产业，目前该四大支柱工业产业链轮廓渐显。卫留成称，目前海南的天然气、石油化工、浆纸和汽车制造产业尚处于起步阶段，今后可开发的产业链较长，将带动巨额资金在琼投资。据初步测算，2007年天然气新上岸20亿立方米，将带动天然气化工产业链投资百亿元人民币，中石化800万吨炼油项目预计2006年年中投产，总投资约百亿元；一汽海马厂2007年实现15万辆整车产量，销售额将达150亿元；洋浦金光集团造纸项目今年60万吨浆纸投产、明年上马150万吨造纸，将带动投资160亿元。海南海洋油汽资源丰富。中海油与荷兰帝斯曼公司在东方化工城投资1.5亿美元，建设12万吨三聚氰胺项目。正在筹建的80万吨乙烯工程及60万吨甲醇项目，将带动一批石化下游项目建设。另外，海南正在策划300万吨进口液化气项目，同时带动港口建设、海上运输、天然气发电项目。

沈阳：推出百个重磅投资项目

沈阳市政府举行“投资沈阳——振兴东北老工业基地重大产业项目推介会”，推出了100个重大产业项目，共涉及装备制造业、汽车及零部件业、电子信息产业、医药化工业、农产品深加工业以及生产性服务业几大领域，投资总额首次超过了3000亿元。在这100个重大产业项目中，除一大批装备制造业项目和汽车及零部件项目备受与会者瞩目外，也有相当一大批项目与沈城市民的生活息息相关。其中，建设民用飞机及飞机发动机生产线、沈阳华润雪花啤酒公司整体改造搬迁、浑南新区中央商务区购物中心、东北小食品城、英国汽车城和浑河商贸产业带等六大“亮点”项目更加引人关注，仅这六大项目的投资总额就达到366亿元。

深圳：首次制定条例审计监督全部政府投资项目

《深圳经济特区政府投资项目审计监督条例》日前在《深圳市人民政府公报》上发布。这意味着深圳首次以条例的形式将1998年以来对全部政府投资项目实施审计的成功做法固定下来，并正式确立了政府投资项目的绩效审计制度，每年政府投资项目将被审计机关全面监督。这部审计监督法规有四大特点：一是实现了对所有政府投资项目实行审计监督的全面覆盖，同时，有重点地对投资额大、关系国计民生的项目实行各个环节的全面审计。法规强化了审计机关对政府投资项目的审计监督，有利于推进深圳市政府投资项目监督体制的进一步完善。二是实现了监督与管理相分离，保证独立审计，有利于审计机关充分发挥高层次经济监督部门的作用。三是要求从项目建设各环节实施审计，突出工程造价审计，以实现节约政府投资，减少损失浪费，促进提高投资效益的目的。法规还突出体现了对项目工程造价和成本的控制，形成概算控制预算、预算控制决算的良性约束机制，避免投资失控的现象。四是确立了政府投资项目绩效审计制度，对项目绩效审计的范围、内容、程序和作用作出了具体规定，为全面推行项目绩效审计提供了坚实的法制保障。

2004年12月

国家发改委：今年价格改革主要内容有4项

国家发改委表示：今年价格改革主要内容有4项。一是推进电价改革。继续在东北电力市场开展两部制上网电价改革。分步实施输配电价改革，在华东、广东地区试行新的输配电价机制。推进大用户用电直供试点。实施煤电价格联动。二是完善水价形成机制。扩大水资源费征收范围，合理调整城市供水、水利工程供水价格，加大污水处理费征收力度。推进阶梯式计量水价、农业用水终端水价、超定额用水加价制度。实施南水北调工程基金使用管理办法，改进南水北调工程水价管理体制。三是进一步完善石油、天然气价格形成机制，根据国际石油价格变动情况，合理安排国内成品油价格。四是适度疏导公用事业价格矛盾。

自2005年起我国重点行业将进一步扩大开放

2005年以后，我国主要产业的过渡期将到期，市场开放水平将达到承诺的终点。按照加入世贸组织的承诺，2005年我国关税总水平将降至10.1%，其中工业品平均关税降到9.3%，农产品降到15.6%；所有非关税措施都将取消；银行、证券、保险、分销等重要服务部门所享受的过渡期将逐步结束。汽车：2005年1月1日起取消汽车配额、许可证管理，汽车关税降到30%，汽车零部件关税降到13%。2006年7月1日，汽车关税将降到25%，零部件平均关税降到10%。农业：2005年，农产品关税水平降至15.35%，关税配额数量达到最高点，其中小麦和玉米的关税配额量达到国内生产量的10.7%和6%. 银行：2006年，我国将取消对外资银行所有权、经营和设立形式，包括对分支机构和许可证发放进行的限制，允许外资银行向中国客户提供人民币业务，即给予外国银行国民待遇。 保险：2005年后，我国将取消对保险业务的地域限制，允许外国保险公司提供健康险、团体险和养老金／年金服务，取消再保险的强制分保规定，降低对外资经纪公司的总资产要求，允许设立独资的保险经纪公司。电信：2007年，我国将取消基础电信的地域限制，外资股份将允许达到49%。 除上述服务贸易领域之外，2005年后，建筑、旅游、运输等行业也将允许设立外商独资企业。

国家发改委：2020年中国能源投资将达18万亿人民币

国家发改委能源局局长徐锭明表示，到2020年我国能源工业投资将达10万亿元人民币，加上从国外购买能源方面的投资，总投资将达18万亿元人民币。2002年全国一次能源消费总量15.14亿吨标准煤，比1990年增加5.27亿吨标准煤，增长53%，年均增长3.6%，其中煤炭占66.3%，石油占23.5%，天然气占2.6%，水电、核电占7.6%。我国自1993年开始成为石油净进口国以来，对外依存度逐年提高，2002年石油净进口量8130万吨，对外依存度达32.8%。

国家发改委：近5年西部开发重点项目规划投资8500亿元

国家发展和改革委员会副主任王春正在“2004中国西部论坛”上说，近5年来，西部开发新开工重点项目达60个，规划投资总规模8500亿元。 到2004年年底，有23项重点工程将全部或部分建成投产。西气东输工程全线贯通，西电东送工程新增向广东送电1000万千瓦的任务提前完成，青藏铁路线下工程已完成95%左右。至今，西部地区新建和改造大型水库43座，建设输变电线路9800多公里，新增公路通车里程7.5万公里，其中高速公路4600多公里，新建铁路新线、复线和电气化线路4570多公里。据统计，退耕还林工程累计完成退耕地造林和荒山荒地造林2.88亿亩，退牧还草工程已经安排治理严重退化草原1.9亿亩。江河上游水利枢纽、公路国道主干线、天然林保护、京津风沙源治理、江河上游水污染防治、西部中心城市大气污染治理等重点工程全面展开，许多项目的经济社会和生态效益开始显现。

我国首个节能中长期规划出台

国家发改委公布了我国第一个《节能中长期专项规划》。该规划提出了4个方面的目标：一是宏观节能量指标。到2010年每万元GDP(1990年不变价，下同)能耗由2002年的2.68吨标准煤下降到2.25吨标准煤，2003年～2010年年均节能率为2.2%，形成的节能能力为4亿吨标准煤。2020年每万元GDP能耗下降到1.54吨标准煤，2003年～2020年年均节能率为3%，形成的节能能力为14亿吨标准煤，相当于同期规划新增能源生产总量12.6亿吨标准煤的111%，相当于减少二氧化硫排放2100万吨。二是主要产品(工作量)单位能耗指标。2010年总体达到或接近20世纪90年代初期国际先进水平，其中大中型企业达到本世纪初国际先进水平；2020年达到或接近国际先进水平。三是主要耗能设备能效指标。2010年新增主要耗能设备能源效率达到或接近国际先进水平，部分汽车、电动机、家用电器等达到国际领先水平。四是宏观管理目标。2010年初步建立与社会主义市场经济体制相适应的比较完善的节能法规标准体系、政策支持体系、监督管理体系、技术服务体系。

外商投资产业新指导目录颁布

国家发改委和商务部联合颁布了《外商投资产业指导目录(2004年修订)》。广播电视节目制作、发行和电影制作首次被列为对外开放领域。增加和修改鼓励类外商投资条目，包括大屏幕彩色投影显示器用关键件制造、汽车电子装置制造、30万千瓦大型循环流化床锅炉制造、只读类光盘复制等。删除和修改原有鼓励类外商投资条目，包括宽厚板生产、镀锌板生产、废钢加工、氨纶生产、聚酯生产等。新目录突出了两大特点：一是放宽外资准入范围，加快服务业对外开放步伐。二是对已经出现盲目投资的热点行业或产品，从鼓励外商投资目录中删除，调整为允许类外商投资项目。

交通部铁道部：中国将加快西部交通体系建设

国家交通部副部长翁孟勇和铁道部副部长王兆成表示，国家将加快西部地区的交通体系建设，以支持西部地区加快经济发展。翁孟勇表示，按照目前的建设速度，到2007年底前，西部12个省市区将全面建成国道主干线；到2010年，西部开发省际公路通道将基本建成，西部地区公路网总里程将超过94万公里，高速公路通车里程将超过2万公里。到2020年，由二级以上高等级公路组成的骨架网将覆盖西部地区。交通部对西部地区采取了投资倾斜政策，西部地区重点项目投资标准平均提高30%－40%。从2001到2005年，西部地区中央专项资金投入将占到全国总投入的50%。王兆成表示，铁道部在今年拟新开工的48个建设项目中，已安排了16个西部铁路项目。今年还将安排11个西部铁路建设项目，到2020年，新建西部铁路将达1.6万公里。他说，铁道部将继续对西部地区给予必要的运力倾斜，保证西部地区铁路运量稳步增长。

我国能源以煤为主，整体对外依存度不超过5%

国土资源部副部长汪民表示，我国的矿产资源需求总量虽较大，但人均资源消费水平远低于世界平均水平。石油等矿产一定程度地需要通过进出口调剂余缺，但我国的能源结构仍将以煤炭为主体，我国能源的整体对外依存度不会超过5%。汪民说，在矿业发展上，我们将坚持国内国外两种资源并举，而首先立足于国内。随着煤开发利用技术的发展、天然气资源的扩大利用、油页岩等的逐步开发以及我国在海上和西部新区油气找矿突破，我国矿物能源开发利用前景广阔。我们正在按照“加强国内勘查、集约利用资源”的工作思路，继续大力发展国内矿业。同时，我们会认真吸取许多国家的经验教训，探索新型工业化道路，大力发展循环经济，努力建设资源节约型社会。汪民表示，我国有着相当有利的成矿地质条件和丰富的矿产资源基础。已发现矿产171种，有查明资源储量的158种，资源总量居世界第二位，一批矿产的储量居世界第一位。全国已发现20多万处矿点、矿化点，目前仅对其中2万多处作了勘查评价。从1999年开始的新一轮国土资源大调查已经取得重要成效，完成了全国21个主要成矿远景区的矿产资源调查评价，进一步摸清了资源潜力，新发现矿产地421处。

水利部：内外资本可平等进军城市水务

水利部副部长索丽生说，今后国家将着力构建有利于水务行业市场化、产业化发展的宏观政策环境和配套改革措施，建立健全水价调整与听证程序、产品与服务价格审核程序，实行内外资本进入城市水务行业的国民待遇和政策。索丽生表示，水务工程投资规模大，回报期长，仅靠各级政府投入不足以满足经济社会发展对水务基础设施的需求，必须整合水务产业，培育跨区域的大型水务集团。利用投资主体的多元化改革，在传统企业改制的基础上，以市场为主导，以资本结构的调整拉动产业整合。有扩展实力、具有一定规模的水务企业，要在竞争中做大做强。

山西：465亿结构调整7大项目

通过山西多方的不懈努力，国家最近批准了山西的7个重点工程项目，他们分别是：太钢150万吨不锈钢工程、石家庄至太原铁路客运专线项目、山西鲁能晋北有限责任公司100万吨氧化铝项目、柳林电厂扩建工程、永济电厂扩建工程、太原二电厂六期扩建工程、张峰水库，这7大项目总投资465亿元，预计在3年内全部完工，其规模和强度在山西省建设史上首屈一指。

安徽：500亿元建设7条铁路

安徽省发改委近日公布，全省将于近期内开工建设7条铁路，总投资500亿元，欢迎广大民间资本积极参与投资建设。 安徽省发改委新闻发言人张天培介绍，这7条铁路主要是合肥—南京快速铁路，安徽境内建设里程146公里，由于铁道部和安徽省合资建设，2004年动工，“十一五”期间建成；铜陵——九江铁路，安徽境内建设里程150公里，由铁道部投资建设，安徽省负责完成征地拆迁工作，2004年动工，“十一五”期间建成；合肥—武汉快速铁路，安徽境内建设里程202公里，由部省合资建设，2005年动工，“十一五”期间建成；京沪客运专线（即京沪高速铁路），安徽境内建设里程263公里，“十一五”开工，2010年以前完成；南京—马鞍山—芜湖铁路二线，安徽境内建设里程56公里，2010年以前开工并建成；现有京沪铁路安徽段电气化改造，安徽境内建设里程258公里，2010年以前开工并建成；水家湖(长丰县)—蚌埠第二线，合肥—蚌埠现有铁路提速改造，与京沪高速铁路同步建设。

广东：投资1390亿建铁路，省内可形成三纵两横

铁道部和广东省达成协议，将投资1390亿元建设长达2164公里的9个铁路项目，预计将在16年内陆续建成，届时将使广东铁路总里程翻一番达到4000公里，省内铁路形成“三纵两横”主骨架基本形态。这些项目的建成，将使广东铁路总里程达到4000公里，出省铁路通道将由原来的3条增加到5条，省内铁路形成“三纵两横”(“三纵”为京广、京九和洛湛铁路广东段，“二横”为广茂、广梅汕、梅坎铁路广东段以及饶平至茂名沿海快速客运专线)主骨架基本形态。

中国将向阿投资197亿美元

阿根廷计划、公共投资和服务部长胡利奥·德比多透露，中国企业承诺在未来10年内向阿根廷投资197亿美元，投资项目包括铁路建设、海上石油、电信和基础设施建设等，从而加深全球经济增长最快的国家与南美经济第二大国之间的经贸合作。在197亿美元的投资合作项目中，主要包括：在未来10年内，投资80亿美元改造阿根廷四通八达但已老化的铁路系统；60亿美元将投向基础设施项目建设，其中包括在未来5年内建设30万套房屋；未来5年内，投资50亿美元用于海上石油勘探和开采项目。

中国投资领域相关法规目录

（2004年1月－2004年12月）

中央机关、国务院各部委新颁布法规

2004年1月

★ 税务登记管理办法（颁布时间：2004－01－01）

★ 中国证券监督管理委员会关于实施《证券发行上市保荐制度暂行办法》有关事项的通知（颁布时间：2004－01－02）

★ 财政部、国家税务总局关于试点地区农村信用社税收政策的通知（颁布时间：2004－01－02）

★ 国土资源部关于建立土地市场动态监测制度的通知（颁布时间：2004－01－02）

★ 中国保险监督管理委员会关于保险中介机构设立分支机构有关事项的通知（颁布时间：2004－01－02）

★ 关于贯彻《国务院办公厅关于切实解决建设领域拖欠工程款问题的通知》的实施意见（颁布时间：2004－01－03）

★ 关于进一步提高上市公司财务信息披露质量的通知（颁布时间：2004－01－06）

★ 中国证券监督管理委员会关于规范上市公司实际控制权转移行为有关问题的通知（颁布时间：2004－01－07）

★ 财政部、科技部关于印发《应用技术研究与开发资金管理暂行办法》的通知（颁布时间：2004－01－07）

★ 关于加强协作共同做好房地产市场信息系统和预警预报体系有关工作的通知（颁布时间：2004－01－07）

★ 国家税务总局关于进一步加强外国承包商税务管理的通知（颁布时间：2004－01－08）

★ 关于集团型企业使用中国名牌产品标志问题的通知（颁布时间：2004－01－08）

★ 财政部关于三线调迁企业设立的新企业享受税收优惠政策问题的通知（颁布时间：2004－01－08）

★ 国务院办公厅关于暂停新建高尔夫球场的通知（颁布时间：2004－01－10）

★ 国家税务总局关于印发修订后的《外商投资企业和外国企业所得税申报表》的通知（颁布时间：2004－01－12）

★ 国务院办公厅关于支持做好国家中长期科学和技术发展规划制定有关工作的函（颁布时间：2004－01－12）

★ 中国保险监督管理委员会关于保险公司经营区域有关问题的批复（颁布时间：2004－01－12）

★ 中国保险监督管理委员会关于保险公司员工投资保险中介机构问题的批复（颁布时间：2004－01－13）

★ 国务院办公厅关于开展贯彻落实中央经济工作会议精神情况专项检查的通知

（颁布时间：2004—01—13）

★ 设立外商投资会议展览公司暂行规定（颁布时间：2004—01—13）

★ 外国保险机构驻华代表机构管理办法（颁布时间：2004—01—15）

★ 中国证券监督管理委员会关于发布《公开发行证券的公司信息披露规范问答》第1号（2004年修订）的通知（颁布时间：2004—01—15）

★ 中国保险监督管理委员会关于保险资产管理公司编报2003年年度报告有关问题的通知（颁布时间：2004—01—15）

★ 关于规范汽车消费贷款保证保险业务有关问题的通知（颁布时间：2004—01—15）

★ 国家税务总局关于2003年度外商投资企业和外国企业所得税汇算清缴工作有关问题的通知（颁布时间：2004—01—16）

★ 国家税务总局关于清理检查开发区税收优惠政策问题的通知（颁布时间：2004—01—16）

★ 国家税务总局关于外商投资企业从事电信业务所发生的坏账损失税务处理问题的通知（颁布时间：2004—01—17）

★ 中华人民共和国财政部关于印发《关于改进和加强企业年度会计报表审计工作管理的若干规定》的通知（颁布时间：2004—01—17）

★ 关于贯彻执行国务院办公厅转发发展改革委等部门关于制止钢铁电解铝水泥行业盲目投资若干意见的紧急通知（颁布时间：2004—01—17）

★ 财政部、国家税务总局关于农村税费改革试点地区有关个人所得税问题的通知（颁布时间：2004—01—17）

★ 财政部、国家税务总局关于列名钢铁企业销售"加工出口专用"钢材适用退税率的通知（颁布时间：2004—01—17）

★ 国家工商行政管理总局关于贯彻实施《中华人民共和国行政许可法》的通知（颁布时间：2004—01—19）

★ 中华人民共和国海关关于加工贸易保税货物跨关区深加工结转的管理办法（颁布时间：2004—01—19）

★中华人民共和国财政部关于对资产评估行业进行全面检查的通知（颁布时间：2004—01—20）

★ 最低工资规定（颁布时间：2004—01—20）

★ 集体合同规定（颁布时间：2004—01—20）

★ 财政部、国家税务总局关于中国人寿保险（集团）公司重组改制过程中有关契税政策的通知（颁布时间：2004—01—20）

★ 商务部、国资委办公厅关于上市公司国有股向外国投资者及外商投资企业转让申报程序有关问题的通知（颁布时间：2004—01—21）

★ 国家税务总局关于开展扩大增值税抵扣范围企业认定工作的通知（颁布时间：2004—01—29）

★ 中国保险监督管理委员会工作规则（颁布时间：2004—01—30）

★ 财政部关于发布全国政府性基金项目目录的通知（颁布时间：2004—01—30）

★ 国务院关于推进资本市场改革开放和稳定发展的若干意见（颁布时间：2004—01—31）

2004年2月

★ 房屋建筑和市政基础设施工程施工分包管理办法（颁布时间：2004-02-03）

★ 财政部关于政策性住房金融业务财务管理有关问题的通知（颁布时间：2004-02-03）

★ 金融机构衍生产品交易业务管理暂行办法（颁布时间：2004-02-04）

★ 关于印发加快东北地区中央企业调整改造指导意见的通知（颁布时间：2004-02-04）

★ 财政部、国家税务总局关于部分资源综合利用产品增值税政策的补充通知（颁布时间：2004-02-04）

★ 关于开展工程招标代理机构资格复审工作的通知（颁布时间：2004-02-04）

★ 中国保险监督管理委员会关于进一步加强财产保险公司精算工作的通知（颁布时间：2004-02-04）

★ 工程建设地方标准化工作管理规定（颁布时间：2004-02-04）

★ 财政部、国家税务总局关于供热企业税收问题的通知（颁布时间：2004-02-05）

★ 国家税务总局关于进一步加强个体税收征管工作的通知（颁布时间：2004-02-05）

★ 中央企业财务决算审计工作规则（颁布时间：2004-02-05）

★ 关于发布2003年度国家规划布局内重点软件企业名单的通知（颁布时间：2004-02-06）

★ 国务院国有资产监督管理委员会关于加强企业国有产权交易监管有关工作的通知（颁布时间：2004-02-06）

★ 最高人民法院、国土资源部、建设部关于依法规范人民法院执行和国土资源房地产管理部门协助执行若干问题的通知（颁布时间：2004-02-10）

★ 建设部建筑节能试点示范工程（小区）管理办法（颁布时间：2004-02-11）

★ 中央企业财务决算报告管理办法（颁布时间：2004-02-12）

★ 企业国有资产统计报告办法（颁布时间：2004-02-12）

★ 建设部、国家发展改革委、国土资源部、财政部关于清理和控制城市建设中脱离实际的宽马路、大广场建设的通知（颁布时间：2004-02-12）

★ 关于外商投资举办投资性公司的规定（颁布时间：2004-02-13）

★ 关于进一步下放外商投资项目审批权限的通知（颁布时间：2004-02-13）

★ 国家外汇管理局关于改进外商投资企业外汇年检工作有关事项的通知（颁布时间：2004-02-18）

★ 国土资源部关于严格按照标准和政策界限抓紧清理整顿现有各类开发区的函（颁布时间：2004-02-18）

★ 国家发展改革委关于全面实行收费公示制度的通知（颁布时间：2004-02-19）

★ 商业银行资本充足率管理办法（颁布时间：2004-02-23）

★ 国务院国有资产监督管理委员会关于中央企业加强产权管理工作的意见（颁布时间：2004-02-23）

★ 国家发展改革委、国家税务总局关于继续做好中小企业信用担保机构免征营业税有关问题的通知（颁布时间：2004-02-23）

★ 税务行政复议规则（暂行）（颁布时间：2004-02-24）

★ 国家发展和改革委员会关于加强涉农价格和收费管理促进农民增加收入的通知（颁布时间：2004–02–24）

★ 国家税务总局关于外商投资企业和外国企业虚报亏损企业所得税处理问题的批复（颁布时间：2004–02–24）

★ 关于开展质量信用等级评价工作有关问题的通知（颁布时间：2004–02–24）

★ 外商投资国际海运业管理规定（颁布时间：2004–02–25）

★ 中华人民共和国财政部关于印发《资产评估准则——基本准则》和《资产评估职业道德准则——基本准则》的通知（颁布时间：2004–02–25）

★ 中华人民共和国海关对加工贸易货物监管办法（颁布时间：2004–02–26）

★ 国家外汇管理局关于下发外汇报表清理情况的通知（颁布时间：2004–02–26）

2004年3月

★ 外商投资广告企业管理规定（颁布时间：2004–03–02）

★ 会计师事务所执业质量检查制度（试行）（颁布时间：2004–03–04）

★ 建设部办公厅关于对乙级和暂定级资格工程建设项目招标代理机构承接工程招标代理业务范围有关问题的函（颁布时间：2004–03–04）

★ 国务院国有资产监督管理委员会关于做好贯彻落实《企业国有产权转让管理暂行办法》有关工作的通知（颁布时间：2004–03–08）

★ 基金会管理条例（颁布时间：2004–03–08）

★ 电力安全生产监管办法（颁布时间：2004–03–09）

★ 外资银行并表监管管理办法（颁布时间：2004–03–09）

★ 财政部关于规范利用外国政府贷款采购非贷款国货物的通知（颁布时间：2004–03–09）

★ 建设部办公厅关于开展２００４年监理工程师注册工作的通知（颁布时间：2004–03–10）

★ 清理检查开发区税收优惠政策督查方案（颁布时间：2004–03–10）

★ 废止加工贸易文件目录（共258份）（颁布时间：2004–03–11）

★ 国务院关于进一步推进西部大开发的若干意见（颁布时间：2004–03–11）

★ 中国银行业监督管理委员会关于中国银行、中国建设银行公司治理改革与监管指引（颁布时间：2004–03–11）

★ 中华人民共和国宪法（第四次修正）(颁布时间：2004–03–14）

★ 期货经纪公司治理准则（试行）（颁布时间：2004–03–15）

★ 民航国内航空运输价格改革方案（颁布时间：2004–03–17）

★ 农民专业合作组织示范项目资金管理暂行办法（颁布时间：2004–03–17）

★ 农业机械购置补贴专项资金使用管理办法（试行）（颁布时间：2004–03–17）

★ 商务部、国家外汇管理局关于２００４年境外投资联合年检和综合绩效评价工作有关事项的通知（颁布时间：2004–03–18）

★ 市政公用事业特许经营管理办法（颁布时间：2004–03–19）

★ 国务院关于将部分土地出让金用于农业土地开发有关问题的通知（颁布时间：2004–03–22）

★ 最高人民法院关于转发国土资源部《关于国有划拨土地使用权抵押登记有关问题的通知》的通知(颁布时间：2004-03-23)

★ 关于工程勘察设计企业旧资质证书使用效力问题的通知（颁布时间：2004-03-24)

★ 中国人民银行关于实行差别存款准备金率制度的通知（颁布时间：2004-03-24)

★ 商务部关于加快旧货行业发展的通知（颁布时间：2004-03-25)

★ 商业银行不良资产监测和考核暂行办法（颁布时间：2004-03-25)

★ 国家税务总局关于企业股权转让有关所得税问题的补充通知（颁布时间：2004-03-25)

★ 国家外汇管理局关于调整经常项目外汇账户限额核定标准有关问题的通知(颁布时间：2004-03-30)

★ 中华人民共和国反倾销条例（修正）（颁布时间：2004-03-31)

★ 中华人民共和国反补贴条例（修正）（颁布时间：2004-03-31)

2004年4月

★ 商业银行与内部人和股东关联交易管理办法（颁布时间：2004-04-02)

★ 关于进一步加强建设工程施工招标投标管理的若干规定（试行）（颁布时间：2004-04-02)

★ 中华人民共和国对外贸易法（修订）（颁布时间：2004-04-06)

★ 关于房改房上市后向产权人收取物业管理费的复函（颁布时间：2004-04-07)

★ 建筑施工企业主要负责人、项目负责人和专职安全生产管理人员安全生产考核管理暂行规定(颁布时间：2004-04-08)

★ 设立出口加工区的审批标准和程序（颁布时间：2004-04-08)

★ 国家税务总局关于韩国进出口银行取得贷款利息免征企业所得税问题的批复(颁布时间：2004-04-08)

★ 全国银行间债券市场债券买断式回购业务管理规定（颁布时间：2004-04-12)

★ 关于房地产经纪机构代理房屋租赁须委托银行收、付租金的暂行办法（颁布时间：2004-04-12)

★ 中国人民银行关于提高存款准备金率的通知（颁布时间：2004-04-12)

★ 国家税务总局关于对不核准投资总额的外商投资企业如何适用购买国产设备抵免企业所得税规定的批复(颁布时间：2004-04-13)

★ 外商投资商业领域管理办法（颁布时间：2004-04-16)

★ 国务院办公厅关于推进水价改革促进节约用水保护水资源的通知（颁布时间：2004-04-19)

★ 中国保险监督管理委员会办公厅关于保险公司在投标过程中赠送保险有关问题的复函(2004-04-19)

★ 国务院办公厅关于深入开展土地市场治理整顿严格土地管理的紧急通知(颁布时间：2004-04-29)

★ 国务院关于做好省级以下国土资源管理体制改革有关问题的通知（颁布时间：2004-04-21)

★ 国家环境保护总局关于对排污收费有关问题的复函（颁布时间：2004-04-22)

★ 保险资产管理公司管理暂行规定（颁布时间：2004-04-25)

★ 国务院关于调整部分行业固定资产投资项目资本金比例的通知（颁布时间：2004-04-26)

★ 中国人民银行关于调整商业银行拆借资金限额的通知（颁布时间：2004－04－27）

★ 国务院办公厅关于清理固定资产投资项目的通知（颁布时间：2004－04－27）

★ 保险资金运用风险控制指引（试行）（颁布时间：2004－04－28）

★ 关于进一步加强产业政策和信贷政策协调配合控制信贷风险有关问题的通知（颁布时间：2004－04－30）

★ 财政部、国家税务总局关于证券投资基金税收政策的通知（颁布时间：2004－04－30）

2004年5月

★ 关于外国企业在中华人民共和国境内从事建设工程设计活动的管理暂行规定（颁布时间：2004－05－10）

★ 中国保险监督管理委员会关于外国财产保险分公司改建为独资财产保险公司有关问题的通知（颁布时间：2004－05－10）

★ 国有企业法律顾问管理办法（颁布时间：2004－05－11）

★ 中国人民银行关于专项检查风险处置类再贷款的通知（颁布时间：2004－05－11）

★ 国家发展改革委关于印发《收费标准管理规定（试行）》的通知（颁布时间：2004－05－12）

★ 保险公司管理规定（颁布时间：2004－05－13）

★ 中华人民共和国外资保险公司管理条例实施细则（颁布时间：2004－05－13）

★ 中央本级项目支出预算管理办法（试行）（颁布时间：2004－05－13）

★ 中国人民银行关于转发国务院办公厅对电石和铁合金行业进行清理整顿若干意见的通知（颁布时间：2004－05－13）

★ 建设部关于贯彻落实《国务院办公厅关于清理固定资产投资项目的通知》的紧急通知（颁布时间：2004－05－14）

★ 国家发展和改革委员会、国土资源部关于印发《深入开展土地市场治理整顿工作实施方案》的函（颁布时间：2004－05－14）

★ 对外援助物资项目实施企业资格认定办法（试行）（颁布时间：2004－05－15）

★ 对外援助成套项目施工任务实施企业资格认定办法（试行）（颁布时间：2004－05－15）

★ 国家外汇管理局关于改进外商投资企业资本项目结汇审核与外债登记管理工作的通知（颁布时间：2004－05－17）

★ 国家税务总局关于外国企业代表机构有关税务处理问题的批复（颁布时间：2004－05－17）

★ 劳动和社会保障部关于废止外商投资企业工资收入管理暂行办法的通知（颁布时间：2004－05－18）

★ 中国人民银行关于印发《全国银行间债券市场债券买断式回购主协议》的通知（颁布时间：2004－05－18）

★ 商务部关于印发《在亚洲地区开展纺织服装加工贸易类投资国别指导目录》的通知（颁布时间：2004－05－19）

★ 国务院关于第三批取消和调整行政审批项目的决定（颁布时间：2004－05－19）

★ 关于发布《中小企业板块交易特别规定》、《中小企业板块上市公司特别规定》、《中小企业板块证券上市协议》的通知（颁布时间：2004－05－20）

★ 认证咨询机构管理办法（颁布时间：2004－05－20）

★ 汽车产业发展政策（颁布时间：2004－05－21）

★ 关于贯彻落实国务院紧急通知精神进一步严格土地管理的通知（颁布时间：2004－05－21）

★ 境内外资银行外债管理办法（颁布时间：2004－05－27）

★ 中国证监会行政许可执法监督暂行规定（颁布时间：2004－05－28）

2004年6月

★ 国家外汇管理局关于金融机构办理结售汇业务登记备案有关问题的通知（颁布时间：2004－06－01）

★ 中国人民银行关于全国银行间债券市场债券到期收益率计算标准有关事项的通知（颁布时间：2004－06－02）

★ 中华人民共和国中外合作办学条例实施办法（颁布时间：2004－06－02）

★ 建设部关于贯彻落实《国务院关于进一步推进西部大开发的若干意见》的意见（颁布时间：2004－06－02）

★ 国务院办公厅转发银监会人民银行关于明确对农村信用社监督管理职责分工指导意见的通知（颁布时间：2004－06－05）

★ 国务院办公厅关于控制城镇房屋拆迁规模 严格拆迁管理的通知（颁布时间：2004－06－06）

★ 国务院关于《中西部地区外商投资优势产业目录》有关问题的批复（颁布时间：2004－06－07）

★ 国土资源部、国家发展和改革委员会关于在深入开展土地市场治理整顿期间严格建设用地审批管理的实施意见（颁布时间：2004－06－08）

★ 证券投资基金信息披露管理办法（颁布时间：2004－06－08）

★ 国家税务总局关于中国境内企业与外国企业进行融资业务掉期交易扣缴所得税有关问题的通知（颁布时间：2004－06－08）

★ 企业登记程序规定（颁布时间：2004－06－10）

★ 国务院国有资产监督管理委员会关于推动中央企业清理整合所属企业减少企业管理层次有关问题的指导意见（颁布时间：2004－06－12）

★ 公司注册资本登记管理规定（颁布时间：2004－06－14）

★ 商业银行次级债券发行管理办法（颁布时间：2004－06－17）

★ 关于加强国有土地使用权出让及土地证颁发管理有关问题的通知（颁布时间：2004－06－17）

★ 关于清理在市场经济活动中实行地区封锁规定的通知（颁布时间：2004－06－18）

★ 国家外汇管理局关于实施《境内外资银行外债管理办法》有关问题的通知（颁布时间：2004－06－21）

★ 中国保险监督管理委员会关于开展２００４年整顿和规范保险市场秩序工作的通知（颁布时间：2004－06－21）

★ 基金会名称管理规定（颁布时间：2004－06－21）

★ 重大社会公共事项决策听证暂行办法（颁布时间：2004－06－24）

★ 财政部、国土资源部关于印发《用于农业土地开发的土地出让金使用管理办法》的通知（颁布时间：2004－06－24）

★ 证券投资基金销售管理办法（颁布时间：2004-06-25）

★ 对外贸易经营者备案登记办法（颁布时间：2004-06-25）

★ 国家税务总局关于取消“单位和个人从事技术转让、技术开发业务免征营业税审批”后有关税收管理问题的通知（颁布时间：2004-06-25）

★ 国家税务总局关于取消及下放外商投资企业和外国企业以及外籍个人若干税务行政审批项目的后续管理问题的通知（颁布时间：2004-06-25）

★ 中国保险监督管理委员会关于调整保险公司投资银行次级债券、银行次级定期债务和企业债券比例的通知（颁布时间：2004-06-25）

★ 农业部实施行政许可责任追究规定（颁布时间：2004-06-28）

★ 国务院机关事务管理局、财政部关于做好中央国家机关２００４年政府集中采购工作有关问题的通知（颁布时间：2004-06-28）

★ 国家税务总局关于取消合伙企业投资者变更个人所得税汇算清缴地点审批后加强后续管理问题的通知（颁布时间：2004-06-29）

★ 国家外汇管理局关于跨国公司非贸易售付汇管理有关问题的通知（颁布时间：2004-06-29）

★ 国务院对确需保留的行政审批项目设定行政许可的决定（颁布时间：2004-06-29）

★ 国家外汇管理局关于银行自身资本与金融项目结售汇审批原则及程序的通知（颁布时间：2004-06-29）

★ 关于对部分规范性文件废止和部分内容停止执行的通知（颁布时间：2004-06-29）

★ 国家税务总局关于做好已取消和下放管理的企业所得税审批项目后续管理工作的通知（颁布时间：2004-06-30）

★ 人身保险产品审批和备案管理办法（颁布时间：2004-06-30）

★ 建设部机关行政许可责任追究办法（颁布时间：2004-06-30）

★ 建设部机关实施行政许可工作规程（颁布时间：2004-06-30）

★ 关于废止有关工商行政管理规章、规范性文件的决定（颁布时间：2004-06-30）

★ 国家外汇管理局关于规范银行外币卡管理的通知（颁布时间：2004-06-30）

★ 国家外汇管理局关于印发《贸易信贷调查制度》和《贸易信贷调查实施方案》的通知（颁布时间：2004-06-30）

★ 中国保险监督管理委员会行政许可实施办法（颁布时间：2004-06-30）

2004年7月

★ 关于废止农业行政许可规章和规范性文件的决定（颁布时间：2004-07-01）

★ 关于修订农业行政许可规章和规范性文件的决定（颁布时间：2004-07-01）

★ 中国证券监督管理委员会行政许可实施程序规定（试行）（颁布时间：2004-07-01）

★ 建筑施工企业安全生产许可证管理规定（颁布时间：2004-07-05）

★ 国家外汇管理局关于实施外汇管理行政许可有关程序问题的通知（颁布时间：2004-07-05）

★ 关于贯彻落实《国务院对确需保留的行政审批项目设定行政许可的决定》的通知（颁布时间：2004-07-06）

★ 工程建设项目招标投标活动投诉处理办法（颁布时间：2004－07－06）

★ 中国保监会行政许可事项实施规程（颁布时间：2004－07－07）

★ 中国人民银行办公厅关于发布行政许可事项目录的通知（颁布时间：2004－07－08）

★ 农业基本建设项目管理办法（颁布时间：2004－07－12）

★ 用于农业土地开发的土地出让金收入管理办法（颁布时间：2004－07－12）

★ 国务院办公厅关于进一步规范招投标活动的若干意见（颁布时间：2004－07－12）

★ 关于期货经纪公司营业部设立、变更、终止有关问题的通知（颁布时间：2004－07－14）

★ 关于期货经纪公司变更法定代表人、注册资本、股东或者股权结构、住所有关问题的通知（颁布时间：2004－07－14）

★ 农业基本建设项目申报审批管理规定（颁布时间：2004－07－14）

★ 农业基本建设项目竣工验收管理规定（颁布时间：2004－07－14）

★ 农业建设项目监督检查规定（颁布时间：2004－07－14）

★ 农业基本建设项目招标投标管理规定（颁布时间：2004－07－14）

★ 工业产品生产许可证注销程序管理规定（颁布时间：2004－07－14）

★ 中国证监会关于做好下放派出机构行政许可项目实施工作的通知（颁布时间：2004－07－15）

★ 关于实施《证券投资基金运作管理办法》有关问题的通知（颁布时间：2004－07－15）

★ 关于实施《证券投资基金销售管理办法》有关问题的通知（颁布时间：2004－07－15）

★ 国务院办公厅关于成立贯彻落实国务院关于推进资本市场改革开放和稳定发展若干意见专题工作小组的通知（颁布时间：2004－07－15）

★ 国家外汇管理局关于印发《国家外汇管理局行政许可项目表》的通知（颁布时间：2004－07－16）

★ 国务院关于投资体制改革的决定（颁布时间：2004－07－16）

★ 关于期货经纪公司股东资格有关问题的通知（颁布时间：2004－07－19）

★ 证监会办公厅关于期货经纪公司设立、解散、合并有关问题的通知（颁布时间：2004－07－20）

★ 关于规范境内上市公司所属企业到境外上市有关问题的通知（颁布时间：2004－07－21）

★ 中央单位政府采购管理实施办法（颁布时间：2004－07－23）

★ 中西部地区外商投资优势产业目录（2004 年修订）（颁布时间：2004－07－23）

★ 中华人民共和国外资金融机构管理条例实施细则（颁布时间：2004－07－26）

★ 财政部、国家税务总局关于调整陕西省部分地区煤炭企业资源税税额的通知（颁布时间：2004－07－26）

★ 企业集团财务公司管理办法（颁布时间：2004－07－27）

★ 个体工商户登记程序规定（颁布时间：2004－07－28）

2004 年 8 月

★ 证券投资基金信息披露内容与格式准则第 5 号《招募说明书的内容与格式》（颁布时间：2004－08－05）

★ 关于促进我国现代物流业发展的意见（颁布时间：2004－08－05）

★ 国家税务总局关于进一步加强城镇土地使用税和土地增值税征收管理工作的通知（颁布时间：2004－08－05）

★ 国家税务总局关于贯彻国务院机关事务管理局、财政部《关于做好中央国家机关2004年政府集中采购工作有关问题的通知》的通知（颁布时间：2004-08-09）

★ 保险外汇资金境外运用管理暂行办法（颁布时间：2004-08-09）

★ 财政部关于外商投资企业对外投资资产评估增减值财务处理问题的补充通知（颁布时间：2004-08-10）

★ 政府采购信息公告管理办法（颁布时间：2004-08-11）

★ 政府采购供应商投诉处理办法（颁布时间：2004-08-11）

★ 国务院关于证券投资基金管理公司有关问题的批复（颁布时间：2004-08-12）

★ 货币市场基金管理暂行规定（颁布时间：2004-08-16）

★ 商务部关于外商投资企业外贸权备案登记有关问题的通知（颁布时间：2004-08-17）

★ 财政部、国家税务总局关于调整房产税有关减免税政策的通知（颁布时间：2004-08-19）

★ 中华人民共和国财政部关于印发《内部会计控制规范——担保（试行）》和《内部会计控制规范——对外投资（试行）》的通知（颁布时间：2004-08-19）

★ 房屋建筑和市政基础设施工程施工图设计文件审查管理办法（颁布时间：2004-08-23）

★ 中央企业经济责任审计管理暂行办法（颁布时间：2004-08-23）

★ 中央企业内部审计管理暂行办法（颁布时间：2004-08-23）

★ 城镇房屋拆迁管理规范化工作指导意见（试行）（颁布时间：2004-08-24）

★ 关于企业国有产权转让有关问题的通知（颁布时间：2004-08-25）

★ 中华人民共和国土地管理法（第三次修正）(颁布时间：2004-08-28)

★ 中华人民共和国证券法（修正）（颁布时间：2004-08-28）

★ 国家发展和改革委员会决定废止的招标投标规章和规范性文件目录（颁布时间：2004-08-30）

★ 国务院国有资产监督管理委员会行业协会工作暂行办法（颁布时间：2004-08-30）

★ 关于内地企业赴香港、澳门特别行政区投资开办企业核准事项的规定（颁布时间：2004-08-31）

★ 关于第二批废止有关工商行政管理规章、规范性文件的决定（颁布时间：2004-08-31）

2004年9月

★ 商业银行房地产贷款风险管理指引（颁布时间：2004-09-02）

★ 关于做好外商投资建筑业企业资质管理工作有关问题的通知（颁布时间：2004-09-06）

★ 关于印发国家发展改革委核报国务院核准或审批的固定资产投资项目目录（试行）的通知（颁布时间：2004-09-06）

★ 建设领域农民工工资支付管理暂行办法（颁布时间：2004-09-06）

★ 国家发展改革委关于做好清理固定资产投资项目善后工作有关问题的通知（颁布时间：2004-09-07）

★ 中国银行业监督管理委员会、中国证券监督管理委员会关于信托投资公司开设信托专用证券账户和信托专用资金账户有关问题的通知（颁布时间：2004-09-10）

★ 中国人民银行行政许可实施办法（颁布时间：2004-09-13）

★ 财政部、国家税务总局关于印发《东北地区扩大增值税抵扣范围若干问题的规定》的通知

（颁布时间：2004-09-14）

★ 企业投资项目核准暂行办法（颁布时间：2004-09-15）

★ 银行业监管统计管理暂行办法（颁布时间：2004-09-15）

★ 国家发展改革委委托投资咨询评估管理办法（颁布时间：2004-09-15）

★ 中国保险监督管理委员会关于印发《外资保险公司与其关联企业从事再保险交易的审批项目实施规程》的通知（颁布时间：2004-09-15）

★ 证券投资基金管理公司管理办法（颁布时间：2004-09-16）

★ 财政部、商务部关于做好2004年资源类境外投资和对外经济合作项目前期费用扶持有关问题的通知（颁布时间：2004-09-19）

★ 财政部 国家税务总局关于落实振兴东北老工业基地企业所得税优惠政策的通知（颁布时间：2004-09-20）

★ 证券投资基金管理公司高级管理人员任职管理办法（颁布时间：2004-09-22）

★ 关于实施《证券投资基金行业高级管理人员任职管理办法》有关问题的通知（颁布时间：2004-09-23）

★ 监察部、国土资源部、农业部、审计署关于对征用农民集体所有土地补偿费管理使用情况及经营性土地使用权出让情况开展重点检查的通知（颁布时间：2004-09-23）

★ 国家外汇管理局关于在国务院第三批取消和调整行政审批项目后单位开立外汇账户管理有关问题的通知（颁布时间：2004-09-27）

★ 交通部科技项目管理办法（颁布时间：2004-09-29）

★ 劳动保障部、中国证监会关于企业年金基金证券投资有关问题的通知（颁布时间：2004-09-29）

★ 建设部关于贯彻落实《中共中央国务院关于实施东北地区等老工业基地振兴战略的若干意见》的意见（颁布时间：2004-09-30）

2004年10月

★ 关于境外投资开办企业核准事项的规定（颁布时间：2004-10-01）

★ 境外投资项目核准暂行管理办法（颁布时间：2004-10-09）

★ 外商投资项目核准暂行管理办法（颁布时间：2004-10-09）

★ 证券公司高级管理人员管理办法（颁布时间：2004-10-09）

★ 自治区级以下国土资源管理体制改革实施方案（颁布时间：2004-10-11）

★ 海关总署关于转发《中西部地区外商投资优势产业目录(2004年修订)》的通知（颁布时间：2004-10-14）

★ 建设部关于纳入国务院决定的十五项行政许可的条件的规定（颁布时间：2004-10-15）

★ 证券公司债券管理暂行办法（修正）（颁布时间：2004-10-18）

★ 建设工程价款结算暂行办法（颁布时间：2004-10-20）

★ 国务院关于深化改革严格土地管理的决定（颁布时间：2004-10-21）

★ 财政部、国家税务总局印发《关于加强〈小企业会计制度〉贯彻实施工作》的通知（颁布时间：2004-10-22）

★ 商务部、国家税务总局关于从事融资租赁业务有关问题的通知（颁布时间：2004－10－22）

★ 保险机构投资者股票投资管理暂行办法（颁布时间：2004－10－24）

★ 投资公司会计核算办法（颁布时间：2004－10－25）

★ 最高人民法院关于审理建设工程施工合同纠纷案件适用法律问题的解释（颁布时间：2004－10－25）

★ 国家发展改革委、中国进出口银行关于对国家鼓励的境外投资重点项目给予信贷支持政策的通知（颁布时间：2004－10－27）

★ 国家外汇管理局关于在出口加工区、保税区和上海钻石交易所开展外商直接投资验资询证及外资外汇登记工作的通知（颁布时间：2004－10－27）

★ 中国人民银行关于调整金融机构存、贷款利率的通知（颁布时间：2004－10－28）

★ 中外合资、合作广播电视节目制作经营企业管理暂行规定（颁布时间：2004－10－28）

★ 水运工程机电设备招标投标管理办法（颁布时间：2004－10－29）

★ 中国人民银行关于印发《金融机构外汇存款准备金管理规定》的通知（颁布时间：2004－10－29）

★ 国务院办公厅转发建设部等部门关于进一步解决建设领域拖欠工程款问题意见的通知（颁布时间：2004－10－29）

★ 建设部关于贯彻《国务院关于深化改革严格土地管理的决定》的通知（颁布时间：2004－10－29）

★ 金融资产管理公司托管业务有关财务管理问题的规定（颁布时间：2004－10－30）

2004年11月

★ 土地利用年度计划管理办法（修正）（颁布时间：2004－11－01）

★ 机电产品国际招标投标实施办法（颁布时间：2004－11－01）

★ 国土资源调查专项资金管理暂行办法（颁布时间：2004－11－02）

★ 关于完善征地补偿安置制度的指导意见（颁布时间：2004－11－03）

★ 证券公司股票质押贷款管理办法（颁布时间：2004－11－04）

★ 财政部、国家税务总局关于对买卖封闭式证券投资基金继续予以免征印花税的通知（颁布时间：2004－11－05）

★ 司法部、建设部关于为解决建设领域拖欠工程款和农民工工资问题提供法律服务和法律援助的通知（颁布时间：2004－11－06）

★ 焦炭出口企业资质标准和申报程序（颁布时间：2004－11－08）

★ 国家外汇管理局关于进口付汇备案表使用有关问题的通知（颁布时间：2004－11－09）

★ 货物自动进口许可管理办法（颁布时间：2004－11－10）

★ 国家外汇管理局关于加强对外汇资金流入和结汇管理有关问题的通知（颁布时间：2004－11－11）

★ 建设工程项目管理试行办法（颁布时间：2004－11－16）

★ 中国银行业监督管理委员会办公厅关于规范信托投资公司证券业务经营与管理有关问题的通知（颁布时间：2004－11－16）

★ 关于外商投资举办投资性公司的规定（颁布时间：2004－11－17）

★ 交通行政许可实施程序规定（颁布时间：2004－11－22）

★ 财政部、国土资源部、中国人民银行关于进一步加强新增建设用地土地有偿使用费征收使用管理

的通知（颁布时间：2004－11－22）

★ 中国证券登记结算有限责任公司交易型开放式指数基金登记结算业务实施细则（颁布时间：2004－11－23）

★ 中国证券登记结算有限责任公司国债买断式回购结算业务实施细则（颁布时间：2004－11－23）

★ 国务院批转发展改革委关于坚决制止电站项目无序建设意见的紧急通知（颁布时间：2004－11－24）

★ 关于发布《深圳证券交易所股票上市规则（2004年修订）》及落实有关工作的通知（颁布时间：2004－11－25）

★ 中央企业发展战略和规划管理办法（试行）（颁布时间：2004－11－26）

★ 证券投资基金托管资格管理办法（颁布时间：2004－11－29）

★ 国家发展改革委、建设部关于修订《城市供水价格管理办法》的通知（颁布时间：2004－11－29）

★ 中国证券登记结算有限责任公司结算备付金管理办法（颁布时间：2004－11－30）

2004年12月

★ 国土资源部关于开展全国城镇存量建设用地情况专项调查工作的紧急通知（颁布时间：2004－12－02）

★ 国务院办公厅关于印发《南水北调工程基金筹集和使用管理办法》的通知（颁布时间：2004－12－02）

★ 关于发布《上海证券交易所证券投资基金上市规则（2004年修订）》的通知（颁布时间：2004－12－06）

★ 建设部《关于加强村镇建设工程质量安全管理的若干意见》（颁布时间：2004－12－06）

★ 对首次公开发行股票询价对象条件和行为的监管要求（颁布时间：2004－12－07）

★ 关于加强社会公众股股东权益保护的若干规定（颁布时间：2004－12－07）

★ 中国银行业监督管理委员会关于进一步规范集合资金信托业务有关问题的通知（颁布时间：2004－12－07）

★ 全国银行间债券市场债券交易流通审核规则（颁布时间：2004－12－07）

★ 国家环境保护总局政府采购管理实施细则（颁布时间：2004－12－07）

★ 中国证券登记结算有限责任公司关于发布《中国证券登记结算有限责任公司上市公司股东大会网络投票业务实施细则》及《中国证券登记结算有限责任公司网络服务投资者身份验证业务实施细则》的通知（颁布时间：2004－12－08）

★ 中国银行业监督管理委员会关于信托投资公司集合资金信托业务信息披露有关问题的通知（颁布时间：2004－12－08）

★ 货物出口许可证管理办法（颁布时间：2004－12－10）

★ 货物进口许可证管理办法（颁布时间：2004－12－10）

★ 财政部、国家税务总局关于钾肥增值税有关问题的通知（颁布时间：2004－12－14）

★ 保险公司非寿险业务准备金管理办法（试行）（颁布时间：2004－12－15）

★ 国家发展改革委印发关于建立煤电价格联动机制的意见的通知（颁布时间：2004－12－15）

★ 中国银行业监督管理委员会、国家税务总局关于农村信用社２００４年度会计决算工作指导意见

（颁布时间：2004－12－17）

★ 国家外汇管理局关于金融资产管理公司利用外资处置不良资产有关外汇管理问题的通知（颁布时间：2004－12－17）

★ 公路建设市场管理办法（颁布时间：2004－12－21）

★ 财政部、国家税务总局关于资本市场有关营业税政策的通知（颁布时间：2004－12－21）

★ 财政部、国家税务总局关于中国证券登记结算公司有关营业税政策的通知（2004－12－21）

★ 教育部关于建立直属高校银行贷款审批制度的通知（颁布时间：2004－12－24）

★ 商业银行内部控制评价试行办法（颁布时间：2004－12－25）

★ 财政部、国家税务总局关于进一步落实东北地区扩大增值税抵扣范围政策的紧急通知（颁布时间：2004－12－27）

★ 财政部、国家税务总局关于东北地区军品和高新技术产品生产企业实施扩大增值税抵扣范围有关问题的通知（颁布时间：2004－12－27）

★ 中国银行业监督管理委员会行政复议办法（颁布时间：2004－12－28）

★ 中国银行业监督管理委员会行政处罚办法（颁布时间：2004－12－28）

★ 商业银行市场风险管理指引（颁布时间：2004－12－29）

★ 商业特许经营管理办法（颁布时间：2004－12－30）

★ 国务院办公厅转发财政部等部门关于推进和规范国有企业债权转股权工作意见的通知（颁布时间：2004－12－30）

★ 财政部、国家税务总局关于石油石化企业办社会有关企业所得税问题的通知（颁布时间：2004－12－31）

★ 企业年金基金管理机构资格认定暂行办法（颁布时间：2004－12－31）

各地方新颁布法规

2004年1月

★ 上海市城市管理相对集中行政处罚权暂行办法（颁布时间：2004－01－05）

★ 汕头市人民政府拟定法规草案和制定规章规定（颁布时间：2004－01－05）

★ 无锡市历史街区保护办法（颁布时间：2004－01－05）

★ 宁波市招标投标管理暂行办法（颁布时间：2004－01－06）

★ 吉林省商品条码管理办法（颁布时间：2004－01－07）

★ 天津市水利工程建设管理办法（颁布时间：2004－01－09）

★ 广西壮族自治区人民政府关于以国有划拨土地使用权为标的物设定抵押有关问题的通知（颁布时间：2004－01－09）

★ 长沙市市级行政许可项目联合办理工作暂行办法（颁布时间：2004－01－12）

★ 江苏名牌产品管理办法（颁布时间：2004－01－13）

★ 西藏自治区建筑市场管理条例（颁布时间：2004－01－14）

★ 湖南省城市房地产税施行细则（颁布时间：2004－01－15）

★ 浙江省促进科技成果转化条例（颁布时间：2004－01－16）

★ 浙江省地方立法条例（修正）（颁布时间：2004－01－16）

★ 宁波市燃气管理条例（颁布时间：2004－01－16）

★ 上海市人民政府办公厅转发市审改办《关于本市行政审批实行告知承诺制度的意见（试行）》的通知（颁布时间：2004－01－17）

★ 杭州市人民政府办公厅转发市财政局关于杭州市国有不良资产处置实施办法的通知（颁布时间：2004－01－18）

★ 郑州市人民政府关于加强产权交易管理的通知（颁布时间：2004－01－18）

★ 南昌市城市规划管理技术规定（颁布时间：2004－01－21）

★ 宁夏回族自治区建设工程造价管理规定（颁布时间：2004－01－21）

★ 宁夏回族自治区城市房屋拆迁管理办法（颁布时间：2004－01－21）

★ 大同市促进个体私营经济发展条例（颁布时间：2004－01－29）

★ 重庆市人民政府办公厅关于工业固定资产投资管理有关问题的通知（颁布时间：2004－01－30）

★ 北京市人民政府办公厅转发市国土房管局等部门关于停止经营性项目国有土地使用权协议出让补充规定的通知（颁布时间：2004－01－31）

2004年2月

★ 沈阳市土地储备办法（颁布时间：2004－02－06）

★ 福建省人民政府办公厅转发省建设厅、财政厅关于100万元以下使用财政性资金的建设工程发包管理规定的通知（颁布时间：2004－02－09）

★ 郑州市城市房屋拆迁补偿安置评估规则（试行）（颁布时间：2004－02－12）

★ 甘肃省规章规范性文件备案审查办法（颁布时间：2004－02－13）

★ 深圳市人民政府规章解释规定（颁布时间：2004－02－16）

★ 贵阳市城市规划技术管理规定（颁布时间：2004－02－18）

★ 山西省煤矿安全生产监督管理规定（颁布时间：2004－02－20）

★ 安徽省劳动合同条例（颁布时间：2004－02－20）

★ 吉林省人民政府关于公布2003年省级行政审批制度改革在省政府及其部门文件中取消和转为备案的行政审批类项目目录以及废止的省政府规章目录的决定（颁布时间：2004－02－23）

★ 浙江省人民政府关于城镇土地使用税征收若干问题的通知（颁布时间：2004－02－23）

★ 昆明市城市中水设施建设管理办法（颁布时间：2004－02－25）

★ 贵州省行政执法责任制与评议考核规定（颁布时间：2004－02－26）

★ 无锡市信息管道建设管理暂行办法（颁布时间：2004－02－26）

★ 哈尔滨市人民政府关于经济适用住房建设减免收费的通知（颁布时间：2004－02－28）

2004年3月

★ 湖北省水利工程水价管理暂行办法（颁布时间：2004－03－01）

★ 吉林省人民政府关于公布省政府及各部门招标投标规章和规范性文件清理结果的通知（颁布时间：2004－03－01）

★ 北京市国土资源和房屋管理局关于转发建设部《城市房屋拆迁行政裁决工作规程》做好城市房屋行政强制拆迁工作的通知（颁布时间：2004－03－01）

★ 西宁经济技术开发区招商引资奖励办法（颁布时间：2004－03－01）

★ 北京市国土资源和房屋管理局关于业主大会招标有关问题的意见（颁布时间：2004－03－02）

★ 威海市城市房屋拆迁管理办法（颁布时间：2004－03－02）

★ 北京市人民政府办公厅转发国务院办公厅关于暂停新建高尔夫球场文件的通知（颁布时间：2004－03－08）

★ 厦门市建设与管理局关于进一步完善建设工程最低投标价中标办法的若干规定的通知（颁布时间：2004－03－10）

★ 浙江省预算执行情况审计监督办法（颁布时间：2004－03－16）

★ 杭州市无障碍设施建设和管理办法（颁布时间：2004－03－17）

★ 淄博市建设工程质量监督管理办法（颁布时间：2004－03－17）

★ 海口市投资和购房办理入户暂行办法（第二次修正）（颁布时间：2004－03－18）

★ 银川市促进非公有制经济发展条例（颁布时间：2004－03－24）

★ 深圳证券交易所关于做好上市公司２００４年第一季度报告工作的通知（颁布时间：2004－03－25）

★ 上海市人民政府批转市房地资源局制订的上海市商品房销售合同网上备案和登记办法的通知（颁布时间：2004－03－24）

★ 山西省建设项目国家安全事项管理规定（颁布时间：2004－03－25）

★ 上海证券交易所关于做好上市公司２００４年第一季度季度报告披露工作的通知（颁布时间：2004－03－26）

★ 包头市土地储备条例（颁布时间：2004－03－26）

★ 广西壮族自治区实施《中华人民共和国招标投标法》办法（颁布时间：2004－03－26）

★ 浙江省房地产开发管理条例（第三次修正）（颁布时间：2004－03－29）

2004年4月

★ 北京市建设工程劳务管理若干规定（颁布时间：2004－04－01）

★ 郑州市城中村改造规划、土地、拆迁管理实施办法（试行）（颁布时间：2004－04－05）

★ 南昌市优化投资环境条例（颁布时间：2004－04－06）

★ 深圳市实施行政许可若干规定（颁布时间：2004－04－12）

★ 江苏省省级行政审批事项第二批清理方案（颁布时间：2004－04－13）

★ 成都市重大行政决策事项专家咨询论证办法（颁布时间：2004－04－13）

★ 上海市房地产登记条例（修正）（颁布时间：2004-04-14）

★ 深圳经济特区商事条例（修正）（颁布时间：2004-04-16）

★ 北京市人民代表大会常务委员会关于废止《北京市建筑市场管理条例》的决定（颁布时间：2004-04-20）

★ 长春市闲置土地处置办法（颁布时间：2004-04-20）

★ 江苏省土地管理条例（第二次修正）（颁布时间：2004-04-21）

★ 江苏省人民代表大会常务委员会关于废止《江苏省外商投资企业土地使用管理办法》的决定（颁布时间：2004-04-21）

★ 上海市房地产转让办法（第二次修正）（颁布时间：2004-04-21）

★ 浙江省建设工程造价计价管理办法（颁布时间：2004-04-22）

★ 浙江省民办非企业单位管理暂行办法（颁布时间：2004-04-22）

★ 安徽省省级开发区条例（第二次修正）（颁布时间：2004-04-23）

★ 汕头市中小企业信用担保机构管理暂行办法（颁布时间：2004-04-23）

★ 杭州市政府信息公开规定（颁布时间：2004-04-27）

★ 江西省行政机关规范性文件制定程序规定（颁布时间：2004-04-27）

★ 辽宁省国有土地使用权招标拍卖挂牌出让办法（颁布时间：2004-04-29）

2004年5月

★ 河北省城市房地产开发经营管理规定（颁布时间：2004-05-15）

★ 上海市实施《中华人民共和国环境影响评价法》办法（颁布时间：2004-05-15）

★ 湖北省政府信息公开规定（颁布时间：2004-05-18）

★ 北京市建设征地补偿安置办法（颁布时间：2004-05-21）

★ 吉林省人民政府关于公布２００４年省级取消的行政许可项目和调整为事后备案的项目目录的决定（颁布时间：2004-05-24）

★ 云南省预算执行情况审计监督规定（颁布时间：2004-05-27）

★ 北京市人民代表大会常务委员会关于废止《北京市外商投资企业清算条例》的决定（颁布时间：2004-05-27）

★ 北京市人民代表大会常务委员会关于废止《北京市外商投资企业解散条例》的决定（颁布时间：2004-05-27）

★ 海南经济特区促进私营个体经济发展条例（颁布时间：2004-05-28）

★ 库尔勒经济技术开发区管理条例（颁布时间：2004-05-28）

★ 浙江省建设工程勘察设计管理条例（修正）（颁布时间：2004-05-28）

★ 浙江省台湾同胞投资保障条例（第二次修正）（颁布时间：2004-05-28）

★ 重庆市市级预算监督条例（颁布时间：2004-05-30）

★ 贵阳市闲置土地处置办法（修正）（颁布时间：2004-05-31）

★ 贵阳市办理外商和华侨港澳台同胞投资审批程序暂行规定（修正）（颁布时间：2004-05-31）

2004年6月

★ 重庆市政务信息公开暂行办法（颁布时间：2004-06-02）

★ 重庆市行政决策听证暂行办法（颁布时间：2004-06-02）

★ 广西壮族自治区农村能源建设与管理条例（修正）（颁布时间：2004-06-03）

★ 广西壮族自治区专利保护条例（第二次修正）（颁布时间：2004-06-03）

★ 广西壮族自治区企业法人登记管理条例（第二次修正）（颁布时间：2004-06-03）

★ 陕西省建筑市场管理条例（修正）（颁布时间：2004-06-04）

★ 甘肃省建筑市场管理条例（修正）（颁布时间：2004-06-04）

★ 甘肃省建设工程质量监督管理规定（修正）（颁布时间：2004-06-04）

★ 陕西省城市房地产市场管理条例（第二次修正）（颁布时间：2004-06-04）

★ 甘肃省农村能源建设管理条例（修正）（颁布时间：2004-06-04）

★ 甘肃省城市房地产管理条例（修正）（颁布时间：2004-06-04）

★ 甘肃省合同监督管理条例（第二次修正）（颁布时间：2004-06-04）

★ 福建省专利保护条例（颁布时间：2004-06-04）

★ 大同市政务信息公开条例（颁布时间：2004-06-05）

★ 西藏自治区建筑市场管理条例（修正）（颁布时间：2004-06-09）

★ 上海市土地储备办法（颁布时间：2004-06-09）

★ 江西省人民政府关于废止《江西省建筑工程质量监督暂行规定》等27件省人民政府规章的决定（2004-06-09）

★ 海南省企业国有产权交易监督管理办法(颁布时间：2004-06-10)

★ 海南省企业国有产权转让管理若干规定(颁布时间：2004-06-10)

★ 云南省人民政府关于取消部分行政许可项目和改变部分行政许可项目管理方式的决定(颁布时间：2004-06-16)

★ 云南省人民政府关于修改涉及行政许可的部分规章及规范性文件的决定（颁布时间：2004-06-16）

★ 长春市预算审查监督条例（颁布时间：2004-06-17）

★ 江苏省村镇规划建设管理条例（第二次修正）（颁布时间：2004-06-18）

★ 江苏省经济技术开发区管理条例（第三次修正）（颁布时间：2004-06-18）

★ 江苏省水利工程管理条例（第三次修正）（颁布时间：2004-06-18）

★ 广州市实施《中华人民共和国行政许可法》若干规定（颁布时间：2004-06-20）

★ 哈尔滨市城市房屋拆迁管理办法（颁布时间：2004-06-21）

★ 湖南省人民政府关于修改部分规章的决定（颁布时间：2004-06-23）

★ 湖南省农村能源建设管理办法（第二次修正）（颁布时间：2004-06-23）

★ 湖南省人民政府关于第五批保留和取消行政审批项目的决定（颁布时间：2004-06-25）

★ 深圳市人民代表大会常务委员会关于废止《深圳经济特区房地产行业管理条例》等4项法规的决定(颁布时间：2004-06-25)

★ 深圳经济特区建设工程监理条例（第二次修正）（颁布时间：2004-06-25）

★ 深圳经济特区建设工程施工招标投标条例（第二次修正）（颁布时间：2004-06-25）

★ 深圳经济特区建设工程施工安全条例（修正）（颁布时间：2004-06-25）

★ 安徽省建筑市场管理条例（第二次修正）（颁布时间：2004–06–26）
★ 安徽省实施《中华人民共和国城市规划法》办法（第二次修正）（颁布时间：2004–06–26）
★ 安徽省实施《中华人民共和国土地管理法》办法（第四次修正）（颁布时间：2004–06–26）
★ 安徽省农村能源建设与管理条例（修正）（颁布时间：2004–06–26）
★ 辽宁省人民政府关于修订废止部分省政府规章的决定（颁布时间：2004–06–27）
★ 辽宁省实施行政许可程序规定（颁布时间：2004–06–27）
★ 辽宁省实施行政许可听证办法（颁布时间：2004–06–27）
★ 农业行政许可听证程序规定（颁布时间：2004–06–28）
★ 辽宁省人民政府关于废止一批涉及行政许可事项的文件和停止执行有关行政许可事项的决定（颁布时间：2004–06–28）
★ 北京市人民政府关于印发北京市设定的行政许可保留和取消事项目录的通知（颁布时间：2004–06–28）
★ 安徽省实施行政许可若干规定（颁布时间：2004–06–28）
★ 厦门市人民政府关于废止、修订部分市政府规章的决定（颁布时间：2004–06–28）
★ 山东省人民政府关于公布省级行政许可实施主体（组织）的公告（颁布时间：2004–06–29）
★ 关于云南省人民政府提请修改和废止1 6件涉及行政许可的地方性法规的决定（颁布时间：2004–06–29）
★ 辽宁省人民政府办公厅关于公布省本级实施行政许可主体和行政许可项目的通知（颁布时间：2004–06–29）
★新疆维吾尔自治区人民政府决定修改的部分规章（6件）（颁布时间：2004–06–29）
★ 河南省人民政府关于公布行政许可清理结果的决定（颁布时间：2004–06–29）
★ 重庆市人民政府关于取消和调整第五批行政审批项目的决定（颁布时间：2004–06–29）
★ 重庆市人民代表大会常务委员会关于取消部分地方性法规中行政许可项目的决定（颁布时间：2004–06–29）
★ 关于云南省人民代表大会常务委员会主任会议提请修改和废止9件涉及行政许可的地方性法规的决定（颁布时间：2004–06–29）
★ 贵州省人民政府修改、废止部分政府规章的决定（颁布时间：2004–06–29）
★ 江苏省政府关于取消规范性文件中部分行政许可项目和废止部分规范性文件的决定（颁布时间：2004–06–29）
★ 江苏省政府关于公布省级行政许可实施主体及实施的行政许可项目的通知（颁布时间：2004–06–29）
★ 杭州市土地登记办法（颁布时间：2004–06–29）
★ 天津市人民政府关于公布本市创设保留和取消的行政许可事项的决定（颁布时间：2004–06–29）
★ 天津市人民政府关于公布取消的行政许可收费项目的决定（颁布时间：2004–06–29）
★ 天津市房地产市场管理规定（颁布时间：2004–06–29）
★ 天津市行政许可监督检查规定（颁布时间：2004–06–29）
★ 天津市人民政府关于废止3 0件政府规章和8 0件市政府规范性文件的决定（颁布时间：2004–06–29）
★ 天津市建设工程施工招标投标监督管理规定（修正）（颁布时间：2004–06–30）

★ 天津市建设项目环境保护管理办法（修正）（颁布时间：2004－06－30）

★ 天津市建设工程监理管理规定（修正）（颁布时间：2004－06－30）

★ 天津市建设工程施工安全管理规定（修正）（颁布时间：2004－06－30）

★ 辽宁省地方性法规取消行政许可项目目录（颁布时间：2004－06－30）

★ 海南省实施《中华人民共和国行政许可法》暂行办法（颁布时间：2004－06－30）

★ 武汉市实施行政许可听证程序规定（颁布时间：2004－06－30）

★ 武汉市实施行政许可若干规定（颁布时间：2004－06－30）

★ 武汉市人民政府关于废止市人民政府及其办公厅部分规范性文件和停止实施行政许可规定的市人民政府及其办公厅规范性文件的通知（颁布时间：2004－06－30）

★ 哈尔滨市人民政府关于保留和取消行政许可项目的决定（颁布时间：2004－06－30）

2004 年 7 月

★ 深圳经济特区政府投资项目审计监督条例（颁布时间：2004－07－01）

★ 陕西省人民政府关于废止和修改部分规章和省政府及办公厅规范性文件的通知（颁布时间：2004－07－03）

★ 陕西省县域经济社会发展考核暂行办法（颁布时间：2004－07－05）

★ 深圳市人民政府关于发布深圳市行政审批事项清理结果的决定（颁布时间：2004－07－05）

★ 安徽省矿产资源储量管理办法（颁布时间：2004－07－07）

★ 长春市城市房屋拆迁管理条例（颁布时间：2004－07－08）

★ 广东省人民政府转发国务院关于第三批取消和调整行政审批项目的决定的通知（颁布时间：2004－07－09）

★ 广州市人民政府印发广州市人民政府取消第二批行政审批项目的通知（颁布时间：2004－07－14）

★ 北京市国土局关于加强征地补偿安置协议监督管理工作的通知（颁布时间：2004－07－14）

★ 北京市劳动和社会保障局关于贯彻执行《北京市建设征地补偿安置办法》有关就业问题的通知（颁布时间：2004－07－15）

★ 北京市劳动和社会保障局关于贯彻执行《北京市建设征地补偿安置办法》转非劳动力社会保险有关问题的通知（颁布时间：2004－07－15）

★ 山东省国有土地使用权招标拍卖办法（修正）（颁布时间：2004－07－15）

★ 山东省国有土地储备办法（修正）（颁布时间：2004－07－15）

★ 山东省建筑安全生产管理规定（修正）（颁布时间：2004－07－15）

★ 内蒙古自治区水利工程管理体制改革实施方案（颁布时间：2004－07－15）

★ 福建省人民政府印发福建保监局关于加快福建省保险业发展的若干意见的通知（颁布时间：2004－09－12）

★ 湖北省城市房屋拆迁管理实施办法（颁布时间：2004－07－16）

★ 新疆维吾尔自治区人民政府公告（新疆维吾尔自治区人民政府第二批确认由所属部门和法律法规授权的组织实施的行政许可事项（共１６１项））（颁布时间：2004－07－21）

★ 四川省建设工程监理规定（颁布时间：2004－07－22）

★ 河北省人民代表大会常务委员会关于第一批废止地方性法规中若干行政许可规定的决定

（颁布时间：2004–07–22）

★ 四川省实施行政许可规程（颁布时间：2004–07–26）

★ 福州市广播电视设施建设与管理若干规定（颁布时间：2004–07–27）

★ 浙江省行政许可监督检查办法（颁布时间：2004–07–28）

★ 深圳市建设工程质量管理条例（第三次修正）（颁布时间：2004–07–29）

★ 湖南省民营科技企业管理条例（修正）(颁布时间：2004–07–30）

★ 江西省人民代表大会常务委员会关于停止执行江西省地方性法规中若干行政许可事项的决定（颁布时间：2004–07–30）

★ 四川省人民代表大会常务委员会关于停止执行四川省地方性法规中部分行政许可事项的决定（颁布时间：2004–07–30）

★ 乌鲁木齐市人民政府关于废止部分政府规章和规范性文件的决定（颁布时间：2004–07–30）

★ 广西壮族自治区建设工程勘察设计管理条例（第二次修正）（颁布时间：2004–07–31）

★ 广西壮族自治区建筑市场管理条例（第三次修正）（颁布时间：2004–07–31）

★ 广西壮族自治区城市房地产开发经营管理条例（修正）（颁布时间：2004–07–31）

★ 广西壮族自治区建设工程质量管理条例（第三次修正）（颁布时间：2004–07–31）

★ 广西壮族自治区民营科技企业促进条例（第三次修正）（颁布时间：2004–07–31）

2004年8月

★ 安徽省人民政府关于公布行政许可实施主体的决定（颁布时间：2004–08–02）

★ 陕西省实施《中华人民共和国招标投标法》办法（颁布时间：2004–08–03）

★ 海南经济特区城市规划条例（修正）（颁布时间：2004–08–06）

★ 浙江省人民政府关于取消行政许可项目的决定（颁布时间：2004–08–12）

★ 浙江省人民政府关于取消第二批行政许可项目的决定（颁布时间：2004–08–12）

★ 陕西省价格监测规定（颁布时间：2004–08–13）

★ 江西省人民政府关于公布省地方性法规和政府规章设定的行政许可保留项目的通知（颁布时间：2004–08–18）

★ 青海省农村公路建设的管理办法（颁布时间：2004–08–19）

★ 长春市人民代表大会常务委员会关于废止和修改部分地方性法规的决定(颁布时间：2004–08–19）

★ 武汉市民营科技企业条例（修正）（颁布时间：2004–08–19）

★ 武汉市技术市场管理办法（第二次修正）（颁布时间：2004–08–19）

★ 江苏省城市房地产交易管理条例（修正）（颁布时间：2004–08–20）

★ 江苏省工程建设管理条例（第三次修正）（颁布时间：2004–08–20）

★ 江苏省节约能源条例（第二次修正）（颁布时间：2004–08–20）

★ 江苏省建筑市场管理条例（第二次修正）（颁布时间：2004–08–20）

★ 江苏省实施《中华人民共和国城市规划法》办法（第三次修正）（颁布时间：2004–08–20）

★ 青岛市经济适用住房管理办法（颁布时间：2004–08–20）

★ 贵州省市政公用事业特许经营管理办法（颁布时间：2004–08–22）

★ 青海省人民政府关于进一步做好深化农村牧区税费改革试点工作的实施意见（颁布时间：2004-08-27）

★ 青海省人民政府关于取消农业特产税和降低农牧业税税率的实施意见（颁布时间：2004-08-27）

★ 深圳市人民政府关于整合使用科技产业发展专项资金的意见（颁布时间：2004-08-27）

2004年9月

★ 辽宁省人民政府关于修订部分省政府规章的决定（颁布时间：2004-09-02）

★ 乌鲁木齐市城市房屋拆迁管理办法（颁布时间：2004-09-02）

★ 甘肃省人民政府关于废止部分规范性文件的决定（颁布时间：2004-09-05）

★ 吉林省行政许可听证实施办法（颁布时间：2004-09-05）

★ 吉林省政务信息公开管理办法（颁布时间：2004-09-05）

★ 吉林省集中统一联合办理行政许可暂行办法（颁布时间：2004-09-05）

★ 深圳市人民政府关于废止《深圳经济特区企业经济性裁减员工办法》等19件规章的决定（颁布时间：2004-09-13）

★ 上海市出口加工区管理办法（颁布时间：2004-09-24）

★ 广东省城市控制性详细规划管理条例（颁布时间：2004-09-24）

★ 贵州省外来投资者权益保障条例（颁布时间：2004-09-24）

★ 广东省环境保护条例（颁布时间：2004-09-24）

★ 广东省国土资源监督检查条例（颁布时间：2004-09-24）

★ 四川省村镇规划建设管理条例（修正）（颁布时间：2004-09-24）

★ 四川省城市房屋拆迁管理条例（修正）（颁布时间：2004-09-24）

★ 福州市人民代表大会常务委员会关于修改部分地方性法规行政许可的决定（颁布时间：2004-09-24）

★ 洛阳市城市房地产市场管理条例（颁布时间：2004-09-25）

★ 河北省人民代表大会常务委员会关于批准石家庄市、唐山市、邯郸市人民代表大会常务委员会《关于废止地方性法规中若干行政许可规定的决定》的决定（颁布时间：2004-09-27）

★ 长沙市城市房屋拆迁管理条例（第二次修正）（颁布时间：2004-09-28）

★ 辽宁省实施《中华人民共和国城市规划法》办法（修正）（颁布时间：2004-09-29）

2004年10月

★ 兰州市城市房屋拆迁管理办法（2004年修订）（颁布时间：2004-10-13）

★ 青海省实施《企业国有资产监督管理暂行条例》办法（颁布时间：2004-10-18）

★ 新疆维吾尔自治区人民政府关于第四批取消和调整行政审批项目的决定（颁布时间：2004-10-19）

★ 吉林省国有企业清产核资办法（颁布时间：2004-10-21）

★ 深圳市建设用地审批工作规则（颁布时间：2004-10-22）

★ 上海市产权交易市场管理办法（颁布时间：2004-10-25）

★ 上海市土地储备办法实施细则（颁布时间：2004-10-25）
★ 苏州市城市规划条例（修正）（颁布时间：2004-10-26）
★ 徐州市城市规划管理条例（修正）（颁布时间：2004-10-26）
★ 河北省企业国有资产监督管理实施办法（颁布时间：2004-10-27）

2004年11月

★ 深圳市人民政府关于将规划及土地行政执法纳入城市管理综合执法范围的决定（颁布时间：2004-11-05）
★ 深圳市驻海外经贸代表机构管理暂行办法（颁布时间：2004-11-12）
★ 海南省加快处置停缓建工程实施办法（颁布时间：2004-11-19）
★ 河南省促进创业投资发展暂行办法（颁布时间：2004-11-20）
★ 上海证券交易所关于发布《上海证券交易所国债买断式回购交易实施细则》的通知（颁布时间：2004-11-23）
★ 上海证券交易所关于发布《上海证券交易所交易型开放式指数基金业务实施细则》的通知（颁布时间：2004-11-24）
★ 重庆经济技术开发区管理条例（修正）（颁布时间：2004-11-25）
★ 深圳市民营及中小企业发展专项资金管理暂行办法（颁布时间：2004-11-25）
★ 新疆维吾尔自治区实施《中华人民共和国城市规划法》办法（修正）（颁布时间：2004-11-26）
★ 吉林省促进科技企业发展条例（颁布时间：2004-11-26）
★ 河南省发展民营科技企业条例（修正）（颁布时间：2004-11-26）
★ 内蒙古自治区小城镇规划建设管理条例（修正）（颁布时间：2004-11-26）
★ 湖南省建设工程造价管理办法（颁布时间：2004-11-26）
★ 江西省保护性开采的特定矿种管理条例（颁布时间：2004-11-26）
★ 宁夏回族自治区国家建设项目审计办法（颁布时间：2004-11-26）
★ 上海证券交易所关于发布《上海证券交易所股票上市规则（２００４年修订）》及落实有关工作的通知（颁布时间：2004-11-29）
★ 南昌市经济技术开发区条例（颁布时间：2004-11-30）
★ 四川省企业技术创新条例（颁布时间：2004-11-30）

2004年12月

★ 北京市人民代表大会常务委员会关于停止执行本市地方性法规中若干行政许可事项有关规定的决定（颁布时间：2004-12-01）
★ 陕西省民办教育促进条例（颁布时间：2004-12-02）
★ 深圳证券交易所上市开放式基金主交易商业务指引（颁布时间：2004-12-05）
★ 宁夏回族自治区专项资金监督管理办法（颁布时间：2004-12-07）
★ 乌鲁木齐市实施行政许可若干规定（颁布时间：2004-12-09）

★ 上海市促进高新技术成果转化的若干规定（颁布时间：2004-12-10）

★ 上海市行政许可办理规定（颁布时间：2004-12-13）

★ 深交所关于做好中小企业板块上市公司年度募集资金专项审核工作的通知（颁布时间：2004-12-27）

★ 上证所关于做好上市公司2004年年度报告工作的通知（颁布时间：2004-12-27）

★ 深交所关于做好上市公司2004年年度报告工作的通知（颁布时间：2004-12-27）

★ 深交所关于中小企业板块上市公司2004年年度报告工作的通知（颁布时间：2004-12-27）

★ 深交所关于在中小企业板块上市公司中试行年度业绩快报制度有关事项的通知（颁布时间：2004-12-27）

★ 安徽省征地补偿争议裁决办法（颁布时间：2004-12-28）

★ 青岛市人民政府关于公布市级行政许可实施主体（组织）的公告（颁布时间：2004-12-31）